지방자치와 국가 · 지역 발전론

육동일 교수가 국민들과 소통해온 지방자치 이슈와 발전전략 III

지방자치와 국가 · 지역 발전론

육동일 교수가 국민들과 소통해온 지방자치 이슈와 발전전략 III

1판 1쇄 2015년 10월 29일
1판 2쇄 2016년 11월 01일
발행인 오덕성 **지은이** 육동일
펴낸곳 충남대학교출판문화원 **주소** 대전광역시 유성구 대학로 99
전화 042-821-6045 **홈페이지** www.cnupress.co.kr **E-mail** cnupress@cnu.ac.kr

ISBN 978-89-7599-557-6 93350
정가 19,000원

지방자치와 국가 · 지역 발전론

육동일 교수가 국민들과 소통해온 지방자치 이슈와 발전전략 III

육동일

충남대학교출판문화원

올 해로 민선지방자치가 부활해서 20년째가 된다. 지난 기간, 지방자치는 짧은 역사에도 불구하고 우리사회 전반에 엄청난 변화를 초래한 바 있다. 무엇보다 지방자치 실시로 나타난 큰 성과는 지역주민들이 지역의 진정한 주인이 되기 시작했다는 사실이다.

그리고, IMF와 외환위기 등의 경제문제, 북핵문제와 천안함 피격, 연평도 포격사건 등의 남북간 긴장상태, 그리고 대통령 탄핵, 자살 등의 전대미문의 정치적 혼란기에도 불구하고 지역사회가 안정을 유지할 수 있었다는 점이다. 즉 지방자치를 통해 중앙정국의 혼란과 불안이 지방으로까지 파급되는 현상을 최소화시키고 여 · 야간, 여 · 여간 정권교체를 가능케함으로서 정치발전을 이루었다.

그러나, 지방자치제는 아직 실망스럽고 우려할 만한 문제들을 제기하고 있다는 점도 외면할 수 없는 사실이다. 즉 비정상적인 지방선거의 제도와 관행, 일부 단체장과 지방의원들의 고질적인 비리와 부패문제, 여전히 주민들의 신뢰를 못받고 있는 지방의회, 강력한 중앙집권적 제도와 관행, 형식적인 주민참여, 지방정부 자치역량의 미흡 등은 지방자치가 여전히 풀지못한 숙제로 남아 있다.

지난 20년의 성과와 문제점을 놓고 볼 때, 앞으로 한국의 지방자치와 분권이 확대 · 강화되어야 한다. 지방자치는 당면한 국가 사회적 위기를 극복하고 새로운 시대적 환경에 도전하기 위하여 반드시 필요한 제도이기 때문이다. 지금까지 지방자치 실시로 인해서 제기된 문제들은 어디까지나 지방자치가 활성화 되어가는 방향에서 그 제도적 개선이 이루어져야지 과거의 통제적 중앙집권시대로 돌아가려 해서는 절대로 안된다. 최근에 뼈저리게 경험한 세월호 참사와 메르스 사태를 통해서도 국정운영의 틀과 방식이 민주주의와 지방분권에 기초해서 바뀌어야 함을 절실하게 일께워주고 있다.

이렇게 그동안 지방자치와 분권의 환경변화에 따라 국가와 지역에서 제기되고 있는 많은 현안 과제들을 놓고, 필자는 그 이슈와 배경을 분석하여 해답과 대안을 찾는데 나름대로 고민하고 노력해 왔다. 그리고 그 해결의 실마리는 국민과의 소통에서 찾아야 한다고 생각했다. 소통은 국민과의 의견 상호교환을 통해 지방자치와 분권정책의 수용도와 추진력을 높힘으로서 정책의 성공을 가져오기 때문이다. 아무리 내용이 좋은 정책이라도 국민과의 소통이 원활하지 못하면 국민들의 지지와 협조를 끌어내지 못하기 때문에 정책의 효과를 극대화 시키지 못할 뿐만 아니라, 정책집행이 지연되거나 정책 자체가 무산될 수 있다.

따라서, 지방자치와 분권이 지역사회에 성공적으로 정착하기 위해서 필자는 학교 연구실과 강의실에만 머물지 않고, 한국지방자치학회 회장, 대전발전연구원장, 공공문제연구소 소장 그리고 대통령소속 지방자치발전위원회 위원을 비롯한 수많은 정부위원회 위원 등을 맡으면서 이론과 실제를 접목시키고자 노력해왔다. 심지어 동창회 회장, 종친회 회장, 산악회 회장 및 각종 시민사회단체의 대표를 맡으면서까지 국민 가까이서 여론을 귀기울여 듣고 배우는 한편, 지방자치의 중요성과 필요성을 설득하는데 최선을 다해왔다. 그 과정에서 제 생각과 견해를 국민들게 직접 전달하고자 중앙지와 지방지 및 인터넷 신문의 칼럼, 각종 방송토론과 대담, 전문저널지 시론, 그리고 학회와 연구기관을 통해 연구논문들을 지속적으로 발표해 오고 있다.

그 성과물의 일환으로 지난, 2005년에는 신행정수도 및 행정중심복합도시와 관련해서 발표한 원고와 연구물을 정리하여 「행정도시가 희망이다」라는 책자를 발간한 바 있다. 뒤이어서, 2000년 이후부터 2009년까지 지방자치와 지역발전 및 최근의 세종시와 관련된 단문들을 모아 2009년 11월, 교수 생활 25주년을 맞는 기념으로 「지방자치의 길을 찾다」 라는 책자를 출간하기도 했다. 그리고, 박근혜 정부 출범에 맞춰서 2010년부터 2013년 상반기까지 국민들과 소통하기 위해 썼던 지방분권과 지역발전 그리고 자치행정에 관련한 이슈와 실천전략에 대한 글들을 묶어 「국민행복시대, 지방분권과 자치행정」이라는 책자를 다시 출간했다. 이번에는 2013년 하반기부터 2015년 10월까지 국민들과의 소통과 공감을 통해 정리한 국가 및 지역발전 관련 이슈와 지방자치를 통한 발전전략들의 글을 모아 「지방자치와 국가 · 지역발전론」이라는 새 책을 내놓게 되었다.

이 책은 총 5장으로 구성되어 있는데 제1장은 지방자치와 국가발전, 제2장은 지방자치와 지역발전, 제3장은 지방분권과 자치행정, 제4장은 지방자치와 지방선거, 제5장은 지상좌담회 그리고, 제6장은 지방자치연구 발표 논문을 실었다. 이 책을 통해, 지방자치와 분권이 더욱 촉진되기를 기대한다. 그리고 국정운영의 틀이 중앙집권적 통제체제에서 지방분권적 협력체제로 바뀌기를 희망한다. 그것은 국민 모두가 행복해지기 위해서 대한민국이 반드시 가야할 길이기 때문이다.

이 책이 출간되기 까지 많은 분들의 지원과 도움이 있었다. 먼저 현안이 있을 때마다 의견을 주고 받은 대전일보, 중도일보, 충청투데이, 금강일보, 대전투데이, 울산매일을 비롯한 지방언론사와 조선일보, 중앙일보, 내일신문, 한국경제 등 중앙언론사 그리고 디트뉴스, 굿모닝 충청 등 각종 인터넷 신문사의 사장님과 임원진, 그리고 일선 기자분들께 심심한 감사의 말씀을 드리고 싶다. 또한, 원고를 정리 · 교정하는데 큰 도움을 준 충남대 유지연 선생님께도 고마움을 전한다.

끝으로, 교수 생활 30주년을 맞기까지 바쁜 학내외 활동을 이해해 주시고, 주워진 일에 전념할 수 있도록 배려해주신 아버님, 그리고 아내 조선희와 최형주 · 육제현, 이동근 · 육제은, 육심준에게 이 책의 출간으로 그동안의 고마움과 미안함을 대신했으면 한다. 특히, 우리 곁을 떠나신지 벌써 5년이 되어가지만, 아직도 너무나 보고싶은 어머님께 맨 먼저 이 책을 바치고자 한다.

2015년 10월에

광복 70주년과 민선지방자치 부활 20주년을 기념하며,

충남대 연구실에서 저자 씀

chapter 06

275 지방자치연구 발표 논문

01

지방자치와 국가발전

남북통일, 국민 의지에 달렸다

북한의 지뢰도발로 인한 남북 대치상황이 종료됐다. 대신, 간만에 남북간 대화의 물꼬가 트였다. 일촉즉발의 파국을 막은 힘의 근원은 국민들의 확고한 의지와 단합된 힘이다. 이제는 그 원동력을 바탕으로 통일을 향해 가야 할 때다.

최근까지 외국의 한반도 전문가들은 국제회의에서 남북통일에 대해 주로 두가지 얘기를 자주한다고 들었다. 첫째는 "당신들은 통일이라는 축복이 있어서 참 좋겠다. 부럽다. 그리고 그 통일이 지금 새벽녘에 와 있는것 같다" 는 말이다. 두 번째 얘기는 "그런데 이상하다. 당신들은 통일을 하겠다는 열정이 안 보인다. 그래서 아무래도 통일을 못할거 같다"는 것이다. 처음엔 납득하기 어려웠지만, 잠시 생각해 보면 일리있는 지적이다.

작년, 한 언론사가 여론조사한 결과를 보면, 1990년대에 국민들의 80% 정도가 통일은 해야 한다고 응답했다. 그런데 최근에는 국민의 25% 정도만 통일해야 한다고 했다. 심지어 30% 정도는 통일을 원하지 않는다는 결과도 나왔다. 한마디로, 빨리 통일해야 한다는 생각은 3분의 1로 줄어든 반면, 분단이 유지되야 한다는 견해는 두배로 늘어난 것이다. 지난 20년간 통일에 대한 우리의 태도가 바뀌었음을 단적으로 보여주고 있다. 특히, 통일 후 혜택을 가장 크게 받을 청년층일수록 통일을 부정적으로 본다는 조사 결과는 통일에 대한 회의감마저 들게 한다. 특히, 북한 중앙당 간부 83%는 통일을 반대하지만, 북한 주민 77%는 통일을 매우 원하고 있다는 탈북자들의 인식과 비교하면 의외의 결과라 할 수 있다.

우리는 한반도 통일을 꼭 해야 한다. 남과 북을 위해서 반드시 해야 하고, 동북아의 평화와 번영을 위해서도 해야 한다. 통일이 되면, 전쟁과 핵의 공포로부터 해방된다. 뿐만 아니라 현재 대한민국이 풀지못하고 있는 이념간의 갈등, 경제침체와 양극화, 그리고 청년실업 등의 문제를 해결하는 결정적 돌파구가 될 것이다. 통일한국의 국제위상과 국가신용도는 높아진다. 남북 군병력과 군사비용은 대폭 절감된다. 국방비가 20년간 400조 절감된다는 보고서도 있다.

나아가, 통일은 동북아 평화의 초석을 마련한다. 세계평화와 경제에도 크게 기여한다. 통일 후 북한은 신제조업 전진기지로 변모되어 30년 뒤 1인당 국민소득이 110배로 늘어난다. 부산에서 신의주, 북경을 거쳐 유럽으로 가는 신 고속철은 물류시간과 비용을 절반으로 줄일 것이다. 때문에 세계의 경제, 관광, 문화에도 혁명이 일어난다. 이를 화폐단위로 환산하면, 한반도 통일에 소요되는 비용은 3,600조인데 그 혜택은 6,800조에 이른다고 한다. 2050년 통일한국의 국력은 세계 5위로 도약할 것이다. 믿을만한 대학연구소들이 내놓은 분석결과다. 때문에 "통일은 대박이다"는 결론에 이르게 된다. 만일 통일이 안되면 북한은 중국화될 것이고, 한국은 신냉전시대를 맞고 세계 변방에 영원히 머물 것이다.

그러나 통일의 성과는 결코 저절로 나타나지 않을 것이다. 철저한 준비가 필요하다. 북한이 저절로 붕괴될 때까지 단순히 기다리는 것은 더 어리석은 일이다. 그럼 지금부터 해야 할 일이 분명해졌다. 먼저 우리 국민 개개인이 통일에 대한 신념과 의지를 확고히 해야 한다. 그리고 국민적 공감대를 형성해야 한다. 정부는 더 이상 통일 관련 정보를 독점하거나 치적쌓기 또는 이벤트성으로 접근하지 말아야 한다. 지난 정권들의 대북정책도 그 공과를 객관적으로 분석해서 버릴 것은 버리되 이어나갈 것은 이어나가야 한다. 그래야 대북정책에 대한 국민들의 신뢰가 형성된다. 신뢰는 국민단합의 출발점이자, 통일정책의 토대다.

통일은 이제 우리곁에 성큼 다가와 있다. 우리는 통일을 서둘러야 한다. 물론 그 목표와 과정은 평화와 협력을 바탕으로 정당해야 한다. 통일은 저절로 찾아오는 것이 아니다. 광복 70년, 진정한 광복을 위해서 우리는 다시한번 통일에 대한 확고한 의지를 분명히 하고, 단합된 힘으로 남북통일을 반드시 만들어 내야 할 것이다.

(내일신문, 2015. 09. 03)

청년실업, 인턴제라도 제대로 해야

청년 실업률이 사상 최대로 나타났다. 통계청에 따르면, 올해 상반기 20대 실업자는 41만명으로 2000년에 기록한 최대치 40만 명을 뛰어넘은 수치라 한다. 글로벌 금융위기때보다 10만 명이 늘어났다. 실업자 외에 추가 취업희망자, 잠재적 구직자를 포함하면 취업애로계층은 116만 명에 이른다고 하니 보통 심각한 문제가 아니다. 그러니까 청년 고용률은 현재 41.4%에 머물고 있어서 20대 청년 태반은 백수다. 그래서 '이태백'에다 오죽하면 청년 고용시장이 얼어붙은 '고용빙하기'시대에 들어갔다는 탄식어가 만들어질 정도다.

경기한파가 지속되는 상황에서 베이비붐 세대(1955~1963년생)의 자녀들이 노동시장에 대거 진입하고, 내년부터 정년이 60세로 연장됨에 따라 취업에 나선 청년들을 절망으로 내몰고 있는 것이다. 취업을 포기한 청년들은 연애, 결혼, 출산은 물론 인간관계와 내집마련 그리고 꿈과 희망까지 포기한 '7포세대'라고 스스로를 한탄한다. 이들에게 단순히 눈높이를 낮추라든지, 해외에 눈을 돌려보라는 조언들은 더 이상 통하지 않는다. 오히려 기성세대와 사회에 대한 분노와 적개심만 불러일으킬 뿐이다.

"단군이래 가장 많이 공부시켜서 제일 똑똑하고, 외국어에도 능통하고, 첨단 컴퓨터도 장난감 만지듯 다룰줄 아는 최고의 경쟁력을 가진 세대가 왜 태반이 백수가 되어 인생을 포기해야 하는 것일까?"라는 물음에 속시원하게 답해줄 사람은 지금 아무도 없다. 청년실업은 개인 당사자는 물론 가족 모두에게 엄청난 고통을 안겨준다. 국가적으로도 청년실업은 미래 경제성장 동력을 상실케 한다. 나아가 자본주의체제 자체를 불안정하게 하는 요인이기 때문에 이로 인한 개인고통과 사회불안의 악순환은 되풀이 될 수 밖에 없다.

이렇듯 경제위기와 더불어 실업대란이 현실화되어감에 따라 정부는 '청년고용절벽해소 종합대책'을 세워 발표했다. 대책에 의하면, 정부와 기업이 공공부문 5만3천 개, 민간부문 16만 개 등 2017년까지 20만여 개의 일자리를 만들기로 했다. 이 정도라면 청년 실업자의 절반 가까이를 구제할 수 있는 규모가 된다. 하지만 청년들의 눈높이를 맞출 수 있는 정규직 일자리는 8만8천 개에 불과하다. 나머지는 1년 이하의 계약직이거나 인턴직으로 임시직이다. 이들은 취업으로 첫 직장을 얻지만 1~2년 안에 회사를 그만두고 다시 실업상태로 돌아간다. 이와 같은 상황이 되풀이되는데도 불구하고, 기업과 정부 그리고 지자체가 주력하고 있는 정책이 바로 '인턴제'다.

각종 인턴제는 청년실업해소에 도움을 주고자 하는 것이 그 기본 취지다. 취업준비자가 양질의 일자리에 취업할 수 있는 기본 소양과 실무역량을 갖추게 하는 것이 주요 목표다. 그러나 이 제도는 목표와 취지와는 달리 일시적 고용효과를 내기위한 '월 백만원짜리 임시직'이어서 과연 일자리 대책이 될 수 있는가에 대해 논란을 불러온 바 있다. 지금까지 실시한 인턴제는 정규직 전환과 전혀 연계치 못해 왔으며, 신규공채 때도 가산점 조차없는 그저 '저임금 · 단순노동직'에 불과했기 때문이다. 그 결과, 청년 실업해소 대책으로 크게 환영받지 못했다. 경력에 도움이 되는 것도 아닌데 전문직 수준의 학력과 경력을 요구하는 것도 잘못됐다.

몇년전 인기배우 윌 스미스가 주연한「행복을 찾아서」란 영화가 생각난다. 아들과 함께 비참한 생활고에 시달리면서도 희망의 끈을 놓지 않고 노력하면서 결국 행복을 찾는 모습을 명연기로 보여준 실화다. 여기서 주인공이 성공의 기회를 결정적으로 잡을 수 있는 계기를 부여한 제도가 인턴제도였다. 지금 우리의 인턴제와 다른 점이 있다면, 인턴기간에 희망을 갖고 최선을 다한다면 정규직으로 이어져서 인생이 바뀔 수 있다는 사실이다.

그렇다면, 지금부터 인턴제는 짧은 시간에 실업을 해소하는 통계적 성과를 내기 위해서가 아니라, 청년실업을 해소하는 근본적인 차원에서 제대로 활용되어야 한다. 업무성격에 따라 자격요건을 완화하고 임금체계도 탄력적으로 운영할 필요가 있다. 무엇보다 인턴제는 어떻게든 장기취업과 연계되어야만 그 효과를 낼 수 있을 것이다.

(내일신문, 2015. 08. 04)

메르스, 집단지성의 힘으로 극복해야

메르스 사태가 대한민국을 뒤흔들고 있다. 메르스의 공포심이 갈수록 확산되면서 국민생활 전반이 크게 위축되고 있다. 경제적 타격도 적잖이 나타나고 있다. 정부에 대한 불신도 심각하게 표출되면서 정국이 불안정해지고 있다. 정부의 위기관리능력은 다시금 도마위에 올라있다. 뒤늦게 나마, 정부는 환자가 발생, 경유한 병원의 명단을 공개했다. 그러나, 첫 환자 이후 감염이 확산된지 한참을 지나서다. 메르스 관련 정보를 지방자치단체와 교육청과 공유해서 협력을 강화하기로 했다. 그것도 중앙과 지방이 적극 협력, 대처해야 할 초기 골든타임을 놓치고 나서 나온 조치다. 이러한 일련의 정부 조치들은 '집단지성의 힘'을 간과한 결과로서 아쉬움이 크다.

그 이유는 이렇다. 개미 한 마리는 지능이 거의 없다. 하지만 개미 여러 마리가 집단을 이루면 상당한 수준의 지능으로 나타난다고 한다. 개미가 모여 집단을 이루면 페로몬이라는 화학물질을 분비하면서 서로간의 의사소통을 통해 각자의 지능을 모은다. 때문에 상당한 수준의 지적 능력을 나타낸다는 것이다. 캐나다 오타와대학 피에르 레비 교수는 일찍이, "개인으로 할 수 없는 일을 집단은 가능케 한다"고 하면서 집단지성의 위력을 소개했다. 칼람니스트 제임스 서로위키도 "개인은 답을 몰라도 집단은 답을 알고 있다. 집단은 그 집단의 우수한 개인보다 똑똑하다"고 말한다. 대중들이 갖는 지혜의 우월성을 강조한 것이다. 이것이 바로 집단지성의 힘이다. 그래서 미래학자들은 앞으로 똑똑한 사람은 없어지고 부지런한 사람만 남게 될 것이라고 주장한다.

현대사회에서 집단지성의 대표적인 사례로서 「위키피디아」라는 인터넷 백과사전을 든다. 위키피디아는 누구든지 참여할 수 있는 웹사이트에서 전 세계 네티즌들이 모여 함께 만들어가는 개방형 인터넷 백과사전이다. 지금까지 세계 최고의 백과사전은 각 분야 전문가에게 원고 집필을 의뢰하고, 장시간에 걸쳐 원고를 받아 최종 완성본을 종이 사전으로 출간하고있는 「브리태니커」였다. 그러나 첨단기술의 발달로 지식과 정보의 양이 폭증하는 정보화 시대에는 과거와 같은 제작방식으로는 백과사전으로의 기능을 수행하기 어렵게 되었다. 이에따라 위키피디아에게 최고의 자리를 넘겨주게 된다.

위와 같은 사례가 우리 사회에 던지는 의미가 크다. 정부는 이제 정부 밖에 있는 여러 국민들에게 의견을 직접 듣고 즉시 반영하는 새로운 국정운영방식으로 탈바꿈해야만 정책이 성공하고, 국민들은 신뢰한다. 지금까지의 행정은 행정조직 내부의 공무원들과 전문가들끼리 결정하는 것이 최선이라고 믿어 왔다. 국민들은 그저 정부가 결정한 정책이 잘 집행되도록 따라가는 행정관리와 통제의 대상에 불과하다. 일반 국민들을 불신하고 그 능력을 가볍게 보기 때문이다. 그러나 이제는 아니다. 인터넷과 스마트폰으로 무장한 똑똑한 국민들은 이제 정부의 능력과 영향력을 훨씬 앞지르기 시작했다.

동서고금을 막론하고 어느 국가든, 어떤 지도자든 모두 국민들을 최우선으로 하고 그들이 보다 안전하고 행복한 삶을 살 수 있도록 열과 성을 다해 노력한다. 그러나, 정부의 전문성과 능력이 기업과 시민사회보다 뒤지기 시작하면서 부터 모든 문제들을 관료들이 중심이 되어 해결해오던 방식이 줄줄이 실패하고 있다. 특히, 국가적 재난과 재앙으로 인한 위기발생시 정부가 혼자 할 수 없는 일까지 무리하게 하면 할수록 오히려 사태를 악화시키고, 쓸데없는 일들을 계속 벌이게 되는 깊은 늪에 빠져들게 된다. 결국, 정부의 무능과 불신이 이제사 선진국에서도 여실히 드러난 것이다. 대한민국도 지금 예외가 아니다.

따라서, 메르스를 극복하기 위한 정부의 노력은 이제 관료나 관련 전문가의 의견을 모으는데만 치중할 것이 아니라, 일반국민들의 의견과 판단에 귀 기울이는 것이 훨씬 지혜로운 결과를 가져올 수 있다. 더군다나 국민들은 자신들의 의견이 존중된 결정에 대해서 아낌없는 지원과 협력을 보내주기 때문에 그 성공 가능성은 한층 더 높아질 것이다. 정부는 지금부터 집단지성의 힘을 믿고, 지자체와 지역사회 및 의료기관 등과 정보를 공유해서 함께 결정하고 함께 집행해야 한다. 국민들도 그 위대한 힘과 높은 시민의식을 아낌없이 발휘해야 할 때다.

(내일신문, 2015. 06. 12)

스웨덴의 총리가 부럽다

1860년대까지 스웨덴은 극심한 빈곤에 시달리는 농업국가였다. 동절기가 유난히 길고 추워 농사철은 상대적으로 짧았다. 작황이 안좋은 해에는 굶어 죽는 사람이 속출했다. 그래서 1860년대부터 1930년대까지 배고픔을 해결하겠다고 미국으로 떠난 이민자가 스웨덴 인구의 3분의 1인 150만명에 이르렀다고 한다. 그렇게도 못살던 나라가 50년이 채 안되서 세계에서 가장 잘사는 나라로 우뚝 섰다. 1970년대 초에 산유국을 제외하고 1인당 GDP가 세계에서 가장 높은 나라가 되었으니 천지개벽이 일어났다고 해고 과언이 아니다.

그 스웨덴을 우리는 주목하지 않을 수 없다. 춥고, 배고프고, 가난한 나라에서 삶의 질이 국민 모두에게 골고루 보장된 행복국가로, 철저한 농경 귀족사회에서 세계 최고의 양성 평등국가로, 부의 세습에서 벗어나 아무 낙오자 없이 성공할 수 있는 사회로, 고등학교만 졸업해도 잘 살 수 있는 사회로, 특정 장애를 가지고 태어나도 교육제도를 통해 창의력을 발휘할 수 있는 사회로,

모든 공공 행위가 투명하게 공개되는 깨끗한 사회로, 그리고 일이 고되서 국회의원을 포기하는 탓에 정치인 구하기가 하늘의 별따기만큼 어렵다는 나라로 바뀌었기 때문이다.

반면, 대한민국은 지금 국민들의 불쾌지수를 끌어올리는 부패와 비리로 얼룩진 정치, 갈등과 불신의 사회, 서로 소통할 줄 모르는 닫힌 사회, 잘사는 사람과 소외된 사람들 간에 골이 깊어지는 양극화 사회, 대물림되고 있는 가난에서 쉽게 벗어나지 못하게 하는 교육, 꿈과 희망을 잃고 방황하는 젊은이들을 양산하는 사회, 물질적으로는 풍요로워졌지만 행복을 느끼지 못하게 하는 사회에 살고 있다. 그래서 우리는 스웨덴이 부럽다. 더더욱 그들의 정치와 정치가가 부럽다.

스웨덴을 선진국으로 이끈 뛰어난 정치인을 고르라고 하면 그들은 주저없이 '에를란데르'를 꼽는다. 그는 45세 나이에 총리자리에 올라 68세에 자진 하야할 때까지 23년 동안 재임했다. 그동안 대화 · 상생 · 협상의 정치력으로 가장 부유한 나라이자, 복지체계를 잘 구축한 나라로 변모시키는데 탁월한 리더십을 발휘했다고 평가를 받는다. 그런 그가 국민들의 존경을 받게된데는 정작 다른 이유가 있다. 1969년 총리직을 내려놓고 평범한 시민으로 돌아가려고 할 때 그는 기거할 집 한 채가 없었다. 청렴한 정치인이었다는 사실이 뒤늦게 알려지자, 정부는 국민들의 뜻에 따라 조그만 별장을 지어준다. 노부부는 그 곳에서 국민들의 사랑속에 여생을 마칠 수 있었다.

그런가 하면, 1995년 '잉바르 칼손' 총리가 하야한 뒤, 집권당의 선출위원회는 5명의 총리 후보를 추천했다. 모두가 쟁쟁한 이 후보들은 한결같이 총리직을 사양했다. 우리 같이 청문회를 통과하기가 부담스러웠던 것이 아니다. 그 이유들은 "아이들의 교육과 아버지의 역할을 충실히 수행하기 위해서, 총리가 될만한 자질이 없음을 자신이 제일 잘 알기 때문에, 총리직에 관심이 없어서, 경제적 약자와 소외된 계층의 삶의 질을 향상시키는 정치인으로서의 개인 목표를 다 이루었기 때문"이라면서 4명의 총리 후보가 줄줄이 사양함으로서 마지막 후보가 겨우 총리가 되었다.

지난 달, 이완구 총리의 사퇴와 함께 후임 총리의 인선이 다시 본격화 될 전망이다. 벌써 여섯 번째다. 그간 3명의 총리후보자가 낙마했고 이 총리를 포함해서 2명의 총리가 불명예 퇴진했으니 '총리 잔혹사'라는 말이 실감날 정도다. 다산 정약용의 「목민심서」를 보면, 참으로 소박하게 국정 지도자가 가야 할 바른 길을 제시하고 있다. 즉 "지도자가 나라를 다스리려면 시민여상(視民如傷)이라는 네 글자를 써놓고 날마다 부끄러움을 느껴야 한다"고 했다. 모든 백성은 상처를 입은 사람으로 여기고, 그들을 어루만지고 보살펴주는 심정으로 국정을 수행해야 한다는 뜻이다. 백성들을 상처입은 환자로 보지않고, 제멋대로 취급하는 사람, 법(法)도 의(義)도 두려워하지 않고, 청렴하지도 신중하지도 그렇다고 부지런하지도 않은 그런 사람들은 절대 지도자가 되어서는 안된다는 것이다.

스웨덴의 총리들은 모든 권력적, 경제적 특권을 내려놓고, 국민들의 심부름꾼으로서 국민들로부터 받는 존경과 신뢰라는 더 행복한 특권을 누리기 위해 고된 임무를 깨끗하게 수행한다. 우리도 이번만큼은 보다 솔직하고, 보다 인간적이고, 보다 깨끗한 총리가 결정되기를 또한번 기대해 본다.

(내일신문, 2015. 05. 26)

지방자치 20년, 대한민국을 바꾸다

올 해로 지방자치가 부활해서 20년째가 된다. 이제 지방자치가 성장해 온 지난 과정과 성과를 진지하게 짚어 볼 때가 되었다. 지난 기간, 지방자치는 짧은 역사에도 불구하고 우리사회 전반에 엄청난 변화를 초래한 바 있다. 무엇보다 지방자치 실시로 나타난 가장 큰 성과는 지역주민들이 지역의 진정한 주인이 되기 시작했다는 사실이다. 이는 대한민국 5천년의 역사를 송두리째 바꾼 혁명이었다. 오랫동안 대한민국을 다스리는 주인은 관(官)이었다. 민(民)은 늘 다스림의 대상에 불과했다. 이 일방적이고 주종적인 관 · 민관계를 불과 20년만에 혁명적으로 바꿀 수 있었던 원동력은 지방자치제다. 아직은 갈 길이 멀지만, 이제 주민은 관의 고객으로서, 유권자로서, 파트너로서 그리고 주인으로서 지방자치시대에 그 위상과 역할을 자리메김 해나가고 있다.

그에 못지않은 중대한 성과도 나타났다. 지난 기간, 외환과 금융위기 등의 경제문제, 북핵문제와 천안함 피격, 연평도 포격사건 등의 남북간 긴장상태,

그리고 대통령 탄핵, 자살 등의 전대미문의 정치적 혼란기에도 불구하고 지역사회가 안정을 유지할 수 있었다는 점이다. 즉 지방자치를 통해 중앙정국의 혼란과 불안이 지방으로까지 파급되는 현상을 최소화시키고, 여 · 야간, 여 · 여간 정권교체를 가능케함으로서 정치발전을 이루었다. 그 결과로 인해, 중앙정부와 자치단체들은 경제위기 극복은 물론 주민복지 향상에 매진할 수 있었던 것이다. 이 성과만으로도 지방자치 실시에 소요되는 총비용을 보전하고도 남을만 한 이득을 그간 얻은 셈이다. 국가사회에 미치는 바로 이 혜택 때문에 선진국들은 앞다퉈 지방자치를 실시하고 또 강화시켜 나가고 있는 것이다. 그 밖에도, 지난 20년간 실시된 지방자치제는 지역실정에 맞는 지역특성화 사업의 추진, 행정서비스의 수준 향상, 지역적 특성을 고려한 지방자율과 창의행정의 실현, 그리고 개성있는 지역문화의 활성화의 가능성을 열었다고 볼 수 있다.

이상과 같은 긍정적 변화와 함께 지방자치제는 아직 실망스럽고 우려할 만한 문제들을 제기하고 있다는 점도 외면할 수 없는 사실이다. 즉 비정상적인 지방선거의 제도와 관행, 일부 단체장과 지방의원들의 고질적인 비리와 부패문제, 여전히 주민들의 신뢰를 못받고 있는 지방의회, 강력한 중앙집권적 제도와 관행, 형식적인 주민참여, 지방공무원 자치역량의 미흡 등은 지방자치가 여전히 풀지못한 숙제로 남아 있다.

지방자치는 당면한 국가 사회적 위기를 극복하고 새로운 시대적 환경에 도전하기 위하여 반드시 필요한 제도이다. 지금까지 지방자치 실시로 인해서 제기된 문제들은 어디까지나 지방자치가 활성화 되어가는 방향에서 그 제도적 개선이 이루어져야지 과거의 통제적 중앙집권시대로 돌아가려해서는 절대로 안된다. 중앙정부나 정치권이 앞으로도 지방자치를 낭비적이고 비효율적인 제도로만 보고, 국가경제의 어려움을 앞세워 지방자치와 분권의 확대 · 강화를 외면하거나 지연시킨다면 종국에는 사회적 위기와 저항으로 나타날 수 밖에 없을 것이다. 오히려 그 때 가서 한꺼번에 지불해야 할 사회적 비용과 희생은 경제력만으로 감당하기 어려울 것이다. 따라서, 지방자치와 분권은 경제가 아무리 어렵더라도 미리 미리 전향적이고 단계적으로 추진해나가는 것이 현명한 일이다.

성년으로 자란 한국 지방자치를 종합적으로 평가해 볼 때, 지방자치의 부활은 대한민국을 재도약시킨 국민들의 탁월한 선택이자, 역사적 진보임이 분명하다. 또한, 지방분권과 자치의 당위성과 그 내용에 대해서도 이제 어느 정도 국민적 합의를 이루어 가고 있다. 문제는 그것을 실천해 내는 우리의 의지와 전략이다. 분권과 자치를 거부하는 세력을 극복하고, 또 분권과 자치를 두려워하는 집단을 설득해서 국민과 함께 분권화 · 자치화의 길로 나서야 한다. 대한민국이 진정한 선진국이 되기 위해서 지방자치와 분권은 어렵지만 반드시 가야할 길이 때문이다.

지난 20년의 한국지방자치와 분권은 험난하고 고단한 여정이었다. 하지만, 대한민국 선진화의 토대를 만든 만큼, 앞으로 보다 성숙하고 행복한 미래 사회를 향해 새로운 여정을 준비해야 할 것이다. 그 첫 번째 일은 「대통령소속 지방자치발전위원회」에서 만들고 있는 '지방자치발전종합계획'을 국회 입법 과정을 통해 구체적으로 현실화시키는 일일 것이다.

(내일신문, 2015. 04. 15)

복지문제는 뜨거운 가슴과 찬 머리를 요구한다

최근 "증세없는 복지는 대국민 사기극이다", "증세없는 복지는 애초부터 불가능했던 일이다", "복지탓에 재정이 거덜난다면 선진국은 벌써 거지됐다", "증세없는 복지의 뜻을 외면한다면 국민에 대한 배신이다" 면서 복지에 대한 얘기가 거침없이 쏟아지고 있다. 지난 대선기간에 대권후보들과 여 · 야정치권은 무상복지다, 무상보육이다, 반값 등록금이다 하면서 다 해줄 것처럼 앞다퉈 약속했던 목소리들이 아직도 귀에 쟁쟁하다.

그런데 불과 2년만인 지금에 와서 대한민국이 복지 때문에 망하게 생겼으니 정책을 바꿔야 한다고 난리들이다. 그동안 복지혜택은 고사하고 당장의 생계가 걱정인 대다수 국민들로서는 그저 어리둥절할 뿐이다. 그런데도 정치인들은 복지문제를 "증세로 풀면 된다", "아니다 복지를 먼저 축소시키면 된다" 면서 간단하게 그것도 당장 해결해 줄 듯 여전히 큰 소리치고 있다. '조자룡이 헌 칼 쓰듯'너무 쉽게 국정과 정치를 운영하는 모습을 지켜보기가 갈수록 불안하다. 그 결과, 국정에 대한 지지율은 물론 정치권에 대한 신뢰도는 곤두박질 칠 수 밖에 없다.

이제 복지문제는 한 국가의 흥망을 좌우할 만큼 중요하고 심각해졌다. 복지문제 속에는 이념과 체제, 정치와 경제, 사회와 개개인의 이슈들이 민감하게 얽히고 설켜있기 때문에 단번에 풀 수가 없다. 그래서 복지문제 만큼은 정책결정과정에서 관련 분야 전문가들에 의한 다양하고 철저한 분석이 반드시 필요하다. 또 그 결과를 놓고 당정청간 · 여야간 경쟁과 협력을 통해서 정책들이 다듬어진 다음 대타협과 합의를 이뤄내야 한다. 그런 후에 국민들의 공감대와 동의를 구하는 것이 올바른 순서다. 현대행정에서 꼭 거쳐야 할 필수적 과정이기도 하다. 최소한의 이 과정이 생략되면 안된다. 순서를 바꿔서 대타협부터 서둘러서도 안된다. 결국 복지에 관한 정책결정이 또 다시 즉흥적이고 졸속적으로 이루어진다면 그 수정된 정책도 반드시 실패할 수 밖에 없을 것이다.

복지국가는 시대정신이다. 그렇기 때문에 복지제도의 설계와 정책의 선택에 보다 치밀하고 신중해야 한다. 외국의 다양한 성공과 실패의 사례들이 이를 말해 주고 있다. 그리스, 스페인, 포르투갈 등 남유럽국가들은 방만한 복지와 연금정책으로 재정위기를 초래한 결과 국가전체가 휘청거리고 있다. 일례로 그리스의 연금제도는 세계에서 가장 관용적이었다. 15년만 일해도 급여실수령액의 95%를 연금으로 받아왔다. 국가연금은 13종류나 되고 61세부터 받을 수 있었다. 그야말로 복지천국이나 다름없었다. 그러나, 그 결과는 당연히 재정파탄으로 나타난다. 그리스의 방만한 복지정책은 사회의 모든 분야를 왜곡 · 타락시켰다. 과도한 소비문화, 고질적인 사회갈등과 정치적 불안정, 그리고 정부의 무능과 도덕적 해이는 급기야 그리스를 국가부도 상태로 내몰고 만 것이다. 이같이 공짜복지의 결말은 참담하다.

반면에, 복지국가로의 진입에 성공한 스웨덴, 노르웨이, 덴마크의 북유럽 국가들은 국내 · 외적으로 경제위기가 나타난 1990년대 이미 재정개혁을 통해 복지비용의 거품을 빼고 높은 세율로 재원을 확보했다. 이들 국가들은 자유경제시스템을 보장하면서도 세금을 통해 조성한 재원으로 실업과 교육문제를 해결해서 사회적 불안요소를 흡수한 것이다. 여기에 우리가 주목할 점이 있다. 이들 국민들은 국가에 세금을 많이 내도 다시 복지를 통해 돌려받는다는 믿음을 확고히 하고 있다는 사실이다. 따라서, 아무리 증세를 해도 국민이 낸 세금은 투명하고 깨끗하게 관리한다는 정부의 신뢰가 없으면 그 효과가 나타나지 않는다는 교훈을 우리는 직시해야 한다.

이상의 외국 사례들을 볼 때, 우리가 가야할 길은 분명하다. 인기영합위주의 복지포퓰리즘을 단호히 배격하는 한편, 진정한 복지국가로 가려면 국민들의 부담이 반드시 뒤따라야 한다는 인식의 대전환이 필요하다. 아울러서 정부는 보다 분석적이며 현실적인 복지재원부담 계획을 제시해야 한다. 한편, 투명하고 깨끗한 정부개혁을 통해 정부에 대한 국민의 신뢰를 얻어야 한다. 복지국가로 가야하는 대한민국은 지금 뜨거운 가슴과 차가운 머리를 가진 국민과 대통령, 전문가와 정치인을 필요로 하고 있다.

(내일신문, 2015. 03. 13)

혁신 · 화합 · 소통의 총리가 국민의 뜻

천신만고 끝에 국회 인준 관문을 통과한 이완구 국무총리가 업무를 시작했다. 대한민국 제43대 총리이자 박근혜정부하에서는 두 번째 총리다. 이 총리는 취임 일성으로 "국민의 뜻을 받들어 열심히 일하겠다"고 짧고 굵게 포부를 밝힌 바 있다. 그렇다면 국민의 뜻은 무엇일까. 그것은 바로 혁신 · 화합 · 소통의 리더십을 발휘하는 총리가 되어달라는 것이 틀림없다.

이완구 총리의 인준과정에서 여 · 야는 물론 국민여론은 크게 엇갈린 바 있다. 그러나, 총리가 임명된 지금, 총리인준의 결과를 놓고 각 정당이 그 이해득실을 따질만큼 대한민국이 한가한 상황이 아니다. 작년에 우리 나라가 세계 8번째로 무역 1조불 시대를 3년 연속 달성했다. 1인당 국민소득이 2만 6천불을 넘어 3만불에 육박하는 결과도 냈다. 그럼에도 대다수 국민들의 삶은 여전히 고단하다. OECD 국가 중 자살률 1위, 최저 출산률, 세계 최장 노동시간, 최고의 사교육비 부담 등의 지표는 세계 15위권의 경제규모에 걸맞지 않게 우리 국민들의 삶이 얼마나 불안하고 버거운지를 여실히 보여주고 있다.

국가경쟁력도 다시 곤두박질 치고 있다. 얼마전 세계경제포럼(WEF)이 발표한 2014~2015 국가경쟁력 평가에서 한국은 144개 국가 중 26위를 차지했다. 지난 2007년에 11위를 기록하는 등 지난 20년 동안 한번도 20위권을 벗어나지 않았었다. 그래서 이번에 추락한 순위는 매우 우려할 만한 수치다. 그 중에서 정부 정책과 관련된 제도적 요인 지수는 8계단 내려와 82위, 노동시장 효율성 역시 8위를 더 하락해 86위다. 심지어 정부 정책결정의 투명성은 133위로 최하위권이다. 현재 정부가 얼마나 비효율적이며 동시에 비민주적인가를 단적으로 보여주는 결과다.

우리가 여기에 이르게 된 이유는 많지만 한가지는 분명하다. 그동안 국정전반이 제 역할을 못하고 정부가 국민의 뜻에 따라 막중한 도리를 다하지 않았기 때문이다. 다산 정약용의 「목민심서」를 보면, 참으로 소박하게 국정의 바른 길을 제시하고 있다. 즉 "정자(程子)는 나라를 다스리면서 시민여상(視民如傷)이라는 네 글자를 써놓고 날마다 부끄러움을 느낀다"고 했다. 모든 백성은 상처를 입은 사람으로 여기고, 그들을 어루만지고 보살펴주는 심정으로 국정을 수행해야 한다는 뜻이다. 백성들을 상처입은 환자로 보지않고, 지멋대로 취급하는 사람, 법(法)도 의(義)도 두려워하지 않고, 청렴하지도 신중하지도 그렇다고 부지런하지도 않은 그런 사람들은 절대 지도자가 되어서는 안된다는 것이 다산의 정신이다.

이제 임기를 시작한 이완구 총리가 주도하는 국정운영은 지금부터 달라야 한다. 철저히 혁신해서 달라도 아주 달라져야 한다. 그렇기 위해서는 국정의 혁신을 통해 국민의 아픔과 함께하는 착한 국정, 국민에게 희망을 주는 좋은 국정, 그리고 국민과 소통하는 강한 국정을 통해 원칙과 상식이 통하는 사회를 만들어야 한다. 이것이 곧 국민의 준엄한 뜻이다.

박근혜 정부가 출범해서 2년이 다 되어가도록 국정운영의 기본틀은 중앙집권 그것도 청와대 중심에서 크게 변하지 않고 있다. 그동안 청와대가 중심이 되어 추진하고 있는 국민안전, 경제혁신, 공공개혁들은 모두 중앙집권을 더욱 공고히 하고 말았다. 모든 권력이 청와대로 집중될수록 그로 인해 나타날 국정실패와 실수는 모두 대통령 개인이 떠안을 수 밖에 없다. 그럴때마다 정권은 혼돈과 위기로 치닫고 있다.

따라서, 박근혜 정부가 성공하기 위해서는 더 늦기 전에 국정을 개조해야 한다. 여기에 이완구 총리가 혁신적 리더십으로 그 중심에 서서 국정운영의 틀과 방식을 과감하게 바꿔야 한다. 국정운영의 틀은 청와대 중심의 중앙집권적 통제체제에서 지방분권형 협력체제로 바꿔야 한다. 그리고 그 운영방식은 투명과 공개, 소통과 협력중심이 되어야 할 것이다. 그래야만, 행정 각부를 제대로 통괄해서 국정을 바로잡게 된다. 동시에 국정에 대해서 큰 실망과 좌절에 빠진 국민들의 신뢰를 다시 회복할 수 있을 것이다.

국정혁신과 함께 중요한 과제가 사회화합과 통합이다. 2013년부터 한국 정치지형에 있어서 의미심장한 변화가 발생했다. 충청권 인구가 호남권 인구를 최초로 앞지른 것이다. 충청과 호남 인구의 역전현상은 단순한 숫자적으로 인구구조상의 변화가 나타나는데 그치는 것이 아니다. 한국정치와 경제, 사회와 문화를 송두리째 바꿔놓기에 충분하다. 그동안 뿌리깊은 영·호남 지역감정의 문제도 의미가 없어질 수 있다. 이 혁명적 인구변화를 어떻게 준비하고 대처하느냐에 따라 대한민국의의 미래가 달라진다. 특히, 영·호남 중심으로 경도된 한국의 빗나간 정치관행을 바로잡을 절호의 기회가 왔다.

이완구 총리는 충청권 출신이다. 그만큼 충청권의 기대가 크다. 충청권의 소외론과 홀대론은 시정할 기회이기도 하다. 그러나 재임기간 중에는 대망의 꿈을 뒤로하고 충청권만을 의식해서 국정을 운영해서는 안될 것이다. 좌·우와 여·야를 모두 끌어안는 동시에 영·호남간의 화합을 그리고 수도권·비수도권간의 상생을 추구하는 포용의 리더십을 발휘하는 총리가 되어야 한다.

다음이 소통과 협력의 리더십이다. 중앙정부든 지방정부든 제왕적 리더가 혼자 끌고가던 시대는 이제 끝났다. 급속한 고령화, 여성의 사회진출 확대, 그리고 기존세대와 다른 특성을 지닌 신세대의 부상은 상호 신뢰을 바탕으로 한 협력과 새로운 소통방식을 요구하고 있다. 이 총리는 각계각층의 국민과 눈높이를 맞추고 그들의 고민과 생각을 경청해야 한다. 국민의 입장에서 문제해결의 실마리를 찾고, 이해와 설득으로 국민과 가까이 있어야 한다. 지금 국민은 말하는 리더보다 듣는 리더를 원하고 있다. 국정혁신을 통해 사회를 변화시키는 것은 입이 아니라 귀다. 이 총리는 국정 현안들을 이제 관련 언론기자나 전문가의 의견을 모으는데만 치중할 것이 아니라, 일반국민들의 의견과 판단에 직접 귀기울이는 것이 훨씬 지혜로운 결과를 가져올 수 있다. 더군다나 일반국민의 의견이 존중된 결정에 대해서 국민들은 정책집행과정에서 아낌없는 지원과 협력을 보내주기 때문에 정책과 제도의 성공 가능성은 더 높아진다. 이 총리가 갖고 있는 풍부한 경륜과 능력을 제대로 평가받을 기회이기도 하다.

지금 대한민국은 열강들의 각축장이 되어버린 약육강식의 냉혐한 국제무대에서 힘겨운 사투를 벌이고 있다. 국내 · 외적으로 큰 어려움이 놓여있는 대한민국이 꼭 120년전 명성황후가 왜적들에 의해 참혹하게 시해당하는 '을미사변'같은 치욕적인 역사를 두 번 다시 되풀이하지 않기 위해서라도 박근혜 정부는 반드시 성공해야 한다. 그것이 지난기간 내내 계속되어 온 불행하고 불미스러운 사건 · 사고들로 인해서 큰 좌절과 실망에 빠진 국민들에게 해야 할 박대통령과 정부의 도리이자 의무일 것이다. 이제 그 막중한 책임과 역할은 이완구 총리에게 주어졌다.

이 총리는 자서전 「약속을 지키는 사람」에서 인간 이완구는 국회의원, 도지사로서의 정치적 역정과 철학을 통해 "원칙과 신뢰를 지키는 사람으로 평가받고 싶다"고 밝히고 있다. 그의 소신대로 신념과 경륜있는 국무총리로서 대한민국 국정의 패러다임을 혁명적으로 바꿈과 동시에 새 정부가 국민들을 편하게 잘살게 해주는데 앞장서주기를 크게 기대해 본다.

(디트뉴스, 2015. 02. 21)

한국 지방자치 새 길을 찾다

한국의 지방자치는 올해로 민선자치가 부활된지 20년 째를 맞아 성년이 되었다. 그동안 다양한 지방분권정책을 추진해 온 결과, 지역사회에서 지방자치 정착을 위한 제도적 장치는 상당히 마련된 것으로 보인다. 하지만, 분권의 효과가 뿌리내리기 위해서 필요한 중앙권한의 대폭적인 지방이양, 그리고 자치재정권을 비롯한 지방자치권의 강화에 필수적인 지방분권정책은 여전히 미흡하다고 할 수 있다. 이외에도 오래 전부터 여러 정부를 거치면서 시행하고자 했던 자치경찰제와 교육자치제의 개선 및 주민중심의 근린자치을 위한 정책 등은 기대에 미치지 못했다.

이와 같이 지방분권에 대한 강한 의지와 계획을 갖고 추진했던 역대 정부들이 기대한 결과를 내지못한 주요 요인은 크게 세 가지로 볼 수 있다. 우선 정부마다 의욕을 가지고 추진했던 자치와 분권, 균형발전, 정부혁신들을 그 본질적 개념과 목표의 정립, 상충하는 상호관계 그리고 단계별 추진전략에 대한 진지한 검토와 고민없이 무리하게 한꺼번에 추진하고자 했기 때문이다.

또한, 자치와 분권은 국민들이 그 성과를 체감하는 가운데 계속해서 공감대를 형성해 가야 한다. 그럼에도 불구하고 오히려 누구를 위한 자치이고 분권이며 혁신인지가 제대로 국민들에게 전달되지 못했다. 그 결과, 국민들의 동참을 끌어내는데 성공하지 못하고 말았다. 그리고, 자치와 분권에는 상당한 저항과 부작용이 반드시 병행하기 때문에 이에 대한 극복방안이 전략적으로 마련된 다음 구체화했어야 했는데 이에 소홀했기 때문이다.

작년 12월, 대통령소속 지방자치발전위원회가 「지방자치발전종합계획」을 발표했다. 계획안에는 지방자치의 중요과제들을 포괄적으로 담고 있다. 물론, 지방자치단체, 관련 시민단체및 학계가 제시한 지방자치의 성공조건을 충족시키기에는 여전히 미흡하다. 그러나, 지방자치발전위원회의 최종 의사결정은 지금까지 대통령에게 단순 보고만 했던 다른 위원회들과는 달리 관련 중앙부처와의 협의와 조정을 거쳐서 이루어 졌다. 그 과정에서 위원회 자체안들은 상당부문 축소 내지 연기되었다. 그만큼 지방분권과 자치에 대한 중앙정부의 저항이 여전히 크다는 사실을 말해주고 있다.

다만, 이번에 지방자치발전위원회가 어렵게 마련한 종합계획은 나름대로 큰 의미가 있다. 먼저 민선 지방자치가 실시된 지 20년 만에 지방분권과 행정체제개편을 아우르는 과제들을 선정하여 이에 대한 종합적인 개편방안을 담아 마련한 정부 최초의 지방자치 마스터플랜이라는 점이다. 또한 개편안 마련 시작 단계에서부터 종합계획의 확정 단계까지 지역주민, 분권단체, 지방자치단체 등의 의견 수렴과 중앙부처의 협의 · 조정과정을 거치는 한편, 국회에 설치된 지방자치발전특별위원회에도 여러 차례 진행상황을 보고하는 등 종합계획 수립과정이 상향식으로 진행되었다는 점이다. 뿐만 아니라, 단순하게 대통령 자문위원회가 제안하는 지방자치발전에 대한 추진계획이 아니라 특별법에 근거를 두고 국무회의의 의결을 거쳐 최종적으로 확정한 범정부적 실천의지가 담긴 계획이라는 점에서 이전과는 다른 의미를 찾을 수 있다.

앞으로 남은 것은 국회의 입법노력에 중앙정부의 의지가 더해져 개편방안을 법제화하고 이를 실천해 나가는 것이다. 이러한 가운데 지방자치발전위원회가 국민의 공감대를 이끌어내고 각 이해당사자들의 의견이 서로 공유될 수 있도록 종합계획의 구체적인 시행계획을 마련하는 과정에서 중심이 되어 주워진 역할을 다해나가는 것이다. 특히, 공을 넘겨받은 국회에서 특 · 광역시의 자치구 · 군의회 폐지, 교육감 직선제도 개선, 기초단체장 및 의원의 정당공천제 폐지 등 선거와 관련된 민감한 과제들을 어떻데 처리하느냐에 따라 지방자치의 성패가 갈릴 것이다. 지방자치와 분권은 어렵지만 반드시 가야할 길이다. 국회 입법과정에서 계획안들이 보다 철저히 보완되기를 기대하고 촉구한다. 이제 성인이 된 한국 지방자치는 국민들이 기대와 성원속에 새 길을 찾아 나서야 할 것이다.

(지방자치발전위원회 e-뉴스레터, 2015. 02. 16)

한국축구가 국정(國政)의 길을 제시하다

한국축구가 지난달 호주에서 열린 아시안컵을 통해 국민들로부터 신뢰와 명예를 회복했다. 축구대표팀은 55년만의 정상탈환에는 실패했다. 하지만, 준우승이라는 값진 성과를 내며 불과 7개월전 브라질 월드컵 대표팀 해단식 때 받았던 엿세례의 수모를 말끔히 씻었다. 이번 대회기간에 울리 슈틸리케 감독이 보여준 리더십에도 찬사가 끊이지 않고 있다. 비록 목표에는 도달하지 못했는데도 더 큰 박수를 받은 한국축구대표팀의 성공에는 분명히 그 이유가 있다. 이번의 성공속에 숨어있는 중요한 '성공 인자'를 또다시 흘려보내게 되면 다음 대회에서의 성공을 확신할 수 없다. 2002년 한일월드컵대회에서 당시 히딩크 감독과 함께 이룬 4강신화의 기적에서 얻은 교훈은 불과 10년만에 깡그리 잊혀졌다. 그 결과 홍명보호는 브라질 월드컵에서 참패했다. 동시에 한국축구는 국제축구계에서 변방으로 밀려있지 않은가. 우리 국민들이 이번 국가대표팀에게 보여준 열렬한 응원과 칭찬은 언제든 회수될 수 있는 변덕스런 현상임을 결코 잊어서는 안된다. 따라서, 지난 한일월드컵 그리고 아시안컵에서 한국축구가 보여준 공통적 성공요인이었던 지도자의 리더십, 팀웍과 시스템, 그리고 선수 개개인의 역량과 자세라는 인자들을 이번만큼은 반드시 지켜가야 할 것이다.

먼저, 한국축구팀을 부드러운 카리스마로 이끈 슈틸리케 감독의 '실용 리더십'이 주목을 받고 있다. 슈틸리케 감독의 리더십은 지극히 상식적인 것 같지만, 오늘날 현대조직에서 요구하는 리더십의 내용과 정확히 일치하고 있다. 한국축구팀은 짧은 기간동안 이번 대회를 준비하면서 비전과 목표를 분명히 공유하고 있었다. 감독은 우승을 목표로 한다고 큰 소리 쳤지만, 내심 승리를 강요하지 않았다. 오히려 "한국축구가 미래 사회에서 정치, 경제문제 못지않게 직장과 가정의 화제가 되도록 하는 것이다"라는 평소의 축구철학으로 팀을 이끌었다. 투철한 사명감과 투지로 무장한 선수들은 그라운드를 종회무진 누비면서 미래에 대한 꿈과 열정을 쏟아냈다. 선수들의 창의적인 플레이를 유도하는 동시에 팀 구성원들의 역량을 하나로 묶어내는 이른바 '완팀 리더십'을 강조했다. 그것은 꿈과 희망을 공유하고, 신뢰와 자율로 조직을 이끈 믿음의 리더십이다.

현대축구는 크게 달라졌다. 소수의 탁월한 선수들에 의존하는 팀들은 사라지고 단단한 조직력과 유연한 시스템을 갖춘 팀들이 축구계를 지배하기 시작했다. 그래서 스타플레이어들이 활약했던 프랑스와 브라질 팀은 밀려나고 독일 팀이 떠오른 것이다. 최근의 축구 강호들은 지역협력방어를 바탕으로 상대팀에게 압박을 가하고 경기를 지배한다. 공격진과 수비진의 간격은 최소화하면서 전원 기동력있게 움직이는 컴팩트(compact)한 축구를 구사한다. 따라서, 한국축구팀의 견고한 팀웍과 협력수비는 다섯 게임 연속 무실점 승리의 주 요인이었다. 또한, 현대축구는 포지션 파괴를 주문한다. 이제 선수들은 자기의 전공을 살리면서 또 다른 역할을 협력을 통해서 함께 소화할 수 있어야 한다. 우리 선수들은 개성이 강하고 자기표현이 확실한 신세대로서 세계무대의 긴장감과 압박에 주눅들지 않고, 자기의 실력을 최대한 발휘하는 의연함과 대담함을 보여주기 시작했다.

현대행정도 현대축구와 다름없다. 현대 행정조직에서의 리더십은 성패를 가늠하는 절대적인 요소다. 박근혜호가 국정을 책임진지 2년이 채 안됐지만, 국정에 대한 국민들의 신뢰도가 크게 떨어졌다. 박 대통령이 그간 국정운영에 어려움을 겪을 수 밖에 없었고, 또 국민들의 지지율이 추락한 이유는 국정을 운영할 때 절대로 놓쳐서는 안될 세가지의 성공리더십을 놓친 때문이다. 그것은 바로 국민과 함께 가야할 미래에 대한 공감대 형성, 국민으로부터의 신뢰구축, 그리고 국민과의 소통원활화이다. 먼저, 지도자의 제일 중요한 역량은 미래를 보는 혜안과 통찰력, 그리고 그 미래상에 대한 국민들의 공감대 형성에 있다. 다음 "나라는 백성에 의해 보존되고 백성은 신뢰에 의해 보존된다"는 중국 송나라 사마광의 말을 되새기면서 국민신뢰 회복에 매진해야 한다. 그리고 국민과의 소통이다. 각계각층의 국민과 눈높이를 맞추고 그들의 고민과 생각을 경청해야 한다. 박근혜 정부는 국민의 입장에서 문제해결의 실마리를 찾고, 이해와 설득으로 국민과 가까이 있어야 한다. 물론 국정의 팀워크와 시스템은 투명과 소통 그리고 나눔과 협력이 핵심이 되어야 한다.

이와같이, 한국축구의 성공 요인을 들여다 보면, 국정 성공의 새 길이 보일 것이다.

(내일신문, 2015. 02. 13)

폭력사회, 교육부터 다시 시작하자

대한항공 땅콩회항 사건에 이어 어린이 집 아동에 대한 학대와 무자비한 폭력이 국민들의 공분을 불러일으키고 있다. 잘나가던 40대 가장이 실직과 주식실패로 부인과 딸을 살해했다. 어느 흉악한 인질범은 끝내 부인의 전남편과 의붓딸에 대해 살인사건을 저질렀다. 연이어 터지는 끔찍한 살인과 폭력사건들로 우리 사회는 큰 충격에 빠져있다. 그런가 하면, 우리나라의 자살률이 10년 연속 경제협력개발기구(OECD) 국가들 중 1위를 지켰다고 한다. 이 어둡기만 한 현상들이 바로 지금 우리들의 자화상이다.

대한민국은 그 동안 경제성장이 부국강병의 토대요, 국민행복의 지름길이라 믿었다. 그 결과, 1960년 일인당 국민소득 79불의 최빈국에서 3만불 달성을 목전에 둔 경제중진국으로 성장했다. 국민소득 3만불, 인구 5천만이 가입한다는 「3050선진국 클럽」에 세계 7번째 주인공이 될 날도 멀지 않았다고 한다. 대한민국은 정말 거침이 없었고, 세계적인 찬사와 부러움에 취해 있었다.

그러는 사이에 우리 사회 구석구석이 병들고 썩어가고 있음을 알아채지 못했다. 물질지상주의, 가족이기주의, 사회기강 해이, 인간경시 풍조, 부정과 부패, 공동체 의식의 부재, 상호 불신과 부정 등 탐욕의 사회화 현상들이 우리 사회를 어느새 뒤덮어 버린 셈이다.

앞으로 국민들은 지금보다 더 큰 혼란과 충격을 받을 것이 분명하다. 학교 폭력, 군대 폭력, 사회 조직 폭력들은 벌써 악순환 고리로 고착되어 가고있기 때문이다. 힘과 자본을 더 가진 '갑'들이 우월한 지위와 빗나간 권위주의를 바탕으로, 열세하고 조직력이 약한 사회적 약자 '을'들을 폭행, 착취하는 사건들도 계속 잇따를 것으로 보인다. 그럼에도 미래에 대한 대비책은 전무한 실정이다. 공교육의 붕괴와 대학입시 위주의 교육으로 학교밖을 떠도는 청소년들, 대학졸업 후 사회로 진출하지 못해 연애 · 결혼 · 출산을 포기한 소위 「3포 세대」들이 넘쳐나고 있는 상황인데도 말이다. 이들은 기성사회를 원망하며 지금보다 훨씬 잔인하고 무자비한 폭력을 저지를 잠재력을 키우고 있다. 그들의 스트레스를 유일하게 해소해 주는 각종 인터넷 게임들이 미래의 폭력성을 적나라하게 보여주고 있다.

남을 향한 폭력은 각종 범죄로 나타날 것이고, 자기 자신을 향한 폭력은 자살로 이어진다. 지난 해 자살한 사람은 1만 5천명이 넘는다. 매일 평균 42명이 자살했다. 자살시도자는 60만명에 이른다니 앞으로 얼마나 많은 사람이 자살로 생을 마칠지 아무도 모른다. 이렇게 미래가 어둡고 사회가 어지러우니 아이마저 낳지 않는다. 가임여성 1인당 4.53명을 낳던 1970년대에 비해 지금은 1.19명으로 출산률 역시 세계 최저다.

그러면 우리사회에 이제 희망은 없는가. 그렇지 않다. 우리는 뒤늦게나마 경제의 양적 성장만으로 국민 개개인이 결코 행복해 지지 않는다는 사실을 깨닫기 시작했다. 그것만도 다행이다. 지금부터 성장 집착에서 벗어나 열심히 일한 만큼 대접받는 공정한 사회, 경쟁하다 실패해도 기회를 다시 주는 복지사회, 격차와 소외가 없는 균형사회 그리고 윤리와 도덕이 살아 숨쉬는 정의사회를 만드는데 눈길을 돌려야 한다. 그리고 이 새로운 사회를 만들기 위해서는 획기적인 교육개혁을 통해 우리 국민의 지적(知的), 인성적(人性的) 역량을 다시한번 업그레이드시키는 일 이외에는 달리 방법이 없다. 지금 우리의 교육은 개개인의 꿈과 가정의 행복을 막고 있는 동시에 국가와 지역의 발전에 희망을 주지 못하고 있다. 무엇보다, 국민 대다수가 자녀의 교육을 위해 짊어진 고통을 과감히 덜어주고, 날로 무너지고 있는 공교육과 지역간 교육격차 문제를 해결해야만 한다.

요컨대, 지금의 교육을 바로 세우기 위해서는 지방자치와 교육자치의 연계 · 통합을 통해 기형적인 현 '지방교육자치의 틀'을 바로 세우는 일이 그 출발점이 되어야 한다. 올해는 지방자치가 실시된지 20년째가 된다. 지금부터 교육의 기본틀을 새로 디자인해서 우리 나라 교육이 실질적인 교육분권과 함께 지역격차 없이, 보다 다양하고 창의적으로 이루어 져야 한다. 그래야만, 각종 폭력에 노출된 우리 사회가 공정과 정의와 도덕이 살아 숨쉬는 희망의 새 시대를 향해 나갈 수 있을 것이다.

(내일신문, 2015. 01. 23)

통일이 대박 되려면 자치단체간 교류 서둘러야

1. 통일이 대박이 되려면

요즈음 외국의 한반도 전문가들은 국제회의에서 남북통일에 대해 주로 두 가지 얘기를 자주한다. 첫째는 "당신들은 통일이라는 축복이 있어서 참 좋겠다. 부럽다. 그리고 그 통일이 지금 새벽녘에 와 있는것 같다" 는 말이다. 두 번째 얘기는 "그런데 이상하다. 당신들은 통일을 하겠다는 열정이 안 보인다. 그래서 아무래도 통일 못할거 같다"는 것이다. 처음엔 납득하기 어려웠지만, 잠시 생각해 보면 일리있는 지적이다.

작년에 각 언론사가 여론조사한 결과를 보면, 1990년대에 국민들의 80% 정도가 통일은 해야 한다고 응답했다. 그런데 최근에는 국민의 25% 정도만 통일해야 한다고 하고, 심지어 30% 정도는 통일을 원하지 않는다는 결과가 나왔다. 한마디로, 빨리 통일해야 한다는 생각은 3분의 1로 줄어든 반면, 분단이

유지되야 한다는 견해는 두배로 늘어난 것이다. 지난 20년간 통일에 대한 우리의 태도가 바뀌었음을 단적으로 보여주고 있다. 특히, 통일 후 혜택을 가장 크게 받을 청년층일수록 통일을 부정적으로 본다는 조사 결과는 통일에 대한 회의감마저 들게 한다. 북한 중앙당 간부 82.5%는 통일을 반대하지만, 북한 주민 76.5%는 통일을 매우 원하고 있다는 탈북자들의 인식과 비교하면 가히 충격적이다.

한반도의 통일은 꼭 해야 한다. 남과 북을 위해서 반드시 해야 하고, 동북아의 평화와 번영을 위해서도 해야 한다. 통일이 되면, 전쟁과 핵의 공포로부터 해방된다. 뿐만 아니라 현재 대한민국이 풀지못하고 있는 이념간의 갈등, 경제침체와 양극화, 그리고 청년실업 등의 문제를 해결하는 결정적 돌파구가 될 것이다. 통일한국의 국제위상과 국가신용도는 높아진다. 남북 군병력과 군사비용은 대폭 절감된다. 국방비가 20년간 400조 절감된다는 보고서도 있다.

나아가, 통일은 동북아 평화의 초석을 마련한다. 세계평화와 경제에도 크게 기여한다. 통일 후 북한은 신제조업 전진기지로 변모되어 30년 뒤 1인당 국민소득이 110배로 늘어난다. 부산에서 신의주, 북경을 거쳐 유럽으로 가는 신 고속철은 물류시간과 비용을 절반으로 줄일 것이다. 때문에 경제, 관광, 문화에도 혁명이 일어난다. 이를 화폐단위로 환산하면, 한반도 통일에 소요되는 비용은 3, 600조인데 그 혜택은 6, 800조에 이른다고 한다. 2050년 통일한국의 국력은 세계 5위로 도약할 것이다. 믿을만한 대학연구소들이 내놓은 분석결과다. 때문에 "통일은 대박이다"는 결론에 이르게 된다. 만일 통일이 안 되면 북한은 중국화된다. 한국은 신냉전시대를 맞고 세계 변방에 영원히 머문다.

그러나 통일의 성과는 결코 저절로 나타나지 않을 것이다. 철저한 준비가 필요하다. 북한이 저절로 붕괴될 때까지 단순히 기다리는 것은 더 어리석은 일이다. 그럼 지금부터 해야 할 일이 분명해졌다. 먼저 우리 국민 개개인이 통일에 대한 신념과 의지를 확고히 해야 한다. 그리고 국민적 공감대를 형성해야 한다. 정부는 더 이상 통일 관련 정보를 독점하거나 치적쌓기 또는 이벤트성으로 접근하지 말아야 한다. 지난 정권들의 대북정책도 그 공과를 객관적으로 분석해서 버릴 것은 버리되 이어나갈 것은 이어나가야 한다. 특히 대북지원 자금에 대해서는 사전 또는 사후에 국민들에게 낱낱이 공개해야 한다. 그래야 대북정책에 대한 국민들의 신뢰가 형성된다. 신뢰는 통일정책의 토대다.

다음, 서독과 동독의 통일과정이 그랬듯이 남북한 지방자치단체 간 교류가 보다 활성화되어야 한다. 탈북자 새터민들에 대한 정책도 내실을 기해야 한다. 북한 주민들은 이들을 예의주시하고 있다. 끝으로, 통일요원들의 양성이 시급하다. 각계 각층의 인재를 양성해서 통일전후에 활용해야 한다. 통일은 이제 우리곁에 성큼 다가와 있다. 우리는 통일을 서둘러야 한다. 그러나 그 목표와 과정은 정당해야 한다. 그래야 통일은 곧 대박이 된다. 통일은 저절로 오는 것이 아니다. 철저한 준비를 통해 우리가 만들어 내는 것이다.

2. 지방자치단체 남북교류의 중요성과 특징

남과 북의 교류와 협력은 남북관계를 안정적으로 유지시켜주면서 북한에 대한 우리의 영향력을 높여주는 수단이 된다. 교류와 협력이 분단 상태를 평화적으로 관리할 수 있게 만들며 국제사회에서 한반도 문제에 대한 남한의 영향력을 증대시켜주는 것이다. 남북교류협력사업의 가운데 대북지원사업의 경우에는 중앙정부, 지방자치단체, 민간단체가 주요 행위자다. 그 가운데 중앙정부의 역할은 매우 크고 결정적이다. 즉, 중앙정부가 남북교류협력사업의 주체자로서 적극적으로 나설 경우, 지방자치단체의 남북교류협력사업 역시 활기를 띄게 된다. 그러나 이명박 정부의 경우처럼 대북강경정책 등으로 남북한간 교류협력사업을 중단시킬 경우, 지방자치단체의 남북교류협력사업 역시 위축될 수밖에 없다.

지방자치단체의 남북교류는 매우 중요한 의의를 함축하고 있는 것이다. 민간의 비공식적 교류에 비하여 다소 제도화에 기여할 수 있다. 또한 중앙정부의 공식적 교류에 비하여 상대적 유연성을 발휘할 수 있는 지방자치단체의 남북교류는 통일한국을 위한 교두보적 역할을 수행할 수 있다. 독일의 사례에서 보듯이, 지방자치단체간 교류의 활성화는 상호 체제의 경직성을 완화하여 통일의 시기를 앞당길 수 있다. 뿐만 아니라, 체제간 동질성 회복을 통해 통일이후의 문제발생을 최소화하는데 기여할 수도 있다.

지방자치단체의 남북교류협력사업은 지난 1999년, 제주도가 북한에 감귤 4천여 톤을 보내면서 시작되었다. 곧이어 2000년 6 · 15 남북정상회담 이후 본격적으로 지방자치단체들이 대북지원사업에 나서면서 지방자치단체 주도의 남북교류협력사업이 본격적으로 시행되기 시작했다. 그러나, 지난 2009년 천안함 및 연평도 피격 후 단행된 5 · 24조치로 인해 사실상 전면 중단된 상태이다. 최근 들어 지방자치단체장의 의지에 따라 중앙정부의 정책과는 상관없이 남북교류협력사업의 추진이 활발하게 진행되고 있다. 인천광역시, 광주광역시, 강원도 및 경상남도는 2010년 민선 5기부터 다양한 측면에서 남북교류협력사업을 추진하고 있다. 이는 일부 지자체인 대구광역시와 경기도가 인도적 대북지원사업 위주의 남북교류협력사업을 추진했던 것과 확실히 구별된다. 특히, 지난 이명박 정부의 임기 말 집권누수현상에도 원인이 있었겠지만, 지방자치제도가 공고화되면서 각 단체장의 정치이념에 따라 지방자치단체의 정책결정이 달라지고 있다는 점을 시사한다. 또한, 박근혜 정부의 '통일대박론'제기와 함께 남북교류사업은 새 국면을 맞고 있는 것이다.

지방자치단체의 남북교류협력사업의 참여는 중 · 장기적으로 북한의 행정현대화에 기여할 것으로 보여 완전한 통일국가 형성과정에서 비용을 크게 줄여줄 것이다. 또한 통일 이후 지방자치의 실시와 지역통합을 위한 중요한 경험이 될 수도 있다. 통일 이후 남북한 간 지역 갈등이 존재할 수 있음을 고려할 때 사전적인 교류작업의 추진은 통일 이후 지역간 초래될 많은 갈등해소 비용을 사전에 줄일 수 있다는 점에서 매우 의미 있는 작업이라 할 수 있다.

3. 지방자치단체 남북교류추진상의 문제점

현재까지 소수 지방자치단체의 사업만이 직접 북한측과 접촉을 갖는 성과를 거두었다. 그럼에도 불구하고 지방자치단체의 남북교류는 추진사례에 비하여 안전행정부의 사업승인 허가나 북한측과 직접접촉 성사가 전반적으로 저조하다. 이는 지방자치단체의 남북교류 추진절차의 각 단계에 내재하고 있는 여러 가지 문제점들에 기인하는 것으로 간주된다. 남북교류를 추진하였거나 또는 계획하고 있는 지방자치단체들이 직면하고 있는 문제점들 중 대표적인 것들은 정보부족, 예산부족, 절차의 복잡성, 중앙정부의 지원 미흡, 대북접촉창구의 부재 및 북한의 신뢰성 부족 등으로 나타나고 있다. 이 외에도, 시민의 공감대 부족, 신변안전 불확실, 사전심사의 엄격, 전문가의 부재, 접촉비용의 과다, 상호왕래의 부자유, 북한의 개방의지 부족 및 남북교류사업의 성공불투명 등이 문제점으로 지적되고 있다. 결국, 지난 기간 지방자치단체에서 추진한 남북간 교류는 소기의 성과를 달성하지 못하였다. 지방자치단체가 직접 남북교류를 추진한 그동안의 경험도 일천했다. 이에 따라 정보부족을 비롯한 여러 가지 문제점들이 저해요인으로 작용하면서 추진사례나 기대에 부응하는 성과를 보이지 못했기 때문이다. 따라서, 지방자치단체의 남북교류가 남북통일에 유용한 전략적 수단으로 활용되기 위해서는 몇 가지 측면에서 개선노력이 수반되어야 한다.

지금까지 일부 자치단체들이 일회적 · 이벤트적 · 민간단체 의존적 사업을 추진해왔다면, 이제는 전략적이고 목표지향적이며, 자기 주도성 목적성 주도 아래 사업을 펼쳐야 한다. 그러기 위해선 첫째, 어떤 상황에서도 북한이 받아들일 수밖에 없고, 둘째, 시민 또한 광범위하게 동의할 수 있으며, 셋째, 각 지자체의 장점과 특징을 나타내는 전략적 아이템의 개발이 무엇보다 요구된다. 성공적인 남북교류협력사업을 이끌어 낼만한 교류아이템 개발이 요구된다는 것이다. 해당 지방자치단체는 모든 남북교류협력사업의 추진여부를 결정함에 있어 고려해야 할 점은 다음과 같다. 첫째, 사업의 지속적인 확장가능성 및 사업추진의 안정성을 최우선적으로 고려하여야 한다. 둘째, 남북교류협력사업의 최종 소비자 혹은 이득자는 해당 지방자치단체의 주민이 되어야 할 것이다. 셋째, 투명성의 확보이다. 넷째, 중앙정부와 지방자치단체간 긴밀한 협력체계를 구축하는 것이다. 다섯째, 공식적인 대북접촉창구를 만드는 것이다.

현재까지의 대북 인도적 지원사업 위주로 진행되어왔던 남북교류협력사업을 북한에 대한 개발지원 형태로 바꾸어 진행해야 한다는 주장도 참고해야 한다. 남북교류협력사업의 미래를 생각한다면 단순한 구호적, 일회성 사업의 시행으로는 한계가 있으며, 북한 개발지원으로 남북교류협력사업을 재편해야 한다는 것이다. 이는 현재의 남북교류협력사업을 규정하고 있는 법·제도의 틀 안에서 충분히 가능하며, 실질적 통일 준비 과정이라는 점에서 주민들의 동의를 얻는 과정도 훨씬 수월할 것이다.

4. 지방자치단체의 남북교류 효율화를 위한 제언

현재 지방자치단체들이 직면하고 있는 문제점들을 개선하기 위해서는 두 가지 측면에서 접근할 필요가 있다. 하나는 지방자치단체의 내부적 운영을 효율화하는 것이고, 다른 하나는 외부적 지원체계를 강화하는 것이다. 이는 지방자치단체 남북교류의 추진과정이 해당 지방자치단체뿐만 아니라 행정자치부 및 통일부의 관련절차를 거쳐야 하는 까닭에 지방자치단체 내부 또는 외부의 어느 부분의 개선만으로는 효율화를 도모하기 어렵기 때문이다. 지방자치단체의 내부적 운영의 효율화를 제고하기 위해서는 다음의 세 가지 요인들에 대한 검토가 필요할 것이다. 우선 남북교류전략을 체계화할 필요가 있다. 이를 위해서는 교류분야에 있어서 단계적이고 점진적인 확대가 이루어져야 하고, 교류목적에 있어서 각 단계별 차별화가 도모되어야 하며, 교류방법에 있어서 다양화가 강구되어야 할 것이다. 다음으로는 교류대상사업 및 대상기관의 적정화가 도모되어야 한다. 교류대상사업은 교류주체나 대북지원의 정도 및 지역의 특성 등을 고려하여 해당 지방자치단체가 효과적 추진할 수 있는가를 판단하여 선정하는 것이 필요하다. 그리고 교류대상기관은 행정계층단위나 도시기능, 문화예술, 경제 · 기술의 관련요인 등의 유사성을 고려하여 적정 대상단체를 선정하는 노력이 수반되어야 한다. 그리고, 남북교류를 위한 추진체계 역시 확고히 구축될 필요가 있다. 즉, 지역내의 합의를 도출할 수 있는 법제적 근거를 마련하고, 계획수립의 체계화를 도모하며, 남북교류사업을 전담추진할 수 있는 기구를 확충하고, 관련재원의 충분한 확보가 이루어져야 할 것이다. 한편, 효과적인 남북교류협력사업의 시행을 위해 법 · 제도적 변화가 필요하다. 먼저 「남북교류협력에 관한 법률」의 개정이 필요하다. 현재 지방자치단체의 남북교류협력사업은 「남북교류협력에 관한 법률」에 바탕을 두고 있으나, 현행 법체계는 사업 추진과정과 현실적으로 많은 괴리가 있다. 아울러 국가보안법에 대한 손질도 필요하다. 남북교류협력사업을 규제하고 있는 제반 법령들이 국가보안법과 상충되는 부분들이 상당수 존재하고 있다. 또한 지방자치단체가 독자적으로 북한과 접촉하고 개발지원을 추진할 수 있도록 법률이 개정될 필요가 있다. 또한 지방자치단체에 대한 남북교류협력기금의 지원이 필요하다. 지방자치단체의 자치법규 역시 많은 보완 · 발전이 필요하다. 현재 각 지방자치단체들이 제정한 남북교류협력사업 관련 자치법규는 대북 인도적 지원 사업 등 단순한 교류협력의 범주를 벗어나지 못하고 있다. 특히, 북한에 대한 개발지원 조례를 별도로 제정하는 작업의 필요성도 검토해 보아야 한다. 아니면 현재의 조례 등을 개정하여 개발지원에 맞도록 세부적인 내용들을 대폭 수정할 필요도 있다. 그리고 현재 유명무실화 되어 있는 '지자체남북교류실무협의회'의 활성화가 시급하다. 남북교류협력사업을 위한 전담 기구 및 인원의 설치 역시 시급한 과제이다. 지방자치단체의 특성과 능력에 맞는 사업을 발굴하고, 북한에 대한 정확한 정보에 입각하여 일회성 사업보다는 지속성 있는 사업 계획을 수립하고 추진하는 것은 지방자치단체 내의 조직정비 및 인력확충과도 밀접한 연관이 있다. 마지막으로, 남북교류에서 지방자치단체가 가장 애로를 많이 겪고 있는 정보 및 재정에 관한 중앙정부의 적극적 지원이 이루어져야 한다. 이를 위해서는 안전행정부가 북한에 관련된 정보를 총괄관리 및 공급하는 전담기구를 설치하여 지방자치단체의 정보요구에 탄력적으로 대응하는 한편, 현행의 남북협력기금과 별도의 재정지원프로그램을 설치・운영함으로써 재정지원을 강화하는 노력을 기울여야 할 것으로 판단된다.

5. 통일을 위한 도전에 지방이 적극 나서야

요약컨대, 지방자치단체 남북교류협력사업의 활성화는 남북관계 발전 및 통일기반 조성에 크게 기여할 것이 틀림없다. 앞으로 각 지방자치단체들은 중앙정부 및 민간단체와의 협력체계를 공고히 구축하고, 주민의 참여를 보장하면서 남북교류협력사업을 추진하는데 적극 나서야 할 것이다. 여기에 지방자치단체가 앞장서야 한다. 독일의 지성들은 괴테의 "오래된 길을 다시 밟아가기보다, 새로운 길 위에서 휘청거리는 것이 낫다"는 시를 인용해 통일을 위한 창조와 도전정신을 우리들에게 강조하고 있다. 서독의 지방자치는 통일독일의 모델이 되었다. 한국의 지방행정체제도 지방자치와 분권을 보다 내실화해서 통일 후 실시할 '통합 지방행정체제'의 근간이 되도록 해야 할 것이다. 을미년 새해 부터는 통일을 위한 도전에 지방자치단체가 적극 나서야 할 것이다.

(자치발전, 2015. 01)

국정부터 개조해야 성공한다

갑오년이 서서히 저물어 간다. 올 한해도 다사다난 했지만, 가장 큰 일은 뭐니뭐니 해도 세월호 사고다. 사고가 난지 벌써 8개월이 지나 해를 넘기고 있다. 지난 여름, 프란치스코 교황방문으로 큰 위로를 받기는 했지만, 국민 모두는 여전히 슬픔속에 참담함을 느끼고 있다. 외국 언론들도 발전과 성장의 강박증에 걸린 주식회사 대한민국이 침몰하면서 한국 민주주의가 중요한 시험대에 놓여 있다고 지적한 바 있다. 과도한 학력 경쟁, 생명존중과 시민안전보다는 성장과 이윤 추구를 최고의 가치로 삼아 왔던 한국경제모델을 질책했다. 찌들대도 찌든 관료사회의 부패와 비리 등을 한국의 고질적인 문제점으로 꼽기도 했다. 특히, "위기때 정부가 삼류라면 경제가 일류인 것은 아무 의미가 없다"고 한 불룸버그 통신 칼럼니스트 윌리엄 페섹의 말은 아직도 우리들의 귓전에 맴돌고 있다.

지난 세월호 사건의 엄청난 희생을 통해 우리 국민들은 정부라는 집단 자체가 무능하다는 사실을 비로소 알게 되었다. 게다가 국가와 사회의 모든 문제들을 관료들끼리만 해결하도록 맡겨서는 안된다는 사실도 뒤늦게 깨달았다. 선진국에서는 벌써 문제가 생길 때마다 정부가 나서서 해결할 수 있다는 정설이 안통한지 오래되었다. 왜냐하면, 현대사회에서 모든 문제들 마다 정부가 간섭해서 혼자 해결하려 할수록 오히려 사태를 악화시켜서 더 깊은 늪에 빠지게 됨을 알았기 때문이다. 사회안전은 물론 경제, 복지, 교육, 환경 문제들의 해결과정에서 선진국 정부들이 많은 시행착오를 거친 끝에 얻어낸 값진 교훈이다.

민간과 어떻게 협력할지 고민해야

정부의 관리시스템 그리고 이를 운영하는 관료들의 전문성과 능력은 이미 오래전부터 민간부문에 뒤지기 시작했다. 즉 집단지성으로 무장한 기업과 시민사회가 정부를 앞선 것이다. 그럼에도 관료들은 낡은 법과 제도로 그리고 '관피아'라는 탄탄한 부조리 구조를 통해 억지로 민을 규제하고 통제해 왔다. 하지만, 이제 그마저도 한계를 드러낸 것이다. 정부는 공권력이다. 그리고 정부는 비효율 그 자체다. 공권력을 비효율적으로 사용할 때 그 문제는 심각해진다. 따라서, 정부가 모든 문제를 해결해야 하고, 또 할 수 있다는 오만한 발상으로 낡은 국정운영 틀과 방식을 고집하려는 자세는 이제 과감히 버려야 한다. 정부는 스스로의 무능을 인정하고, 정부보다 훨씬 똑똑해진 민간부문과 어떻게 협력해야 할지에 대한 고민을 진지하게 시작할 때가 되었다.

박근혜 정부가 출범해서 2년이 다 되어가도록 국정운영의 기본틀은 중앙집권 그것도 청와대 중심에서 크게 변하지 않고 있다. 그동안 청와대가 중심이 되어 추진하고 있는 국민안전, 경제혁신, 공공개혁들은 모두 중앙집권을 더욱 공고히 하고 말았다. 모든 권력이 청와대로 집중될수록 그로 인해 나타날 국정실패와 실수 모두 대통령 개인이 떠안을 수 밖에 없다. 그럴때마다 정권은 혼돈과 위기로 치닫는다. 아무리 뛰어난 리더라고 하더라도 1인이 국가나 조직을 통제하고 관리하는 시대는 지났다. 정부내 옥상옥의 조직을 아무리 만들어 봐도 소용없다. 최근 청와대 참모진과 비서진들 사이에 벌어지는 낯뜨거운 암투설들도 이제 낡을 대로 낡은 청와대 중심의 국정운영 방식이 심각한 한계에 이르렀음을 여실히 보여주고 있다.

지방분권형 협력체제로 개조해야

관료주의의 반대는 민주주의다. 대통령은 관료가 주인이 아니라 국민이 진정한 대한민국의 주인이 되는 민주주의를 회복해야만 국민들의 실망과 분노가 다시 신뢰와 지지로 돌아설 것이다. 따라서, 더 늦기 전에 국정을 개조해야 한다. 그러려면, 국정운영의 틀과 방식을 과감하게 바꿔야 한다. 국정운영의 틀은 청와대 중심의 중앙집권적 통제체제에서 지방분권형 협력체제로 바꿔야 한다. 그리고 그 운영방식은 투명과 공개, 소통과 협력중심이 되어야 할 것이다. 또 다시 참모진과 비서진만을 교체한다고 해결될 일은 결코 아니다. 민주주의와 분권에 기초한 국정개조가 이루어질 때 비로서 제2의 세월호 사건도, 청와대 속에서의 추악한 권력투쟁도 사라질 것이다.

지금 대한민국은 열강들의 각축장이 되어버린 약육강식의 냉엄한 국제무대에서 힘겨운 사투를 벌이고 있다. 국내 · 외적으로 큰 어려움이 놓여있는 대한민국이 꼭 120년전 명성황후가 왜적들에 의해 참혹하게 시해당하는 '을미사변'같은 치욕적인 역사를 두 번 다시 되풀이하지 않기 위해서라도 박근혜 정부는 반드시 성공해야 한다. 그것이 금년 내내 계속되어 온 불행하고 불미스러운 사건 · 사고들로 인해서 큰 좌절과 실망에 빠진 국민들에게 해야 할 박대통령과 정부의 도리이자 의무일 것이다.

(내일신문, 2014. 12. 29)

성년맞은 지방자치, 발달장애 벗어나려면

갑오년도 서서히 저물어 간다. 내년 7월 1일이 되면 1995년 부활된 민선지방자치가 만 20년을 맞이한다. 성년이 된 것이다. 그러나 몸집만 성년이지 생각과 행동은 여전히 미숙하다. 발달장애을 앓고 있는 성년으로 봐도 무리가 아니다. 왜냐하면, 한국의 지방자치가 성숙한 성인이 되기 위해서는 전제조건이 충족되어야 하는데 그렇지 못했기 때문이다.

지방자치는 다음의 네가지 요소가 본질이요, 성공의 조건이다. 즉, 자율성, 지방선거, 권한이양, 주민교육이다. 이제 민선 6기가 새해를 맞는 시점에서, 이상의 네가지 조건들을 놓고 따져볼 때, 작금의 지방자치는 그 성공을 위해 중대한 기로에 서있다.

먼저 네가지의 조건을 중심으로 지난 20년 지방자치의 공과를 검토해 보기로 한다. 첫째, 지방자치는 자율성이 먼저 확보되어야 한다. 지방자치단체는 더 이상 중앙정부의 결정을 단순히 집행하는 하부 행정기관이 아니다. 지역

주민들의 의사를 수렴해서 지역문제를 스스로의 역량과 책임하에 풀어나가야 한다. 그러려면 먼저 독립적인 제도가 마련되어야 한다. 그래서 주민직선의 단체장이 필요하고 또 그 견제를 위한 지방의회가 존재하는 것이다.

그러나, 독립적인 제도가 확보되었다 해도 지방자치의 자율성이 보장되는 것은 아니다. 제도가 자율적으로 작동하려면 제도를 움직이는 자치권한이 있어야 한다. 즉 지방이 스스로 법규와 조직을 만들 수 있어야 한다. 스스로 처리할 수 있는 행정사무도 있어야 한다. 그리고 필요한 돈을 스스로 조달하고 관리할 수 있어야 한다. 그러나 중앙정부는 권한, 돈, 인재, 정보들을 여전히 독점하면서 지방에게 지방자치권을 획기적으로 부여하지 않고 있다. 게다가 지역의 자율적인 역량과 창조성을 기반으로 한 다양한 자치제도의 도입도 요원하기만 하다. 국회에 입법권이 독점된 현 상황에서는 불가능하다. 오히려 정치적 이해관계에 따라 지방자치의 자율성은 크게 신장되지 못하고 있는 실정이다.

둘째, 지방선거의 조건이다. 지방자치는 선거로 시작하고 선거로 끝난다. 그만큼 선거는 지방자치의 전부라 해도 과언이 아닐 정도로 지방자치의 미래와 성패를 좌우한다. 그러나 공정한 선거법과 제도의 미비, 왜곡된 정당공천, 잘못된 선거관행 등은 아직도 지방선거를 본궤도에 올려놓는데 실패하고 있다. 그것은 지방자치 위기의 근본적인 요인이 되고 있다. 역대 지방선거들은 한결같이 지방선거 본래의 의미와 기능이 실종내지 퇴색된 채, 철저하게 정당의 대리전으로 치러진 선거였다. 그 결과 지방자치는 여전히 중앙정치에 예속되어 있다. 뿐만 아니라, 지방자치가 주민들로부터 외면받고 그 뿌리를 내리지 못하고 있는 것이다.

셋째, 권력의 이양이다. 주민과 관련된 사안의 의사결정권을 중앙에서 지방으로 이양하는 지방분권화가 지방자치의 핵심이다. 그러나 그것만이 전부는 아니다. 한 자치단체내에서도 위에서 아래로의 권한이양이 있어야 한다. 그렇지 않으면 지방민주가 아닌 지방독재에 불과하다. 더 궁극적으로는 '관(官)에서 민(民)'으로의 권한이양도 진행되어야 한다. 그럼에도 불구하고, 현재의 분권은 중앙정부와 지방자치단체간에 다시말해서 관관(官官)끼리만, 그것도 사무이양에 머물고 있다. 때문에 주민들의 폭넓은 공감을 끌어내지 못하고 있는 것이다.

마지막으로 지방자치에 대한 주민교육이다. 지방자치는 지역주민들의 자치의식을 기본으로 한다. 지방자치를 실시한다고 해서 주민들의 민주적인 자치의식이 저절로 높아지는 것은 결코 아니다. 그간의 지방자치 경험을 통해 주민의 권리의식은 팽배해 왔다. 하지만 그에 상응하는 책임의식과 공동체의식은 아직도 미미하다. 발달장애를 앓고 있는 현 지방자치를 치 료하려면 당장 필요한 것이 민주시민교육이다. 그러나, 학교도 정부도 지역사회도 시민교육을 본격적으로 하지 않고 있다. 아직은 할 의지도 없어 보인다.

지난 8일, 대통령소속 지방자치발전위원회가 「지방자치발전종합계획」을 발표했다. 계획안에는 지방자치의 중요과제들을 포괄적으로 담고 있다. 그러나, 앞서 제시한 지방자치의 성공조건을 충족시키기에는 여전히 미흡하다. 지방자치발전위원회의 최종 의사결정은 지금까지 대통령에게 단순 보고만 했던 다른 위원회들과는 달리 관련 중앙부처와의 협의와 조정을 거치도록 되어 있다. 그 과정에서 위원회 자체 안들은 상당부문 삭제 내지 축소되었다. 그만큼 지방분권과 자치에 대한 중앙정부의 저항이 여전히 크다는 사실을 말해주고 있다. 특히, 공을 넘겨받은 국회에서 특·광역시의 자치구·군의회 폐지, 교육감 직선제도 개선, 기초단체장 및 의원의 정당공천제 폐지 등 선거와 관련된 민감한 과제들을 어떻데 처리하느냐에 따라 지방자치의 성패가 갈릴 것이다.

지방자치와 분권은 어렵지만 반드시 가야할 길이다. 입법과정에서 계획안들이 보다 철저히 보완되기를 기대하고 촉구한다. 이제 성인이 된 한국 지방자치는 을미년 새해부터 희망의 새 역사를 써야 한다. 그래야 지방자치가 국민들 품속에 자리잡을 것이다.

(중앙일보, 2014. 12. 11)

국정운영의 틀을 바꿔야 국가혁신이 성공

세월호 참사가 발생한지 벌써 5개월이 가까워 온다. 지난번 프란치스코 교황방문으로 큰 위안을 받은 바 있지만 국민 모두는 여전히 슬픔에 젖어있다. 국민들의 정치권을 향한 분노와 촉구도 그 끝이 어딘지 모를 정도로 좀처럼 식을줄 모른다. 외국 언론들도 발전과 성장의 강박증에 걸린 주식회사 대한민국이 침몰하면서 한국 민주주의가 중요한 시험대에 놓여 있다고 지적한 바 있다. 과도한 학력 경쟁, 생명존중과 시민안전보다는 성장과 이윤 추구를 최고의 가치로 보는 경제모델, 쩌들대도 쩌든 관료사회의 부패와 비리 등을 한국의 문제점으로 꼽았다. "위기때 정부가 삼류라면 경제가 일류인 것은 아무 의미가 없다"고 한 불룸버그 통신 칼럼니스트 윌리엄 페섹의 글은 우리의 폐부를 찌른다.

지난 세월호 사건의 엄청난 희생을 통해 우리 국민은 정부라는 집단 자체가 무능하다는 사실을 알게 되었다. 게다가 국가와 사회의 모든 문제들을 관료들끼리만 해결하도록 맡겨서는 안된다는 사실도 뒤늦게 깨달았다. 선진국에서는 벌써 문제가 생길 때마다 정부만이 나서서 해결할 수 있다는 속설이 통하지 않은지 오래되었다. 현대사회에서 정부가 모든 문제에 간섭해서 혼자 해결해 가려 할수록 오히려 사태를 악화시켜서 더 깊은 늪에 빠지게 됨을 알았기 때문이다. 사회안전은 물론 경제, 복지, 교육, 환경 문제들의 해결과정에서 선진국 정부들이 경험한 것이다.

정부의 관리시스템 그리고 이를 운영하는 관료들의 전문성과 능력은 이미 오래전부터 민간부문 즉 집단지성으로 무장한 기업과 시민사회에 뒤지기 시작했다. 그럼에도 관료들은 낡은 법과 제도로 그리고 '관피아'라는 탄탄한 부조리 구조를 통해 억지로 민을 규제하고 통제해왔지만, 이제 그마저도 한계를 드러낸 것이다. 정부는 공권력이다. 그리고 정부는 비효율그 자체다. 공권력을 비효율적으로 사용할 때 그 문제는 심각해진다. 따라서, 정부가 모든 문제를 해결해야 하고 또 할 수 있다는 낡은 발상을 버려야 한다. 정부는 스스로의 무능을 인정하고 정부보다 똑똑해진 민간부문과 어떻게 협력해야 할지에 대한 고민이 먼저 앞서야 한다.

박근혜 정부가 출범해서 1년 반이 지나도록 국정운영의 기본틀은 중앙집권 그것도 청와대 중심에서 크게 변하지 않고 있다. 그동안 청와대가 중심이 되어 추진하고 있는 국가안보, 경제혁신, 정부개혁은 모두 중앙집권을 더욱 공고히 하고 말았다. 모든 권력이 청와대로 집중될수록 그로 인해 나타난 공적과 과실 모두 대통령 개인에게 귀속될 수 밖에 없다. 만일 잘못된 국정운영으로 인한 책임문제가 불거지면 당연히 대통령 혼자 떠안아야 한다. 그럴때마다 정권은 위기로 치닫는다. 국가혁신을 하기 위한 정부내 옥상옥의 조직을 아무리 만들어 놔도 소용없다.

관료주의의 반대는 민주주의다. 대한민국은 관료가 주인이 아니라 국민이 진정한 주인이 되는 민주주의를 회복해야만 국민들의 분노가 다시 신뢰로 돌아설 것이다. 그러려면, 국정운영을 중앙집권적 통제방식에서 지방분권형 협력방식으로 바꿔야 한다. 민주주의와 분권에 기초한 국가혁신이 이루어 질 때 국민안전대책이 제대로 마련되고 비로서 제2의 세월호 사고를 막는 단단한 토대가 될 것이다.

(충대신문사 사설, 2014. 08)

남 · 북 지방자치단체 간 교류 서둘러야

아시안게임 폐막식이 있던 날, 북한 고위급 대표단의 전격적이 인천 방문이 있었다. 그 진의가 어디에 있든지 꽉 막혀있었던 남북 관계에 새로운 숨통이 트이게 되었다. 이제부터 여러 채널의 대화와 교류를 통해 실질적인 관계 개선과 긴장완화가 이루어지고, 내년 광복 70주년을 맞아 한반도 통일의 기반이 조성되기를 많은 국민들은 또 한번 기대하고 있다.

독일은 올해 통일된지 4반세기를 맞았다. 독일 통일에서 지방자치단체간 교류는 상호 체제의 경직성을 완화하여 통일의 시기를 앞당겼다. 뿐만 아니라, 체제간 동질성 회복을 통해 통일 이후의 문제발생을 최소화하는데 크게 기여했다. 즉 동 · 서독 교류의 초석이 된 것은 통일 전 동 · 서독 도시간 자매결연이었다. 이러한 자매결연은 동독이 붕괴의 위험을 안고서도 서독에 먼저 제안해서 이루어 졌다. 동독의 정치권은 같은 민족끼리 평화적으로 관계를 개선해서 국제적으로 그 위상을 인정받겠다는 의도가 있었던 것이다. 이러한 배경 하에 1986년 서독의 살루이스와 동독의 아이젠휴스타트 사이에 첫 자매결연이 성사됐다. 통일이 진행될 즈음에는 그 숫자가 폭발적으로 증가하여 854개 단체에 이르렀다. 이들은 자매결연을 통해 동·서독 간 문화적·사회적 교류를 증진시키고, 통일 후 동독의 지방자치 재건을 위한 토대를 마련하는데 크게 기여한 바 있다.

우리도 이번 기회를 통해 지방자치단체 간 남북교류를 서둘러야 한다. 왜냐하면, 중앙정부의 공식적 교류에 비하여 상대적 유연성을 발휘할 수 있는 자치단체의 남북교류는 통일한국을 위한 교두보적 역할을 수행할 수 있기 때문이다. 지방자치단체의 남북교류협력사업의 참여는 중·장기적으로 북한의 행정 현대화에 기여함으로서 완전한 통일국가 형성과정에서 비용을 크게 줄일 것이다. 또한, 통일 이후 지방자치의 실시와 지역통합을 위한 중요한 경험이 될 것이다. 통일 이후 당분간 남·북한 간 지역 갈등이 존재할 수 있음을 고려할 때 사전적인 교류작업의 추진은 통일 이후 지역간 초래될 많은 갈등해소 비용을 사전에 줄일 수 있다는 점에서 반드시 필요한 작업이라 할 수 있다.

자치단체의 남북교류협력사업은 지난 1999년, 제주도가 북한에 감귤 4천여 톤을 보내면서 시작되었다. 곧이어 2000년 6·15 남북정상회담 이후 본격적으로 지방자치단체들이 대북지원사업에 나서면서 지방자치단체 주도의 남북교류협력사업이 본격적으로 시행되기 시작했다. 그러나 지난 2009년 천안함 및 연평도 피격 후 단행된 5·24조치로 인해 사실상 전면 중단된 상태이다. 최근 들어 지방자치단체장의 의지에 따라 남북교류협력사업의 재추진될 움직임이 보이고 있다. 또한, 박근혜 정부의 '통일대박론'제기도 남북교류사업을 활성화시키는 계기를 만들었다.

지난 기간 지방자치단체에서 추진한 남북간 교류는 소기의 성과를 달성하지 못하였다. 대부분의 자치단체들은 일회적이고 이벤트적인 차원에서 민간단체에만 의존해서 사업을 추진했을 뿐이다. 이제 부터는 분명한 목표를 가지고 전략적으로 사업을 펼쳐야 한다. 그러기 위해선 어떤 상황에서도 북한이 우리의 제안을 받아들일 수 있도록 하고, 지역민들의 동의를 반드시 받아야 한다. 그리고, 각 자치단체의 장점과 특징을 살리는 교류품목의 개발이 무엇보다 중요된다.

요약컨대, 지방자치단체 남북교류협력사업의 활성화는 남북관계 발전 및 통일기반 조성에 크게 기여할 것이 틀림없다. 앞으로 각 지방자치단체들은 중앙정부 및 민간단체와의 협력체계를 공고히 구축하고, 주민의 참여를 보장하면서 남북교류협력사업을 추진하는데 적극 나서야 할 것이다. 여기에 대전 · 충남 · 북 자치단체가 앞장서야 한다. 서독의 지방자치는 통일 독일의 모델이 되었다. 한국의 지방행정체제도 지방자치와 분권을 보다 내실화해서 통일 후 실시할 '통합 지방행정체제'의 근간이 되도록 해야 할 것이다. 독일의 지성들은 괴테의 "오래된 길을 다시 밟아 가기보다, 새로운 길 위에서 휘청거리는 것이 낫다"는 시를 인용해 통일을 위한 창조와 도전정신을 우리들에게 강조하고 있다.

(충청투데이, 2014. 10. 09)

통일이 대박이 되려면

요즈음 외국의 한반도 전문가들은 국제회의에서 남북통일에 대해 주로 두 가지 얘기를 자주한다. 첫째는 "당신들은 통일이라는 축복이 있어서 참 좋겠다. 부럽다. 그리고 그 통일이 지금 새벽녘에 와 있는것 같다" 는 말이다. 두 번째 얘기는 "그런데 이상하다. 당신들은 통일을 하겠다는 열정이 안 보인다. 그래서 아무래도 통일 못할거 같다"는 것이다. 처음엔 납득하기 어려웠지만, 잠시 생각해 보면 일리있는 지적이다.

금년 초에 각 언론사가 여론조사한 결과를 보면, 1990년대에 국민들의 80% 정도가 통일은 해야 한다고 응답했다. 그런데 최근에는 국민의 25% 정도만 통일해야 한다고 하고, 심지어 30% 정도는 통일을 원하지 않는다는 결과가 나왔다. 한마디로, 빨리 통일해야 한다는 생각은 3분의 1로 줄어든 반면, 분단이 유지되야 한다는 견해는 두배로 늘어난 것이다. 지난 20년간 통일에 대한 우리의 태도가 바뀌었음을 단적으로 보여주고 있다. 특히, 통일 후 혜택을 가장 크게 받을 청년층일수록 통일을 부정적으로 본다는 조사 결과는 통일에 대한 회의감마저 들게 한다. 북한 중앙당 간부 82.5%는 통일을 반대하지만, 북한 주민 76.5%는 통일을 매우 원하고 있다는 탈북자들의 인식과 비교하면 가히 충격적이다.

한반도의 통일은 꼭 해야 한다. 남과 북을 위해서 반드시 해야 하고, 동북아의 평화와 번영을 위해서도 해야 한다. 통일이 되면, 전쟁과 핵의 공포로부터 해방된다. 뿐만 아니라 현재 대한민국이 풀지못하고 있는 이념간의 갈등, 경제침체와 양극화, 그리고 청년실업 등의 문제를 해결하는 결정적 돌파구가 될 것이다. 통일한국의 국제위상과 국가신용도는 높아진다. 남북 군병력과 군사비용은 대폭 절감된다. 국방비가 20년간 400조 절감된다는 보고서도 있다.

나아가, 통일은 동북아 평화의 초석을 마련한다. 세계평화와 경제에도 크게 기여한다. 통일 후 북한은 신제조업 전진기지로 변모되어 30년 뒤 1인당 국민소득이 110배로 늘어난다. 부산에서 신의주, 북경을 거쳐 유럽으로 가는 신 고속철은 물류시간과 비용을 절반으로 줄일 것이다. 때문에 경제, 관광, 문화에도 혁명이 일어난다. 이를 화폐단위로 환산하면, 한반도 통일에 소요되는 비용은 3, 600조인데 그 혜택은 6, 800조에 이른다고 한다. 2050년 통일한국의 국력은 세계 5위로 도약할 것이다. 믿을만한 대학연구소들이 내놓은 분석결과다. 때문에 "통일은 대박이다"는 결론에 이르게 된다. 만일 통일이 안되면 북한은 중국화된다. 한국은 신냉전시대를 맞고 세계 변방에 영원히 머문다.

그러나 통일의 성과는 결코 저절로 나타나지 않을 것이다. 철저한 준비가 필요하다. 북한이 저절로 붕괴될 때까지 단순히 기다리는 것은 더 어리석은 일이다. 그럼 지금부터 해야 할 일이 분명해졌다. 먼저 우리 국민 개개인이 통일에 대한 신념과 의지를 확고히 해야 한다. 그리고 국민적 공감대를 형성해야 한다. 정부는 더 이상 통일 관련 정보를 독점하거나 치적쌓기 또는 이벤트성으로 접근하지 말아야 한다. 지난 정권들의 대북정책도 그 공과를 객관적으로 분석해서 버릴 것은 버리되 이어나갈 것은 이어나가야 한다. 특히 대북지원 자금에 대해서는 사전 또는 사후에 국민들에게 낱낱이 공개해야 한다. 그래야 대북정책에 대한 국민들의 신뢰가 형성된다. 신뢰는 통일정책의 토대다.

다음, 서독과 동독의 통일과정이 그랬듯이 남북한 지방자치단체 간 교류가 보다 활성화되어야 한다. 탈북자 새터민들에 대한 정책도 내실을 기해야 한다. 북한 주민들은 이들을 예의주시하고 있다. 끝으로, 통일요원들의 양성이 시급하다. 각계 각층의 인재를 양성해서 통일전후에 활용해야 한다. 통일은 이제 우리곁에 성큼 다가와 있다. 우리는 통일을 서둘러야 한다. 그러나 그 목표와 과정은 정당해야 한다. 그래야 통일은 곧 대박이 된다. 통일은 저절로 오는 것이 아니다. 철저한 준비를 통해 우리가 만들어 내는 것이다.

(중도일보, 2014. 10. 08)

폭력 · 음란 · 자살은 지금부터 시작이다

세월호 참극에 이어 윤일병의 병영내 폭력이 국민들의 공분을 불러일으킨 바 있다. 어떤 검찰 수뇌부의 공연음란행위는 상상도 못해본 일로 우리 사회에 큰 충격을 줬다. 그런가 하면, 우리나라의 자살률이 10년 연속 경제협력개발기구(OECD) 국가들 중 1위를 지켰다고 한다. 이 어둡기만 한 현상들이 바로 지금 우리들의 자화상이다. 그리고 지금부터 더 심하게 우리곁에서 일어날 수 밖에 없다는데 문제의 심각성이 있다.

대한민국은 그 동안 경제성장이 부국강병의 토대요, 국민행복의 지름길이라 믿었다. 그 결과, 1960년 일인당 국민소득 79불의 최빈국에서 2만 6천불의 경제중진국으로 성장했다. 무역규모가 3년째 1조불을 돌파하는 세계 8위의 무역대국이 됐다. 국민소득 2만불, 인구 5천만이 가입한다는 「2050선진국 클럽」에도 세계 7번째로 당당히 가입했다. 정말 거침이 없었고 세계적인 찬사와 부러움에 취해 있었다. 그러나 그 사이에 우리 사회 구석구석이 병들고 썩어가고 있음을 알아채지 못했다. 물질지상주의, 가족이기주의, 사회기강 해이, 인간경시 풍조, 부정과 부패, 공동체 의식의 부재, 상호 불신과 부정 등 탐욕의 사회화 현상들이 우리 사회를 어느새 접수해 버린 셈이다.

앞으로 국민들은 지금보다 더 큰 혼란과 충격을 받을 것이다. 학교 폭력, 군대 폭력, 사회 조직 폭력들은 벌써 악순환 고리로 고착되어 간다. 공교육의 붕괴와 대학입시 위주의 교육으로 학교밖을 떠도는 청소년들, 대학졸업 후 사회로 진출하지 못해 연애 · 결혼 · 출산을 포기한 소위 「3포 세대」들이 넘쳐나고 있다. 이들은 기성사회를 원망하며 지금보다 훨씬 잔인하고 무자비한 폭력과 음란 행위를 저지를 잠재력을 키우고 있다. 그들의 스트레스를 유일하게 해소해 주는 각종 인터넷 게임들이 미래의 폭력성을 적나라하게 보여주고 있다.

남을 향한 폭력은 각종 범죄로 나타날 것이고, 자기 자신을 향한 폭력은 자살로 이어진다. 남을 향한 음란행위는 성범죄로 나타나고, 자신을 향한 음란행위는 성도착증 등의 정신병자들을 양산해 낼 것이다. 지난 해 자살한 사람은 1만 5천명이 넘는다. 매일 평균 42명이 자살했다. 자살시도자는 60만명에 이른다니 앞으로 얼마나 많은 사람이 자살로 생을 마칠지 아무도 모른다. 노인들의 자살률은 더 심각하다. 65세 이상 고령자 10만명당 자살자가 80명을 넘어 OECD 국가들 평균의 3배에 이른다. 현재 평균수명이 81.3세로 1960년에 비해 30년이 늘었지만. 노인들은 빈곤하고 외로워서 자살을 선택하는 비율이 크게 늘고 있는 것이다.

이렇게 미래가 안보이고 사회가 어지러우니 아이를 낳지 않는다. 가임여성 1인당 4.53명을 낳던 1970년대에 비해 지금은 1.19명으로 출산률 역시 세계 최저다. 이대로 가면 5천만인 우리나라 인구가 2100년에 2천만으로 줄고, 2200년에 1백만 그리고 결국 한민족이 소멸한다는 인구통계도 나와있는 실정이다.

그러면 우리에게 이제 희망은 없는가. 그렇지 않다. 지금부터 새로 시작하면 된다. 얼마전 한국을 방문한 프란치스코 교황, 그리고 최근 돌풍을 일으키고 있는 영화「명량」을 통해 재조명되고 있는 이순신 장군을 보면 답이 보인다. 그들은 우리 사회가 가야할 길과 지도자가 해야 할 일을 보여주고 있다. 우리는 이제 경제의 양적 성장만으로 국민 개개인이 결코 행복해 지지 않는다는 사실을 깨달았다. 지금부터 국민대화합과 통합을 통해 열심히 일한 만큼 대접받는 공정사회, 경쟁하다 실패해도 기회를 다시 주는 복지사회, 격차와 소외가 없는 선진사회 그리고 윤리와 도덕이 살아 숨쉬는 정의사회를 만드는데 매진해야 한다. 이것이 우리가 원하는 국민행복의 새 시대, 새 사회다.

지도자들은 이제 모든 기득권을 내려놓고 국민을 향해 충성해야 한다. 그러면 국민들로 부터 신뢰와 존경이라는 특권을 누리게 된다. 대통령과 정치지도자들은 이제부터라도 국민의 아픔과 함께하는 착한 정치, 국민에게 희망을 주는 좋은 정치, 그리고 국민과 소통하는 진정성있는 정치를 통해 참된 인본(人本)사회를 만들어야 한다. 이것이 소통과 화해의 낮은 리더십이요, 국민을 향한 무한책임의 리더십이다.

(중도일보, 2014. 09. 01)

국가개조의 핵심은 민주와 분권이다

세월호 참사가 발생한지 한달이 다되어 간다. 그러나 국민 모두는 여전히 슬픔에 젖은 채 참담함을 느끼고 있다. 국민들의 대통령과 정부를 향한 분노도 그 끝이 어딘지 모를 정도로 좀처럼 식을줄 모른다.

외국 언론들도 발전과 성장의 강박증에 걸린 주식회사 대한민국이 침몰하면서 한국 민주주의가 중요한 시험대에 놓여 있다고 지적했다. 과도한 학력경쟁, 생명존중과 시민안전보다는 성장과 이윤 추구를 최고의 가치로 보는 경제모델, 쩌들대도 쩌든 관료사회의 부패와 비리 등을 한국의 문제점으로 꼽았다. "위기때 정부가 삼류라면 경제가 일류인 것은 아무 의미가 없다"고 한 불룸버그 통신 칼럼니스트 윌리엄 페섹의 글은 우리의 폐부를 찌른다.

지금 희생자 가족과 국민들이 바라는 것은 아직도 바다속에 남아있는 실종자를 하루속히 가족품으로 돌려주는 일, 사고의 원인을 철저히 규명하고 그 책임을 엄중히 묻는 일, 희생자 가족과 국민이 납득할 만한 수준과 방법으로 사과하고 사태를 수습하는 일, 그리고 다시는 이와같은 불행한 사고가 되풀이 되지 않도록 하는 일 일것이다.

정부도 국가개조 수준의 국가안전대책을 준비중이라고 한다. 국가재난을 통합관리하는「국가안전처」의 신설을 검토한다는 얘기도 들린다. 그러나, 그에 앞서 근본적인 인식의 전환과 해결해야 할 숙제가 있다.

정부는 하는 일마다 실패

우리는 이번 세월호 사건의 엄청난 희생을 통해 정부라는 집단 자체가 무능하다는 사실을 알게 되었다. 게다가 국가와 사회의 모든 문제들을 관료들끼리만 해결하도록 맡겨서는 안된다는 사실도 뒤늦게 깨달았다. 선진국에서는 벌써 문제가 생길 때마다 정부만이 나서서 해결할 수 있다는 속설이 통하지 않은지 오래되었다. 현대사회에서 정부가 모든 문제에 간섭해서 혼자 해결해 가려 할수록 오히려 사태를 악화시켜서 더 깊은 늪에 빠지게 됨을 알았기 때문이다. 사회안전은 물론 경제, 복지, 교육, 환경 문제들의 해결과정에서 선진국 정부들이 경험한 것이다.

정부의 관리시스템 그리고 이를 운영하는 관료들의 전문성과 능력은 이미 오래전부터 민간부문 즉 집단지성으로 무장한 기업과 시민사회에 뒤지기 시작했다. 그럼에도 관료들은 낡은 법과 제도로 그리고 '관피아'라는 탄탄한 부조리 구조를 통해 억지로 민을 규제하고 통제해왔지만, 이제 그마저도 한계를 드러낸 것이다. 정부는 공권력이다. 그리고 정부는 비효율그 자체다. 공권력을 비효율적으로 사용할 때 그 문제는 심각해진다. 따라서, 정부가 모든 문제를 해결해야 하고 또 할 수 있다는 낡은 발상을 버려야 한다. 정부는 스스로의 무능을 인정하고 정부보다 똑똑해진 민간부문과 어떻게 협력해야 할지에 대한 고민이 먼저 앞서야 한다.

국정운영의 틀을 새로 바꿔야

세월호 사고로 인해서 가장 당황한 사람은 박근혜 대통령일 것이다. 희생자 가족과 국민들 분노의 대상이 대통령을 직접 겨냥하게 된 사실을 청와대는 예상하지 못한듯 하다. 그러나, 이 또한 예견된 일이다. 박근혜 정부가 출범해서 1년여가 지나도록 국정운영의 기본틀은 중앙집권 그것도 청와대 중심에서 크게 변하지 않은 결과이기 때문이다.

그동안 청와대가 중심이 되어 추진하고 있는 국가안보, 경제혁신, 정부개혁은 모두 중앙집권을 더욱 공고히 하고 말았다. 모든 권력이 청와대로 집중될수록 그로 인해 나타난 공적과 과실 모두 대통령 개인에게 귀속될 수 밖에 없다. 만일 잘못된 국정운영으로 인한 책임문제가 불거지면 당연히 대통령 혼자 떠안아야 한다. 그럴때마다 정권은 위기로 치닫는다. 정부내 옥상옥의 조직을 아무리 만들어 놔도 소용없다.

관료주의의 반대는 민주주의다. 박대통령은 관료가 주인이 아니라 국민이 진정한 대한민국의 주인이 되는 민주주의를 회복해야만 국민들의 분노가 다시 신뢰로 돌아설 것이다. 그러려면, 국정운영을 중앙집권적 통제방식에서 지방분권형 협력방식으로 바꿔야 한다. 민주주의와 분권에 기초한 국가개조가 이루어 질 때 국민안전대책이 제대로 마련되고 비로서 제2의 세월호 사고를 막는 단단한 토대가 될 것이다.

(대전일보, 2014. 05. 15)

민족중흥을 위해 '국민과학문화헌장'을 만들자

아마 사십 대 이상 세대는 "우리는 민족중흥의 역사적 사명을 띠고 이 땅에 태어났다"로 시작하는 국민교육헌장을 기억한다. 모든 교과서 앞머리에 실렸기도 했지만, 누구나 외워야 했기 때문이다.

1968년 12월 5일에 국민교육헌장이 발표되자 당시 학생들은 393자로 이루어진 이것을 모두 외워야만 했다. 국민교육헌장을 외우지 못하면 선생님께 벌을 받거나 심지어는 교실에 들어갈 수도 없었다. 교실 한쪽 벽 어딘가엔 늘 국민교육헌장 전문이 붙어 있었다.

오천석 선생의 '민족중흥과 교육'이라는 책이 있다. 덴마크, 이스라엘 같은 나라들이 어떻게 잘살 수 있게 됐느냐를 설명한 것이 책의 주된 내용이다. 이는 1950~1960년대 우리나라에서 채택했던 교육학 이념의 바탕이 되기도 했다. 국민교육헌장도 이런 맥락에서 제정된 것이다.

근래에 와서 교육을 단순히 국가발전의 수단으로 간주하는 것은 문제가 있다는 교육학계에서의 비판과 반성이 제기되면서부터 교육은 국 발전보다는 개인의 자아실현을 그 기본 목적으로 하고 있다. 따라서, 국민교육헌장은 김영삼 대통령 시절에 박정희 대통령 시대의 반공 교육의 산물이라는 이유로 1994년부터 교과서에서 삭제되면서 그 공식적인 목표와 기능이 사실상 소멸했다.

20년 만에 다시 꺼내보는 국민교육헌장

국민교육헌장을 암기해야 했던 것은 비단 학생뿐이 아니었다. 중 · 고교생은 물론 대입시험과 각종 국가고시, 심지어 기업 입사시험에도 사실상 의무적으로 관련 문제가 출제되었기 때문에 피할 길이 없었다.

그러나, 국민교육헌장의 시대는 민주보다 반공이 앞서고(반공 민주 정신에 투철한 애국애족이 우리의 삶의 길), 개인보다 국가가 우선시되는(나라의 융성이 나의 발전의 근본) 시대였다. 다원주의와 개인주의가 존중되는 지금 시대에는 이제 더 이상 어울리지 않는다. 그럼에도 불구하고, 국민교육헌장에서 지금도 유효한 정신은 창의성과 공동체 정신이다. 국민교육헌장 내용중에는 개인과 공동체의 역할이 비교적 잘 정리되어 있기 때문이다. 특히 개개인의 창의성과 공동체의 협동정신이 조화를 이루는 가운데 개인 발전과 공동체 발전을 연계해서 추구하고자 함은 지금도 명확한 국가의 목표로 손색이 없다.

이 목적을 위해 필요한 두 가지 정신은 창의력과 협동심이다. 여기에서 창의와 개척정신은 개인이 갖춰야 할 부분이고, 협동은 공익과 질서를 경애와 신의를 바탕으로 한 사회가 갖추어야 할 정신이다. 더 나아가서 창의력과 개척정신을 위해서 성실한 마음과 튼튼한 몸으로 학문과 기술을 익혀야 한다고 강조하는 내용은 과학기술이 더욱 중요시되고 있는 21세기에도 아무리 강조해도 지나치지 않는다.

'타고난 저마다의 소질을 계발'한다면 오로지 대학입시 만이 학교 공부만이

전부가 아님을 일러준다. 어떻게 하면 사람 속에 숨겨진 소질, 적성, 잠재능력을 끌어내느냐는 문제는 여전히 교육의 중요한 관심사다. 협동정신을 가지기 위해서 상대를 경애하고 신의를 바탕으로 한 공익정신을 가져야 한다는 부분도 다시금 음미할 필요가 있다. 협동을 강조하는 이유는 국가의 발전과 개인의 발전이 일맥상통한다는 의미로 해석한다. 그래서 국가발전과 동일 선상에서 나의 발전을 강조함으로써 협동정신의 필요성을 역설하고 있다.

우리가 국민교육헌장을 새로운 시대에 맞게 재해석한다면, 창의정신과 협동정신에 주목해야 한다. 지금 대한민국이 진정한 선진국이 되지 못하고 주춤거리고 있는 이유는 바로 이 두 정신이 사라졌기 때문이다. 창의력은 형편없이 실종됐고, 협동정신은 어디에서도 찾아볼 수가 없다. 현실의 안주만을 위해 대학 졸업자들이 개척정신이 없이 오로지 대기업이나 공무원 시험만 치르려 한다. 우리 사회가 얼마나 창업정신과 개척정신이 없어졌는지 단적으로 말해주고 있다. 상대방을 경애하지 않고 신의를 저버리는 요즘, 빈곤층을 향한 무시와 멸시만이 난무할 뿐이다. 부자에게도 조롱과 비난만이 판을 치는 현실을 보면 협동이란 있을 수가 없는 현상들이다.

이런 점에서 국민교육헌장의 일부 정신은 지금도 유용하다. 다시말해서, 창의정신과 협동정신을 반드시 되찾아야 한다.

국민교육헌장을 '국민 과학문화헌장'으로

바야흐로 지금은 국민교육헌장과 같은 민족중흥의 새 권리장전(權利章典)이 다시금 필요한 때가 되었다. "나는 우리나라가 세계에서 가장 아름다운 나라가 되기를 원한다. 가장 부강한 나라가 되기를 원하는 것은 아니다. 오직 한없이 가지고 싶은 것은 높은 문화의 힘이다." 평생을 민족의 독립과 남북통일에 힘쓴 백범 김구선생의 소원은 오늘까지도 미완의 과제로 남아있다. 대한민국이 다시한번 민족중흥의 새 전기를 마련해서 품격과 경쟁력을 갖춘 진짜 선진국가로 발돋음하려면 과학과 문화가 조화를 이루는 국가의 새 이정표를 만들어야 한다.

이를 위해 '국민교육헌장'을 '국민과학문화헌장'으로 고쳐 새 지표도 삼아야 할 때다. 대전중흥도 올해 출범 40주년을 맞이한 대덕특구의 중흥에 달려있다. 이 의미있는 해를 이렇게 덧없이 보내기 보다, 과학도시 대전이 주체가 되어 전세계를 향해 '국민과학문화헌장'을 대전시민들이 선포했으면 한다.

"우리는 민족중흥의 역사적 사명을 띠고 이 땅에 태어났다. 조상의 찬란한 문화를 오늘에 되살려 안으로 과학정신을 확립하고, 밖으로 세계평화에 이바지할 때다, 이에 우리의 나아갈 바를 밝혀 과학문화교육의 지표로 삼는다"로 시작하는 새 헌장말이다.

(디트뉴스, 2013. 12. 10)

02

지방자치와 지역발전

지방자치와 종편방송

올 해로 지방자치가 부활해서 20년째가 된다. 그동안, 지방자치는 짧은 역사에도 불구하고 우리사회 전반에 엄청난 변화를 가져왔다. 괄목할 만한 성과도 나타난 반면, 문제점도 적지 않았다. 가장 크게 나타난 문제점은 지방자치에 대한 국민들의 이해부족과 무관심이다. 지난주, 세종시에서 제3회「전국지방자치박람회」가 열렸음에도 국민들은 관심이 없다. 여기에 바로 언론의 역할과 그 영향력이 깊숙이 관련되어 있다고 본다. 특히, 종편방송은 지방자치에 대한 인식과 그 활성화를 위한 역할과 관련해서 많은 문제점들을 제기하고 있다.

종편방송이 시작된지 벌써 만 4년이 되어간다. 지금까지 종편방송은 방송구조환경에 대단한 변화를 가져왔다. 지역사회에 끼친 영향 또한 막중하다. 무엇보다, 지방자치와 분권에는 긍정적인 영향을 주지 못한 것으로 평가된다. 세상에 종편이 생기기 전, 시청자들에게 시사프로그램이라 하면 탐사보도 프로그램이 주류를 이루었다. 하지만 종편은 시사프로그램의 새 장을 열었다. 진행자와 초대손님 몇 명이 스튜디오에 모여 시사를 논하는 시사토크쇼가 등장한 것이다. 시사토크쇼는 완성도가 높아야 하는 다큐멘터리에 비해 제작비가 적게 든다. 이런 프로그램이 우후죽순처럼 늘어나면서 종편은 종합편성채널이 아니라 시사토크채널로 시청자에게 다가갔다. 일단 볼 만한 시사프로그램이라면 시청자 입장에서는 열광한다.

그래서 지역의 주민들 그중에도 50대 이상 장·노년층은 종편 사시프로그램을 많이 보고있다. 그 이유는 한마디로 이해하기 쉽다는 것이다. 이들은 "지상파 시사프로그램은 2, 30분 봐야 그 내용을 파악할 수 있다. 왜냐하면 출연자들이 말을 돌려서 하니까 그 얘기를 곱씹어봐야 하기 때문이다. 하지만 종편은 5분만 보면 딱 안다"고 말한다. 지상파만큼 신뢰하지 않고, 정부와 여당편만 든다고 생각하면서도 이들은 종편 시사토크 프로그램을 애청한다. 그리고 그 소감과 논평이 지역민들 일상대화의 대부분을 차지한다. "막장 드라마처럼 욕하면서도, 그 시간이 되면 텔레비전 앞에 앉아있게 된다"고 실토한다.

문제는 이렇게 종편방송이 시사토크 프로그램에 치중해서 시청률을 높이면서 지역에 깊숙이 영향력을 행사하고 있는데도 불구하고, 그 주제선정에 있어서 지역의 이슈, 특히 지방자치와 분권 및 지역균형발전에 관계된 이슈는 전무하다는 사실이다. 얼마전, 〈한겨레21〉과 〈민언련〉이 종편 시사토크 프로그램을 전수조사한 결과를 보면, 패널 한 명이 종편 3사에 52회나 출연하는 등 겹치기 출연자가 눈에 띄게 많고, 전문성 없는 전문가들이 닥치는 대로 백화점식 토론을 한다는 점도 드러났다. 그에 따라 지방자치 관련 전문가가 종편방송 패널로 출연하는 경우는 아직까지 유례가 없다. 오직 중앙의 이슈들만을 선정해서 중앙의 논리와 시각에서 중앙에서 활동하는 특정분야 전문가들이 비전문 지역분야까지 독점하고 있는 셈이다. 결국, 지역주민들은 유익하고 공정하며, 지역성에 충실한 방송 프로그램을 향유할 권리를 크게 위협받고 있는 것이다.

더욱이, 종편방송의 선거보도 경향을 보면, 지난 지방선거가 대통령선거나 총선으로 착각될 정도로 그간의 선거 보도관행을 그래도 답습하고 있어 지방선거의 본래 의미를 퇴색시킨 것으로 평가된다. 즉 각 지역의 단체장이나 지방의원 후보경합 상황까지 상세히 보도함으로써 정작 해당 지역언론들의 보도 및 여론조사의 결과를 지역 유권자들이 신뢰하지 않는 기현상마저 나타났다. 심지어, 선거방송에 있어서 지역의 이슈나 후보자의 공약에 초점을 맞추기 보다는 후보자간의 인지도 순위에만 흥미위주로 일관함으로써 이른바 '경마저널리즘'에서 벗어나지 못했다는 평가를 받기도 한다.

결국, 지방자치 활성화에 종편방송이 현재 제일 큰 걸림돌이 되고 있음을 부인할 수 없게 되었다. 이러한 문제를 극복하기 위해서는 언론전문가와 지역언론인 그리고 시청자들이 하루속히 협업체제를 구축해서 종편방송의 역할을 재점검하고, 그 개선을 강력히 촉구해야 할 것이다. 지역발전을 위해 지방자치와 종편방송의 관계가 정상적으로 자리잡기를 지역민들은 기대하고 있다.

(내일신문, 2015. 11. 03)

지역축제와 주민참여

가을은 축제의 계절이다. 지방자치 부활이후, 전국 방방곡곡에 축제가 없는 곳이 없다. 지난 9월 한달내 전국에서 개최된 축제가 90개가 넘는다. 서울에서만 20여개의 축제가 열렸다. 행정자치부 조사에 따르면, 작년 전국 지자체가 개최한 축제 및 행사가 1만 4천여건으로 일년 사이에 23%가 증가했다. 특히, 1천만원에서 5천만원 사이의 소규모 행사가 50% 이상 급증한 것으로 나타났다. 물론 지자체들이 지출하는 관련 경비도 따라서 크게 증가했다. 빚더미에 허덕이고 있는 지자체들 조차 소규모 행사를 남발했다고 한다. 일정 규모 이하가 소요되는 지역축제와 행사의 원가정보를 현재로선 공개하지 않아도 되기 때문이다.

지역에서 축제를 개최하려는 원래의 목적은 지역의 전통문화를 계승하고, 지역정체성을 확립해서 지역경제 활성화를 도모하는데 있다. 함평 나비축제, 보령 머드축제, 화천 산천어 축제 등은 행사를 통해 그 목적을 달성하고 있는 대표적인 성공사례로 꼽고 있다. 그러나, 대부분의 지역축제들은 성과를 내기는 커녕 명맥을 유지해가기도 어려운 지경에 이르고 있다. 그럼에도 불구하고, 단체장들이 이처럼 축제에 열을 올리는 것은 자신들의 선거에 도움이 되기 때문이다. 지역축제는 전형적인 전시성, 선심성 행사로 개최될 수 있어서 일부 단체장들은 자신의 얼굴을 알리고, 관변단체들에게 특혜를 주는 등 생색내기 좋은 기회로 삼는 경우가 많다.

대부분의 지역축제가 불필요한 낭비적 행사로 치러지는 공통 이유는 행사 개최 때부터 집행과정에 이르기까지 그 필요성에 대해서 지역민과의 공감대 형성이 생략된 결과다. 또 행사의 기본방향과 세부추진사업에 대한 종합적이고 객관적인 분석이 결여된데서 비롯되고 있다. 즉 행사준비에서 부터 사후 평가에 이르는 전 과정에서 주민참여가 철저히 배제된 결과다. 그러다 보니 지역 주민이 축제행사의 진정한 주체가 되지 못한다. 오히려, 단체장과 일부 공무원, 그리고 축제 전문가와 관련 이벤트업체가 주체가 되고, 지역주민들은 그저 들러리로 참여하는 정도가 지금의 현실이다.

이제 지역축제를 근본적으로 재검토할 때다. 축제의 목적과 효과를 점검할 경우, 선진국들은 역사적으로 유명한 세가지 사과를 비유해서 검토한다. 첫째, 뉴톤의 사과다. 이는 축제를 통해 무엇인가 전에 없던 새로운 성과들을 만들어내야 한다는 것을 의미한다. 그러기 위해서 지역축제 마다 철저히 독창적이어야 한다. 둘째, 아담과 이브의 사과다. 축제는 개최하기에 따라서 약이 될 수도 있고 독이 될 수도 있다는 것을 의미한다. 그러므로 축제의 성공적 개최를 통해 성과는 극대화 시키고, 부작용은 최소화 시켜야만 축제의 플러스 효과가 발생한다. 셋째, 윌리엄 텔의 사과다. 이것은 축제의 목표를 명확하게 설정해서 추진해야 한다는 것을 말한다. 현재 대부분의 축제는 목표도 없이 그저 행사를 위한 행사에 그치고 있다.

결국, 모든 축제와 행사의 성공여부는 지역의 주민들을 얼마나 실질적으로 참여시키느냐에 달려 있다. 덧붙여서, 언론이 객관적인 보도를 해야 한다는 점도 간과할 수 없는 중요한 과제다. 단체장의 선거용 축제나 행사에 언론이 쉽게 동조해버리면 언론의 중요한 역할 즉 객관적 사실보도와 비판의 역할이 왜곡될 가능성이 커진다. 지역 주민들은 지역축제의 실상을 전혀 모르는 가운데 분위기에 쉽게 휩쓸릴 수 있다. 때문에 언론이 지자체의 홍보기관이 아닌만큼, 축제개최시 그 득과 실을 분명히 따지는 균형잡힌 분석보도가 절실히 요구되고 있는 것이다.

앞으로도 지역축제는 계속될 것으로 보인다. 이제부터라도 각종의 축제들은 주민의 실질적인 참여속에 행사개최 여부와 규모를 올바로 결정해서 추진해야 한다. 지역민들은 더 이상 허접하고 낭비적인 지역축제에 들러리로 참여해서 즐길만큼 그렇게 한가롭지가 않다.

(내일신문, 2015. 10. 02)

지방자치 20년은 성공적, 그러나 갈 길이 멀다

올 해로 지방자치가 부활해서 20년째가 된다. 이제 지방자치가 성장해 온 지난 과정과 성과를 진지하게 짚어 볼 때가 되었다. 지난 기간, 지방자치는 짧은 역사에도 불구하고 우리사회 전반에 엄청난 변화를 초래한 바 있다. 무엇보다 지방자치 실시로 나타난 큰 성과는 지역주민들이 지역의 진정한 주인이 되기 시작했다는 사실이다. 이는 대한민국 5천년의 역사를 송두리째 바꾼 혁명이었다. 오랫동안 대한민국을 다스리는 주인은 관(官)이었다. 민(民)은 늘 다스림의 대상에 불과했다. 이 일방적이고 주종적인 관 · 민관계를 짧은 기간에 혁명적으로 바꿀 수 있었던 원동력은 지방자치제다. 아직은 갈 길이 멀지만, 이제 주민은 관의 고객으로서, 유권자로서, 파트너로서 그리고 주인으로서 지방자치시대에 그 위상과 역할을 자리메김 해나가고 있다.

그에 못지않은 중대한 성과도 나타났다. 지난 기간, IMF와 외환위기 등의 경제문제, 북핵문제와 천안함 피격, 연평도 포격사건 등의 남북간 긴장상태,

그리고 대통령 탄핵, 자살 등의 전대미문의 정치적 혼란기에도 불구하고 지역사회가 안정을 유지할 수 있었다는 점이다. 즉 지방자치를 통해 중앙정국의 혼란과 불안이 지방으로까지 파급되는 현상을 최소화시키고 여·야간, 여·여간 정권교체를 가능케 함으로서 정치발전을 이루었다. 그 결과, 중앙정부와 자치단체들은 경제위기 극복과 함께 주민복지 향상에 매진할 수 있었던 것이다. 이 성과야 말로 지방자치 실시에 소요되는 비용을 보전하고도 남을만 한 대단한 지방자치의 성과가 아닐 수 없다. 이 결과가 바로 지방자치를 반드시 해야만 하는 이유를 말해주고 있다. 그 밖에도, 지난 20년간 실시된 지방자치제는 지역실정에 맞는 지역특성화 사업의 추진, 행정서비스의 수준 향상, 지역적 특성을 고려한 지방자율과 창의행정의 실현, 그리고 개성있는 지역문화의 활성화의 가능성을 열었다고 볼 수 있다.

이상과 같은 긍정적 변화와 함께 지방자치제는 아직 실망스럽고 우려할 만한 문제들을 제기하고 있다는 점도 외면할 수 없는 사실이다. 즉 비정상적인 지방선거의 제도와 관행, 일부 단체장과 지방의원들의 고질적인 비리와 부패문제, 여전히 주민들의 신뢰를 못받고 있는 지방의회, 강력한 중앙집권적 제도와 관행, 형식적인 주민참여, 지방공무원 자치역량의 미흡 등은 지방자치가 여전히 풀지못한 숙제로 남아 있다.

지난 20년의 성과와 문제점을 놓고 볼 때, 앞으로 한국의 지방자치와 분권이 확대·강화되어야 한다. 지방자치는 당면한 국가 사회적 위기를 극복하고 새로운 시대적 환경에 도전하기 위하여 반드시 필요한 제도이기 때문이다. 지금까지 지방자치 실시로 인해서 제기된 문제들은 어디까지나 지방자치가 활성화 되어가는 방향에서 그 제도적 개선이 이루어져야지 과거의 통제적 중앙집권시대로 돌아가려 해서는 절대로 안된다. 중앙정부나 정치권이 앞으로도 지방자치를 낭비적이고 비효율적인 제도로만 보고, 국가경제의 어려움을 앞세워 지방자치와 분권의 확대·강화를 외면하거나 지연시킨다면 종국에는 사회적 위기와 저항으로 나타날 수 밖에 없을 것이다. 오히려 그 때 지불해야 할 사회적 비용과 희생은 경제력만으로 감당하기 어려울 것이다.

따라서, 지방자치와 분권은 경제가 아무리 어렵더라도 미리 전향적이고 단계적으로 확대, 강화해나가는 것이 현명한 일이다. 이를 위해 현 시점에서 중요한 것은 대통령과 중앙정부 공무원 및 중앙정치인들이 지방자치의 중요성과 필요성을 재인식하는 일이다. 그리고 지역주민 모두는 강력한 자치의지를 토대로 지방자치를 우리 사회에 뿌리 내린다는 확고한 신념을 재확립하는 동시에 대내 · 외적으로 지방자치의 성실한 이행을 강력히 촉구해야 하는 중요한 시점에 놓여 있다. 그런 후에, 지방자치가 우리사회에 뿌리내리기 위해서는 다음과 같은 노력이 필요하다.

첫째, 향후 한국의 지방자치가 제약된 입법권, 조직권, 행정권, 재정권 등의 자치권을 강화하려면 우선 헌법적으로 자치와 분권의 정신이 천명되고, 보다 구체적인 자치관련 내용들이 헌법에서 보장되어야 한다. 그리고 분권형 헌법에 따라 현행 국정운영체제는 중앙집권적 통제체제에서 지방분권적 협력체제로 바뀌어야 한다.

둘째, 분권의 실질적 실현은 지방자치의 활성화로 이루어진다. 지방자치가 다양한 실험과 학습을 통해 그 장점을 살리려면 제도 선택의 결정권을 지방에 넘겨줄 필요가 있다. 만일 획일화된 제도로 분권과 자치를 밀어부치면 전국이 같은 후유증을 앓게 되어 실패한다. 그렇다고 그 개선대안이 다시 획일적인 제도라면 또다시 성공하기는 어렵다. 결국, 지방자치는 지방과 지역주민들이 지역의 여건과 환경 그리고 능력에 따라 선택할 수 있도록 제도적 자율성을 보장해 주는 방향으로 가야 한다.

셋째, 지방자치의 성공여부는 주민들의 자치의식에 달려있다. 지금부터라도 주민들의 지방자치에 대한 교육이 다양한 주체에 의해서 다각적으로 실시되어야 한다. 지방자치에 대한 이론은 룰론 지방자치를 운영하는데 필요한 소양과 자세 및 환경, 문화, 지역문제에 이르기 까지 주민들의 민주의식과 판단력을 높이는데 필요한 투자와 노력을 아끼지 말아야 한다. 그래야만 주민자치의 실질화를 통해 지역사회가 궁극적으로 주민자주관리의 사회에 도달할 수 있다.

넷째, 분권과 자치에 따른 부작용을 최소화할 수 있는 의식과 능력을 갖추어야 한다. 분권과 자치는 당분간 제반 갈등을 증폭시킬 것이고, 낭비와 비효율을 초래할 것이며, 부패와 비리를 증대시킬 것이 자명하다. 따라서 분권과 자치에 따른 긍정적 효과만을 기대하고 서두르지 말고 그 부작용을 극복하고 치유해나가는 지혜와 전략 그리고 인내심이 필요하다.

다섯째, "지방분권과 자치의 확대를 거부하고 곳은 중앙이 아니라 결국 지방이다."라는 속설이 있듯이 분권과 자치를 수용하는 것 역시 쉽지 않다. 중앙정부가 지방정부에 권한을 이양할 때 지방정부는 이를 행사할 수 있는 자치역량을 구비하고 있어야 한다. 그렇지 못하면 분권화와 자치화는 훨씬 더 무능하고 부패한 지방정부를 출현시킬 수 있고 중앙이 지방에 권한이양을 거부하는 빌미가 되기도 한다. 그러면 지방자치와 분권은 다시 국민과 지방으로부터 환영받지 못하는 악순환이 되풀이 될 것이다.

결론적으로, 지난 20년의 지방자치를 종합적으로 평가해 보면, 그 성과는 문제점과 부작용을 메우고 남을 정도로 종합적 이해득실에서 플러스의 결과를 가져왔다고 해도 무리가 없을 것이다. 따라서, 지방자치의 부활은 대한민국을 재도약시킨 국민들의 탁월한 선택이자, 역사적 진보임이 분명하다. 또한 지방분권과 자치의 당위성과 그 내용에 대해서도 이제 어느 정도 국민적 합의를 이루어 가고 있다. 문제는 그것을 실천해 내는 우리의 의지와 전략이다. 분권과 자치를 거부하는 세력을 극복하고, 또 분권과 자치를 두려워하는 집단을 설득해서 국민과 함께 분권화 · 자치화의 길로 나서야 한다. 대한민국이 진정한 선진국이 되기 위해서 지방자치와 분권은 어렵지만 반드시 가야할 길이 때문이다. 요약컨대, 성년이 되기 위한 한국 지방자치와 분권은 험난하고 고단한 여정을 보냈다. 하지만, 대한민국 선진화의 토대를 만든 만큼, 앞으로 보다 성숙하고 행복한 미래 사회를 향해 새로운 여정을 준비해야 할 것이다.

(대전투데이, 2015. 05.)

지방자치 부활 20년, 주민자치로 가야

지금 우리사회는 모든 면이 급격히 달라지고 있다. 인구감소와 저출산, 급격한 고령화와 도시화, 다민족 · 다문화 사회로의 전환, 여성의 사회진출 확대 그리고 기존세대와는 다른 특성을 갖는 신세대의 등장 등 급격한 환경변화가 나타나고 있다. 이와 같이 일찍이 경험하지 못한 새로운 변화와 함께 더욱 달라질 국민들의 요구와 기대 그리고 사회제반 문제들을 풀어가기 위해서는 새로운 국정관리시스템, 새로운 정보와 전달체계의 정비, 신자원의 개발과 동원화 방식의 전환, 그리고 이것들을 올바르게 이끌어갈 확고한 이념과 가치관의 정립이 무엇보다 요구되고 있다.

따라서, 새로운 환경에 부합하는 새로운 틀, 새로운 사고, 새로운 패러다임을 어떻게 설정하느냐가 우리시대의 화두이자, 국가와 지역생존의 전제가 되고 있는 것이다. 특히, 지방자치 부활 20년을 맞이 한 우리나라는 지방의 경쟁력이 곧 국가의 경쟁력으로 되는 지방자치시대가 본격화되면서 주민의 복지

실현이 지방에서 주도적으로 시작되어야 하는 힘든 시기를 맞고 있다.

이러한 일련의 변화들은 주민들이 종래의 국가 또는 지방자치단체의 기능과 역할에 모든 것을 의존하던 수동적 자세에서 벗어나서 자치역량(self-governance capacity)을 발휘할 것을 요구하고 있다. 특히, 유권자들이 "우리는 더 이상 세금을 내지 않겠다(No, we won't pay it anymore)."고 외치는 정부에 대한 실망과 분노의 목소리는 각 정부들이 국정과 복지를 개혁을 하지 않을 수 없는 근원이 되고 있다. 앞으로 더 많은 정부들이 같은 상황에 직면하게 될 것이다. 지방자치 선진국에서 추진하는 개혁의 방향과 전략을 보면, 개혁은 뿌리로부터 상향적으로 나와야 한다고 강조하면서 개혁의 궁극적인 목적을 정부의 효율성 향상이나 능력 증진에 두지 않는다. 보다 좋은 사회의 건설에 두고 있다. 즉, 효율적 정부는 좋은 사회를 위한 필요조건이지 충분조건은 아니라고 본다. 따라서, 전체적으로 좋은 사회에 접근하기 위하여 정부는 개인, 가족, 이웃 및 지역의 자발적 주민조직들이 지역문제를 스스로 해결하도록 그에 따른 권한과 책임을 지역사회에 이양한다. 즉 보다 견고한 지역사회(community)를 만들기 위한 노력에 심혈을 기울이고 있다. 결국, 시민들의 참여와 협동에 의해 자주적 관리가 이루어지는 '시민자주관리의 사회'를 지향하고 있는 것이다.

지방자치 부활 20주년을 맞이해서 한국의 지방자치는 지금부터 주민자치가 실질화되어서 지역사회의 원동력이 되어야 한다. 견고한 지역사회를 건설해서 개개인이 자율적이고 책임감 있는 삶을 추구하는 좋은 사회를 이룩해야 하기 때문이다. 이를 위해서 특히, 지역의 현안문제들은 지역사회가 자조적(self-help)으로 해결하도록 정부가 지원하는 것이 가장 효과적이다. 그래서 지방자치 선진국 정부들은 공공서비스에 대한 소유권이나 통제권을 관료나 전문가의 손에서 지역사회로 그 이양을 확대해 나가고 있는 것이다.

최근, 지방자치발전위원회가 마련한 「지방자치발전종합계획」 내용에는 '읍·면·동 주민자치회 도입'이 핵심과제 중의 하나로 포함되어 있다. 현재 협력형 모델의 시범실시와 그 성과분석 등을 통해 주민자치회 세부 실시방안을 확정해서 법제화시키려는 작업을 진행하고 있다. 이제부터 지방자치의 궁극적인 목표는 주민자치에 있다. 따라서, 행정이 추구하는 목표도 주민들을 규제하고 가르치는 것이 아니라, 보다 편안하고 안전한 삶을 영위할 수 있도록 지원하는 방향으로 새 출발해야 할 것이다.

(자치발전 시론, 2015. 04)

선거구 증설은 대전발전 절호의 기회

을미년 새해가 힘차게 떠올랐다. 작년 10월 30일, 헌법재판소가 현행 국회의원 선거구 획정방식을 변경하도록 판결함에 따라 국회의원 선거구의 대규모 변화가 있을 것으로 전망된다. 헌재는 국회의원 지역선거구 획정 인구수 편차가 3:1로 결정되는 현재의 획정방식은 국민의 평등권을 제한하기 때문에 헌법 불합치 판결을 했다. 이에 따라 2015년 말까지 공직선거법을 개정해서 국회의원 선거구 획정 인구수를 2:1로 낮춰야만 한다.

현재 우리나라의 인구수는 약 5천 128만명으로 전체 지역구 국회의원 숫자 246명을 대입할 경우 평균 인구수는 20만 8천명이 된다. 헌재의 결정에 따르면 선거구는 인구가 가장 많아도 27만 9천명을 넘으면 안된다. 반대로 아무리 인구가 적더라도 13만 8천명 이상이 되어야만 독립된 선거구로 남을 수 있다. 현재 37개 선거구는 인구상한선을 초과하고 있고, 25개 선거구는 인구하한선에 미달하고 있어서 총 62개 선거구는 선거구 통 · 폐합 또는 지역재조정을 거쳐야 한다. 따라서, 2016년 총선은 예측불허의 정치권 지각변동이 이루어질 전망이다.

대전 유성구는 현재 인구가 32만을 초과하고 있기 때문에 선거구 증설이 불가피한 실정이다. 이 혁명적인 정치변화를 어떻게 해석하고 준비하느냐에 따라 대전은 물론 충청권의 미래가 달려있다. 나아가, 영 · 호남 중심으로 경도된 한국의 빗나간 정치를 바로잡아 통일시대에 대비하느냐의 여부도 대전 · 충청권의 의지와 도전에 달려있다. 특히, 대전의 선거구 증설문제는 오랜 숙원사업으로 대전의 미래발전과 직결되어 있다.

지역에서 인구대비 국회의원 수는 국비의 지원규모나 중앙정치 차원에서 지역의 정치적 입지를 가늠하는 중요한 척도가 된다. 대전 유권자들의 표의 등가성과 지역대표성이 크게 훼손되어 있다는 것은 이미 객관적인 통계로 입증되었다. 오랫동안 대전의 주요 현안 사업들은 거의 대부분 예산을 확보하지 못한 채 실종되어 왔다. 게다가, 중앙정치와 정부의 주요자리에 대전출신 인사가 등용되지 못하고 있는 이유는 바로 대전이 소유하고 있는 정치적 입지가 그만큼 취약함을 의미한다. 결국 대전이 소유하고 있는 국회의원 의석 수 만큼만 중앙으로부터 대접받고 있는 셈이다. 그래서 대전 선거구 증설은 더 이상 미룰 수 없는 지역의 최우선 과제다. 결코 쉽지않은 과제지만, 지역의 미래를 위해 반드시 관철해야 한다. 또 우리 모두가 한 마음 한 뜻으로 대동단결하면 할 수 있다.

대전은 지난 오랜 기간동안 선거구 증설을 위해 나름대로 노력해왔다. 지난 2007년과 2010년 그리고 2012년말 세 번의 기회와 도전이 있었다. 하지만, 그때 마다 지역의 역부족을 뼈저리게 실감하기 만 했을 뿐 손에 쥔게 없었다. 그 이유는 내부적 요인과 외부적 요인에 기인한다. 내부적 요인으로는 대전지역내 각 정당의 정쟁과 당리당략, 후보자들 간의 밥그릇 싸움, 정치권과 행정부 간, 대전시와 자치구 간 이해관계의 대립, 지역민들의 무관심 등으로 대전이 하나가 되지 못했기 때문이다. 외부적 요인으로는 영 · 호남 중심의 뿌리깊은 기득권의 벽이 예상보다 높다는 사실이다. 여기에 바로 대전·충청의 단합과 이에 바탕한 새로운 차원의 도전이 불가피한 이유가 있는 것이다.

특히, 선거구 증설의 대상이 되는 유성은 과학도시 대전의 중심으로서 대한민국 신성장 엔진 역할을 하겠다는 큰 뜻을 품고 그 구체적인 청사진을 제시하지 않으면 안된다. 즉 유성은 대전시와 세종시의 접점으로 양도시 상생발전의 전략을 만들어야 한다. 향후 추진될 과학벨트의 성공적 조성으로 세계적인 기초과학의 허브로 발돋움해서 대한민국을 선진 과학입국으로 도약시켜야 할 책임도 안고 있다. 동시에 대전교도소와 시외버스터미널 이전, 전민동 하수종말처리장과 고·중준위 방사선폐기물 대책 등이 현안과제들이다. 이러한 이슈들에 대한 철저한 해결의지가 없으면, 선거구 증설문제도 그저 또 한번 소리만 요란하다가 지역이기주의 쯤으로 폄하될 가능성이 크다. 앞으로 대전이 결집하고 단합하는 동시에 확고한 비전과 목표가 서있을 때 선거구 증설이 결실을 맺을 수 있을 것이다. 이번 기회를 절대 놓쳐서는 안된다. 올해는 대전과 유성발전의 명운이 걸린 중요한 한해가 될 것이다.

(중도일보, 2015. 01. 05)

대전은 앞으로 무엇으로 먹고 살 것인가

을미년 새해가 다가온다. 지금부터 대전시가 해야 할 가장 중요한 일은 대전시의 미래 비전을 정립하는 것이다. 가까이는 향후 10년을 내다보며 대전 발전의 새로운 목표와 계획을 잘 짜는 것이다. 이 일은 쉽지 않다. 그러나 대전시가 해야 할 제일 중요한 과업이며 가장 시급한 과제다.

지금까지 대전이 처한 상황을 놓고 볼 때, 대전시가 당면한 도시쇠퇴 문제를 해결하면서 미래 안정된 일거리와 먹거리의 창출을 위해 지행해야 할 대전의 비전과 목표는 네가지로 정리된다. 즉 대전이 가지고 있는 여건과 잠재력을 충분히 살리면서 타 도시와 차별화된 경쟁력을 확보해야 한다. 그러려면 신성장동력사업 창출의 과학기술도시, 철도와 지하철을 활용한 최첨단 교통도시, 품격있는 시민중심의 문화도시, 그리고 글로벌 인재와 평생학습 중심의 교육도시가 되는 것이다. 이 중에 대전을 먹여살릴 원동력은 우선 과학기술도시로 새롭게 재탄생하는 것이다.

대전은 1970년대 말 대덕연구단지가 입주한 이래 40여년 간 국가 과학기술의 발전을 주도해 온 지역이다. 대전에서 생산된 과학기술지식은 전전자교환기(TDX), 이동통신시스템(CDMA), 다목적실용위성(아리랑호) 등 국가 전반의 기술력 제고와 첨단산업의 진흥을 위해 활용되어져 왔다. 국가대표연구단지로서 국가적 차원의 기술발전에 기여해 온 대전은 지난 2005년 대덕연구개발특구로 지정되면서 지역 차원의 혁신활동과의 연계고리를 형성해 나가고 있다. 올해부터는 과학비즈니스벨트 사업들도 본격적으로 추진된다.

산업발전의 역사를 뒤돌아 보면, 기존 산업의 전통과 관행이 뿌리깊게 자리잡은 지역은 새로운 산업의 발전이 꽃피기가 매우 어려웠다. 이미 그 지역을 중심으로 전통산업을 담당했던 주체들이 기득권을 쥐고 있어서 새로운 산업들의 진입이 매우 어렵기 때문이다. 이런 의미에서 지식집약형 첨단산업의 발전은 전통 제조업의 기반이 약한 곳에서 싹틀 수 있는 가능성이 크다고 하겠다. 그 곳이 대전이다. 신산업 추구형 도시인 미국의 실리콘밸리나 오스틴, 쾌적한 환경과 문화산업 중심의 성장전략을 추구하는 독일의 엠셔파크나 프라이부르크 등은 모두 높은 지식형 인적자원 집약도와 환경친화적 도시설계, 문화수준 등을 특징으로 하는 곳들이다.

대전은 서울을 제외하고는 우리나라에서 가장 개방적인 문화 특성을 갖는 지역이다. 지역 역사상 영 · 호남, 수도권 등 다양한 지역으로부터 유입된 인력들이 모여 살고 있다. 그래서 다양한 문화에 대한 관용성 (tolerance)이 일찍부터 자리잡고 있다. 또한, 일정한 면적 내에 다양한 분야의 과학기술 자원과 문화적 자원이 집적되어 있다. 따라서, 대전이 우리나라에서는 이종분야간 융 · 복합이 가장 유리한 지역이라는 특성을 지니고 있다. 이런 모든 특성들은 대전이 지식집약형 산업으로 발전해 나갈 수 있는 매우 강한 산업 및 문화적 자원으로 작용할 것이다.

앞으로, 대전의 향후 산업발전은 다부문 기술자원과 문화적 역량을 결합한 융 · 복합 분야를 중심으로 이루어질 전망이다. 재료, 환경, 에너지 분야 등에 응용되어 새로운 산업기반을 선도할 나노기술분야, 정보통신기술과 문화예술 역량이 결합한 디지털미디어 분야, IT, NT, BT가 융합한 신개념 맞춤형 의약 및 의료기기 개발 등이 대전에서 가장 효율적으로 추진될 것이다.

대전시는 내년을 대전발전의 중대한 전환기로 삼고 시민들의 미래 먹거리와 일거리 준비에 승부를 걸어야 한다. 더 이상의 시간적 여유가 없다. 내년부터 본격 추진될 국제과학비즈니스벨트 사업의 그 핵심적인 내용이 차세대 성장을 견인할 수 있는 기초·원천연구능력의 확대 및 연구개발, 이에 근거한 사업화에 초점이 맞추어 지고 있다는 점에서 대전을 중심으로 하는 육성전략이 수립되어야 할 것이다.

결론적으로, 대전을 먹여 살릴 미래산업은 융·복합산업 및 연구개발서비스업 같이 지역의 특성·강점을 극대화 할 수 있는 지식집약적 산업 분야여야 한다. 그런 점에서 대전이 보유하고 있는 우수한 대덕특구의 인적·물적 인프라 그리고 과학벨트를 최대한 활용해서 연구개발 성과를 대전의 미래산업과 연계시키는데 대전시의 모든 역량을 발휘해야 할 것이다.

(금강일보, 2014. 12. 29)

과학벨트는 대전발전과 반드시 연계되어야

내년부터 「국제과학비즈니스벨트」의 거점지구인 대전 유성구 신동 · 둔곡 지구 개발계획이 본격적으로 추진된다고 한다. 따라서, 단군이래 최대 국책사업이라 불리는 과학벨트가 대전권을 중심으로 본격적으로 조성되는 것이다. '과학벨트조성사업 추진계획'에 의하면 대전 대덕연구개발특구는 거점지구로 충남 연기군, 천안시, 그리고 충북 청원군은 기능지구로 확정된 바 있다.

이제 대전을 중심으로 한 충청권은 대한민국을 세계적인 '기초과학의 허브'로 조성함으로서 선진국으로의 진입은 물론 국토의 균형발전을 책임져야 할 중차대한 역사적 사명을 부여받게 되었다. 그런가 하면 대전은 물론 충청권 전체 주민의 미래 삶도 과학벨트의 성공여부에 따라 크게 달라질 전망이다. 특히, 대전은 최근 인구가 감소하는 등 도시쇠퇴의 징후가 곳곳에서 감지되는 심각한 상황에 직면해 있다. 따라서, 을미년 새해부터 대전시와 대전시민들의 운명은 이제 또 한번의 중대한 전환점을 맞게 된 셈이다.

그간 숱한 어려움을 슬기롭게 극복하면서 대전을 과학도시로 발돋움시킨 주인공은 대전시민들이다. 이제부터 시민들이 대한민국과 충청권 그리고 대전시의 발전을 위해 적극 나서서 해야 할 일은 크게 두 가지다. 먼저 과학벨트 사업추진과정을 두눈을 부릅뜨고 지켜보면서 중단없이 그리고 차질없이 추진되도록 촉구하는 것이다. 과학벨트는 당장 그 첫 삽을 떴을 뿐, 구체적인 실행계획도 아직은 확실하지 않다. 천문학적으로 소요되는 재정에 대한 조달방법도 여전히 불확실하다. 부지조성비용 등 상당한 재정적 부담을 지역에 떠안은 상태다. 게다가 거점지구와 기능지구의 역할분담도 현재로선 모호하다. 그저 현금대신 약속어음 하나 정부로 부터 건내받은 정도다. 언제 또 부도가 날 지 모른다. 그러니 과학벨트의 입지결정부터 우여곡절을 속 다 태우며 지켜본 대전시민으로서는 결코 방심해서는 안될 것이다.

그 다음, 과학벨트가 반드시 대전발전과 연계되도록 만드는 일이다. 그것은 과학벨트가 성공해서 대한민국 미래 성장동력이 되기 위해서도 반드시 필요하다. 대전이나 충청권에서 지역발전을 강조한다고 해서 이를 지역이기주의로 몰아세울 문제는 더더욱 아니다. 외국의 과학단지들은 그 시설들이 입지한 지역의 발전과 예외없이 연계시켰다는 사실들이 이를 말해주고 있다.

대표적인 사례가 미국 남동부의 테크노벨리 '리서치트라이엥글 파크(RTP)'다. RTP는 1950년대 담배와 목화를 주산지로 하는 전형적인 농업지대 노스캐롤라이나주를 첨단산업과 바이오산업 중심지로 탈바꿈하는데 결정적인 역할을 했다. 중심도시 랠리시, 더럼시 및 채플힐시 등 3개 도시들은 상호 기능을 삼각벨트로 연계해서 상생발전에 성공했다. 각 도시에 소재한 노스캐롤라이나 주립대와 NC사립대 그리고 듀크대는 세계적인 대학으로 발전했다. 과학벨트내 지역주민들의 일자리는 크게 늘어났고, 지역의 전체 소득은 급상승했다. 당연히 인구도 크게 증가했다.

무엇보다 과학도시내 주민들은 지역에 대한 긍지와 자부심속에 미래에 대해 꿈과 희망을 갖게 되었다. 지역의 인재들이 지역에 있는 좋은 학교와 대학에서 체계적으로 육성되어 과학단지의 주인이 되었기 때문이다. 그 외에도 핀란드의 지역균형발전을 성공시킨 오타니에미 과학단지, 21세기를 이끌어 갈 세계 10대 첨단과학기술도시 인도의 실리콘벨리라 일컫는 방갈로드 등이 앞으로 과학도시 대전이 가야할 길을 분명하게 제시하고 있다.

지역발전에 있어서 절호의 기회를 맞이한 대전과 충청지역민들은 지금부터 다시 태어나는 자세로 다음의 과제들을 착실히 풀어가야 할 것이다. 먼저 지역의 비전과 목표를 재정립해야 한다. 과학벨트의 입지는 지역발전의 수단이지 목표는 아니다. 대전시, 충남 · 북 그리고 세종시의 비전과 목표는 해당 지역주민의 삶의 질을 높이고, 삶의 기회를 소외되는 사람없이 확대하는 것이다. 과학벨트의 성공적 조성을 통해 지역의 일자리 창출로 지역의 소득이 증대해야 한다. 지역의 인재가 육성되어 지역과 과학비즈니스벨트의 주역이 되어야 한다. 지역에 소재하고 있는 농업이나 전통산업들 그리고 기존 서비스산업들도 과학벨트와 연계되어 새로운 진로를 모색할 수 있어야 한다.

지역발전의 성공뒤에는 항상 지역 지도자들의 빛나는 지혜와 용기가 있었다. 실리콘벨리를 조성케 한 스태포드의 터만 교수, 소피아 앙티폴리스를 세계적인 과학도시로 변모시킨 지역정치가 라피드, 농촌 마을 미국 달톤시를 세계 최고의 카페트 도시로 만든 평범한 시골소녀 에반스가 바로 그 성공 리더십의 주인공들이다. 대전, 충남 · 북 그리고 세종시도 미래를 보는 혜안으로 상생발전의 치밀한 전략을 만들어야 한다. 그리고 지역의 대화합을 이끌어 낼 각계 각층의 리더들이 과학벨트와 지역발전을 연계시킬 수 있는 새로운 성공 리더십을 구축해야 한다.

끝으로, 과학벨트가 입지한다 해서 과학도시가 저절로 되지 않는다. 시민들의 과학적 사고와 활동이 지역발전은 물론 시민들의 삶과 연계될 때 명실상부한 과학도시가 된다. 외지로부터 새로 유입되는 사람과 문화에 대해서도 개방성과 관용성을 갖춘 똘레랑스(Tolerance) 도시가 되어야 한다. 그동안 대덕연구단지가 조성된지 40년을 넘긴 대전시도 도시문화와 시민의식을 재정립하여 세계수준의 과학도시로 재탄생해야만 한다. 을미년 새해부터 대전시민들은 과학비즈니스벨트의 성공을 위해 과학시민, 기업가 정신(Entrepreneurship)의 시민, 그리고 문화시민으로 새로 태어나야 할 것이다.

(디트뉴스, 2014. 12. 09)

청주공항을 '대청공항'으로 개명, 새 출발해야

청주공항을 '대청공항'으로 명칭을 변경하자. 그래서 중부권 허브공항으로 새 출발하자. 청주공항은 1997년 개항 이후 꾸준히 이용객이 증가하고 있다. 2013년 연간 이용객은 136만명으로 역대 최다였다. 연간 화물 처리능력은 총 37,500톤에 달했다. 청주공항은 국제기능을 갖춘 중부권 거점공항으로 자리 메김을 하고 있다.

그러나 민영화 방침 등의 문제로 시설투자가 이뤄지지 않고 있다. 청주공항은 이명박 정부 시절 공기업 선진화의 하나로 전국 지방공항 중 유일하게 민영화 대상에 선정된 바 있다. 이때부터 한국공항공사는 청주공항 시설개선과 관련된 예산을 투입하지 않았다.

청사 내 사무실의 경우 비만 오면 물이 새곤했다. 야외에 마련된 임시주차장도 포장이 되지 않아 질퍽거리는 상태로 방치되기도 했다. 더욱이 외국인을 전담해 출 · 입국 심사를 할 수 있는 요원이 배치되지 않아 국제공항에 걸

맞지 않은 외국인 추방사례가 속출했다. 아울러 대형 비행기 취항을 위해 필수적인 활주로 확장사업도 여전히 지지부진한 상태다.

청주공항 활성화는 박근혜 대통령의 충북지역 공약 가운데 가장 높은 관심과 지지를 받았던 사업이다. 하지만 청주공항 활주로 연장사업에 대한 타당성 조사결과 수익성이 낮게 나오면서, 사업추진에 차질을 빚고 있다. 천안-청주공항 복선전철 건설사업과 함께 청주공항 활주로 연장사업은 세종시의 성공적인 안착과 대전 · 충남 · 북의 발전을 위해 꼭 필요한 사업이다.

청주공항과 세종시와는 불과 24km 이내에 있다. 대전시와도 50km 거리밖에 되지않기 때문에 대전 입장에서는 보배같은 관문이라 할 수 있다. 해외 여러 대도시에서 볼 수 있듯, 대전, 세종, 청주, 천안 · 아산, 내포시로서는 근거리 관문공항으로서의 여건이 이보다 좋을 수 없다. 대전이 명실상부한 과학도시가 되기 위해서는 청주공항이 활성화되어 세계 과학도시와 소통 · 교류하는 국제공항이 되어야 한다. 세종시가 진정한 자족 도시를 갖춘 행정수도로 완성되기 위해서는 국격에 맞는 관문공항을 갖추는 게 필수적이다. 첨단산업단지를 갖춘 통합청주시와 천안 · 아산시가 국제적인 경제 대도시로 발돋음하는 전제조건은 청주공항을 적극 활용하는 일이다.

이와같이 청주공항은 중부권의 허브공항으로 대전 · 세종 · 충남 · 북의 미래발전을 좌우할 것이다. 나아가 지정학상 대단히 유리한 대한민국의 교통의 요충지로 손색이 없을 것이다.

대청공항으로 변경 타당성

지난해 말 충청북도는 세종시의 장기도시발전 계획에 청주공항 활성화 방안을 반영해 줄 것을 세종시에 요청했다. 세종시가 수립 중인 2030 세종 도시기본 계획에 청주국제공항 관련 계획이 누락 된 것을 확인하고 보완을 요구한 것이다. 세종시는 관문 공항으로서 청주공항 활성화에 공감, 도시 기본계획안

수정 시 보완할 계획이다. 실제 세종시 이전 정부부처를 포함한 공무원들의 경우 2013년 한 해 동안 1만여 명이 해외출장을 다녀온 것으로 추산됐다.

세종시뿐만 아니라 대전도 장기적으로 대덕특구와 국제과학비즈니스벨트, 청주공항을 연계하는 광역도로망이 필요하다. 대전과 세종시, 호남고속철도 분기점인 KTX 오송역, 청주공항 등을 연계하는 버스중앙전용차로제와 시내버스 준공영제 등도 검토해야 한다.

청주공항을 명실상부한 국제공항으로 육성하기 위해서는 적극적인 투자와 지원을 통해 기반시설을 확충하고 노선을 다변화해 세계 어느 곳이나 다닐 수 있도록 해야 한다. 그러기 위해서는 '청주'라는 지명에서 벗어나 중부권을 모두 아우르는 대전 · 충청의 약자로서 '대청공항'으로 바꾸는게 공항활성화의 해법이 될 수 있다. 중앙정부의 추가 지원도 자연스럽게 이끌어낼 수 있다.

중부권 허브공항으로 정부 지원 강화

청주국제공항의 비중은 앞으로 인천국제공항에 버금가는 중요한 위치를 차지하게 될 전망이다. 이미 몇몇 언론에서 정부세종청사 입주가 진행되면서 청주국제공항의 이름을 바꿔야 한다는 주장을 제기한 바 있다. 그동안 「청주공항활성화대책위원회」에서는 옛 한성항공 이후 맥이 끊어진 청주공항을 모항으로 하는 저가 항공사 설립을 추진하고 있다. 2004년 국내 최초 지역민항으로 설립된 한성항공은 부도위기를 겪은 뒤 2010년 티웨이항공으로 상호를 변경한 바 있다.

청주공항은 일반 관광객보다는 공무원과 과학자 그리고 연구원이 주된 이용객이 될 것이다. '청주공항'만을 고집하지 않더라도 출입국관리사무소 전담 인력을 요구하는 등 정부의 여러 지원을 얻어내 대한민국의 중부권 거점으로서 청주의 위상을 올릴 수 있다.

더 나아가 공항 개명을 계기로, 청주공항 민영화에 대한 정부 방침을 재검토할 것을 요구할 수도 있다. 침체된 청주공항이 명실상부한 국제공항과 중부권 허브공항으로 발전할 수 있도록 미래지·향적으로 개명 문제를 검토해볼 필요성이 점차 커지고 있다. 청주공항의 활성화를 위해 청주·대전·세종·충남·북이 힘을 합쳐 적극 나서야 할 중요한 시점이기 때문이다.

(대전투데이, 2014. 11. 16)

지방자치와 국가 · 지역 발전론 | **제 2장 지방자치와 지역발전**

「신 충청시대」의 도래를 선언하다

대한민국은 정치개혁, 경제혁신, 분권자치의 새 시대가 열려야 명실상부한 선진국 진입이 가능해 진다. 그러나, 경제는 세계 15위권 국가로 도약했지만 계층간, 지역간 격차는 심화되고 있다. 정치는 경제적 갈등과 사회적 분열을 해소시키지 못하고 국민들의 불신만 가중시키고 있다. 국정은 지방자치와 분권보다 중앙집권의 통제방식에서 크게 벗어나지 못한 채 지역과 거리감을 좁히지 못하고 있다. 아직도 한국이 선진국 진입의 문턱에서 주춤거리고 있는 이유다

그런데 2013년부터 한국 정치지형에 있어서 의미심장한 변화가 발생했다. 근대적인 호구조사가 실시된 이래 충청권 인구가 호남권 인구를 최초로 앞지른 것이다. 현재 충청권 인구는 531만명으로 호남 인구보다 6만명이나 많다. 이런 추세로 가면, 차기 대통령선거가 실시되는 2017년에는 충청권 인구가 호남보다 무려 35만명 가량 더 많아진다는 것이 통계청의 예상이다. 인구변

화에 있어서 가히 역사적인 전환점이라 볼 수 있다.

충청과 호남 인구의 역전현상은 단순한 숫자적으로 인구구조상의 변화가 나타나는데 그치는 것이 아니다. 한국정치와 경제, 사회와 문화를 깡그리 바꿔놓기에 충분하다. 그동안 뿌리깊은 영 · 호남 지역감정의 문제도 의미가 없어질 것이다. 향후 나타날 우리 미래사회의 변화는 각 부문에서 상상을 초월해서 나타날 것이다. 특히 2016년 총선은 그 결과를 예측하기가 불가능해졌다. 최근 헌재의 결정에 따라 인구비례에 맞게 선거구를 새롭게 개편한 후 치러지기 때문이다. 2017년 대선에서는 인구변화에 따른 정치지형의 변동이 정권의 향방에 어떻게 영향을 미칠 지 아무도 모른다. 따라서, 그동안 이른바 '충청홀대론'과 '충청권인사 소외론'이 팽배했던 충청권에서 이 혁명적 인구변화를 어떻게 준비하고 대처하느냐에 따라 충청권의 미래가 달라진다. 나아가 영 · 호남 중심으로 경도된 한국의 빗나간 정치관행을 바로잡을 기회가 왔다. 국민들의 오랜 염원인 한국정치를 개혁하느냐 못하느냐의 여부도 충청권의 의지와 도전에 달려있는 셈이다.

다시금 충청권이 크게 기대하고 있는 선거구 증설문제는 단순히 다음 총선에서의 유 · 불리만을 따져서 정략적 내지 당리당략적으로 접근하면 또다시 성공하지 못한다. 이 기회를 놓치면 충청권은 영 · 호남의 그늘에서 벗어나지 못한 채, 늘 그랬듯이 정권창출의 보조자 내지 수발자로서의 역할에 그치고 말 것이다. 결국 이 역사적인 변화는 인구와 경제면에서 크게 성장한 충청권이 대한민국을 선진국으로 진입시키기 위해 정치개혁 · 경제혁신 · 분권자치를 선도적으로 추진해야 할 중요한 시점에 와있음을 의미한다.

특히, 21세기 세계경제는 자본, 금융, 노동, 토지 등의 생산요소가 국경을 넘어서 전 지구를 무대로 무한정 활동하게 하고 있다. 그 결과는 특정 국가와 지역의 번영과 쇠퇴로 나타난다. 이 세계경제를 견인하고 대응하는 장소가 바로 지역의 도시들이다. 충청권내 대전, 세종, 천안 · 아산, 청주는 상호 영향력을 미치는 대도시들로서 앞으로 경쟁력있는 도시권을 형성하면서 세계 속으로 나가야 한다. 따라서, 이들 도시들이 수도권 도시들, 그리고 세계도시들과 경쟁하려면 도로와 철도, 항만과 공항, 신에너지와 식수, 특화전략산업, 지역대학과 인재육성, 문화와 관광 등의 문제를 공동 해결해 나가야 한다. 특히, 세종시는 인근 충청지역보다 수도권 인구유입을 통해 국토균형발전이 촉진되는 중추거점도시로 거듭나야 한다. 그렇지 않으면 세종시도, 충청권도, 국가도 불행해 진다. 그래서 충청권의 상생을 위한 공조가 더 절실해졌다.

결론적으로, 중대한 역사적 전환기를 맞이한 충청권은 원대한 꿈을 안고 새로운 도전을 시작해야 한다. 이것이 충청권의 시대적 사명이다. 충청권이 결집하고 단합하면 절대 불가능한 일이 아니다. 이제 충청민 모두 하나되어 '신 충청시대'의 도래를 엄숙히 선언하고, 대한민국을 선진국으로 앞장서 이끌고 나가야 할 것이다.

(대전일보, 2014. 11. 27)

금산 · 대전 · 옥천의 '쇠퇴벨트' 걷어내야

최근, 대전이 드디어 도시쇠퇴의 징후를 뚜렷이 보이기 시작했다. 2014년 10월말 현재, 대전시 인구는 153만 528명이다. 지난 8월보다 5,758명이 줄었다. 대전시 인구가 이와같이 3개월째 감소세를 보인 것은 대전시가 1989년 충남도로부터 분리돼 광역시로 승격된 후 처음겪는 일이다. 여태껏 증가일로에 있던 대전시 인구가 153만 6천명을 정점으로 감소세로 돌아섰다는 사실이 도시쇠퇴의 대표적인 지표로 나타난 것이다.

반면에, 세종시는 지난 3개월간 평균 4천명씩 증가해서 14만명을 넘어섰다. 대전에서 세종시로 이전한 순 유출인구가 4,500명에 이른다. 같은 기간 충남, 충북의 인구도 각각 1,300명, 1,200명씩 증가했다. 대전만 인구가 지속적 감소세로 돌아선 것이다. 이 현상은 일시적이 현상이 아니라 인구가 지속적으로 감소해서 도시가 쇠퇴할 수 있는 불길한 징조이기 때문에 문제의 심각성이 있다. 앞으로 인구가 계속 줄면 유휴시설이 늘 것이다. 부동산 가치는 하락하고 지역경제는 더욱 침체될 것이다. 지역의 인재와 중산층 그리고 기업은 대전을 떠난다. 결국 도시 전체가 공동화되면서 쇠퇴의 늪으로 빠져들 것이다.

충남은 인구가 전체적으로는 늘고 있지만, 도 내부를 들여다 보면 문제는 더욱 심각해 보인다. 2000년대에 들어서면서 천안과 아산의 인구가 급격하게 증가해서 천안시는 60만명, 아신시는 30만명을 넘어선 대도시가 되었다. 이 지역까지 수도권 전철이 연결되었다. 생활권이 수도권과 가까워지면서 정치적 · 경제적 · 사회적 · 교육적으로 이미 수도권으로 편입되었다고 봐도 틀린 말이 아니다. 인근의 당진까지 합하면 백만명이 넘는 수도권 남부벨트가 충남 북부에 만들어 진 것이다. 그야말로 대한민국 수도권이 향유하는 '번영의 벨트'가 쳐진 셈이다.충남도청이 내포신도시로 이전함으로서 이 벨트는 더욱 탄탄해졌다.

그러는 동안에 대전 그리고 인근지역으로 같은 생활권이라 볼 수 있는 금산과 옥천은 벼랑끝 상황으로 내몰려 있다. 충남도청사가 빠져나가면서 대전 원도심의 황폐화를 가속화시켰다. 인근의 청주와 청원은 통합하여 84만명의 대도시가 됨으로서 대전과 금산 · 옥천을 위협하고 있다. 오송 · 오창에 생명바이오 산업단지까지 조성하여 탄탄한 경제자립기반을 만들어 놨다. 미래 일거리와 먹거리를 준비해놓은 것이다. 오송 · 오창의 힘이 벌써 주민들의 가계소득 증대와 부동산 가치의 상승으로 나타나고 있다. 대전과 접하고 있는 세종시는 대전시와 충남 · 북의 인구를 서서히 흡인해가는 빨대역할을 하면서 인구를 늘리고 있다. 수도권 인구를 끌어와야만 세종시가 성공하는데 말이다. 공멸의 길로 가고 있는 꼴이다.

시간이 갈수록 대전과 인접한 금산의 낙후는 훨씬 심각해 질 것이다. 통합청주시의 탄생은 옥천을 더욱 고립시킬 것이다. 금산과 옥천은 해마다 인구가 감소하여 겨우 인구 5만의 지역인구를 수성하기 조차 힘겨워진 한계상황에 이르렀다. '쇠퇴의 벨트'가 만들어진 이 지역들이 더 이상 침체의 늪으로 빠지지 않으려면 대전과 같이 살 길을 찾지 않으면 안된다. 공동운명체가 되어 버린 셈이다. 대전 역시 꽉막힌 숨통을 금산, 옥천으로 트지 않으면 지역경제가 고사할 수 밖에 없는 처지다.

따라서, 그동안 간간이 논의되어 왔던 금산과 대전의 통합, 옥천과 대전의 통합을 보다 전향적이고 적극적으로 추진해 봐야 할 때가 되었다. 충청남도와 충청북도는 도내 지역간 격차를 해소하기 위해 쇠퇴지역이 대전과 상생발전하도록 해야 한다. 시 · 도가 쇠퇴지역을 더 이상 행정구역에 가둬두고 고사시켜서는 안된다. 즉 금산과 옥천이 대전과 머리를 맞대고 경제, 교통, 교육, 지역개발의 문제들을 같이 풀어나가도록 해야 한다. 그 외에 '신의 한 수'는 없다. 선진도시들은 이미 국경을 초월해서까지 지역간, 도시간 협력을 하는 '초광역권 경쟁시대'로 가고 있다. 우리가 언제까지 답답하고 해묵은 행정구역에 갇혀서 도시와 지역의 쇠퇴와 소멸을 앉자서 지켜보고만 있을 것인가. 양 지역의 통합이 부담스럽고 합의가 안된다면 통합에 버금가는 끈끈한 교류와 협력정책을 모색해 나가야 할 것이다. 이번이 절호의 기회이자, 마지막 기회일지 모른다.

(충청투데이, 2014. 11. 12)

쇠퇴하는 대전, 이대로 포기할 것인가

대전이 드디어 도시쇠퇴의 징후를 뚜렷이 보이기 시작했다. 예상했던 일이지만 가히 충격적이다. 최근 대전시의 발표에 따르면, 9월말 현재, 대전시 인구가 153만 5,815명으로 지난 7월보다 534명, 8월보다 471명이 줄었다는 것이다. 대전시 인구가 이와같이 2개월째 감소세를 보인 것은 대전시가 1989년 충남도로부터 분리돼 광역시로 승격된 후 처음겪는 일이다. 여태껏 증가일로에 있던 대전시 인구가 153만을 정점으로 감소세로 돌아섰다는 사실이 도시쇠퇴의 대표적인 지표로 나타난 것이다. 앞으로 인구가 계속 줄면, 유휴시설이 늘 것이다. 부동산 가치는 하락하고 지역경제는 더욱 침체될 것이다. 지역의 인재와 중산층 그리고 기업은 대전을 떠난다. 결국 도시 전체가 공동화되면서 쇠퇴의 늪으로 빠져들 것이다.

돌이켜 보면, 100여년전 인구 3,000명에 불과했던 대전지역이 세상에 속살을 드러낸 계기는 1905년 경부선이 대전역을 통과하기 시작한 때부터다.

1914년에는 호남선 철도가 개통됐다. 경부선 철도와 분지점인 서대전역이 설치되면서 무명이었던 대전은 일약 철도교통의 중심지로 부각했다. 근대 도시로 성장할 수 있는 토대가 된 것이다. 교통의 요충지가 된 대전으로 철도를 통해 전국의 인구와 화물이 몰려들었고, 상권과 경제가 집중되면서 인구가 폭발적으로 늘어난 것이다. 이에 힘입어 1917년 대전면 신설, 1932년 충남도청 이전, 1949년 대전시 승격, 1989년 직할시 승격에 이르기 까지 숨가쁘게 성장해 왔다. 여기에 경부 · 호남 고속도로의 분기점까지 대전이 차지하게 됐으니 대전은 대한민국에서 가장 빠르게 성장하는 도시로 타 지역으로부터 부러움과 질투의 대상이 되기도 했다.

이러한 지리적 이점과 천혜의 자연조건 덕택에 1973년 대전 대덕에 연구단지가 조성된다. 단순한 교통도시에서 과학도시, 글로벌 도시, 그리고 경제도시로의 정체성을 갖추고 재도약 할 수 있는 결정적 계기가 마련된 것이다. 그 일환으로 1993년에는 대전엑스포를 성공적으로 개최하여 대전이 과학도시임을 국내 · 외에 알리는 동시에 시민들의 긍지와 자부심을 크게 고취시킨 바 있다. 도시발전에 필요한 인프라를 구축하는데도 기여해서 대전발전을 10년 이상 앞당긴 것도 사실이다. 여기에 덧붙여, 1998년에는 국가균형발전의 차원에서 대전 3청사가 입지하면서 대전은 교통, 과학, 행정을 융 · 복합할 수 있는 유일한 대도시로의 자격까지 갖추게 되었다. 대도시로 성장하는데 필요한 요건들을 다 거머쥐게 된 것이다.

여기까지는 모든게 잘 풀렸다. 지역을 잘 이끈 좋은 지도자들이 있었다. 전문가와 공무원들이 올바른 정책과 전략도 준비했다. 시민들은 꿈과 희망을 가지고 단합했다. 행운도 따랐다. 그런데 모든 것은 여기까지였다. 모든 일들이 대전을 위해 저절로 잘 풀릴줄만 알았을 뿐, 모두가 자만하고 나태했다. 그 이후에 일어날 혹독한 환경변화를 내다보지 못한 것이다.

우선 교통도시 대전으로서의 명성과 도시브랜드를 지키지 못했다. 2001년 개통된 서해안 고속도로는 유성을 통과하던 호남고속도로의 역할과 혜택을 빼앗아 갔다. 유성은 휴양 온천도시로서의 브랜드를 지키지 못하고 침체했다. 게다가 올해까지만 KTX 호남선이 서대전역을 지난다. 내년부터는 오송, 공주역을 가야 호남선 고속열차를 탄다. 이제 대전은 더 이상 삼남의 관문이 아니다. 서대전역 주변도 시간이 갈수록 공동화될 것이 틀림없다. 대전역사와 역세권 개발의 지연은 원도심을 이미 초토화시키기에 충분했다. 이제는 교통도시 대전의 간판을 내려놓아야 하는 상황에 이르렀다. 대전역과 역세권을 MICE 산업의 중심지 그리고 과학도시의 전시장으로 변모시킬 절호의 기회를 놓친 회한이 너무 크다. 인근 청주공항을 대전이 제대로 투자해서 활용하지 못한 과오도 두고두고 후회할 것이다. 현대도시는 항구(Seaport), 공항(Airport), 정보항(Teleport)을 모두 구비해야 하는데 대전은 이에 소홀했기 때문이다.

교통도시의 장점을 살려 과학도시로 발돋움하는데에도 성공하지 못하고 있다. 과학연구단지가 대전에 소재하고 있다고 해서 대전이 과학도시가 되는 것이 아니다. 몇몇 시민들이 허접한 엑스포시설 주변에서 어울리지도 않는 와인과 후드 축제를 즐긴다고 해서 과학시민이 되는 것은 더더욱 아니다. 진정한 과학도시가 되려면 대덕과학특구가 지역경제에 기여해야 한다. 지역의 인재를 지역의 대학이 육성해서 대덕과학특구에 주인으로 들여보내야 한다. 시민들의 과학적 사고와 활동이 지역의 일자리 창출과 지역비즈니스의 활성화에 기여해야 한다. 과학비스니스벨트가 설령 계획대로 조성된다 하더라도 (그것도 쉽지않지만) 대덕과학특구의 전철을 밟으면 지역발전과는 무방해진다. 과학도시 대전에도 보템이 되질 않을 것이다. 미국의 오스틴과 노스캐롤라이나, 프랑스의 소피아앙티폴리스, 독일의 드래스덴 등 세계적 과학도시들은 모두다 지역인재, 지역대학, 지역경제의 육성에 예외없이 기여해서 지역발전이 성공했음을 놓쳐서는 안된다.

이렇게 대전이 갖춘 모든 유리한 요건을 제대로 활용하지도 못한 채, 시간을 허비하는 사이에 대전주변 상황은 대전을 벼랑끝 상황으로 내몰고 있다. 충남도청사는 이미 내포 신도시로 빠져나가서 원도심의 황폐화를 가속화시켰다. 인근의 청주와 청원은 통합하여 대전을 위협하고 있다. 오송·오창에 생명바이오 산업단지까지 조성하여 탄탄한 경제자립기반을 만들어 놨다. 대전은 하지 못한 미래 일거리와 먹거리를 준비해놓은 것이다. 오송·오창의 힘이 벌써 주민들의 가계소득 증대와 부동산 가치의 상승으로 나타나고 있다. 천안·아산·당진은 이미 수도권의 경제와 산업의 남하를 막아서면서 대전을 썰렁한 비수도권으로 몰아낸지 오래다. 동반성장과 일방쇠퇴라는 양면의 칼을 가지고 대전과 접하고 있는 세종시는 대전시의 인구를 서서히 흡인해가는 빨대역할을 하면서 대전을 향해 쇠퇴의 칼을 휘둘기 시작했다. 대전이 양도시의 상생발전과 차별화된 전략을 준비하는데 소홀한 결과다. 도시간 경쟁에서 지는 도시는 반드시 쇠퇴, 소멸한다. 인구가 감소하는 대전에 그것도 유성에 국회의원 선거구를 증설해 줄리 만무하다. 대전 지하철 2호선이 지상화로 가든 노면화로 가든 중요하지 않다. 쇠퇴하는 도시라면 건설 자체를 재검토해야 할지도 모른다.

이제 대전은 암울하게도 인구감소의 위기에다 정치적 리더십의 위기, 도시 정제성의 위기, 사회분열과 갈등의 위기, 그리고 자신감 상실의 위기까지 겹치면서 총체적인 위기에 직면해 있다. 이 위기 징후는 앞서 쇠퇴한 선진국 도시들에서 나타난 요인과 대동소이하다. 도시의 양극화, 구도심 및 산업단지의 붕괴, 정체성 없는 도시, 리더십과 주민참여의 부재 들이 미국의 디트로이트시, 마이애미시, 영국의 리버풀시들을 쇠퇴의 나락으로 빠트린 바 있다.

그러면 대전은 이대로 쇠퇴하고 말것인가? 그냥 포기하고 지켜볼 수 밖에 없는가? 그럴 수는 없다. 그렇게 해서도 안될 것이다. 도시는 영원하지 않다. 성장하면 쇠퇴할 것이고, 쇠퇴하면 소멸하거나 또는 재생할 수도 있다. 그것은 자연발생적으로 일어나는 것이 아니라 그 도시의 지도자와 선각자들 그리고 시민들이 어떤 의지와 자세를 가지고 어떤 준비와 전략을 마련하느냐에 달려있다. 지금 대전은 미래에 대한 올바른 도시비전과 목표의 정립, 지도자의 빛나는 용기와 지혜, 철저하고 치밀한 전략과 정책, 그리고 시민들의 자신감과 일체감 형성이 절실히 필요한 시점에 와있다. 도시의 흥망이 갈리는 절박한 기로에 놓여 있는 것이다.

그렇다면 새로 시작해야 한다. 대전은 다시 태어나야 한다. 그러기 위해서는 변해야 한다. 아니 모든 걸 바꿔야 한다. 다음 글에서는 대전을 확 바꿔서 다시 태어나기 위해 필요한 대전재생의 비전과 목표, 전략과 정책 그리고 우리 모두가 도전해야 할 과제들을 정리해서 말씀드리고자 한다.

(디트뉴스, 2014. 10. 23)

쇠퇴하는 대전, 발상의 대전환이 필요

지난 기고문 "쇠퇴하는 대전, 이대로 포기할 것인가"는 디트뉴스에서 가장 많이 본 기사 1위, 가장 댓글 많은 기사 1위로 선정되는 등 시민들로부터 뜨거운 관심을 불러일으킨 바 있다. 대전의 쇠퇴징후에 대해 많은 분들이 장탄식과 우려, 심지어 분노까지 필자에게 직접 표하기도 했다. 대전 쇠퇴를 진단한 짧은 보고서에 대해 이토록 다양한 생각과 의견을 가지고 있다는 사실에 오히려 대전 미래에 대해 희망을 갖는다. 그것은 대전시민들의 열정과 에너지가 여전히 살아있음을 의미한다. 지난 백년 대전발전을 이끌어 온 원동력의 불씨가 다행스럽게도 아직은 꺼지지 않았음을 말해주기도 하는 것이다.

대전을 다시 살리려면 처음부터 새로 시작해야 한다. 대전을 철저히 바꿔서 다시 태어나기 위해서는 대전 재도약의 비전과 목표, 전략과 정책, 리더십, 그리고 시민들의 의식과 자세를 바로 잡아야 한다. 이를 위한 몇가지 중요하고 시급한 과제들을 큰 틀에서 짚어보면 다음과 같다.

먼저, 대전의 정체성(Identity)을 되찾아 대전미래 발전의 비전과 목표를 재정립해야 한다. 여기에 대전시민들의 공감대 형성이 반드시 필요하다. 그동안 대전발전의 비전과 목표는 인구 200만 내지 170만을 염두에 두고 마련했다. 그러나, 이를 전제로 한 대전발전의 장기계획및 실행계획들은 전면 수정이 불가피하다. 앞으로 경쟁과 갈등이 불가피한 대전시와 세종시 그리고 충남·북은 상생발전전략을 새로 짜야 한다. 실상, 세종시는 지금 제2의 위기를 맞고 있다. 세종시가 추구해야 할 수도권 인구의 유입이 기대에 어긋나고 있다. 국토균형발전을 선도하는 거점도시로서의 위상과 역할도 흔들리면서 우려의 목소리가 높아지고 있다. 세종시는 대전·충남·북 인근의 인구만을 끌어들여 도시인구를 채우려 한다면 큰 오산이다. 그렇게 되면 세종시도, 충청권도, 대한민국도 실패한다. 수도권의 주민, 공무원, 산업인력을 세종시로 끌어내리려면 대전과 충청권이 같이 노력해야 한다. 서로 공생할 수 있는 전략과 방안을 찾지 않으면 공멸이다.

충남의 경우도 마찬가지다. 충남도청이 내포신도시로 이전함으로서 천안·아산·당진과 함께 충남북부권 벨트는 탄탄해졌다. 문제는 그 이남이다. 특히 대전과 인접한 공주·논산·금산·계룡·청양 등의 낙후는 훨씬 심각해 질 것이다. 충청남도가 도내 남·북간의 격차를 해소하는 돌파구는 대전과 상생발전전략을 모색하는 것이다. 그 외에는 별 뾰족한 수가 없다. 충북의 청주·청원 통합으로 탄생한 통합 청주시는 충북 인구와 경제력의 절반을 차지하는 대도시가 되었다. 곧 특례시가 된다면 대도시로서의 특례도 받을 것이다. 그렇게 되면, 역시 대전과 같은 생활권이라 볼 수 있는 옥천·보은·영동의 지역쇠퇴는 불 보듯 뻔하다. 그 해결책도 대전과 머리를 맞대고 짜내는 것 외에 신의 수가 없다. 선진도시들은 이미 국경을 초월해서까지 지역간, 도시간 협력을 하는 '초광역권 경쟁시대'로 가고 있다. 우리가 언제까지 답답하고 해묵은 행정구역에 갇혀서 도시와 지역의 쇠퇴와 소멸을 앉자서 지켜보고만 있을 것인가.

차제에 그동안 간간이 논의되어 왔던 금산과 대전의 통합, 옥천과 대전의 통합을 보다 전향적이고 적극적으로 추진해 봐야 할 때가 되었다. 금산과 옥천은 해마다 인구가 감소하여 겨우 인구 5만의 지역인구를 수성하기 조차 힘겨워진 한계상황에 이르렀다. 더 이상 쇠락의 늪으로 빠지지 않으려면 대전과 같이 살 길을 찾지 않으면 안되는 공동운명체가 되어버린 셈이다. 대전 역시 꽉막힌 숨통을 금산, 옥천으로 트지 않으면 지역경제가 고사할 수 밖에 없는 처지다. 양 지역의 통합이 부담스럽고 합의가 안된다면 통합에 버금가는 끈끈한 상생과 협력정책을 모색해 나가야 할 것이다. 이번이 절호의 기회이자, 마지막 기회일 수 있다.

또한, 대전이 다시한번 활력을 찾으려면, 백년을 쌓아온 교통도시로서의 정체성과 도시 브랜드를 지키는데서 풀어야 한다. 그러려면, 제2경부고속철 및 고속도로 건설에서 이번만큼은 대전을 비켜가지 않도록 미리미리 챙겨야 한다. 충청권 광역철도망의 구축과 도시철도 2호선이 대전을 중심으로 사통팔달이 되도록 힘써야 한다. 통일후 까지 고려하여 북한을 거쳐 유럽까지 뻗는 유라시아 철도건설노선에 하나의 중심축이 되도록 대비해야 한다. 서대전역에 KTX가 통과하지 않는 문제를 놓고 오송, 공주, 대전이 같이 고민해서 공생활용의 지혜를 짜지 않으면 모두 손해다. 오송과 공주는 시간이 필요하다. 교통도시 대전의 자원과 역량을 가볍게 봐서는 안된다.

한편, 대전역과 서대전역의 역세권 개발을 제대로 추진해서 교통도시로서의 인프라 구축과 원도심 재생에 돌파구를 마련해야 한다. 대전역은 대전 재도약을 위한 최선의 돌파구이자 보배다. 대전역세권 개발을 알차게 추진해서 MICE 산업과 벤쳐산업의 중심지로서 발돋음 해야 한다. 청주공항은 대전이 글로벌화를 지향하는 전진기지가 되는 만큼 공항으로의 접근성 보완은 물론 실질적인 투자를 통해 세계와 교류하는 대전의 관문이 되도록 해야 한다. 특히, 중국의 과학자와 관광객(요우커), 러시아를 비롯한 동남아 국가들의 의료관광객들이 대전을 찾도록 하늘, 육지, 바닷길을 모두 열어놓아야 한다. 그래서 내륙도시 대전은 서해안 시대에 대비하여 서천이나 보령, 당진같은 항구도시와도 연계·교류할 수 있는 인프라 구축이 장기적으로 필요한 것이다.

지금 당면한 가장 중요한 문제로서 대전이 갈피를 못잡고 있는 문제가 바로 대전 도시철도 2호선 문제다. 얼마전 첨예하게 대립되고 있는 2호선 건설방식을 '타운홀 미팅'을 통해 결정하려고 하다 다시금 혼돈에 빠진 대전시를 지켜보면서 딱한 생각까지 들었다. 타운홀 미팅 방식은 인구 몇백 또는 몇천 명 정도의 작은 인구규모를 가진 컴뮤니티티나 기초자치단체에서 지역의 작은 이슈를 놓고 주민이 직접 결정하는 자치제도의 일환이다. 인구 150만의 대도시에서 그것도 모든 이슈들이 복합되어 있는 중대하고 어려운 과제를 이 방식으로 다루려고 했던 사실이 애초부터 넌센스다. 현대행정이 정책을 성공적으로 추진하는데 있어서 제일 중요하게 생각하는 것이 정책의 디자인이 아니라 정책에 대한 소통이다. 아무리 잘 만든 정책도 국민이나 주민과의 소통을 통해 이해와 공감대를 구하지 못하면 반드시 실패하기 때문이다. 대전이 그동안 롯데 테마파크와 유니언스퀘어의 건립, 과학벨트사업의 수정, 그리고 도시철도 2호선 건설에 실패했거나 혼란을 초래한 것은 바로 정책소통에 실패한 결과다. 게다가 정책과 사업에 대한 미래 청사진도 없었다. 관련 정보와 자료도 공정하고 객관적이지 못했다. 심지어 공개되지도 않았다. 사후 요식행위만을 서둘다 우왕좌왕 했을 뿐이다. 정책소통 부재가 불러온 정책실패의 대표적인 사례가 되고 말았다.

대전도시철도 2호선의 노선과 건설방식은 그 비용이나 경관에 미치는 영향만이 아니라 대전의 미래발전과 직결되어 있는 총체적인 문제다. 대전이 대중교통중심의 생태도시를 지향하는데 우선순위를 둔다면 지금의 노선과 노면방식을 선택할 수 있다. 대전이 미래를 위해 일거리와 먹거리를 준비해 놨다면 선택을 망설일 필요도 없을 것이다. 그렇지 않다면 이 방식으로 대전의 쇠퇴를 멈추기는 쉽지 않은 전망이다. 내생적 발전요인이 취약한 대전이 외부 인구와 산업 및 자원을 끌어드릴 흡인력을 유지하기 힘들기 때문이다. 지금의 노선만을 목표로 한 고가방식도 쇠퇴하는 대전을 살리는데는 한계가 있다. 대전의 행정구역내에서 고가로 돌아다니는 2호선은 적자에서 벗어나지 못한다. 도시내 불균형은 심화될 수 있다. 2호선이 고가로 그것도 자기부상열차로 간다면 그 노선이 대전시를 벗어나서 계룡·논산으로, 금산·무주로, 옥천·영동으로, 공주·내포로, 오송·세종으로, 조치원·청주공항으로 뻗어나갈 수 있도록 빅 데이터를 가지고 보다 광역적인 계획을 세워야 한다. 대전시내만을 돌아나니는 도시철도는 더 이상 대전발전에 기여하지 못한다. 서울 지하철은 인천과 경기도 구석구석을 누빈다. 천안·아산으로 남하해서 수도권으로 흡수했다. 이제 동해안을 향해서 달린다. 도시철도 2호선 건설은 대전시가 교통도시 간판을 되찾는 계기로 삼아야 할 것이다. 대전시가 아닌 대전권을 형성해서 수도권과 경쟁해야 한다.

다음, 퇴색되어 가는 과학도시로의 명성도 굳건히 지켜야 한다. 타도시와 차별화 된 경쟁력있는 도시로 재탄생하려면 '과학수도 대전'이 되어야 한다. 대전은 과학수도로 대한민국의 창조경제를 이끌 전진기지가 되어야 한다. 동시에 대덕과학특구 운영방식의 전환과 과학벨트의 성공적 조성을 통해 지역발전과 반드시 연계시켜야 한다. 다시 말해서, 대덕특구와 과학벨트는 지역의 일자리 창출과 시민들의 소득증대, 그리고 지역인재 육성 및 지역대학의 발전에 기여토록 만들어야 할 것이다. 그러려면 대덕특구는 중앙정부만의 주도에서 탈피해서 중앙정부, 지역의 대학, 기업, 대전시와 유기적인 협력시스템을 새로 구축해야 한다. 그래서 2025년 쯤에는 시민 30%가 과학관련 직업을 소유하고, 대전인재 30%를 육성해서 과학도시의 주인이 됨으로서 명실상부한 세계 10대 과학기술도시로 진입해야 한다. 대전의 경제는 대기업을 유치하기가 쉽지 않기 때문에 과학특구와 과학벨트에 승부수를 던져야 한다.

그리고 대전시가 과학도시임을 대내외에 재천명하고, 대전시민들이 하나되어 꿈과 희망속에 다시 뛸 수있는 모멘텀을 만드는게 필요하다. 그것이 바로 대전엑스포 개최 30년만에「대전엑스포 2023」을 유치하는 것이다. 2020년

아랍에밀레이트에서 개최되는 「두바이 엑스포」에 이어 개최가 가능하므로 서둘러 「2023 대전엑스포 유치위원회」를 구성해서 경쟁에 뛰어들어야 한다. 이 국제행사는 소요되는 비용 이상의 성과를 낼 것이 틀림없다.

그동안 동서고금을 막론하고 도시마다 지역마다 위기는 수도 없이 많았다. 오뚝이 처럼 다시 일어선 곳은 강한 도시, 선진지역이 되었다. 그 위기를 극복한 가장 큰 힘의 원천은 구 시대의 낡은 사고방식과 관행을 과감히 타파하고, 새 시대의 질서를 만들어 낸 리더들의 빛나는 지혜와 용기였다. 그것이 바로 대전이 새로운 리더십을 요구하는 이유다. 우리 대전이 지금 요구하고 있는 새로운 리더십은 첫째, 미래의 비전을 제시하고 공유하는 리더십이다. 뭐니 뭐니 해도 지도자의 제일 큰 역량은 미래를 보는 혜안 그리고 그 미래상에 대한 지역민의 공감대 형성이다. 지역의 지도자는 기껏해야 4년 후 선거만 보려는데서 벗어나서 최소한 10년 후의 미래를 보고 지역을 리드해야 한다.

둘째, 포용의 리더십이다. 모든 분야와 조직에서 갈라지고 쪼개진 대전시를 화합과 통합으로 이끌 포용의 리더십이 없는 사람은 지금 쇠퇴하는 대전을 살릴 자격이 없다. 대전이 살아나려면 전문가와 인재가 총동원되어야 한다. 자신의 측근이나 선거공신만을 억지로 등용하는 리더십은 결국 자신은 물론 공직사회를 망치고 나아가 대전전체를 병들게 한다는 사실을 명심해야 한다. 자신의 라이벌은 물론 원수까지 사심없이 발탁했던 링컨 대통령이나 제갈공명의 용감한 포용의 리더십을 본받아야 부끄럽지 않을 것이다. 셋째, 협력과 소통의 리더십이다. 중앙정부든 지방정부든 제왕적 리더가 혼자 끌고 가던 시대는 이제 끝났다. 대전에서의 계속되는 정책실패는 협력과 새로운 소통방식을 절실히 요구하고 있다.

마지막으로, 대전을 살리는 가장 큰 원동력은 대전시민들의 자신감과 일체감을 갖는 일이다. 지난 20년간 대전은 선거때마다 출신지역과 학교별로, 그리고 정당별로 분열과 대립을 반복해 왔다. 선거후에는 시민화합과 통합을 이루는데 소홀했다. 그래서 대전의 시민적 에너지를 하나로 모으는데 실패했다. 지역의 인재를 키우지도 못했다. 이제는 그렇게 한가할 때가 아니다. '대전은 하나'라는 인식하에 지역의 현안 이슈마다 대동단결해서 공동대처해 나가야 한다. 무엇보다 서로 아끼고 존중하는 용서와 화해의 지역 분위기를 조성하는 것이 급선무다.

요약컨대, 대전시민 모두가 대전발전의 새로운 꿈과 희망을 가지고, 그 저력을 다시한번 발휘한다면 대전은 살아날 수 있다. 대전발전의 궁극적인 목표는 시민발전이다. 대전시민을 더 풍요롭고 더 행복하게 만드는 도시로 다시 태어날 때, 대전은 지난 백년의 전통과 역사를 앞으로도 자랑스럽게 이어갈 것이다.

(디트뉴스, 2014. 11. 04)

교통도시 대전의 명성을 반드시 되찾아야

최근, 대전이 도시쇠퇴의 징후를 뚜렷이 보이기 시작했다. 예상했던 일이지만, 심각한 문제가 아닐 수 없다. 대전시의 발표에 따르면, 9월말 현재, 대전시 인구가 153만 5,815명으로 지난 7월보다 534명, 8월보다 471명이 줄었다는 것이다. 대전시 인구가 이와같이 2개월째 감소세를 보인 것은 대전시가 1989년 충남도로부터 분리돼 광역시로 승격된 후 처음겪는 일이다. 여태껏 증가일로에 있던 대전시 인구가 153만을 정점으로 감소세로 돌아섰다는 사실이 도시쇠퇴의 대표적인 지표로 나타난 것이다. 앞으로 인구가 계속 줄면, 유휴시설이 늘 것이다. 부동산 가치는 하락하고 지역경제는 더욱 침체될 것이다. 지역의 인재와 중산층 그리고 기업은 대전을 떠난다. 결국 도시 전체가 공동화되면서 쇠퇴의 늪으로 빠져들 것이다.

돌이켜 보면, 100여년전 인구 3,000명에 불과했던 대전지역이 세상에 속살을 드러낸 계기는 1905년 경부선이 대전역을 통과하기 시작한 때부터다.

1914년에는 호남선 철도가 개통됐다. 경부선 철도와 분지점인 서대전역이 설치되면서 무명이었던 대전은 일약 철도교통의 중심지로 부각했다. 근대 도시로 성장할 수 있는 토대가 된 것이다. 교통의 요충지가 된 대전으로 철도를 통해 전국의 인구와 화물이 몰려들었다. 상권과 경제가 집중되면서 인구가 폭발적으로 늘어난 것이다. 이에 힘입어 1917년 대전면 신설, 1932년 충남도청 이전, 1949년 대전시 승격, 1989년 직할시 승격에 이르기 까지 숨가쁘게 성장해 왔다. 여기에 경부 · 호남 고속도로의 분기점까지 대전이 차지하게 됐으니 대전은 대한민국에서 가장 빠르게 성장하는 도시로 타 지역으로부터 부러움과 질투의 대상이 되기도 했다.

대전이 쇠퇴의 징후가 나타나게 된 큰 이유로는 우선 교통도시 대전으로서의 명성과 도시브랜드를 지키지 못했기 때문이다. 2001년 개통된 서해안 고속도로는 유성을 통과하던 호남고속도로의 역할과 혜택을 빼앗아 갔다. 유성은 휴양 온천도시로서의 명성을 지키지 못하고 침체했다. 게다가 올해까지만 KTX 호남선이 서대전역을 지난다. 내년부터는 오송, 공주역을 가야 호남선 고속열차를 탄다. 이제 대전은 더 이상 삼남의 관문이 아니다. 서대전역 주변도 시간이 갈수록 공동화될 것이 틀림없다. 대전역사와 역세권 개발의 지연은 원도심을 이미 초토화시키기에 충분했다. 이제는 교통도시 대전의 간판을 내려놓아야 하는 상황에 이르렀다.

대전이 다시한번 활력을 찾으려면, 백년을 쌓아온 교통도시로서의 위상과 도시 브랜드를 지키는데서 풀어야 한다. 그러려면, 제2경부고속철 및 고속도로 건설에서 이번만큼은 대전을 비켜가지 않도록 미리미리 챙겨야 한다. 충청권 광역철도망의 구축과 도시철도 2호선이 대전을 중심으로 사통팔달이 되도록 힘써야 한다. 지금 당면한 가장 중요한 문제로서 대전이 갈피를 못잡고 있는 문제가 바로 대전 도시철도 2호선 문제다. 얼마전 첨예하게 대립되고 있는 2호선 건설방식을 '타운홀 미팅'을 통해 결정하려고 하다 다시금 혼돈에 빠지고 말았다. 타운홀 미팅 방식은 인구 몇백 또는 몇천명 정도의 작은 인구규모를 가진 컴뮤니티나 기초자치단체에서 지역의 작은 이슈를 놓고 주민이 직접 결정하는 자치제도의 일환이다. 인구 150만의 대도시에서 그것도 모든 이슈들이 복합되어 있는 중대하고 어려운 과제를 이 방식으로 다루려고 했던 사실이 애초부터 넌센스다.

도시철도의 노선과 건설방식은 그 비용이나 경관에 미치는 영향만이 아니라 대전의 미래발전과 직결된다. 대전이 대중교통중심의 생태도시를 지향하는데 우선순위를 둔다면 지금의 노선과 노면방식을 선택할 수 있다. 대전이 미래를 위해 일거리와 먹거리를 준비해 놨다면 선택을 망설일 필요도 없을 것이다. 반면에, 지금의 노선을 통과하는 고가방식의 도시철도로는 쇠퇴하는 대전을 살리는데 한계가 있다. 도시철도 건설은 대전시가 교통도시 간판을 되찾는 계기로 삼아야 할 것이다. 도시철도가 고가로 그것도 자기부상열차로 간다면 그 노선이 대전시를 벗어나서 계룡 · 논산으로, 금산 · 무주로, 옥천 · 영동으로, 공주 · 내포로, 오송 · 세종으로, 조치원 · 청주공항으로 뻗어나갈 수 있도록 광역적인 계획을 세워야 한다. 서울 지하철은 인천과 경기도 구석구석을 누빈다. 천안 · 아산으로 남하해서 수도권으로 흡수했다. 이제 동해안을 향해서 달린다. 대전은 이제 대전시가 아닌 대전권을 형성해서 수도권과 경쟁해야 한다. 그러려면 대전은 우선 교통도시로서의 위상과 명성을 반드시 되찾아야 한다.

(금강일보, 2014. 11. 06)

울산시 고위직, 출자 · 출연기관장 인사청문회 도입해야

지방자치제가 부활한 지 20여년이 지났다. 막대한 예산을 운용하는 지방공기업은 지방재정의 건전성과 밀접한 관련이 있지만, 부실경영과 정실인사 등의 문제가 끊이지 않고 있다. 대부분 출자 · 출연기관장은 도덕성과 전문성을 겸비한 인물보다는 단체장 측근들에 대한 보은인사가 단행되어 왔기 때문이다. 또 상당수 적자투성이 지방공기업은 세금먹는 하마로 전락해 지방재정의 위기를 초래하고 있는 실정이다.

결론부터 말하면, 지방자치단체 출자 · 출연기관장 인사청문회 제도를 도입해야 한다. 여기에는 정무부시장 등 임명직 고위공직자 등을 모두 포함해야 한다. 지자체 산하기관 임용 대상자는 인사검증 자료제출을 의무화하고, 이를 기초로 지방의회에서 도덕성 · 정책능력 · 리더십에 대한 평가를 진행하는 것이 필요하다.

이를 위해서는 지방자치단체 인사청문회법이 제정되어야 한다. 별도의 지방자치단체 인사청문회법이 곤란하다면 지방자치법을 개정하여 인사청문회 조항을 두고, 세부적인 사항은 해당 지방자치단체의 조례로 규정할 수 있도록 해도 될 것이다.

인사청문회, 시장 입후보자 공동공약으로

울산시장을 비롯한 시 · 도지사의 인사권이 미치는 자리는 20~30곳이 넘는다고 한다. 그동안 각 지자체의 정무직 인사나 산하 출자 · 출연기관 등의 장을 임용하면서 단체장이 자의대로 인사권을 행사하는 것이 관례화 되어왔다. 그런데도 이에 대한 견제장치 역할을 할 인사청문회 제도가 없었기 때문에 문제점이 끊이지 않게 지적된 바 있다.

인사청문회는 고위 공직자를 임명할 때 국회의 검증절차를 거치게 함으로서 정부를 견제하게 하는 제도적 장치다. 우리나라는 2000년 도입해 시행 중이다. 지방 인사청문회는 각 시도의 출자 · 출연기관장 인사 검증을 국회 인사청문회처럼 하자는 것이다. 인사청문회를 앞두고 국회에 임명동의서를 제출하면서 임명동의 사유서, 학력 · 경력 · 병역 · 재산신고사항, 최근 3년간 소득세 · 재산세 · 종합토지세 납부실적, 범죄경력사항 등을 제출한다. 이처럼 각 시도의 정무부시장 등 고위직이나 출자 · 출연기관장 내정자에 대한 기본정보를 지방의회에 제출하고, 지방의회는 외부전문가를 포함한 인사청문위원을 구성해 진행하면 된다.

고위공직자는 도덕성은 기본이고 능력과 자질이 동시에 갖춰져야 한다. 인사청문회 검증 범위는 당연히 업무능력과 동시에 도덕성과 자질 검증까지 포함해야 한다. 물론 이 과정에서 여러 논란이 있을 수 있다. 현행 법률상 지방의회 의원은 면책 특권이 없다. 인사검증 과정에서 의원 개개인의 도덕성과 자질 논란은 충분히 일어날 수 있다. 이런 시비를 없애기 위해서 지방의원만이 아닌 시민사회단체 등 외부전문가를 포함한 인사청문위원을 구성하면 될 것이다.

따라서, 필자는 지자체 및 지방의회 차원의 인사청문 필요성을 제기하면서, 2014 지방선거에 울산시장 선거 출마할 모든 후보는 선거공약으로 이를 명문화할 것을 제안한다.

지자체 인사청문회 관계 법령 및 조례 제정해야

현재 지방자치단체의 고위공직자에 대한 인사청문회는 관계 법령에 근거가 없다. 지방공기업 대표에 대한 인사청문회 도입이 포함된 지방자치법과 지방공기업법 일부 개정법률안이 국회에 장기간 계류돼 있기 때문이다. 지자체에서 인사청문회를 하려면 지방공기업법(58조 2항) '사장과 감사는 지방자치단체장이 임면한다'는 조항을 '…는 (인사검증이나) 인사청문회를 거쳐 임면한다'로 바꾸어야 한다. 지방공기업 대표의 인사검증 제도를 도입, 정착시키기 위해서는 이 법이 조속히 개정돼야 할 것이다.

울산시에서도 시의회 차원의 인사청문회 도입을 위한 조례를 제정해야 한다. 제정할 조례에는 인사청문회 대상과 추진 내용, 방식에 대한 내용을 담되 시장 고유의 인사권을 침해하지 않도록 하면 된다. 상위법에 저촉되지 않는 범위 내에서 인사청문회 조례를 검토해야 하기 때문이다.

모든 권력은 국민으로부터, 시민한테서 나온다. 따라서, 권력을 시장이 아닌 시민에게 돌려줘야 한다. 시장만을 바라보는 '일그러진 자치'에서, 주민을 바라보는 '함께하는 협치'를 해야 한다. 이제는 시민의, 시민에 의한, 시민을 위한 진정한 지방자치를 시작해야 한다. 당당하고 투명한 인사검증은 시스템을 마련하는 것은 지방자치의 첫 단추다. 2014년, 울산은 이제 그 출발점에 서 있다.

(울산매일, 2013. 12. 30)

대전시정이 가야할 새 길을 찾다

지난 12월 15일부터 22일 까지 5박 7일의 짧은 일정으로 캐나다 토론터시, 미국의 뉴욕시와 워싱턴 DC를 다녀왔다. 대통령소속 지방자치발전위원회에서는 선진도시의 자치제도(특히, 자치구와 주민자치회를 중심으로)의 사례조사를 목적으로 이번 해외조사단을 파견했다. 필자는 조사단의 대표로서 현지 영사관의 도움을 받아 해당 도시들을 공식 방문한 것이다.

이번 현지조사에서 선진 자치제도에 대한 많은 정보와 자료를 얻었음은 물론이고, 그 시사점은 앞으로 대통령에게 보고할 「지방자치발전종합계획」을 짜는데 반영할 예정이다. 그러나 그보다 필자가 더 값진 성과로 얻은 것은 "도시발전과 시민들의 행복을 위해서는 시장의 리더십 및 시정의 변화가 절대적이다"는 교훈을 현지에서 확인한 사실이다.

현대 행정은 다음의 다섯 가지 요소로 구성된 DNA 구조가 성패를 가름한다. 즉 비전(Vision), 시스템(System), 네트워크(Network), 리더십(Leadership), 그리고 시민의식(Citizenship) 이다. 대전시정도 여기서 예외일 수 없다. 이상의 다섯 가지 성공 조건을 놓고 볼 때, 지금의 대전시는 심각한 위기 상황에 놓여있다고 볼 수 있다. 따라서, 이를 슬기롭게 극복해서 재도약의 발판을 마련하느냐 아니면 점점 더 나락으로 떨어지고 마느냐의 중대 기로에 대전시가 놓여 있다는 것이 일반적인 평가다. 물론 이 위기 징후마저 감지하지 못하거나 인정하지 않으려 한다면 문제해결의 실마리를 찾는 것은 당분간 불가능할 것이다. 그럼 다섯 가지의 시정 성공조건을 놓고 대전시가 안고 있는 그 동안의 문제점과 향후 발전방안을 조목조목 생각해 보기로 하자. 먼저, 성공적인 시정을 위해서 대전의 비전을 정립해서 제시해야 한다. 대전시는 공무원은 물론 전 대전시민의 꿈과 희망이 담긴 올바른 비전을 제시해야 한다. 비전은 시장선거 과정에서 후보자가 급조한 것이 아니라 대전시민 모두에게 꿈과 희망을 주면서 같이 공감하고 또 실현가능한 것이어야 한다. 그간 대전시가 시민들에게 제시한 비전, 즉 대한민국 신중심도시, 세계를 선도하는 문화 · 과학 · 경제도시는 현재로선 공허하게 들릴 뿐이다. 세계를 향해서 그리고 한국에서 대전시가 갖고자 하는 꿈은 고사하고 충청 · 세종지역에서의 위상도 크게 흔들리고 있는 실정이다. 지금 대전시는 충청 · 세종지역에서 급변하는 환경변화에 제대로 준비하고 대처하지 못한 결과, 충청권에서의 중심 역할과 활동이 거의 중단된 상태다. 세종시의 정착에 따른 대전의 위축, 충남도청의 이전에 따른 원도심의 공동화, 수도권이 되어버린 천안 · 아산 · 당진의 비약적 발전에 따른 비수도권으로서의 위기, 과학벨트 원안의 무리한 수정에 따라 충청권 공조가 깨지는 등 대전시는 충청권에서의 대단히 중요한 위상과 역할을 스스로 포기하고 활동무대를 축소시키는 우를 범하고 만 꼴이다. 참으로 안타깝고 암담한 현실이 아닐 수 없다. 다음 조건은 대전시정의 조직관리의 시스템이다. 현대 행정조직은 뛰어난 지도자의 역량만으로 관리되는 것이 아니라 조직내에 다양하고 견고한 공적 시스템이 구축되고 그를 통해 조직이 관리되어야 한다. 그 동안 대전시정은 이 부문이 대단히 취약했다. 의사결정의 구조가 공식라인 보다 비선라인에 좌우되는 경우가 많았다. 다양하고 창의적인 여론과 아이디어를 시민들과 소통하고 수용해서 활용하는 시스템을 제대로 구비하지도 못했다. 시정을 이끌어 가는 고위 간부들은 늘 선거에 기여한 사람들로 채워졌기 때문에 그 정당성과 전문성을 인정받지 못했다.

또 다른 조건이 대전시를 중심으로 한 네트워크다. 현대 행정조직은 그 조직을 둘러싼 다양한 집단들과 튼튼한 협력체계가 형성되어야 경쟁력을 갖출 수 있다. 대전시는 특히 지역사회와의 단단한 네트워크 구축에 성공적이지 못하였다. 그 책임은 지역사회에 있는 것이 아니라 당연히 대전시에 있다. 특히, 다양성, 신뢰성, 수평성을 확보하지 못한 시장의 네트워크가 늘 걸림돌이 되었다. 뿐만 아니라, 현대 행정조직은 조직구성원과 결정권이 공유되는 협동적 리더십, 의사소통과 갈등조정능력을 갖춘 통합적 리더십을 요구하고 있다. 그러나 대전시장의 통합 리더십은 지난 오랜 기간 동안에도 여전히 정립되지 못하고 있다. 그렇기 때문에 지역사회에 대해 모범적인 리더십 모델도 제시하지 못하고 있는 것이다. 그 주된 이유는 아직도 정상적이라 보기 어려운 왜곡된 선거문화에 있다. 상호배타적인 파벌과 지연 · 학연 중심의 선거관행과 행태가 계속되고, 선거후에 그 후유증을 최소화하려는 시민화합과 통합의 노력을 게을리하는 한 쉽게 치유되기 어려운 문제다.

끝으로, 대전시민 모두가 대전시에 대해 갖는 관심과 참여, 격려와 비판 그리고 결속력이 대전발전의 마지막 조건이다. 하지만, 지금 대전시는 이들 모두로부터의 관심과 사랑을 놓친지 오래됐다. 시민의식을 높이기 위한 시민참여와 시민교육의 확대에 소홀한 결과다.

필자는 이번의 조사여행에서 대전시정이 앞으로 반드시 가야만 할 새 길을 찾았다. 토론터시의 포드 시장, 뉴욕시의 불룸버그 시장, 워싱턴 DC의 그레이 시장을 비교 · 평가하면서 시장의 비전과 정책, 통합의 리더십, 그리고 도덕성이 얼마나 중요한지를 다시금 깨달았다. 대전시정의 DNA 구조도 새롭게 바꿔야 한다는 교훈도 얻게 되었다.

지금 대전이 맞이한 위기는 심각하다. 그러나 이 위기는 곧 기회가 될 수 있다. 아마도 마지막 기회가 될지 모른다. 기로에 선 대전시가 바른 길을 향해 나가도록 내년에 새로 선출되는 대전시장을 중심으로 공무원과 대전시민들 모두가 지혜와 역량을 모아야 한다. 왜냐하면 대전시장과 시정의 변화와 발전이 지역의 미래 운명을 결정적으로 좌우하기 때문이다.

내년 실시될 대전시장 선거를 불과 6개월 앞두고, 시민들은 새로운 시대에 맞는 시정변화를 촉구하는 한편, 이를 선도할 새 시장을 반드시 선출할 수 있도록 두눈을 부릅뜨고 지켜봐야 할 중요한 시점에 서있다. 대전시민들의 저력을 다시한번 발휘해야 할 때다.

(디트뉴스, 2013. 12. 30)

오정, 노은 도매시장 활성화 돌파구를 찾자

지난 2010년은 '무상급식의 해'라고 해도 과언이 아니다. 지방선거와 교육감선거에서 무상급식이라는 뜨거운 이슈가 한국 사회를 뒤들었기 때문이다. 그 결과, 지자체의 열악한 재정형편과 부잣집 아이들 밥까지 먹여 줘야 하느냐는 형평성 문제 등 거센 반대와 많은 난제를 극복하고 무상급식이 도입된 바 있다.

수많은 시비를 낳았던 정책공약이 불과 삼년 만에 국가와 지방단체가 응당 해야 할 의무가 되고 누가 더 질 좋은 서비스를 제공하느냐를 두고 경쟁하는 시대가 됐다. 지방의 빠듯한 재정에도 무상급식을 하는 이유는 모든 아이에게 빈부격차 없이 똑같은 밥을 먹이자는 게 아니다. 학교급식은 학생들에게 공평한 식단과 한 끼의 욕구를 충족시키는 원초적인 것에 그치지 않는 이유에서다.

무상급식은 작게는 학부모의 살인적 교육비 부담을 없애고 가사 노동을 절감해준다. 한 걸음 더 나아가 올바른 식습관과 먹을거리가 식탁에 오르기까지 소중함과 고마움을 일깨우며, 안전하고 균형적인 식생활을 통해 청소년을 건강하게 성장시키는 교육의 일환이란 목표가 담겨 있다.

친환경급식은 농촌을 바꾸는 힘이다. 농업과 지역경제를 살리는 데 이바지한다. 역내에서 생산되는 농산물 로컬푸드를 공급해 생산과 판로 안정에 이바지한다. 각종 식자재와 공산품을 지역 상권에서 수급하여 침체한 경기 활성화에 도움도 준다. 친환경 무상급식을 하면 무엇보다 지역생산물의 증가와 급식사용량이 획기적으로 확대될 것이다. 이를 위해 「학교급식지원센터」가 반드시 필요하다.

「학교급식지원센터」 설치 및 「로컬푸드지원 조례」 제정이 필요

학교급식지원센터는 우수한 식자재 공급 등 학교급식을 지원하기 위한 유통센터 기능의 시설이다. 학교급식법 제5조 제4항에서 규정에 따라 1차 농산물의 수집 · 운반 등 물류 여건을 고려해 기초자치단체에 설치 · 운영할 수 있도록 권장하는 사항이기도 하다. 효율성 측면에서 광역시에 설치 · 운영하더라도 관계 법령에 어긋나지 않는다. 대전은 5개 자치구별로 설치할 수도 있고, 광역급식지원 총괄센터나 거점별 유통지원센터 등 지역 상황에 맞춰 설치할 수 있다.

학교급식지원센터가 설치되면 가격중심에서 품질중심으로 음식재료 수급이 가능해 진다. 학교와 공급자 간 물품거래 관계에서, 지역협의체를 통한 공익적 역할로 분담할 수 있다. 대전시는 지난 몇 년간 학교급식지원센터를 설립하기 위해 검토했지만, 아직 뾰족한 결론을 내지 못하고 있다. 그에 비해서 부산은 2006년부터 「시민 · 생산자 생활협동조합」을 설립 · 운영중이며, 울산은 구청에서 「친환경급식지원센터」를 운영하고 있다. 서울시농수산물공사가 운영하는 「친환경급식유통센터」는 200여 학교가 참여하고 있다고 한다.

그동안 대전지역 유통인들은 학교급식지원센터를 도매시장에 설립하라고 줄기차게 요구해 왔다. 더 많은 지역 농산물을 대전시가 지어놓은 도매시장에서 판매할 경우, 피폐해가는 도매시장을 활성화할 수 있다는 판단에서다. 그러나 대전시는 학교급식지원센터 설립을 검토하면서 도매시장은 배제해 왔다. 이 같은 대전시의 행정에 대해 종사자들은 대전시를 원망하고 있다. 오정 도매시장에서 노은 도매시장으로 이전한 후, 400여 명에 이르는 중도매인이 영업을 포기하고 시장을 떠나는 등 도매시장은 갈수록 침체하고 있는 실정이다. 반면, 같은 처지의 재래시장은 주차, 현대화 시설 등을 이유로 수십억 원의 예산을 그나마 지원받고 있어서 다행이지만, 오정 · 노은 도매시장 관계자들의 차별에 따른 불만은 더욱 심화되고 있다.

「학교급식지원센터」는 오정 · 노은도매시장 활성화의 돌파구

학교급식지원센터는 공공의 영역이다. 친환경 급식과 학교급식지원센터 설립 문제는 지역의 다양한 이해관계자들이 함께 참여하는 로컬 거버넌스(Local Governance)에 의해 계획, 추진, 모니터링 등이 이루어져야 한다. 학교급식 납품은 도매시장 중도매인들도 많이 하고 있는 일인 만큼 그들 또한 이해 당사자다. 따라서, 농산물 유통의 다양한 주체들 즉 대전시, 이해관계집단, 전문가, 시민 등이 함께 지혜를 짜내고 소통하여 효과적인 대안을 마련해야 한다. 또한, 「친환경 무상급식추진단」을 대전시, 교육청, 민간단체가 모두가 참여하는 방향으로 확대 조직화해야 한다.

강조컨대, 학교급식지원센터가 단순한 물류 중심이 되어서는 안 된다. 물류의 효율화만을 꾀하기 위해 대량구매, 대량유통 체제로 간다면 진정한 로컬푸드의 의미가 있을 수 없다. 결국, 우리 지역 농산물에 대한 진지한 고민이 이제라도 시작어야 하고, 대규모 생산자가 아닌 가족, 소농민들이 그 중심이 되어야 한다. 학교급식지원센터 설치는 노은 · 오정 도매시장이 활로를 찾을 수 있는 실현가능한 대안이 될 수 있다. 대전시는 지역 농민과 시민 모두에게 이익이 돌아갈 방법을 찾으면서 학교급식지원센터 설립을 하루빨리 공정하게 추진해야 한다.

결론적으로, 친환경 무상급식의 지속가능한 발전을 위해서 「로컬푸드지원조례」 제정과 함께 각 주체를 모두 아우르는 학교급식지원센터가 반드시 설립되어야 할 것이다.

(디트뉴스 2013.11.19.)

대전교도소 이전 논의, 하루빨리 시작하자

지난 1919년, 전국적으로 3 · 1 운동 만세시위가 일어나자 일제는 독립운동가와 애국지사를 무자비하게 잡아들였다. 대전의 3 · 1 운동은 지금의 인동 쌀시장 장터에서 나무꾼들이 만세를 외치면서 시작됐다. 수감 시설이 부족하자, 철도의 개통으로 전국 어디에서나 수감자 수송이 편리한 대전을 선택한 것이다.

대전교도소는 이런 배경 아래 1919년 5월 1일, 대전군 대전면 중촌정 (현 중구 중촌동)에서 개소했다. 안창호, 여운형, 김창숙 등 주로 비중 있는 독립운동가들이 거쳐 갔다.

일제 강점기 대전형무소 정문(출처 : 대전시 홈페이지)

1984년 중촌동에서 유성구 대정동 현 위치로 이전했다. 6.25 와중에서 벌어진 대전교도소 수감자에 대한 산내 골령골에서의 집단 학살은 시대의 아픔으로 아직도 남아 있다.

대전교도소 이전 논의는 서남부 개발이 본격화되던 2000년대부터 시작됐다. 근시안적 행정 탓에, 30년도 안 돼 다시 옮겨야 할 상황이다. 지금 대전교도소는 서남부 개발지역인 진잠의 한복판에 놓여 있다. 2,000여 가구가 넘는 아파트 단지와 대형할인점 사이에 둘러싸여 고립무원의 처지다. 따라서, 대전교도소는 인근에 고층아파트가 건립되면서 조망권을 침해하고, 재소자 수용시설 부족과 시설 노후화의 문제점들 그리고 서남권 도시개발 장애요인 등이 발생하면서 그 이전이 불가피한 실정이다.

대전시는 2007년, 교도소 이전 불가피성을 법무부에 제기했었다. 시가 대체 용지를 마련해 건물을 짓고, 현 교도소 용지와 맞바꾸는 국유재산 교환 방식이다. 당시 법무부도 긍정적 반응이었다. 시는 이전 후보지에 관한 현장조사까지 벌였다. 당시 승용차로 1시간 거리에 있는 동구와 중구 등 개발제한구역 내 4~5개 후보지를 물색, 도면 검토까지 마친 바 있다. 하지만 시가 뚜렷한 대안을 제시하지 못한 채 지금까지 지지부진한 상태다. 게다가, 그동안 부동산 경기 침체 등으로 서남부 2~3단계 개발 계획이 장기 표류하면서, 대전교도소 이전 논의는 다시 구석으로 밀려나고 말았다.

대전교도소 전경 / 출처 법무부

아파트 단지에서 교도소 내부가 노출, 초등학교도 인접해

최근 서남부권에 급속하게 고층아파트가 들어서면서, 이전 필요성이 다시 떠오르고 있다. 주변 아파트 단지에서 교도소 내부가 노출되고, 초등학교 등도 인접해 있어 주민의 불만이 거세지는 중이다. 조만간 서남부 2~3단계 개발이 재개되면, 서남부 신개발 주거 중심지를 교도소가 차지하는 기이한 상황에 직면하게 된다.

도심 속에 교도소가 자리 잡아 지역개발의 발목을 잡는 것은 대전만의 문제는 아니다. 전국 46개 교정시설 가운데 30곳 이상이 도심에 있다. 현재 광주와 원주는 외곽이전을 추진 중이다. 대전교도소는 부산, 광주 등 타 시 · 도에 밀려 우선 이전 대상에서 제외됐다. 주무부처인 법무부는 현재 대전교도소 이전에 관한 계획을 따로 마련하지 않은 상태다. 예산 문제를 이유로 지어진 지 오래된 교도소부터 차례로 한다는 막연한 계획만 세워져 있다. 대전교도소 이전과 관련해 법무부에서 유일하게 받아들일 방안은 대전시가 대체 용지를 마련해 시설을 완성하고 이전시킨 뒤, 현 용지를 개발해 손익을 맞추는 것이다.

이전 비용은 별문제가 되지 않으리라고 전망된다. 대전교도소 면적은 415,146㎡(약 13만 평)이다. 국내 최대 규모인 3,500명 정도가 수용되어있다. 토지가는 3.3㎡당 47만 원 선이다. 인접한 충남방적 대전공장 부지가 72만㎡ (약 22만 평)으로 합치면 웬만한 신도시급 규모다. 이 일대는 이미 서남부 개발 영향으로 가격이 3.3㎡당 220만 원으로 형성돼 있다. 현재 공업지역인 대전교도소 용지는 서남부 3단계 개발이 진행되면 용도가 주거용지로 변경된다. 현 시가로 환산해도 대략 2,860억 원 규모다. 이전 비용은 총 2,000억 원으로 추산된다.

따라서, 현 용지를 매각한다면 그동안 땅값이 크게 올라 토지매입비와 건축비를 제하더라도 남는 장사가 될 수 있다. 대전도시공사가 주관해 이전 사업을 추진하면 충분히 가능한 일이다. 지역 공기업이 참여함으로써 사업비 부담도 줄이고, 이전 효과를 높일 수 있다. 이미 유사 사례가 있다. 서울 남부교정시설은 구로구 중심권 주택가인 고척동 일대에 자리 잡고 있어 주민의 이전요구가 끊임없이 이어져 왔다. 구로구는 첨단시설을 갖춘 새로운 교도소를 지어주고, 대신 옛 시설을 팔아 정산했다. 2011년 10월 천왕동으로 완전 이전 후, 10만㎡가 넘는 옛 영등포 교도소 자리엔 복합단지가 조성 중이다.

님비현상이 난무하는 요즘 주민 기피시설을 관내에서 관내로 지혜롭게 이전해, 비슷한 처지에 있는 지자체에 해법을 제시했다는 평가를 받고 있다. 마산과 수원 등도 도심 교도소를 이전한 예가 있다. 전주시는 공모를 통해 후보지역을 선정할 예정이다. 후보지 선정방식을 일방적 결정이 아닌 공모가 핵심이다. 주민보상 규모를 적절하게 하고 민원을 줄이기 위해서는 이전과 관련한 인센티브 제시 등이 필수적이다.

대전형무소에서 출소하는 안창호 선생과 그를 맞이하는 여운형 선생(출처 : 독립기념관)

현재 가장 가능한 이전 방안은 대체부지 확보

법무부에서는 대전시가 부지와 시설 일체를 마련한다면, 교환할 수 있다는 견해다. 문제는 대체 용지다. 법무부 측은 교도소의 입지 조건을 법원과 검찰청에서 1시간 이내 거리로 정하고 있다. 교정시설은 형사피고인, 형 확정자를 수용하는 시설로 검찰 조사, 법원재판 등 형사소송 업무의 원활한 지원과 수용자 가족면회 등의 편의성 때문에 법원과의 이동거리를 고려해야 한다. 부지 규모에 따라 구치소와 교도소를 분리하는 것도 검토할 수 있다. 1996년 7월, 수원에는 국내 최초로 고층식 구치소인 수원구치소가 들어섰다.

지금까지 대전교도소 이전과 관련해 충남의 공주치료감호소 옆, 논산시로 신설 이전, 동구 산내와 추부면 사이의 채석장으로 이전하는 방안 등이 논의됐다. 그러나 여기에도 넘어야 할 산이 적지 않다. 자칫 주민의 집단 민원이 예상되는 만큼 충분한 대책을 세워야 할 것이다.

지금부터 이전 논의, 지금 시작해도 늦다

이제 교도소는 단순히 체벌형을 집행하는 교도소의 개념을 넘어 수형자의 재사회화를 위한 교육기관으로 이해하는 것이 바람직하다. 대전교도소 이전은 지금부터 추진해도 늦은 감이 있다. 대전교도소 이전 문제는 시와 지역정치권이 적극 나서야 한다. 서남부 2~3단계 개발이 구체화하는 시점에서 이를 논의할 경우 대체 용지 마련과 건물 건설 기간, 공청회 등의 절차 등을 고려할 때 10년의 세월이 소요된다. 또 시 부담을 조금이라도 덜어내려면, 국비 지원도 끌어내야 한다. 그러기 위해선 정치력이 필요하다. 마침 국회의장과 부의장이 모두 대전 출신이다.

대전시는 지금이라도 관련 계획을 세워 법무부와 협의에 나서는 한편, 2014년 민선 6기가 새로 출범하면 대체지 선정을 위한 용역비 등 예산을 마련해야 한다. 대전교도소 이전 논의, 하루빨리 시작하자.

(디트뉴스, 2013. 10. 30)

대전 · 충청권 선거구 증설보다 더 중요한 것이 있다

2013년 5월, 한국 정치지형에 있어서 의미심장한 변화가 발생했다. 근대적인 호구조사가 실시된 이래 최초로 충청권 인구가 호남권 인구를 앞지른 것이다. 조선시대 정조(1798년)이래 1980년대까지 충청권의 인구는 호남 인구의 60내지 70%수준에 머물러 있었다.

그런데 지난 5월부터 앞서기 시작하더니 급기야 8월에 충청권 525만 9,728명, 호남권 524만 9,747명으로 석달만에 격차가 1만명을 넘어섰다. 2000년 이후부터 천안 · 아산 · 당진 지역을 중심으로 대기업들의 투자가 급증한데다 2012년 세종시가 정식 출범하면서 충청권으로의 인구유입이 가속화된 것이 그 주된 이유다.

최근 호남권의 인구는 정체되고 있지만 충청권은 매달 3천명씩 인구가 늘고 있다. 이런 추세로 가면, 차기 대통령선거가 실시되는 2017년에 충청권 인구가 호남보다 무려 31만명 가량 더 많아진다는 것이 통계청의 예상이다. 인구변화에 있어서 가히 역사적인 전환점이라고 볼 수 있다. 그러나 충청과 호남 인구의 역전현상은 단순한 숫자적으로 인구구조에 변화가 나타나는데 그치는 것이 아니라, 한국정치와 사회, 그리고 그동안 뿌리깊은 영 · 호남 지역감정의 문제에 이르기 까지 향후 나타날 우리 미래사회의 변화는 상상을 초월할 것이다.

특히 내년에 실시될 지방선거를 비롯해서 2016년의 총선, 그리고 다음 해의 대선에 까지 정치적 지각변동이 전국에서 일어날 것이다. 특히, 그동안 이른바 '충청홀대론'과 '충청권인사 소외론'이 팽배했던 충청권에서 이 혁명적 인구변화를 어떻게 해석하고 준비하느냐에 따라 충청권의 미래가 달려있다. 나아가 영 · 호남 중심으로 경도된 한국의 빗나간 정치를 바로잡아 통일시대에 대비하느냐의 여부도 충청권의 의지와 도전에 달려있다.

최근, 인구변화의 일환으로 대전을 비롯한 충청권에서 선거구 증설문제가 이슈화되고 있다. 그러나 2007년 이래 다시금 논의되고 있는 선거구 문제가 단순히 국회의원 선거구를 한 · 두석 늘리는데만 목적을 두거나, 내년 지방선거에서의 유 · 불리만을 따져서 정략적 내지 당리당략적 차원에서 접근한다면 우리 대전 · 충청권에 부여된 시대적 소명의식을 저버리는 꼴이 되고 말것이다. 뿐만 아니라, 이 절호의 기회를 잡지 못하면 충청권은 정권창출의 주체자로 한국 정치무대에 새롭게 등장하지 못한다. 오히려 늘 그랬듯이 기껏해야 정권창출의 보조자 내지 수발자로서의 역할에 그치고 말것이다. 그 지긋지긋한 영 · 호남간의 갈등을 충청권이 중심이 돼서 해결할 수 있는 기회도 저버리게 될 지 모른다.

인구면에서 크게 성장한 대전 · 충청권이 이제 통일에 대비해서 대한민국의 정치와 사회발전을 새롭게 창조하는데 중심적 역할을 하겠다는 큰 뜻을 품고 그 구체적 청사진을 제시하지 않으면, 선거구 증설문제도 그저 또한번 소리만 요란하다가 지역이기주의 쯤으로 폄하될 가능성이 크다. 국회의원의 정수는 묶여있고 인구가 아무리 늘어도 타 시도 지분을 줄여야 그만큼의 몫을 가져올 수 있기 때문이다. 그리고 무엇보다 아직도 정치권력의 핵심은 영 · 호남이 쥐고 있음을 잊어서는 안된다.

따라서, 중대한 역사적 전환기를 맞이한 대전 · 충청권은 원대한 꿈을 안고 다음과 같은 도전을 시작해야 한다. 이것이 선거구 증설보다 더 중요하다. 우선, 대전 · 충청지역은 이제 결연하게 새로운 도전을 시작해야 한다. 정권창출의 소극적 역할에서 탈피해서 권력창출의 주체자가 되어야 한다. 대전 · 충청지역이 결집하고 단합하면 절대 불가능한 일이 아닌 동시에 그러한 비전과 목표가 서있을 때 선거구 증설이 결실을 맺을 수 있을 것이다. 둘째, '충청은 하나'라는 인식하에 역사적, 문화적 동질성을 강화하는 한편, 지역의 현안 이슈마다 대동단결해서 공동대처해 나가는데 주력해야 한다. 무엇보다 대전 · 충청민들끼리 서로 아끼고 존중하는 상생과 화합의 지역분위기를 창출하는 것이 급선무다.

셋째, 그간 지역의 리더들은 지역의 화합과 통합에 대해 한번 시도조차 하지않은 채, 자기 지지세력의 결속만을 다지면서 선거에 임해왔다. 그저 줄 잘 서고 바람타서 선거에서 승리하면 그만이었지 지역의 발전과 지역민의 미래는 관심 밖이었다. 이제 달라져야 한다. 지역민들도 비전있는 리더, 포용과 화합의 리더십을 갖춘 리더가 지역을 이끌기를 간절히 원하고 있다. 지역은 변하고 있고, 또 변해야 한다.

이와 같이 대전 · 충청권의 미래가 달린 대단히 중요한 시점에서, 선거구 증설문제를 성공적으로 해결하기 위해서 다음과 같은 방식으로 추진되기를 제안하고 촉구한다.

첫째, 정파적 이해관계나 선거 유 · 불리를 떠나 선거구 증설이 국가와 지역발전에 연계되도록 지역정치인들은 초당적으로 협력할 것을 제안하며, 반드시 합의를 통해 한 목소리만을 낼 것을 촉구한다.

둘째, 선거구 증설문제가 정쟁과 당리당략의 대상이 되거나 행정분구에 따른 지역내 갈등이 심화되지 않도록 정치인 개개인의 사견피력과 개인 돌출행동을 자제하고, 공식기구를 출범시켜 보다 종합적 · 체계적 · 전략적으로 접근해야 한다.

셋째, 선거구 증설문제에 관련된 다양하고 심층적 분석과 대안개발은 전문가와 시민대표로만 구성된 비정치적 공식기구인 가칭 「선거구증설민간협의체」에서 논의하고 결정한다.

넷째, 결정된 선거구 증설의 대안과 계획은 시장과 도지사를 공동위원장으로 하는 초당적 「민관정 협의체」를 구성하여 대국회 · 대언론 및 대국민 홍보와 설득에 적극 노력할 것을 촉구한다.

다섯째, 선거구 증설을 계기로 대전 · 충청권이 정권창출의 주체자가 될 수 있도록 지방선거와 총선에서 화합과 통합의 새 리더십을 갖춘 지역리더들을 적극 선출하고 육성한다.

(디트뉴스, 2013. 10. 16)

03

지방분권과 자치행정

지방의회와 단체장의 바람직한 관계 재정립 방안

1. 민선자치 20년의 평가

1991년 30년만에 부활한 지방의회가 올 해로 24년째를 맞고 있다. 단체장을 직선한 민선자치로 따지면 20년째다. 그동안 지역주민들의 지방의회 의정활동에 대한 평가는 크게 엇갈리는 가운데 만족도는 여전히 크게 향상되지 않고 있다. 긍정적인 측면에서 보면, 지방의회는 민주주의와 지방자치 발전에 크게 기여했다. 지난 기간, 전국 대부분의 지방의회는 지역의 민의를 반영해서 조례를 만들었다. 예산을 심의 · 의결하는 한편 집행기관의 행정사무를 감시해 왔다. 그 결과, 자치단체의 투명성을 높이고, 행정편의주의를 타파하는 성과를 냈다. 이제 주민은 관(官)에 의한 통치와 관리의 대상에서 존중받는 진정한 지역의 주인으로 다시 태어났다. 이 변화만큼은 가히 혁명적이다.

그러나, 지방의회 운영에 있어서 많은 문제점도 나타났다. 크게 두가지다.

하나는 집행기관을 제대로 감시 · 견제해야 할 지방의회가 오히려 집행기관의 거수기 역할에 그쳤다는 사실이다. 지방의회가 독주하는 단체장에 대해 견제역할을 제대로 하지 못한 결과, 상당수 단체장들이 부패와 비리로 임기 중 중도 하차했다. 그로 인한 행정공백, 재 · 보궐선거로 인한 예산낭비의 피해는 그대로 주민들에게 돌아갔다. 다른 하나는 지방의회가 지역 현안문제를 대처하는데 있어서 소극적 내지 방관자적 역할에 그쳤다는 점이다. 특히, 지역간 이해가 충돌하는 문제에 대해서는 그 갈등의 조정과 통합의 의무를 집행부에 떠넘김으로서 지방의회의 권위를 스스로 실추시키고 말았다. 동시에 지역주민들로부터 신뢰감을 인정받지 못하는 결과를 초래했다.

다행히, 2014년 6 · 4지방선거를 통해 출범한 민선6기는 과거와는 달리 단체장과 의회간 견제와 균형의 경쟁구도가 조성된 바 있다. 비로서 지방의회의 단체장에 대한 감시와 견제가 실질적으로 가능해졌던 것이다. 지방의회의가 권위와 신뢰를 획득해서 양 기관의 관계가 제대로 정립할 절호의 기회가 왔음을 의미한다. 그러나, 지난 기간 일부지역에서 당적이 서로 다른 단체장과 지방의회간에는 단상점거, 재의요구와 재의결, 본회의 출석거부, 협의중단, 대법원 제소로 이어지는 비정상적 행태가 빈번하게 나타난 바 있다. 이를 극복하지 않고는 지방자치 정착도 지역발전도 기대하기 어렵다는 사실을 알 수 있다. 따라서, 지금부터 단체장과 지방의회와의 관계를 경쟁과 협력의 바람직한 관계로 재정립하는 일이 향후 지방자치의 성공적인 정착과 관련해서 반드시 풀어야 할 중요한 숙제가 되고 있다.

2. 지방의회와 집행부간의 갈등 관계

지방의회와 단체장과의 바람직한 관계를 어떻게 볼 것인가는 지방정부의 제도적 권력구조, 즉 지방정부의 기관구성형태가 어떻게 되어있는가에 따라서 크게 차이가 있다. 즉 기관독립형인가, 기관대립형, 또는 절충형인가에 따라 크게 다르다. 본질적으로 기관대립형에서는 지방의회와 단체장은 대등한 관계로서 양자 간에 기능과 권력을 분립시켜 상호간에 견제와 균형을 이루게 함으로써 어느 일방의 독주를 방지하여 지방정부 운영의 민주성을 보장하고 지방자치의 효율성을 제고할 수 있다는 데 장점을 두고 있는 제도이다. 그래서 양자를 수레의 양쪽 바퀴로 비유하기도 한다. 단체장은 대외적으로 지방정부를 대표하며, 정책을 개발하고 의회가 의결한 모든 정책과 예산 그리고 지방법인 조례를 집행한다. 한편 의회는 지방정부의 중요한 모든 정책과 예산을 의결하고 조례를 제정한다. 또한 이들이 잘 집행되고 있는지 단체장을 비롯한 집행부를 감시 · 감독하는 권한을 갖고 있다.

이와 같이 단체장과 의회의 관계는 구조적으로 권력과 기능이 분립되어 있고 상호 대립되어 있기 때문에 양자 간에는 항상 순기능적인 견제 균형만 유지되는 것이 아니라 때로는 의사와 정책의 견해차이로 극단적 대립 · 갈등으로 발전하는 경우도 있다. 견제와 균형의 과정에서 발생할 수 있는 갈등과 대립은 정책의 결정과 집행을 지연시킴으로써 외견상 주민에게 혼란스럽게 보일 수도 있으나 다원화된 현대사회에 있어서는 흔히 있을 수 있는 자연적인 현상으로 보는 것이 바람직하다. 지난 기간, 집행기관과 의회간에도 의회의 위상과 권한문제를 놓고 견제와 균형의 관계보다는 갈등과 대립의 관계가 형성되곤 하였다. 즉, 집행부와 의회 사이의 권한 불균형적인 제도와 비합리적인 권한행사로 인해 양 기관의 대립과 갈등을 초래함으로써 적지 않은 부작용과 지역발전에 지장을 가져오기도 하였다.

3. 경쟁과 협력의 관계 재정립 방안

민선자치 20년의 평가를 바탕으로 지방의회와 단체장의 경쟁과 협력을 바탕으로 한 바람직한 관계 재정립 방안을 정리해 보면 다음과 같다.

(1) 인식의 전환

먼저 지방의회와 지방자치단체장간의 관계에 대해서 동반자관계를 형성하는 것이 필요하다. 양자는 대립관계로 가야하는 것이 아니라 기본적으로 동일한 목적을 추구하는 두 기관이라는 점에 인식을 공유할 필요가 있다. 주민의 복리를 최대한 달성하기 위한 방안을 두고 대립할 수 있지만, 주민의 복리를 소홀히 할 정도로 대립되어서는 안 된다. 지방의회는 주민을 대표해서 주민의 일상생활과 관련된 지역사안을 결정하는 최고의사결정기관이다. 지방자치제를 실시하고 있는 각국의 지방정부 구성형태를 보면, 집행기관의 장은 주민직선 이외에도 중앙에서 임명하기도 하고 지방의회에서 간선으로 선출하기도 하는 등 다양한 방법을 취하고 있다. 그러나 지방의회만큼은 주민의 대표기관이기 때문에 반드시 주민직선으로 선출된 지방의원으로만 구성한다. 즉 지방의회는 선거에 의해서 구성되는 정통성을 갖는 지역의 유일한 합의체다.

최근 주민소환제를 비롯 주민투표제, 주민소송제 같은 주민직접참정제도가 도입되면서 가뜩이나 실망스러운 지방의회의 역할을 대신해 줄 것으로 기대하는 사람이 많다. 그러나 주민직접참정제는 막대한 비용이 소요된다. 자치단체에서 수행해야 할 많은 계획들을 전부 주민투표로 결정할 수도 없다. 특히 단체장과 공무원들이 지방의회가 무력화될수록 양기관의 갈등이 줄고 또 행정의 낭비와 비효율도 줄여서 보다 안정되고 편안한 행정을 할 수 있으리라 생각한다면 큰 오산이다. 지방의회의 역할과 의정활동이 생략된 지방행정은 더 큰 갈등과 낭비를 초래하고 말 것이다. 지방의 정책을 결정하는 데에는 집행기관만의 단독결정이나 주민투표에 의한 결정보다 그 결과를 산출하는 주민토론의 과정이 반드시 필요하기 때문이다.

(2) 단체장과 지방의원의 리더십 변화

선진국의 경우, 지방정부의 수장의 권력은 설득하는 권력에서 나온다. 곧

단체장의 지방의회에 대한 소통과 설득능력이 그 리더십의 성공여부를 좌우한다는 것이다. 따라서, 의회와의 협의를 일방적으로 중단하거나 의회출석을 거부하는 행위는 상상하기 어려운 자충수가 된다. 집행부의 최고 책임자는 의회의 협조를 끌어내기 위해 시(도 · 군 · 구)정연설이나 예산안 설명시에 늘 빠짐없이 출석해 성실히 보고하고, 다양한 채널을 통해 대화를 일상화하고 있다. 이런 점에서, 다양한 정당구도속에 놓여있는 단체장들의 당면한 과제는 지방정부의 수장으로서 지방의회에 대해 설득능력을 어떻게 보여주느냐는 것이다.

그런가 하면, 같은 당적이 주류를 이룬 지역의 단체장과 지방의회의 경우, 양 기관은 실질적인 경쟁과 견제의 관계로 재정립되어 의회가 더 이상 거수기라는 불명예를 떨쳐버려야 한다. 여기에 지방의원들이 쉽게 빠질 수 있는 권위주의와 도덕적 해이를 반드시 경계해야 한다. 특히, 지방의회는 지역마다 엇갈린 이해와 갈등의 현안 문제들을 조정해서 합의를 끌어내는 지역통합의 역할에 주력해야 할 것이다.

(3) 정보의 공유와 요구방식의 전환

지방의회가 원만하게 활동을 하기 위해서는 지방자치단체장과 그 보조기관이 수행하는 사무에 대한 정보가 필요하다. 조례를 제정하건, 일반 의안을 발의하고 심의 의결함에 있어서 충분한 정보는 필수불가결하다. 그런데 대부분의 정보는 지방자치단체장에 소속된 방대한 집행기관에 집중된다. 지방의회로서는 필요한 정보를 스스로 조달하는 데는 한계가 있으며 지방자치단체장에게 의존하지 않을 수 없다. 지방의회는 집행기관의 정보를 요구하기 위한 조사권, 감사권, 서류제출요구권 등의 권한을 가지고 있지만 집행기관의 의도여하에 따라서는 유명무실한 권한의 행사로 그쳐버릴 우려가 있다.

지방의회가 의정활동에 필요한 충분한 정보를 얻기 위해서는 지방자치단체장이나 그 보조기관과 사전에 자료를 대한 합의를 하는 것이 필요하다. 집행기관으로서는 미리 자료를 준비할 수 있어서 좋고, 지방의회도 충분히 준비된 자료를 얻을 수 있기 때문에 마찬가지로 유익하다. 그렇다면, 단체장과 집행기관은 지방의회가 본연의 역할을 발휘할 수 있도록 꾸준히 지원하고 양질의 정보를 제 때 제공하는 것이 순리다.

(4) 사전적인 정책협의

아무리 좋은 정책이라도 사전지식 없이 불쑥 제안되는 경우에 심의 과정이 원만하기는 어렵다. 또한 지방의회에 의하여 일방적으로 결정된 조례안이 집행기관에 의하여 잘 집행되지 못하는 경우도 적지 않다. 지방자치단체장이 의안을 발의하는 경우에 직접 혹은 담당공무원으로 하여금 소관 상임위원회나 지방의회의 의단장과 사전적인 협의절차를 거치는 것이 불필요한 대립이나 갈등을 방지하는데 기여할 수 있다. 사전에 의견을 수렴하여 의안을 다듬어 제출하게 된다면 그만큼 논의가 쉬워질 수 있다.

집행기관의 참여 없이 지방의회에 의해 일방적으로 제정된 조례는 집행과정에서 소홀히 취급되기 쉽다. 이러한 관점에서 지방의회가 안건을 심의하기에 앞서 미리 관계 공무원에게 의견을 진술할 수 있는 기회를 주고 의견을 수렴하여 의안을 다듬어 심의하는 것이 바람직하다.

(5) 정당공천제의 개선

지난 6 · 4지방선거에서도 정당이 과도하게 개입해서 들어난 부작용은 심각했다. 정당공천을 둘러싼 비리와 부패는 여전했고, 참신하고 유능한 정치신인과 여성들의 진출은 기대에 미치지 못했다. 공무원의 줄서기 관행도 근절되지 않았으며, 인물과 공약 중심의 정책선거는 자리잡지 못했다. 지방선거는 지방자치의 본질로서 그 성패를 결정적으로 좌우한다. 6 · 4지방선거를 비롯 한 역대 지방선거들은 앞으로 지방선거가 어떻게 달라져야 하는지 또 법과 제도를 어떻게 바꿔야 하는지에 대해서 다시한번 정치권에 경종을 울려주고 있다.

이제는 지방선거가 달라져야 한다. 먼저 정당공천제의 폐해를 극복하고 지역별 일당독점 현상을 개선하기 위해서는 기초의원은 물론 기초단체장까지 정당공천을 재검토해야 한다. 그리고 광역선거와 기초선거는 분리 실시되어야 한다. 동시선거로 선거관리 비용을 다소 줄일지 모르지만 그 부작용으로 주민들이 지불해야 할 정치적 비용은 너무 크기 때문이다. 결국, 정당공천제의 부작용으로 인한 지방선거의 왜곡 현상은 지방의회와 단체장간의 바람직한 관계를 정립하는데도 큰 걸림돌로 작용하고 있어서 이에 대한 개선이 중요하고 시급하다.

(지방행정, 2015. 05)

구(區)의회 환골탈태

을미년 새해가 밝았다. 작년말, 대통령소속 지방자치발전위원회가 발표한 「지방자치발전종합계획」에는 특별 · 광역시 자치구 · 군의 의회를 폐지하는 개편방안이 포함되어 있다. 그 결정의 이유를 요약하면 다음과 같다. 우선 교통 · 통신의 발달로 대도시의 생활권역은 초광역화 되었다. 그런데도 자연발생적인 생활권과 인위적인 행정권의 괴리는 심각한 문제를 제기하고 있다. 즉 대도시내 주민들의 생활불편, 자치구간에 나타나는 행정서비스 및 복지의 불균형, 그리고 유사시설의 과다 · 중복설치를 초래했다. 그 결과 대도시의 종합행정이 저해되고 있을 뿐 아니라, 대도시 경쟁력 약화로 나타났기 때문에 구자치제의 개선은 불가피하다는 것이다. 특히 도시가 쇠퇴징후를 보이고 있다면 대도시 행정의 혁신은 필수적이다.

구자치제는 도입될 당시, 자치경험이 전혀 없었던 관계로 제도상 찬 · 반론이 팽팽하게 대립되어 논란이 많았다. 그러나 구자치제는 그간 20년의 경험을 쌓았기 때문에 그동안의 성과와 문제점을 냉정하게 짚어보아야 한다. 지금 일반 사기업은 물론 공공기관에 이르기 까지 성과평가를 놓고 그 기관과 조직의 존폐를 결정하는 것이 일반적인 추세다. 조직구성원 개개인들도 실적평가를 통해 퇴출 내지 승진이 결정되고 있다. 지방자치제도와 조직도 마찬가지여야 한다. 언제까지 이론적 당위성만 가지고 유지될 수는 없는 것이다. 따라서, 구자치제 운영에 대한 성과평가 결과에 따라 구의회의 폐지를 비롯한 구자치제의 올바른 길을 모색하는 것이 앞으로의 지방자치의 발전을 위해 당연한 일이다. 또한, 지역주민들이 원하는 바다.

지난 기간 동안에 구자치의 운영성과는 적지않게 나타난 바 있다. 도시민의 행정접근 및 참여기회를 확대했다. 다양해진 지역수요에 부응해서 행정서비스의 제공을 다양하게 시도했다는 점은 큰 성과다. 그러나, 구자치제 시행에 따른 부작용과 폐해는 그 성과를 훨씬 능가한다. 특히, 의장단 구성, 의정비 책정, 의원 해외연수 때마다 파행을 거듭해온 구의회에 대해 시민들이 갖는 불만과 불신은 인내의 한계를 넘은지 오래다. 일부 구의원들의 빗나간 권위적 행동과 수준낮은 의정활동은 구자치제에 대한 무용론을 자초하는데 한몫을 했다. 아무리 민주적인 제도라고 하더라도 국민의 신뢰를 얻지 못하면 절대로 정착할 수 없다.

구의회의 폐지가 풀뿌리 민주주의의 후퇴라는 우려도 있다. 그러나 반드시 그렇지 않다. 서울특별시와 광역시 자치구들의 평균 인구규모는 각각 40만명과 20만명이 넘는다. 이렇게 규모가 큰 자치구로는 실질적인 자치가 불가능하다. 오히려 읍면동의 자치기능을 보다 강화하는 것이 민주주의를 실질적으로 보장할 것이다. 외국의 사례들도 이 사실을 뒷받침하고 있다. 영국 런던과 일본의 동경을 제외하곤 대부분의 대도시들이 완전한 구자치제보다 준자치제 내지 행정구로 도시행정을 관리하고 있다. 그리고 한 국가내에서도 대도시의 구자치제는 다양하다. 우리도 대도시가 갖는 여건과 능력에 따라 그리고 주민들의 요구와 선택에 따라 대도시마다 몇 개 유형의 자치제도를 얼마든지 실시할 수 있다. 그것이 지방자치의 본질이고 장점이다. 국회가 불신받아도 국회를 폐지할 수는 없지만, 지방의회가 불신받으면 지역민들의 평가와 선택에 따라 얼마든지 줄이고 늘릴수 있는 것이다.

물론, 구의회 폐지가 정당화되려면 전제조건이 충족되어야 한다. 즉 비대해질 수 있는 광역시장의 권한을 견제하는 장치는 충분히 마련해 놓아야 한다. 광역시의회의 의원정수를 대폭 늘리고 그 기능을 확대해야 한다. 독립적인 지방행정감사기구나 회계감사관을 선출직으로 두는 방안도 필요하다. 결론적으로, 지금의 구의회는 환골탈태해야 한다. 앞으로 종합계획이 입법화될 때까지 구의회는 그 존재가치와 필요성을 국민들에게 보여줘야 한다. 그렇지 못하면 폐지되어 마땅하다는 것이 대다수 국민들의 생각이다. 구의원 공천권을 쥐고있는 국회도 이번 만큼은 당리당략을 떠나 구자치제의 혁신을 바라는 국민들의 기대에 부응해 주기를 기대한다.

(대전일보, 2015. 01. 15)

전시성 행사 · 시설중복 등 재정낭비 커
행정효율 제고 위해 읍면동 기능 강화를

지난 8일, 대통령소속 지방자치발전위원회가 마련한 「지방자치발전종합계획」이 국무회의를 통과했다. 이 계획에는 특별 · 광역시 자치구 · 군의 의회를 폐지하는 개편방안이 포함되어 있다. 결정의 배경은 다음과 같다. 우선 교통통신의 발달로 생활권역은 팽창되었다. 그런데도 생활권과 행정권의 괴리는 주민불편, 자치구간 서비스 및 복지의 불균형, 그리고 유사시설의 중복설치를 초래했다. 그 결과 대도시의 종합행정은 저해되어 대도시 경쟁력 약화로 나타났다. 자치구제 운영에 행정비용이 과다하게 소요되고, 그 비용은 고스란히 주민들에게 돌아갔다는 평가를 근거로 하고 있다.

구자치제는 도입될 당시부터 찬 · 반론이 팽팽하게 대립되어 논란이 많았다. 이제 구 자치제 시행 20년 만에 다시 한번 그 운영의 성과를 놓고 존폐를 다시 결정해야 하는 중대 기로에 서게 된 것이다. 그간 구자치제의 운영성과는 적지않게 나타난 바 있다. 도시민의 행정접근 및 참여기회를 확대했다. 다양해진 지역수요에 부응해서 행정서비스의 제공을 다양하게 시도했다는 점은 큰 성과다. 그러나, 구자치제 시행에 따른 부작용과 폐해는 그 성과보다 훨씬 심각하다. 특히, 의장단 구성, 의정비 책정, 의원 해외연수 때마다 시민들이 구의회에 대해 갖는 불만과 불신은 인내의 한계를 넘었다. 아무리 좋은 제도라고 하더라도 국민의 신뢰를 얻지 못하면 절대로 정착할 수 없다.

특별시와 광역시의 자치구는 구민들의 정체성, 역사성에 바탕을 두고 분리된 것이 아니라 인위적으로 갈라놓은 것에 불과하다. 따라서, 대도시 전체는 하나의 생활권으로 도시계획 · 경제 · 교통 · 환경 등의 문제를 종합적으로 수행해야 한다. 그래야만 전체 시민들의 삶의 질이 향상되고 대도시내 지역격차 문제가 완화될 수 있다. 그렇지만 그동안 독립된 법인격을 가진 자치구들은 도시전체의 발전보다는 자기 자치구의 이익만을 고수하는 소지역이기주의에 빠져있다. 특히, 구청장과 구의회의원을 뽑는 선거에 까지 전면 정당공천제가 실시되면서 정당배경이 다른 특 · 광역시와 자치구간 또는 구청장과 구의회간의 협력 관계는 실종되고 말았다.

여기에다, 자치구들마다 공공건물의 공동이용을 외면하고 구 청사 및 문화 · 복지 · 체육시설의 과다 설치가 재정적 지출의 낭비를 가져왔다. 일부 구청장들의 정치적 목적에서 비롯된 선심성, 전시성 사업과 행사들은 구 살림을 더욱 어렵게 만들었다. 일부 구의원들의 빗나간 권위주의와 수준낮은 의정활동은 구자치제에 대한 무용론을 자초하는데 한몫을 했다.

물론, 구의회 폐지가 정당화되려면 전제조건이 충족되어야 한다. 즉 비대해질 수 있는 특 · 광역시장의 권한을 견제하는 장치는 충분히 마련해 놓아야 한다. 광역시의회의 의원정수와 기능을 확대하고 독립적인 지방행정감사기구를 두는 방안도 필요하다. 서울특별시와 광역시 자치구들의 평균 인구규모는 각가 40만명과 20만명이 넘는다. 이렇게 규모가 큰 자치구로는 실질적인 자치가 불가능하기 때문에 읍면동의 자치기능이 보다 활성화되어야 한다.

결론적으로, 지금의 구의회는 환골탈태해야 한다. 앞으로 종합계획이 입법화될 때까지 구의회는 그 존재가치와 필요성을 국민들에게 보여줘야 한다. 그렇지 못하면 폐지되어 마땅하다는 것이 대다수 국민들의 생각이다.

(서울경제, 2014. 12. 26)

생활권 같은데 구(區)로 인위적 분류 행정비용과다 · 정치외풍 부작용

지난 8일, 대통령소속 지방자치발전위원회가 발표한 「지방자치발전종합계획」에는 특별 · 광역시 자치구 · 군의 의회를 폐지하는 개편방안이 포함되어 있다. 그 결정의 이유는 이렇다. 자치구의 독자적 과세권 등으로 구간의 격차가 심해지고, 특별시와 광역시에서 종합행정을 수행하려고 해도 자치구의 반발로 원활하게 되지 않는 경우가 많아졌다. 그 결과 자치구제 운영에 행정비용이 과다하게 소요된다는 것이다. 그 비용은 고스란히 주민들에게 돌아간다.

구자치제는 도입될 당시부터 찬 · 반론이 팽팽하게 대립되어 논란이 많았다. 이제 구 자치제는 시행 20년 만에 그 존폐를 다시 결정해야 하는 중대 기로에 서게 된 것이다. 이에 따라, 구 자치제 시행에 따른 그간의 성과와 문제점을 냉정하게 짚어보아야 한다. 동시에 앞으로 구의회의 폐지를 비롯한 구 자치제의 올바른 길을 모색하는 일은 지방자치의 발전을 위해 대단히 중요한 사안이 되고 있다.

지난 기간 동안에 구자치의 운영성과는 적지않게 나타난 바 있다. 도시민의 행정접근 및 참여기회를 확대했다. 다양해진 지역수요에 부응해서 행정서비스의 제공을 다양하게 시도했다는 점은 큰 성과다. 그러나, 구자치제 시행에 따른 부작용과 폐해는 자못 심각하다. 의장단 구성, 의정비 책정, 의원 해외연수 때마다 시민들이 구의회에 대해 갖는 불만과 불신은 인내의 한계를 넘었다.

특별시와 광역시의 자치구는 구민들의 정체성, 역사성에 바탕을 두고 분리된 것이 아니라 인위적으로 갈라놓은 것에 불과하다. 따라서, 대도시 전체는 하나의 생활권으로 도시계획 · 경제 · 교통 · 환경 등의 문제를 종합적으로 수행해야 한다. 그래야만 전체 시민들의 삶의 질이 향상되고 대도시내 지역격차 문제가 완화될 수 있다. 그렇지만 그동안 독립된 법인격을 가진 자치구들은 대부분 특별 · 광역시의 종합계획수립에 대하여 반발하거나 계획의 이행을 준수하지 않는다. 그래서 대도시 종합행정에 큰 걸림돌이 되었다는 평가를 받고 있다. 특히, 구청장과 구의회의원을 뽑는 선거에 까지 전면 정당공천제가 실시되면서 정당배경이 다른 특 · 광역시와 자치구간 또는 구청장과 구의회간의 협력 관계는 실종되고 말았다.

여기에다, 자치구들마다 공공건물의 공동이용을 외면하고 구 청사 및 문화 · 복지 · 체육시설의 과다 설치가 재정적 지출의 낭비를 가져왔다. 일부 구청장들의 정치적 목적에서 비롯된 선심성, 전시성 사업과 행사들은 구 살림을 더욱 어렵게 만들었다. 일부 구의원들의 빗나간 권위주의와 수준낮은 의정활동은 구자치제에 대한 무용론을 자초하는데 한몫을 했다.

물론, 구의회 폐지가 정당화되려면 전제조건이 충족되어야 한다. 즉 비대해질 수있는 특 · 광역시장의 권한을 견제하는 장치는 충분히 마련해 놓아야 한다. 광역시의회의 의원정수와 기능을 확대하고 독립적인 지방행정감사기구를 두는 방안도 필요하다. 서울특별시와 광역시 자치구들의 평균 인구규모는 각가 40만명과 20만명이 넘는다. 이렇게 규모가 큰 자치구로는 실질적인 자치가 불가능하기 때문에 읍면동의 자치기능이 보다 활성화되어야 한다.

결론적으로, 지금의 구의회는 환골탈태해야 한다. 앞으로 종합계획이 입법화될 때까지 구의회는 그 존재가치와 필요성을 국민들에게 보여줘야 한다. 그렇지 못하면 폐지되어 마땅하다는 것이 대다수 국민들의 생각이다.

(한국경제 여론광장, 2015.12. 20)

성숙한 지방자치를 위해 구(區) 자치제 개선해야

「대통령소속 지방자치발전위원회」는 지방자치의 근본 틀을 개선하기 위해 8개 핵심과제를 선정, 3년내 가시적 성과도출을 위해 노력중이다. 그 중에 하나가 특별 · 광역시 자치구 · 군의 지위 및 기능개편에 관한 과제다. 2012년, 당시 「지방행정체제개편추진위원회」가 서울특별시와 6개 광역시의 자치구의회를 폐지하고, 서울을 제외한 광역시 구청장을 주민들의 직접 투표로 선출하는 현행 제도를 개정해서 이들을 임명제로 바꾸는 내용을 담은 지방행정체제 개편안을 의결한 바 있다.

결정의 이유는 이렇다. 자치구의 독자적 과세권 등으로 구간의 격차가 심해지고, 특별시와 광역시에서 종합행정을 수행하려고 해도 자치구의 반발로 원활하게 되지 않는 경우가 많으며, 자치구의회 운영에 행정비용이 과다하게 소요된다는 것이다. 추진위의 결정을 두고 지방의 반발과 비판이 거세지고 있다. 현지 주민들의 의사를 충분히 수렴하지 않았고, 추진위 의결과정에도 적법한 절차를 거치지 않았으며, 결국 자치와 분권의 근간을 흔드는 결과를 가져온다는 것이 그 주된 이유다.

이제 구 자치제는 시행 19년 만에 그 존폐가 불확실해진 가운데 한국의 지방자치는 다시금 중대 기로에 서게 되었다. 이에 따라, 구 자치제 시행에 따른 그간의 성과와 문제점을 냉정하게 짚어보는 동시에 외국의 사례를 참고로 해서 앞으로 구 자치제의 올바른 개선방안을 모색하는 일은 지방자치의 발전을 위해 대단히 중요한 사안이 되고 있다.

구자치제는 도입될 당시부터 찬반론이 팽팽하게 대립되어 논란이 많았다. 그럼에도 불구하고 지난 기간 동안에 구자치의 운영성과는 적지않게 나타난 바 있다. 즉 비대해진 대도시 기능을 분권차원에서 관리할 수 있었고, 도시민의 행정접근 및 참여기회를 확대했으며, 다양해진 지역수요에 부응해서 행정서비스의 제공을 다양하게 시도했다는 점 등은 구자치제 실시의 성과다. 그러나, 구자치제 시행에 따른 부작용과 후유증은 자못 심각해서 시민들의 불신을 초래하게 한 것도 피할 수 없는 사실이다.

특별시와 광역시의 자치구는 구 주민들의 정체성, 역사성에 바탕을 두고 분리된 것이 아니라 인위적으로 갈라놓은 것에 불과하다. 따라서, 대도시 전체는 하나의 생활권으로 도시계획 · 경제 · 교통 · 환경 등의 문제를 종합적으로 수행해야 만 전체 시민들의 삶의 질이 향상되고 대도시내 지역격차 문제가 완화될 수 있다. 그렇지만 그동안 독립된 법인격을 가진 자치구들은 대부분 특별 · 광역시의 종합계획수립에 대하여 반발하거나 계획의 이행을 준수하지 않음으로서 대도시 종합행정에 큰 걸림돌이 되었다는 평가를 받고 있다. 대전시 지하철노선 결정문제가 대표적인 사례다. 특히, 구청장과 구의회의원을 뽑는 자치구 선거에 까지 정당공천제가 실시되면서 정당배경이 다른 특별 · 광역시와 자치구간의 협력적 관계는 실종되고 말았다.

여기에다, 자치구들마다 공공건물의 공동이용을 외면하고 구 청사 및 문화 · 복지 · 체육시설의 과다 설치가 재정적 지출의 낭비를 가져왔다. 일부 구청장들의 개인적 정치야망에서 비롯된 선심성, 전시성 사업과 행사들은 구살림을 더욱 어렵게 만들었고, 일부 구의원들의 빗나간 권위주의와 수준낮은 의정활동은 구자치제에 대한 무용론을 자초하는데 한몫했다.

이상의 문제점들을 놓고 볼 때, 구자치제의 일대 혁신은 불가피하다. 그렇다고 단순한 구자치제의 전면폐지는 결코 바람직하지 않다. 지금까지의 구자치가 잘못됐다고 해서 지방자치 실시이전의 과거로 단순히 돌아가는 것은 분권과 자치에 역행하는 것으로 시대정신에도 맞지 않기 때문이다. 외국의 대도시들은 다양한 형태로 구자치제를 운영한다. 동경시와 런던시의 자치구는 한 때 구청장의 직선을 폐지한 적이 있었으나 지금은 대단히 활성화 되어 있다. 준 자치구를 둔 뉴욕, 베를린, 파리 등은 시의 종합행정과 구의 자치행정이 조화를 이룬 가운데 구자치제가 뿌리를 내리고 있다. 물론 비대해진 대도시 단체장의 권한을 견제하는 장치는 충분히 마련해 놓고 있다.

따라서, 획일적으로 운영되어 빚어진 구자치제의 현 문제를 풀기위해 과거의 획일적인 집권제도로 다시 돌아가서는 안된다. 오히려, 지역의 실정과 역량에 맞게 다양한 구자치 제도의 선택을 지역과 시민들의 판단에 맡기는 것이 대도시 미래환경에 대비한 현명한 해결책이 될 것이다.

(지방자치전략포럼 토론문, 2014. 10. 29)

자치구 개혁 주민들에게 맡기자

지난 12월 8일, 대통령소속 지방자치발전위원회가 발표한 「지방자치발전 종합계획」에는 특별 · 광역시 자치구 · 군의 의회를 폐지하는 개편방안이 포함되어 있다. 이 개편방안은 서울특별시와 6개 광역시의 74개 자치구 · 군의회를 폐지하고, 서울을 제외한 광역시 구청장을 주민들의 직접 투표로 선출하는 직선제도를 개정해서 이들을 임명제로 바꾸는 내용을 주요골자로 하고 있다. 다시말해서, 현행 자치구제를 준자치화하는 것이다.

그러한 결정의 이유는 이렇다. 자치구의 독자적 과세권 등으로 구간의 격차가 심해지고, 특별시와 광역시에서 종합행정을 수행하려고 해도 자치구의 반발로 원활하게 되지 않는 경우가 많아졌다. 그 결과 자치구제 운영에 행정비용이 과다하게 소요된다는 것이다. 반면, 상당수 구의원이나 구청장들은 자치구의회 폐지와 구청장 임명제 전환계획은 풀뿌리 민주주의의 근간을 흔드는 사안이자 지방의 현실에 맞지 않는다며 강하게 반발하고 있기도 하다.

이제 구 자치제는 시행 20년 만에 그 존폐를 다시 결정해야 하는 중대 기로에 서게 되었다. 이에 따라, 구 자치제 시행에 따른 그간의 성과와 문제점을 냉정하게 짚어보아야 한다. 동시에 외국의 사례를 참고로 해서 앞으로 구 자치제의 올바른 길을 모색하는 일은 지방자치의 발전을 위해 대단히 중요한 사안이 되고 있다.

구자치제는 도입될 당시부터 찬 · 반론이 팽팽하게 대립되어 논란이 많았다. 그럼에도 불구하고 지난 기간 동안에 구자치의 운영성과는 적지않게 나타난 바 있다. 즉 비대해진 대도시 기능을 분권차원에서 관리할 수 있었고, 도시민의 행정접근 및 참여기회를 확대했다. 다양해진 지역수요에 부응해서 행정서비스의 제공을 다양하게 시도했다는 점도 구자치제 실시의 성과다. 그러나, 구자치제 시행에 따른 부작용과 후유증은 자못 심각해서 시민들과 공무원들의 불만과 불신을 초래하게 한 것도 피할 수 없는 사실이다.

특별시와 광역시의 자치구는 구 주민들의 정체성, 역사성에 바탕을 두고 분리된 것이 아니라 인위적으로 갈라놓은 것에 불과하다. 따라서, 대도시 전체는 하나의 생활권으로 도시계획 · 경제 · 교통 · 환경 등의 문제를 종합적으로 수행해야 만 전체 시민들의 삶의 질이 향상되고 대도시내 지역격차 문제가 완화될 수 있다. 그렇지만 그동안 독립된 법인격을 가진 자치구들은 대부분 특별 · 광역시의 종합계획수립에 대하여 반발하거나 계획의 이행을 준수하지 않음으로서 대도시 종합행정에 큰 걸림돌이 되었다는 평가를 받고 있다. 대전시 지하철노선 결정문제가 대표적인 사례다. 특히, 구청장과 구의회의원을 뽑는 자치구 선거에 까지 정당공천제가 실시되면서 정당배경이 다른 특별 · 광역시와 자치구간의 협력적 관계는 실종되고 말았다.

여기에다, 자치구들마다 공공건물의 공동이용을 외면하고 구 청사 및 문화 · 복지 · 체육시설의 과다 설치가 재정적 지출의 낭비를 가져왔다. 일부 구청장들의 개인적 정치야망에서 비롯된 선심성, 전시성 사업과 행사들은 구 살림을 더욱 어렵게 만들었다. 일부 구의원들의 빗나간 권위주의와 수준낮은 의정활동은 구자치제에 대한 무용론을 자초하는데 한몫을 했다.

이상의 문제점들을 놓고 볼 때, 구의회 폐지 등 구자치제의 일대 혁신은 불가피하다. 그렇다고 단순한 구자치제의 전면폐지는 결코 바람직하지 않다. 지금까지 구자치제가 잘못됐다고 해서 지방자치 실시 이전의 과거로 단순히 돌아가는 것은 분권과 자치에 역행하는 것으로 시대정신에도 맞지않기 때문이다. 외국의 대도시들은 다양한 형태로 구자치제를 운영한다. 동경시와 런던시의 자치구는 한 때 구청장의 직선을 폐지한 적이 있었으나 지금은 대단히 활성화 되어있다. 준 자치구를 둔 뉴욕, 베를린, 파리 등은 시의 종합행정과 구의 자치행정이 조화를 이룬 가운데 구자치제가 뿌리를 내리고 있다. 물론 비대해진 대도시 단체장의 권한을 견제하는 장치는 충분히 마련해 놓고 있다.

따라서, 획일적으로 운영되어 빚어진 구 자치제의 현 문제를 풀기위해 과거의 획일적인 집권제도로 다시 돌아가서는 안된다. 지역의 실정과 역량에 맞게 다양한 구자치 제도의 선택을 지역과 시민들의 판단에 맡기는 것이 대도시 미래환경에 현명한 해결책이 될 것이다.

(디트뉴스 24, 2014. 10. 30)

대도시 특례제도 의무조항 포함해야

인구 100만 또는 50만 이상의 대도시에 도시관리의 효율화를 위해 특례제도를 도입하는 일은 현 정부가 추진하는 지방자치발전 핵심과제 중 하나다. "지방분권 및 지방행정체제개편에 관한 특별법" 에서는 지방자치단체의 규모와 역량에 부합하는 역량과 기능을 부여하고, 인구 50만 이상 및 100만 이상의 대도시에 대한 특례 발굴 및 이행방안을 마련해야 한다고 규정하고 있다. 이에 의거해서 「지방자치발전위원회」에서는 8개의 핵심과제 중 하나로 선정하여 '지방자치발전종합계획'에 반영하기 위해 마지막 손질을 하고 있다.

특히, 인구 100만 이상 대도시 특례방안이 박근혜 정부 국정과제로 선정된 후, 위원회에서는 대도시를 유형별로 차등 분권하는 방안을 마련하고 있다. 그간 발굴한 특례사무 대상은 1,550여건이었으나, 엄격한 기준(행정효율성, 재정충분성, 주민편의성, 지역개발역량, 파급효과 등)에 따라 심사분석한 바, 50만 이상 대도시 210건, 100만 이상의 대도시 212건으로 심의 대상사무를 확정했다.

이상과 같이, 위원회에서는 대도시 규모와 역량에 부합하도록 자치권을 차등 부여하는 한편, 사무특례 규모를 기준으로 조직 · 인사 · 재정상 특례를 확대해 나감으로서 대도시 관리의 효율화를 도모한다는 것이다. 물론, 사무특례는 (가칭) 지방이양일괄법 제정을 통해 일괄이양 추진할 것을 전제로 하고 있다. 지금은, 대도시가 소재한 경기도를 비롯한 관련 광역자치단체가 낸 의견, 즉 지정기준에 면적기준의 적용 반대, 대도시 특례도 국가사무의 지방이양과 연계하여 추진, 대도시 재정특례는 도 재원 이양보다 시군세 세율 조정을 통해 확충하자는 제안들을 신중히 검토 중에 있다고 한다.

현재, 인구 100만이 넘는 도시는 수원과 창원으로 이들 도시들은 특례의 확대를 요구하고 있다. 또 인구 50만이 넘는 천안을 비롯한 8개 도시들 역시 특례의 강화를 크게 기대하고 있을 것이다. 이와같이, 인구 50만 또는 100만의 대도시 특례제도는 대도시관리에 필요한 자율성과 다양성을 준다는 점에서는 그 의미가 있다. 그러나 인센티브를 주는 방안과 병행해서, 대도시 행정이 안고 있는 공통적인 문제를 보다 원활하게 해결하는데 반드시 필요한 의무조항 내지 패널티 제도도 신설되어야 한다.

통합에 따른 대도시의 탄생은 긍정적 측면 뿐 아니라 그 부작용이 반드시 수반되는 것이 불가피하다. 즉 대도시 특례가 강화 · 보장될수록 대도시와 소속된 도의 잔여지역과의 불균형, 도시와 농촌간의 격차와 갈등, 기피시설을 둘러싼 지역 · 집단이기주의의 발생, 행정조직의 남설과 자의적 인사행정의 문제, 그리고 주민자치의 훼손 등이 뒤따를 가능성이 크다. 그래서 이러한 문제들을 반드시 적극 처리해야 한다는 의무조항을 두고, 이를 지키지 못할 경우 패널티를 주는 제도를 포함해야 한다는 것이다. 왜냐하면, 대도시 인구기준을 50만 내지 100만으로 설정하는 자체는 대도시가 되고자 하는 해당 도시와 인근지역간의 시 · 군통합의 유인책이 되기 때문이다.

즉, 인구 70만이 넘지만 100만이 되지 못한 5개 도시(고양, 성남, 용인, 부천, 안산)들은 특례시가 되기 위해 인근지역과의 통합을 시도할 것이다. 마찬가지로,

평택을 비롯한 4개 도시(의정부, 구미, 파주) 들은 50만의 대도시가 되기 위해 노력할 것이다. 그 과정에서 광역과 기초간, 시 · 군간에 상당한 갈등과 진통이 재현될 가능성이 크다. 지난 기간, 창원 · 마산 · 진해와 청주 · 청원의 통합에 따른 부작용과 갈등이 심각하게 나타난 바 있다. 따라서, 이 문제들을 최소화시키는 대비책을 미리 강구해 둘 필요가 있는 것이다.

또한, 대도시가 되고자 하는 도시들은 대부분 수도권에 소재한 도시들이다. 이러한 도시들에 특례를 부여하는 경우, 비수도권의 주민과 기업들이 다시 수도권으로 모여든다면, 다시금 대전 · 충청을 비롯한 비수도권의 심각한 반발과 저항을 초래할 수 있다. 결국, 대도시 특례제도는 의무조항을 포함하는 것이 전체 국가를 위해서나 해당 도시들을 위해 바람직하다.

(대전일보, 2014. 10. 09)

민선6기 지방재정위기부터 극복해야

민선 6기의 출범과 함께 지방재정의 건전성에 대한 우려가 급속히 확산되고 있다. 향후 4년간 지방환경과 여건은 급변할 것으로 전망된다. 인구감소와 고령화, 다민족 · 다문화시대의 급속한 전환, 글로벌화와 정보화 및 광역화의 진전, 수도권과 비수도권 및 도시와 농촌간의 불균형의 심화 그리고 지방행정체제의 개편도 본격화될 것이다. 게다가 지역개발, 경기활성화를 위한 재정수요가 계속 증가하고 있으나 경기침체로 세수는 감소할 것으로 예상되어 사무이양에 따른 재정보전과 지방재정 확충 노력은 자치단체의 큰 부담으로 작용할 것이다.

그러나, 지난 민선 5기동안 "지방재정 부실에 대한 우려가 커졌지만 전체적으로 볼 때, 지자체의 재정운영은 심각한 위기로 볼 수 없다"는 것이 정부의 기본적인 시각이었다. 그에 따라 발표했던 지방재정 건전화 대책의 내용도 위기에 처한 지방재정을 회생시키기 보다는 지방재정위기를 막기위한 사전

경보장치 마련에 초점을 두어 왔다.

이와 같은 정부의 시각과 대책은 상당히 안이하고 근시안적이며 단편적이라서 민선 6기에서는 통하지 않을 것이다. 중앙정부는 물론이고 지방정부의 재정은 전 세계적으로 이미 위기, 감축, 불확실성의 시대로 접어든지 오래됐다. 우리의 지방재정도 이미 위기국면에 접어든 것으로 분명히 인정하는 것이 민선 6기 지방재정 문제해결의 출발점이다. 일시적인 세계경제의 여파 때문으로 여겨 안심하거나, 예산 대비 채무비율이 아직은 양호한 것으로 해석해서 위안을 삼는다면 정말 극복하기 어려운 위기를 맞게 될 것이다. 따라서, 민선 6기 지방재정 위기극복의 대책은 현재보다는 미래, 단기 보다는 장기, 그리고 단편적이기 보다는 종합적으로 마련되어야 한다.

벼랑 끝에 선 지방재정

올해 전국 244개 지자체(광역 17, 기초 227)의 평균 재정자립도는 44.8%다. 자체수입으로는 소속 공무원 인건비도 충당하지 못하는 자치단체가 셋중의 하나라고 한다. 이것이 민선 6기를 맞은 우리나라 지방자치의 현주소다. 지방의 재정여건은 광역 · 기초단체를 가릴 것 없이 심각하다. 자체수입은 해마다 감소하는데 비해, 국고보조금 비중은 높아지고 있기 때문에 지방의 중앙에 대한 예속 현상은 날로 심화되고 있는 것이다. 한국의 지방자치는 벌써 23년째를 맞고 있지만, 재정적 측면에서 보면 여전히 발달장애를 앓고 있는 미성숙 성년에 불과한 실정이다. 지방재정위기의 근원으로는 무엇보다 세입 · 세출 구조의 불균형을 꼽을 수 밖에 없다. 지방이 써야 할 돈은 많은데 거두는 세금은 턱없이 부족하니 재정난은 점점 심해질 수 밖에 없다. 게다가 중앙정부가 결정한 사업들을 추진하기 위해 의무적으로 투입해야 하는 지자체의 국고보조사업 확대는 지방재정 여건을 악화시키는 주범이 되고 있다.

재정분권을 강화해야

지방재정위기의 근본적인 원인을 취약한 재정분권 특히 세입분권의 미비 때문이 아니라 지자체의 방만한 재정운영 내지 호화청사의 건립 등과 같은 지방의 도덕적 해이에서 찾고, 이를 중앙이 통제하는데 주력하려 한다면 지방재정의 건전성 확립은 더욱 요원해 질 것이다. 2004년 이후 지방은 국가보다 6대 4로 재정지출이 많아졌다. 그럼에도 불구하고 국세와 지방세의 비율은 여전히 8대 2로 잘못된 지방세 구조를 벗어나지 못하고 있다. 이 사실 자체가 지방재정의 위기를 말해주고 있다. 부가가치세의 5%로 지방소비세를 도입 현재 11%에 이른다고는 하나 아직은 한계가 있다. 취약한 세입분권의 강화를 위해서는 국세의 과감한 지방세로의 이양과 지방교부세의 전면 개편이 이루어져야 할 것이다. 그것이 지방정부의 재정책임성과 투명성을 확보하는 전제조건이기도 하다.

민선 6기 자치행정 달라져야

정당들이 선거를 통해 전면 개입하고 있는 현행 지방자치제는 과잉정치화 내지 권력화 되어가는 문제점이 드러나고 있다. 경쟁, 성과, 시장중심의 지방정부 경영화를 위한 개혁은 뒷전에 밀린 채, 표를 의식한 선심성, 전시성 행사에 몰두해온 것이 사실이다. 한국매니페스토본부가 지난 6 · 4 지방선거 당시 경기, 울산, 세종을 제외한 14개 광역단체장 당선자로부터 선거공약 소요재원을 제출받아 정리했더니 무려 총 220조 6천억원에 달했다고 한다. 대부분의 선심성 공약들이 공염불에 그치지 않기 위해서는 재원마련이 중요하다. 그렇지 않으면, 대부분의 지자체들은 재정의 위기와 파산으로 갈 수 밖에 없는 것이다.

이제부터 지자체는 세입의 범위안에서 지출하는 지방재정의 운영원리에 충실하면서, 고강도의 구조조정, 행정서비스의 민영화, 감축관리 도입 등의 지방정부 개혁에 주력해야 한다. 지방의회의 집행부 견제와 감시의 역할도 크게 달라져야 한다. 본격적인 활동을 시작한 지방의원들은 이 기회에 지방의회의 위상을 높이고 조례의 제·개정, 예산의 심의·의결, 행정사무 감사 및 조사를 제대로 해서 가뜩이나 실망한 국민들에게 지방의회의 필요성을 확실히 보여줘야 한다. 단체장들이 선거과정에서 제시한 공약들도 재정적 실현 가능성에 따라 우선순위를 전면 재검토할 필요가 있다.

납세자의식 살아있어야

민주주의의 주권이 국민에게 있듯이 재정주권도 납세자인 국민에게 있다. 튼튼한 재정은 제도개선 만으로 이루어지지 않는다. 납세자의식이 살아 숨쉬어야 한다. 이제 주민은 공공서비스의 수혜대상자만이 아닌 예산과정에 의사를 반영하고, 예산운영을 감시하고 잘못된 지출의 시정과 환수를 요구하는 진정한 재정의 주체로 거듭나야 할 것이다. 외국의 경우, 전국납세자연합(NTU)과 같은 납세자 이익추구 단체, 예산낭비를 감시하기 위한 시민모임(CAGW) 등 예산낭비 감시단체, 조세정의를 위한 시민모임(CTJ) 등 조세제도 개혁을 위해 활동하는 단체 등이 활성화 된지 오래다. 이들 단체들은 납세자의 권익을 옹호하는 것을 기본 목표로 하면서 다양하고 적극적인 노력을 통해 재정민주주의를 확립해 나가고 있다.

요컨대, 심각한 위기로 성큼 다가온 지방재정의 문제는 중앙정부, 지자체, 지역주민이 혼연일체로 풀어나가야만 성공할 수 있다. 지방재정위기 극복은 민선 6기가 성공하느냐 못하느냐를 판가름하는 시금석이 될 것이 분명하다.

(월간 공공정책 권두언, 2014. 08)

민선 6기 지방분권을 더욱 강화해야

우리나라는 민선 지방자치 5기를 거치는 동안 다양한 지방분권정책을 추진해 왔다. 그 결과, 지역사회의 지방자치를 위한 제도적 장치는 부분적으로 마련된 것으로 보인다.

하지만, 분권의 효과가 뿌리내리기 위해서 필요한 중앙권한의 대폭적인 지방이양, 그리고 자치입법권을 비롯한 지방자치권의 강화에 필수적인 지방분권정책은 여전히 미흡하다고 할 수 있다. 이외에도 오래 전부터 여러 정부를 거치면서 시행하고자 하였던 자치경찰제와 교육자치제의 개선 및 특별지방행정기관의 정비 정책 등은 기대에 미치지 못하였다.

이와 같이 지방분권에 대한 강한 의지와 계획을 갖고 추진했던 역대 정부들이 기대한 결과를 내지못한 주 요인은 크게 세 가지로 볼 수 있다. 우선 정부마다 의욕을 가지고 추진했던 자치와 분권, 균형발전, 정부혁신들을 그 본질적 개념과 목표의 정립, 상충하는 상호관계 그리고 단계별 추진전략에 대한 진지한 검토와 고민없이 무리하게 한꺼번에 추진하고자 했기 때문이다.

또한, 자치와 분권은 국민들이 그 성과를 체감하는 가운데 계속해서 공감대를 형성해 가야 함에도 불구하고 오히려 누구를 위한 자치이고 분권이며 균형인지가 제대로 국민들에게 전달되지 않은 결과, 국민을 동참시키지 못하고 말았다. 그리고 자치와 분권에는 상당한 저항과 부작용이 반드시 병행하기 때문에 이에 대한 극복방안이 전략적으로 마련된 다음 구체화했어야 했는데 이에 소홀했기 때문이다.

갖 출범한 민선 6기에서도 지방자치와 분권은 피할 수 없는 시대적 소명이자 어렵지만 가야할 길이다. 분권화를 향한 선진국의 추세, 한국의 국가발전단계, 그리고 우리 국민들의 민주시민의식의 수준을 놓고 볼 때, 아직도 극복하지 못하고 있는 '중앙집권형 국가관리체제'를 과감히 타파해야 한다. 그래야만이 지역의 경쟁력을 강화시켜서 소외와 격차없이 국민 모두의 꿈이 실현가능해 질 것이다. 지금까지 지방분권의 촉진으로 인해서 제기된 문제들은 어디까지나 지방자치가 활성화 되어가는 방향에서 그 제도적 개선이 이루어져야지 과거의 통제적 중앙집권시대로 돌아가려해서는 절대로 안된다.

중앙정부의 자치와 분권 및 균형을 위한 지역정책이 성공하기 위해서는 지방정부와 지역사회가 상당한 독립성과 자율성을 보장받는 이른바 '지방분권형 국가경영체제'의 구축이 반드시 선행되어야 한다. 특히, 세월호 참사로 인한 국민들의 분노가 다시 신뢰로 돌아서려면 관료가 주인이 아니라 국민이 진정한 대한민국의 주인이 되는 민주주의를 회복해야만 한다. 민주주의와 분권에 기초한 국가개조가 이루어 질 때 국민안전대책이 제대로 마련되고 비로서 제2의 세월호 사고를 막는 단단한 토대가 될 수 있기 때문이다.

따라서, 박근혜 정부의 지방분권과 국가균형발전에 대한 철학과 신념, 그리고 국민들에게 제시한 정책과 공약들이 현실화되기 위해서는 다음과 같은 노력이 반드시 뒤따라야 할 것이다.

첫째, 지금까지의 중앙집권적 국정관리체계는 지방분권형 국정경영체제로 과감히 전환해서 지역의 발전은 지방이 주도하게 해야 한다. 둘째, 기로에 선 한국지방자치와 분권이 바른길을 가기 위해서는 헌법에 분권의 의지와 방향 및 과제가 분명히 명시되어야 한다. 셋째, 분권 추진목표와 계획을 구체적으로 실천할 수 있는 기구를 재정립해서 지방균형발전과 지방행정체제개편이 지방입장에서 종합적으로 추진되어야 한다. 네째, 일반자치와 교육자치의 연계를 위해 교육감 선거제도를 개선하고 자치경찰제를 도입해서 실시해야 한다. 다섯째, 지방행정체제 개편은 지방분권과 조화를 이루는 가운데 추진되어야 한다. 여섯째, 지방선거 정당공천제 문제는 반드시 개혁되어야 한다. 특히, 기초지방선거에서의 정당공천제의 폐지는 올바른 지방자치와 분권의 출발점이 될 것이다. 끝으로, 위기에 놓여있는 지방의회를 바로 세우고 그 위상과 역할을 재정립해야 할 것이다.

결론적으로, 박근혜 정부는 이름뿐인 지방자치와 분권을 실제 이루어야 국가개조, 경제혁신, 남북통일 그리고 국민안전의 새 시대를 성공적으로 열어나갈 수 있을 것이다. 민선6기에 거는 기대가 그만큼 크다.

(지방자치발전위원회 e-뉴스레터, 2014. 07. 28)

이름뿐인 지방자치, 분권화 이루려면

우리나라는 민선 지방자치 실시 23년 째를 맞으면서 그동안 다양한 지방분권정책을 추진해 왔다. 그 결과, 지역사회의 지방자치를 위한 제도적 장치는 부분적으로 마련된 것으로 보인다.

하지만, 분권의 효과가 뿌리내리기 위해서 필요한 중앙권한의 대폭적인 지방이양, 그리고 자치입법권을 비롯한 지방자치권의 강화에 필수적인 지방분권정책은 여전히 미흡하다고 할 수 있다. 이외에도 오래 전부터 여러 정부를 거치면서 시행하고자 하였던 자치경찰제와 교육자치제의 개선 및 특별지방행정기관의 정비 정책 등은 기대에 미치지 못하였다.

이와 같이 지방분권에 대한 강한 의지와 계획을 갖고 추진했던 역대 정부들이 기대한 결과를 내지못한 주 요인은 크게 세 가지로 볼 수 있다. 우선 정부마다 의욕을 가지고 추진했던 자치와 분권, 균형발전, 정부혁신들을 그 본질적 개념과 목표의 정립, 상충하는 상호관계 그리고 단계별 추진전략에 대한 진지한 검토와 고민없이 무리하게 한꺼번에 추진하고자 했기 때문이다.

또한, 자치와 분권은 국민들이 그 성과를 체감하는 가운데 계속해서 공감대를 형성해 가야 함에도 불구하고 오히려 누구를 위한 자치이고 분권이며 균형인지가 제대로 국민들에게 전달되지 않은 결과, 국민을 동참시키지 못하고 말았다. 그리고 자치와 분권에는 상당한 저항과 부작용이 반드시 병행하기 때문에 이에 대한 극복방안이 전략적으로 마련된 다음 구체화했어야 했는데 이에 소홀했기 때문이다.

지난 정부들의 지방분권을 위한 노력들은 우리에게 많은 교훈을 남겨주었다. 짧은 기간내 적지않은 성과도 있었지만, 미진한 점도 많았고 풀어야 할 과제도 던져 놓았다. 앞으로 박근혜 정부하에서도 분권을 추진하는 환경과 여건은 급변할 것으로 전망된다. 인구감소와 고령화, 다민족 · 다문화시대의 급속한 전환, 글로벌화와 정보화 및 광역화의 진전, 수도권과 비수도권 및 도시와 농촌간의 불균형의 심화 그리고 지방행정체제의 개편도 본격화될 것이다. 게다가 지역개발, 경기활성화를 위한 재정수요가 계속 증가하고 있으나 경기침체로 세수는 감소할 것으로 예상되어 사무이양에 따른 재정보전과 지방재정 확충 노력은 자치단체의 큰 부담으로 작용할 것이다.

이제 지방자치와 분권은 이제 피할 수 없는 시대적 소명이자 어렵지만 가야할 길이다. 분권화를 향한 선진국의 추세, 한국의 국가발전 단계, 그리고 우리 국민들의 민주시민의식의 수준을 놓고 볼 때, 아직도 극복하지 못하고 있는 '중앙집권형 국가관리체제'를 과감히 타파해야 한다. 그래야만이 지역의 경쟁력을 강화시켜서 소외와 격차없이 국민 모두의 꿈이 실현가능해 질 것이다. 지금까지 지방분권의 촉진으로 인해서 제기된 문제들은 어디까지나 지방자치가 활성화 되어가는 방향에서 그 제도적 개선이 이루어져야지 과거의 통제적 중앙집권시대로 돌아가려해서는 절대로 안된다.

중앙정부의 자치와 분권 및 균형을 위한 지역정책이 성공하기 위해서는 지방정부와 지역사회가 상당한 독립성과 자율성을 보장받는 이른바 '지방분권형 국가경영체제'의 구축이 반드시 선행되어야 한다. 특히, 세월호 참사로 인한 국민들의 분노가 다시 신뢰로 돌아서려면 관료가 주인이 아니라 국민이 진정한 대한민국의 주인이 되는 민주주의를 회복해야만 한다. 그러려면, 국정운영을 중앙집권적 통제방식에서 지방분권형 협력방식으로 바꿔야 한다. 민주주의와 분권에 기초한 국가개조가 이루어 질 때 국민안전대책이 제대로 마련되고 비로서 제2의 세월호 사고를 막는 단단한 토대가 될 것이다.

따라서, 박근혜 정부의 지방분권과 국가균형발전에 대한 철학과 신념, 그리고 국민들에게 제시한 정책과 공약들이 현실화되기 위해서는 다음과 같은 노력이 반드시 뒤따라야 할 것이다.

첫째, 지금까지의 중앙집권적 국정관리체계는 지방분권형 국정경영체제로 과감히 전환해서 지역의 발전은 지방이 주도하게 해야 한다. 둘째, 기로에 선 한국지방자치와 분권이 바른길을 가기 위해서는 헌법에 분권의 의지와 방향 및 과제가 분명히 명시되어야 한다. 셋째, 분권 추진목표와 계획을 구체적으로 실천할 수 있는 기구를 재정립해서 지방균형발전과 지방행정체제개편이 지방입장에서 종합적으로 추진되어야 한다. 네째, 일반자치와 교육자치의 연계를 위해 교육감 선거제도를 개선하고 자치경찰제를 도입해서 실시해야 한다. 다섯째, 지방행정체제 개편은 지방분권과 조화를 이루는 가운데 추진되어야 한다. 여섯째, 지방선거 정당공천제 문제는 반드시 개혁되어야 한다. 특히, 기초지방선거에서의 정당공천제의 폐지는 올바른 지방자치와 분권의 출발점이 될 것이다. 끝으로, 위기에 놓여있는 지방의회를 바로 세우고 그 위상과 역할을 재정립해야 할 것이다.

결론적으로, 박근혜 정부는 이름뿐인 지방자치와 분권을 실제 이루어야 국가개조, 경제혁신, 남북통일 그리고 국민행복의 새 시대를 성공적으로 열어나갈 수 있을 것이다.

(나라경제, 2014. 07)

정부 3.0은 투명과 소통, 나눔과 협력이 핵심

"미래는 예측하는 것이 아니라 창조하는 것"이라는 말이 있다. 미래를 단순히 예측하는데서 나아가 우리가 원하는 대로 만들어 가는 노력과 지혜가 필요하다는 의미다. 정부는 지난 6월 정부 3.0 비전과 추진 기본계획을 발표하면서 정부 3.0은 정부의 운영방식을 국가중심에서 국민중심으로 바꾸는 전면적인 패러다임의 전환이라고 강조했다. 이는 국가행정이나 자치행정이 공히 지향해야 할 미래행정은 투명과 소통 그리고 나눔과 협력이 행정의 핵심이 되어야 한다는 것이다.

국민이 행복한 나라 스웨덴에서 우리가 꿈꾸는 미래 대한민국을 만날 수 있다. 스웨덴은 정부부처 뿐만 아니라 대학, 기업사무실까지 투명한 유리가 설치되어 있다. 밖에서도 훤히 들여다 보이는 구조는 개인의 사적인 삶과 공적인 삶이 명확히 구분되어야 한다는 사회적 합의에 바탕을 두고 있다. 그 중에서도 정책실명제, 모든 회의록 공개 등은 스웨덴 열린 행정의 주된 특징이다.

모든 결정과정과 회의록은 일반 국민에게 공개되어야 한다. 거부하거나 비협조적일 경우 해당 공무원은 공무상 과실로 처벌받게 되어 있다. 이렇다 보니 정치와 행정이 깨끗할 수 밖에 없다. 정책결정과정에 참여하는 정치인과 관료들의 생각, 언행, 소신 등은 모두 공개되기 때문에 국민들은 다음 선거에서 판단을 내리기 쉽다. 정치인의 능력과 무능력을 식별할 수 있기 때문이다. 공무원이 민원인과 골프치며 나눈 개인적인 거래조차 공개된다. 공무원의 사사로운 행위가 공적인 결정에 영향을 미칠 가능성을 미연에 차단하기 위한 것이다.

이와 같은 정부운영 방식의 변화는 국민들의 생활양식도 공개주의에 따라 투명하게 생활하도록 영향을 주고 있다. 탈세, 뇌물공세, 이권이나 인사청탁 등이 발을 못붙이게 함으로서 합법적이고 합리적인 생활습관과 관행이 몸에 베게 된다. 투명한 행정을 통해서 총체적인 사회변화가 나타나는 것이다. 이 정신은 스웨덴의 중요한 민주주의의 가치로 2백년이상 간직되면서 열린 행정과 책임행정의 밑거름이 되었다. 모든 것이 투명한 사회, 모든 것이 공개되는 행정 이것이 바로 정부 3.0이 지향해야 하는 미래행정의 목표다. 따라서, 행정과정상의 모든 사업, 정책, 인사 등과 관련된 자료와 정보 및 회의록은 국민과 시민들의 알 권리가 충족되도록 공개의 의무를 다해야 한다.

다음, 박근혜 정부가 유능하고 투명하면서도 국민개개인에게 꼭 맞는 미세맞춤형 서비스를 제공할 줄 아는 좋은 정부로 거듭 나기 위해서는 협력과 나눔의 정부 운영방식을 정립하는 것이다. 중앙이든 지방이든 현재 행정의 가장 큰 문제점은 부처할거주의에 의해 중앙과 지방정부간 그리고 정부부처간 상호협력하지 않고 있는 것이다. 자기 부처나 부서의 기득권을 지키는데만 몰두한다. 고령화와 저출산, 에너지와 환경, 경기침체와 부채, 빈곤과 격차 문제 등 앞으로 정부가 풀어나가야 할 문제들은 중앙과 지방간 그리고 부처간 긴밀한 협력없이는 그 해결이 불가능하다.

"잘못된 일을 올바로 수행하는 것보다 올바른 일을 잘못 수행하는 것이 더

낫다."라는 말이 있다. 정부 3.0은 단순히 정부가 주워진 일을 더 잘하도록 하는 개선의 수단에 그치는 것이 아니라 정부가 올바른 일을 더 잘하도록 하는 대변혁의 수단이 되어야 할 것이다.

(자치발전 시론, 2013. 11)

금산군과 대전시의 행정구역 변경을 주시하자

박근혜 대통령소속 지방자치발전위원회가 출범하면서 부터 정부 차원의 지방행정체제 개편이 본격 추진될 전망이다. 2010년 10월 1일 제정된 '지방행정체제 개편에 관한 특별법'은 2011년 1월에 출범할 「지방행정체제개편추진위원회」로 하여금 2012년 6월 30일 까지 개편안을 마련하여 다음 지방선거가 실시되는 2014년까지 지방행정체제 개편을 완료하도록 규정하고 있다.

미래 지방행정의 큰 그림도 없이, 개편추진의 원칙과 기준도 마련하지 않고, 게다가 국민여론의 수렴도 충분히 거치지 않은 채, 땜질식 처방으로 마련한 특별법이어서 큰 성과도 없이 이명박 정부는 역사속에 사라졌다. 다행히, 2013년 5월, 「지방분권 및 지방행정체제개편에 관한 특별법」이 공포 · 시행됨에 따라 기존의 지방분권촉진위원회와 지방행정체제개편추진위원회가 지방자치발전위원회로 발전적으로 통합 · 출범한 것이다. 이제 이 법에 명시한 일정에 따라 지방행정체제 개편작업을 진행하도록 되어있기 때문에 대전시와 충남도는 물론 세종시도 이에 대비한 적극적인 대응책을 마련해야 할 것이다. 최근의 이슈가 되고 있는 금산군과 대전광역시의 행정구역 변경도 초미의 관심사이니 만큼 철저한 분석과 준비가 필요한 실정이다.

지방행정체제는 아무리 그 필요성이 시급하다 해도 결코 일거에 변경할 수 있는 단순한 제도가 아니다. 새로운 행정체제를 설계하는 데에는 작금의 통치를 효율화시키고 국가 경제적인 차원에서 성과를 내는 것을 중요한 변수로 다루어야만 한다. 하지만, 현 행정체제에는 대한민국의 역사가 녹아있고, 지역의 정서가 스며있으며, 나아가 주민들의 생활양식이 담겨있는 사회적 및 문화적 그릇이기도 하다. 그래서, 지방행정체제를 전면 개편할 경우에는 국민들의 합의와 지역 전체의 동의가 반드시 전제되어야 한다.

특별법의 내용에는 도의 지위와 기능 재정립, 광역시 자치구 개편, 시·군·구의 통합과 그에 따른 지원특례 마련, 그리고 읍·면·동의 자치화 등이 포함되어 있어서 지역의 미래발전은 물론 권력구조 및 지역주민의 삶의 변화와 직결되어 있다. 특히, 도청신도시로 이전한 충남도, 통합광역시의 대거 등장과 함께 자치구의 존폐가 걸린 대전시, 그리고 지원특례에 따라 자족기능의 성패가 달린 세종시는 행정개편의 결과에 따라 지역의 명운이 바뀔 수 있다. 따라서, 향후 대전·충청지역은 개편추진의 주체자로서 보다 적극적인 관심과 참여를 통해 주민의, 주민에 의한, 주민을 위한 방향으로 개편이 이루어지도록 다음 사항들을 주시할 필요가 있다.

먼저, 지방행정체제의 개편은 미래지향적이어야 한다. 지방자치가 부활된 지난 20여년 동안 지방환경은 급변하고 있다. 인구감소와 저출산, 급격한 고령화와 도시화, 여성의 사회진출 확대와 기존 세대와 다른 특성을 갖는 신세대의 등장은 새로운 소통방식을 요구하고 있다. 과거 우리의 역사성을 중시하고 선진국의 전통적인 자치모델을 참조하는 것도 물론 중요하지만, 급격히 맞이하는 미래의 새로운 환경도 내다보는 창조적 안목이 필요하다. 금산군과 대전시의 행정구역 변경도 먼 미래를 내다 보면서 양 지역이 시대변화에 맞게 추진되어야 한다.

둘째, 개편안을 확정하는 과정에서 주민의견 및 관련단체의 견해를 다양하게 그리고 정확하게 수렴하는 노력은 물론 수렴된 의견의 행정체제개편에 반영될 수 있도록 노력하는 것이 중요한 점이다. 셋째, 지금은 행정구역의 물리적 통합보다는 기존 자치단체간 긴밀하게 협력해 나갈 수 있는 다양한 제도의 도입과 연습이 더욱 요구되고 있다. 현행 지방자치의 큰 문제점은 자치단체간 협력이 거의 활성화되지 못하고 있다는 사실이다. 협력이 전제되지 않은 지방자치는 낭비와 비능률을 초래할 뿐이다. 그렇다고 통합이나 행정구역이 변경이 되면 저절로 협력이 이루어질 것으로 기대하는 것도 금물이다. 지금부터 금산과 대전간 협력을 위한 다양한 제도의 도입 그리고 각계 각층의 협력과 교류가 시작되어야 한다.

넷째, 행정계층과 행정구역의 변화는 지방분권 및 지역의 균형발전과 긴밀히 연계되어 있다. 곧 활동을 개시할「지방자치발전위원회」, 지역발전정책을 관장하는「지역발전위원회」가 긴밀하게 협력하는 가운데 행정체제개편과 관련된 문제들을 일관되게 종합적으로 풀어나가야 하는 이유가 여기에 있다. 특히, 금산과 대전 지역의 경쟁력 강화, 행정효율, 균형발전의 문제를 어떻게 조화있게 다루느냐가 대단히 어려운 과제가 될 것이다.

끝으로, 대전시는 과학도시에 걸맞는 위상과 기능이 정립되도록 하는 한편, 새로운 도약을 꿈꾸고 있는 금산군이 상생발전의 효과가 극대화되도록 행정구역 변경은 정쟁이나 당리당략을 떠나 비정치적으로 그리고 지역민과 함께 민주적으로 추진할 것을 기대하고 촉구한다.

(충청투데이, 2013. 11. 08)

04

지방자치와 지방선거

교육자치제와 교육감 선거
반드시 짚고가야 할 지방선거 정당공천제 문제
중앙정치의 완승, 지방자치의 완패
정치권은 기초선거 정당공천제 폐지를 수용하라
교육감 선거가 바로서야 교육자치가 바로선다

교육자치제와 교육감 선거

최근, 서울시 교육감이 1심에서 당선무효형에 해당하는 판결을 받으면서 교육감 직선제가 또다시 논란이 되고 있다. 지난달 국회에서는 「교육감 선출 방식 이대로 좋은가」라는 주제를 놓고 세미나를 개최하기도 했다. 그러나, 교육감 직선제의 문제점은 공감하되 그 해결방법에 대해서는 여전히 분분하다.

글로벌화, 인구감소와 고령화, 지방화, 다민족 · 다문화시대 등으로 표현되는 미래 교육환경은 급변하고 있다. 이 변화들은 예외없이 지방교육 전반에 새로운 개혁을 요구하고 있다. 지역발전은 지역민의 삶의 질을 증진시키고, 삶의 기회를 고루 확대시키는 것이 목표다. 그러기 위해서는 지역이 필요로 하는 다양한 인재를 차별 없이 양성하고 활용해서 지역발전의 주역이 되도록 해야한다. 그러나, 지금까지의 지방교육은 국내 · 외의 환경변화에 부합하지 못한 채, 지역발전에 기여하지 못하고 있다. 지방교육이 여전히 집권화된 교육의 틀 그리고 획일적인 교육의 내용과 방법에서 크게 벗어나지 못하고 있기 때문이다.

현 교육행정에 대한 의사결정기구는 지방의회로 통합되어 있다. 하지만, 집행기구는 시 · 도지사와 별도로 주민직선으로 선출된 교육감이 담당한다. 이 제도로는 지방교육에 대한 주민의 책임성 확보가 불가능하다. 또한, 지방교육재정의 자주성 달성도 요원하다. 나아가 일반행정과 교육행정간의 협력을 통한 교육서비스의 향상도 기대하기가 어렵다. 게다가, 중앙정치의 대리전으로 전락한 지방선거를 통해 함께 선출하는 교육감 직선제는 정치의 개입, 막대한 선거비용, 유권자들의 낮은 관심도 등의 심각한 문제점들을 이미 드러낸 바 있다.

지난 선거들은 앞으로 교육감 선거가 왜 달라져야 하는지를 충분히 보여줬다. 어떻게 제도를 바꿔야 하는지에 대해서도 다시한번 경종을 울려주고도 남았다. 계속 되풀이되고 있는 있는 선거법 위반 등 선거 부정행위와 연이은 중도탈락, 그리고 좀처럼 근절되지 않고 있는 교육계의 부정과 비리는 현 교육감 선거제도를 지킬 명분을 약화시키고 있다. 국민들이 크게 실망한 상황에서 진보와 보수가 그 개선대안을 따로 생각할 만큼 한가롭지도 않다. 현 선거제도를 계속 경험해 나간다고 해서 나아질 것 같지도 않다. 소위 진보 교육감을 많이 당선시킨 현 교육감 선거제도를 정략적으로 고치려한다는 오해에서도 벗어나야 한다. 현 교육감 직선제는 지난 선거이전부터 이미 심각한 문제제기와 함께 그 개선방안이 구체적으로 논의된 바 있다. 교육감 선거는 교육적이어야 한다. 일반행정과 교육행정간 정책과 재정이 실질적으로 연계됨으로서 지방교육자치에 충실해야 한다. 그러려면 교육감 선출방식이 근본적으로 달라져야 한다.

교육 선진국의 경우, 나라마다 제도가 다르지만 교육감 선출방식 만큼은 교육의 지방분권을 강화하는 방향으로 바뀌고 있다. 특히, 교육자치가 지방자치의 큰 틀속에 자리잡는 방향으로 그 개선이 이루어져 왔음을 직시해야 한다. 결국, 실질적인 교육자치를 통해 다양하고 창의적인 지방교육을 정립하는데 교육감 직선제만이 능사가 아니라는 것을 의미한다. 현 교육감 직선제는 학생과 학부모들에게 피해를 고스란히 떠넘기는 가해자들을, 그리고 제도에 의해 희생되는 피해자들을 지역 교육계에서 계속 확대 재생산할 뿐이다. 지금까지 공직선거법 위반으로 줄줄이 낙마한 서울시 교육감들을 지켜본 것 만으로도 충분하다. 우리의 소중한 교육자들을 더 이상 교도서 담장위를 걷게 해서는 안된다.

이제 교육감 선출제도를 재정비하는 일은 선거부정과 교육비리 때문에 실추된 지방교육에 대한 지역민들의 신뢰를 회복하는 차원에서 대단히 중요하고 시급한 국정과제가 되었다. 물론 교육감 직선제를 개선해서 유지할 수 있다. 그러러면, 향후의 교육감 선출제도에 대한 논의와 개선에 앞서서 기형적인 현행 교육자치제도를 바로 잡는 일이 우선이다. 올바른 지방교육자치제가 먼저 정립되어야만, 직선제든 아니든 바람직한 교육자치에 걸맞는 교육감 선출 방법이 마련될 수 있기 때문이다.

(내일신문, 2015. 07. 07)

반드시 짚고가야 할 지방선거 정당공천제 문제

Ⅰ. 6 · 4 지방선거의 평가와 교훈

6 · 4 지방선거가 끝나고 민선 6기가 출범했다. 언론들은 이미 지난 선거의 결과를 두고 여 · 야가 승자도 패자도 없는 무승부로 평가하는 분위기였다. 즉 유권자들은 여 · 야 어느 편도 기울지 않은 채, 대통령과 여당에게는 자성의 기회를, 야당에게는 견제의 기회를 준 것이라는 것이다.

이런 해석은 지난 선거가 애초부터 정당개입을 전면 허용하는 가운데 정당의 대리전 같이 치러진 결과에서 비롯된 것이다. 그러나 지방선거 본래의 의미와 기능을 놓고 볼 때, 지난 선거의 결과는 한마디로 '중앙정치의 완승'이자 '지방자치의 완패'로 보는 것이 더 정확한 진단이다. 이로써 한국의 지방자치는 부활된지 23살의 성년이 되었음에도 불구하고, 지방선거는 여전히 유아기에 머물고 있음을 여실히 보여주고 있다. 그 결과로 인해 향후 민선 6기하에 지방자치가 성공적으로 정착하기 위해서는 여전히 큰 숙제를 떠안게 되었다.

6·4 지방선거는 앞으로 지방선거가 어떻게 달라져야 하는지, 또 법과 제도를 어떻게 바꿔야 하는지에 대해서 다시 한번 교훈을 던져주고 있다. 먼저 정당공천제의 폐해를 극복하고 지역별 일당독점 현상을 개선하기 위해서는 기초의원은 물론 기초단체장까지 정당공천을 반드시 배제하는 것이 바람직하다. 그리고 광역선거와 기초선거는 분리 실시되어야 한다. 동시선거의 부작용이 너무 크기 때문이다.

다음, 일당지배 구조하에 나타나는 지방자치의 폐해를 완화하기 위해서는 지방자치에 주민들의 직접 참여를 활성화시키는 노력이 병행되어야 한다. 특히, 민선 6기에서 지방자치가 중앙정치에 종속된 채, 다음의 총선이나 대선을 위한 정략적 수단으로 전락한다면 지방자치의 미래에 희망을 갖기는 더욱 어려워 질 것이다.

지방선거가 끝나고 가장 먼저 해야 할 일은 지방선거의 변질로 인한 민선 6기 지방자치의 왜곡 가능성을 심각하게 인식하는 것이다. 그리고 나서 한국의 지방자치가 바른길을 향해 나가도록 잘못된 지방선거와 자치제도를 지금부터 바로잡는 일이다. 왜냐하면, 대한민국이 당면한 국가혁신을 위해, 그리고 갓 출범한 민선 6기의 성공을 위해 지방자치와 지방분권은 어렵지만 반드시 가야할 길이기 때문이다.

Ⅱ. 6·4지방선거 정당참여의 실태와 문제점

지방자치의 본질과 원칙에 위배된 지방선거의 과정과 결과는 지난해부터 여·야가 기초선거 정당공천제 문제를 놓고 대립할 때부터 이미 예견됐던 일이다. 여·야는 우여곡절 끝에 이런 저런 궁색한 이유를 달아서 지방선거에서 지방공천을 전면 유지토록 했다. 특히 대통령과 대부분의 국회의원들이 태도를 바꿔 정당공천제를 억지로 유지시킨 것은 국민과의 약속위반이며, 이번 선거를 왜곡시킨 주 요인으로 작용했다.

6 · 4 지방선거를 2010년 선거와 비교해 보면, 광역단체장의 경우 여 · 야간 비율의 격차는 달라지지 않았다. 기초단체장의 경우, 야당의 비율은 근소하게 감소하였으나, 여당은 31.0%에서 51.8%로 크게 증가했다. 광역의원과 기초의원도 여당의 당선자 비율이 크게 높아진 반면, 야당은 소폭 감소한 것으로 나타났다. 한편, 제도권 정당의 가능성을 기대했던 민주노동당과 진보신당 등 진보계열의 정당들은 이번 선거에서 유권자들로부터 철저히 외면받음으로서 지방선거 정당참여의 효과를 전혀 보지 못했다. 이 결과는 지방선거임에도 불구하고 '세월호 침몰'이라는 중앙이슈 경쟁에서 여당이 선전하고 공천과정에서의 잡음과 갈등이 야당에서 더욱 심각했음을 반영한 것으로 볼 수 있다.

이와 같이 지난 선거는 기본적으로 지방선거임에도 불구하고, 지방공약과 정책보다는 중앙정치의 이슈들을 중심으로 아젠다가 설정되었다. 아젠다 구조 역시, 여당의 '정권 안정론'과 야당의 '정권 심판론'이라는 구조가 첨예하게 대립한 선거였다. 중앙정치에의 예속으로 인한 지방정치 본연의 정책이슈는 실종되었다. 즉 전국 동시선거, 지역주의에 기인한 정당간 당리당략과 네거티브 방식의 선거운동, 정당공천제 유지로 인한 파행적인 정당공천 방식까지 겹쳐서 정책 중심의 선거를 불가능하게 할 수 밖에 없었다.

지방선거 정당공천과정에서의 각종 비리와 잡음, 정치신인과 여성에 대한 진입장벽 등의 문제는 여 · 야를 막론하고 심각하게 나타났다. 새누리당 대부분의 지역에서는 상향식 공천을 한다며 공천관리위원장이 서류심사, 면접, 여론조사 등의 자격심사를 통해 컷오프를 하겠다고 했지만, 사실상 여론조사만으로 결정했다. 그 결과조차 공개되지 않은 경우가 많았다. 여론조사 자체도 부실하기 짝이 없었다. 조사의 타당성과 신뢰성이 확보되지도 않은데다 조사 대상자가 누구인지도 모르고, 또 그 응답률도 10%가 안되는 타당성 없는 조사가 대부분이었다. 심지어 착신전화 조작으로 여론을 왜곡하는 사태까지 벌어졌으니 경선에 참여했던 후보들은 물론 대대수 유권자들도 공천에 대하여 크게 불신했다는 평가를 받고 있다.

지방선거 정당공천제를 통한 지역주의 투표행태는 여전히 그 위력을 보여주고 있다. 물론 특정 지역에서 무조건 일자투표를 하는 식의 지역주의는 다소 사라졌다는 새로운 변화는 있었다. 하지만, 새정치민주연합은 부산 · 경남, 대구 · 경북 선거구에서 그리고 새누리당은 광주 · 전남 · 북 선거구에서 기초단체장과 광역의원을 한사람도 선출하지 못한 것으로 볼 때, 지역주의의 장벽은 여전히 건재하고 있음을 여실히 보여주고 있다. 이와 같이, 많은 지역에서 중앙정치에 예속된 지방자치는 결국 지역 현안에 대해 정통한 지역 인사들이 중심으로 지역환경에 맞는 정책을 구현하기 위해 실시되는 지방자치의 취지를 크게 훼손하고 있다. 이것은 현행 정당공천제 폐해의 결과로 볼 수 있다.

종합적으로, 지난 선거결과에서 정당공천과 관련해거 나타난 심각한 문제점을 정리해 보면 다음과 같다. 첫째, 지방선거에서 지역의 이슈는 실종되고 중앙정치의 쟁점만 부각된 채, 주로 정권의 중간평가적 의미로 치러졌다. 때문에 지방선거는 본연의 역할을 다하지 못했다. 중앙정치의 과도한 개입으로 지방의제와 정책이 사라진 동시에 생활정치 영역에서의 정당공천 폐해를 다시금 확인하는 선거였다. 따라서, 많은 유권자들의 쌓여왔던 불만들이 선거를 통해 다소 해소되었는지 몰라도, 고비용 · 저효율의 고질적인 선거관행은 되풀이 되고 만 것이다.

둘째, 지난 지방선거에서 정당이 과도하게 개입해서 들어난 부작용은 자못 심각하다. 정당공천제의 유지를 위한 명분으로 도입한 것이 상향식 공천이다. 그러나 공천을 둘러싼 비리와 부작용은 정도를 넘었다. 공천부탁을 하기 위해 동봉투를 건낸 예비후보들이 곳곳에서 적발되었다. 국회의원들의 경선개입 논란도 끊이질 않았다. 그 결과, 참신하고 유능한 정치신인들의 진출은 기대 밖이었다. 공무원의 줄서기 관행도 근절되지 않았다. 인물과 공약 중심의 정책선거는 또 다시 자리잡지 못했다. 비례대표제는 정당과 국회의원들에 대한 후보자들의 충성심만 더욱 공고히 했을 뿐이다. 기초의원 중선거구제도 당내 내부갈등을 부축이고, 결국 지역주민들의 혼란과 무관심만 부채질 하고 말았다.

셋째, 지방정치에서 일당 지배구조가 더욱 심화되었다. 즉 일부 지역을 제외하고 특정당이 광역단체장, 기초단체장, 그리고 각 지방의회의 과반수를 점유하여 일당 독점적인 양상을 계속 보인 점이다. 따라서, 중앙 정당정치의 지역분할구도는 지방자치를 중앙정치에 종속시킬 가능성을 보다 크게 열어놓고 있다. 더욱이 단체장과 의회간의 기관대립형 제도을 취하고 있는 현 상황에서 일당 독점구조는 견제와 균형이라는 자치제도의 취지를 상실케하고 있다.

다섯째, 새롭게 도입한 상향식 경선방식의 공천은 여성이나 정치신인에게는 대단히 불리하게 작용했다. 여성의 경선 승률은 40%에 지나지 않는다. 반면, 국회의원과 단체장 출신 후보들은 상향식 경선에서 남녀를 불문하고 매우 유리했다. 6 · 4 지방선거에서 당선된 광역단체장 17명중 국회의원은 현직 5명을 포함 무려 9명, 현직 단체장은 6명이나 되었으며, 본선과 경선과정에 참여한 전 · 현직 국회의원과 단체장까지 포함하면 훨씬 많아서 이들이 지방선거를 지배했다고 볼 수 있다. 여기에 여성과 정치신인의 등장과 도전은 불가능할 수 밖에 없었다.

특히, 경선과정에서 선거인 명부에 접근하는데 있어서나 인지도 측면에서 유리한 특정 후보들은 후보경선과정에서 충성도가 높은 당원이나 지지자들을 편파적으로 많이 동원하는 심각한 문제점을 드러내기도 했다. 여론조사의 문제도 매우 심각해서 조사결과에 대한 낮은 신뢰도, 오차범위의 무시, 여론조사의 조작 가능성, 표본추출의 오류 등의 문제를 제기했다. 여론조사 실시와 관련한 높은 비용은 모두 후보자가 부담하게 함으로서 돈많이 드는 선거를 다시 재현하고 말았다. 따라서, 상향식 공천에 따른 진입장벽의 문제, 전 · 현직 국회의원과 단체장 중심의 재공천, 여론조사의 한계, 진성당원의 부재에 따른 편법 동원선거, 높은 경선비용 문제 등은 비정상적인 정당공천이 그

원인이 된 바, 그 존폐 여부를 다시 결정해야 할 숙제로 남게 되었다.

Ⅲ. 기초지방선거 정당공천제 폐지해야

지난 6 · 4 지방선거에서도 역대 지방선거와 마찬가지로 정당공천제를 유지했으면 그 제도와 방법을 혁명적 수준으로 바꿔야 했다. 그러나 바꾸는 것은 고사하고, 잘못된 제도를 수정하는 것 조차 각 정당은 철저히 외면하고 말았다. 즉 기초선거에서 정당공천제를 한시적으로 배제하든지 아니면 정당공천 절차와 제도를 실질적으로 개혁하든지 최소한 양자택일 해서 국민들의 기대에 부응했어야 했는데 또다시 기대를 저버리고 말았다. 그 결과, 정당참여로 인한 장점보다 폐해가 훨씬 더 심각하게 나타난 것이다.

지난 지방선거들을 종합적으로 평가해 보면, 정당공천제 문제는 선거법 개정을 통해 반드시 해결해야만 한다. 상향식 정당공천제로 나타난 심각한 폐해를 극복해서 지방자치를 성공적으로 정착시키고, 나아가 국민들의 지방선거에 대한 무관심과 불신을 해소하려 한다면, 정치권은 당리당략을 떠나서 다시금 그 해결책을 찾아서 미리 선거법과 제도를 개선해 놓아야 한다. 공정성과 객관성이 보장되지 않고 주민의 정치불신만 조장하고 있는 지방선거 정당공천제는 지난 다섯번의 지방선거를 통해 그 한계와 폐해가 확실히 드러났다. 때문에, 정당공천 절차와 제도를 혁명적으로 바꿀 의지와 계획이 없다면, 기초선거에서 만큼은 정당공천제를 폐지되는 것이 바람직하다. 그것이 지금 위기에 놓인 정당정치와 지방자치를 살리는 유일한 길이다.

강조컨대, 지방자치가 성년기에 접어든 현 시점에서 볼 때, 지방선거 정당공천제 문제는 19대 국회에서 반드시 해결하고 넘어가야 할 박근혜 정부 최우선의 국정 과제가 되어야 할 것이다.

(시군구 뉴스레터, 2014. 10)

중앙정치의 완승, 지방자치의 완패

6 · 4 지방선거가 대단원의 막을 내렸다. 언론들은 이번 선거의 결과를 두고 여 · 야가 승자도 패자도 없는 무승부로 평가하는 분위기다. 유권자들은 여 · 야 어느 편도 기울지 않은 채 대통령과 여당에게는 자성의 기회를, 야당에게는 견제의 기회를 준 것이다.

이것은 이번 선거가 애초부터 정당개입을 전면 허용하는 가운데 정당의 대리전 같이 치러진 결과에서 비롯된 해석이다. 그러나 지방선거 본래의 의미와 기능을 놓고 볼 때, 이번 선거의 결과는 한마디로 '중앙정치의 완승'이자 '지방자치의 완패'로 보는 것이 더 정확한 진단이다. 이로써 한국의 지방자치는 부활된지 23살의 성년이 되었음에도 불구하고, 지방선거는 여전히 제자리를 잡지 못했음을 여실히 보여주고 있다. 그 결과로 인해 향후 민선 6기하에 지방자치도 그 성공적 정착여부가 여전히 불투명해 졌다고 볼 수 있다.

지방자치의 본질과 원칙에 위배된 지방선거의 과정과 결과는 지난해부터 여 · 야가 기초선거 정당공천제 문제를 놓고 대립할 때 부터 이미 예견됐던 일이다. 여 · 야는 우여곡절 끝에 지방선거에서 지방공천을 전면 유지토록 했다. 특히 대부분의 국회의원들이 태도를 바꿔 정당공천제를 유지한 것은 국민과의 약속위반이며, 이번 선거를 왜곡시킨 주요인으로 작용했다.

이번 선거결과에서 나타난 심각한 문제점을 보면, 첫째, 지방선거에서 지역의 이슈는 실종되고 '박근혜 대통령 구하기'니 '세월호 심판론'과 같은 중앙정치의 쟁점만 부각된 채, 주로 정권의 중간평가적 의미로 치러졌기 때문에 지방선거는 본연의 역할을 다하지 못했다. 따라서, 많은 유권자들의 쌓여왔던 불만들이 선거를 통해 다소 해소되었는지 몰라도 고비용 저효율의 선거관행은 되풀이 되고 만 것이다.

둘째, 이번 지방선거에서 정당이 과도하게 개입해서 들어난 부작용이 자못 심각하다. 정당공천제의 유지를 위한 명분으로 도입한 것이 상향식 공천이다. 그러나 그를 둘러싼 비리와 부작용은 도를 넘었다. 참신하고 유능한 정치신인들의 진출은 기대 밖이었다. 공무원의 줄서기 관행도 근절되지 않았다. 인물과 공약 중심의 정책선거는 자리잡지 못했다. 비례대표제는 정당과 국회의원들에 대한 후보자들의 충성심만 더욱 공고히 했을 뿐이다. 기초의원 중선거구제도 당내 내부갈등을 부축이고, 지역주민들의 혼란과 무관심만 부채질 하고 말았다.

셋째, 지방정치에서 일당 지배구조가 더욱 심화되었다. 즉 특정당이 일부지역을 제외하고 광역단체장, 기초단체장, 그리고 각 지방의회의 과반수를 점유하여 일당 독점적인 양상을 계속 보인 점이다. 따라서, 중앙 정당정치의 지역분할구도는 지방자치를 중앙정치에 종속시킬 가능성을 보다 크게 열어놓고 있다. 더욱이 단체장과 의회간의 기관대립형 제도을 취하고 있는 현 상황에서 일당 독점구조는 견제와 균형이라는 자치제도의 취지를 상실케하고 있다.

지방선거는 지방자치의 시작이자 본질이기 때문에 그 성공 여부를 결정적으로 좌우한다. 6 · 4 지방선거는 앞으로 지방선거가 어떻게 달라져야 하는지 또 법과 제도를 어떻게 바꿔야 하는지에 대해서 다시 한번 교훈을 주고 있다. 먼저 정당공천제의 폐해를 극복하고 지역별 일당독점 현상을 개선하기 위해서는 기초의원은 물론 기초단체장까지 정당공천을 반드시 배제해야 한다. 그리고 광역선거와 기초선거는 분리 실시되어야 한다. 동시선거의 부작용이 너무 크다.

다음, 일당지배 구조하에 나타나는 지방자치의 폐해를 완화하기 위해서는 지방자치에 주민들의 직접 참여를 활성화시키는 노력이 선행되어야 한다. 특히, 민선 6기에서 지방자치가 중앙정치에 종속되어 다음의 총선이나 대선을 위한 정략적 수단으로 전락한다면 지방자치의 미래에 희망을 갖기는 더욱 어려워 질 것이다.

지방선거가 끝난 현 시점에서 제일 중요한 점은 지방선거의 변질로 인한 민선 6기 지방자치의 왜곡 가능성을 심각하게 인식하는 것이다. 그리고 나서 한국의 지방자치가 바른길을 향해 나가도록 잘못된 지방선거와 자치제도를 바로잡는 일이다. 왜냐하면, 당면한 국가개조를 위해 지방자치와 지방분권은 어렵지만 가야할 길이기 때문이다.

(디트뉴스, 2014. 06. 12)

정치권은 기초선거 정당공천제 폐지를 수용하라

내년 지방선거를 불과 7개월도 채 남겨놓지 않고 있다. 그런데도 여전히 지방선거에서의 정당공천폐지 문제를 놓고 각 정당들은 그 해결의 실마리를 풀지 못하고 있다. 지방의 미래운명을 좌우할 중요한 지방선거를 목전에 두고, 민주적이고 공정한 경쟁을 위한 기본규칙조차 정하지 않고 있다는 사실은 정치권의 국민에 대한 직무유기가 아닐 수 없다.

지난 7월 당원투표를 통해 기초선거 정당공천제 폐지를 당론으로 확정한 바 있는 민주당은 최근 성명서를 내고 새누리당의 결단을 촉구하고 있다. 새누리당은 지난 8월말까지 당론을 확정하겠다고 밝혔지만 아직까지 그 입장을 정리하지 못하고 있다. 다만 기초단체장 전면경선제와 기초의원을 폐지하는 대신 광역의원을 늘리는 방안을 당차원에서 검토하고 있는 것으로 알려지고 있다.

여기에 각 정당들이 내년 지방선거에 대한 이해득실을 계산하고 있는 상황들을 지켜볼 때, 당내 최종 결론에 이어 정당간 선거법 협상이 결코 녹록치 않음을 짐작할 수 있다. 게다가, 국회의원들이 기초단체장과 의원들을 관리·통제할 수 있었던 최대 기득권의 하나인 공천권을 쉽게 내려놓고 싶지 않은 속내를 감안한다면, 과연 정당공천제 폐지가 공직선거법 개정까지 이어질 지는 아직도 미지수다. 그러나, 지금은 2006년이나 2010년 지방선거 직전과는 분위기가 전혀 다르다. 그동안 정당개혁과 공천개혁도 전혀 하지않은 채, 정당들이 또다시 공천제를 어물쩡하게 지키려 한다면 대단한 국민적 저항을 받을 수 밖에 없을 것이다. 국민들의 70%는 이미 지방선거에서의 정당공천제를 반대하고 있기 때문이다.

만일, 각 정당들이 정당공천제의 폐해를 인정함에도 불구하고 이런 저런 부작용을 고려해서 제도의 유지가 불가피했다면, 일찍이 공천제도를 최소한의 수준만이라도 바꾸었어야 했다. 그러나, 지난 6번의 지방선거를 치르는 동안 공천제를 혁명적으로 바꾸는 것은 고사하고, 잘못된 제도를 수정하는 것조차 각 정당들은 철저히 외면했다. 이번에도 기초지방선거에서 정당공천제를 한시적으로 배제하든지 아니면 정당공천 절차와 제도를 개혁하든지 최소한 양자택일 할 것을 촉구했지만, 또다시 기대를 저버린 결과 정당공천제 제한만이 유일한 해결책이 된 것이다. 그것은 정당에 대한 국민들의 경고의 뜻이기도 하다.

이제 시간이 없다. 금년이 지나기 전까지, 국회는 정당공천제 폐지를 선거법 개정을 통해 반드시 마무리해야 한다. 정당공천제로 나타난 심각한 폐해, 대통령과 정치권의 약속, 그리고 국민들의 반대여론 등을 존중한다면 답은 이미 나와 있다. 새누리당은 당리당략과 기득권을 과감히 버리고 결단만 내리면 된다. 만일 새누리당이 후보난립, 여성진출 감소 등의 이유를 달아 정당공천 폐지를 반대한다면, 오히려 정치개혁에 대한 명분과 실리를 다 잃고 내년 선거조차 불리해 질 수 밖에 없을 것이다. 왜냐하면 국민과의 약속을 저버리는 정당, 정치개혁을 외면하는 정당으로 매도될 가능성이 더 크기 때문이다. 보완책도 마련하면 된다.

내년 선거에서 정당공천 폐지가 새누리당에 꼭 불리한 것만도 아니다. 전면 정당공천하에 지방선거를 치르면 당연히 정권의 중간평가 성격을 갖게 되어 새 정부의 국정운영에 오히려 더 큰 부담이 될 수 있음을 우리는 지난 정권에서 계속 지켜봤다. 지금은 불신받는 정당정치와 지방자치를 살리는 것이 더 중요하고 시급하다. 새누리당은 지방선거 정당공천제 폐지를 수용하는 길이 정치의 정도요, 지방선거에서 승리하는 길이다. 민주당 역시 내부반발에 굴하지 말고 당론을 지켜야 한다. 다시한번 정치권의 대국적인 결단을 촉구한다.

(조선일보, 2013. 12. 02)

교육감 선거가 바로서야 교육자치가 바로선다

글로벌화, 인구감소와 고령화, 지방화, 다민족 · 다문화시대 등으로 표현되는 미래 교육환경의 변화는 지방교육 전반에도 예외 없이 새로운 개혁을 요구하고 있다. 지역이 필요로 하는 다양한 인재를 차별 없이 양성하고 활용해서 지역발전의 주역이 되도록 하는 일은 지역민의 삶의 질을 증진시키고 삶의 기회를 확대하기 위한 전제 조건이다. 그러나 지금까지의 지방교육은 국내 · 외적 환경변화에 부합하지 못한 채, 집권화된 교육의 틀, 그리고 획일적인 교육의 내용과 방법에서 크게 벗어나지 못하고 있는 것이 사실이다. 교육자치는 지방교육의 다양한 발전을 도모하고, 나아가 주민들에게 자신들의 교육문제를 스스로 결정하고 통제할 수 있는 권리를 보장하는 제도다. 따라서 '교육자 자치'내지 '교육관료 자치'로 잘못 이해 · 운영되고 있는 현 교육자치제를 과감히 청산해야 한다. 이제는 지방교육이 '교육의 주민자치'의 기본 틀로 완전히 새로 태어나야 할 때다. 문제해결의 출발은 지방교육의 토대가 되는 현 지방교육자치의 제도를 근본적으로 개선하는 것이다. 그리고 그 중심에 교육감 선거제도의 개선이 있다.

현 교육행정의 의사결정기구는 지방의회로 통합되었지만, 집행기구는 시 · 도지사와 별도로 주민직선으로 선출된 교육감이 담당하는 현 제도로는 지방교육에 대한 주민의 책임성 확보는 물론, 지방교육재정의 자주성 달성, 그리고 일반행정과 교육행정간의 협력을 통한 교육서비스의 향상도 기대하기가 어렵다. 게다가, 중앙정치의 대리전으로 전락한 지방선거를 통해 함께 선출하는 교육감 직선제는 정치의 개입, 막대한 선거비용, 유권자들의 낮은 관심도 등의 심각한 문제점들이 이미 드러난 바 있다.

지난 선거는 앞으로 교육감 선거가 왜 달라져야 하는지, 어떻게 제도를 바꿔야 하는지에 대해서 다시한번 경종을 울려주고도 남았다. 그리고 최근에 드러난 교육계의 부정과 비리는 이제 더 이상 현 선거제도를 지킬 명분도 없어지게 했다. 국민들이 실망하고 대노한 상황에서 진보와 보수가 대안을 따로 생각할 만큼 한가롭지도 않다. 이제는 돈이 덜 들면서 일반행정과 교육행정간 정책과 재정의 실질적인 연계가 될 수 있어서 결국 교육자치에 충실할 수 있으려면 교육감 선거가 근본적으로 달라져야 한다.

선진국의 경우, 나라마다 제도가 다르지만 교육감 선출방식은 교육의 지방분권을 강화하는 방향으로 그리고 교육자치가 지방자치의 큰 틀속에 자리잡는 방향으로 그 개선이 이루어져 왔음을 참고해야 한다. 이제 교육감 선거제도를 재정비하는 일은 비리로 얼룩진 교육감들 때문에 위기에 놓인 교육자치를 바로잡고, 지방교육에 대한 지역민들의 신뢰를 회복하는 차원에서 박근혜 정부가 반드시 해결해야 할 대단히 중요하고 시급한 국정과제가 되었다. 내년의 교육감선거를 앞두고 교육관련 집단들의 대토론과 대타협이 절실히 필요한 시점에서, 새 정부의 현명한 선택과 결단을 촉구한다.

이제 대한민국이 선진 민주국가로 발돋음하고, 민족통일의 대과업을 이루기 위해서는 획기적인 교육개혁을 통해 우리 국민의 지적(知的) 역량을 다시한번 업그레이드시키는 일 이외에는 달리 방법이 없다. 지난 100년, 망국과 전쟁과 혁명의 소용돌이 속에서도 발전한 대한민국은 여전히 '작은 국토, 적은 인구'라는 여건이 크게 달라지지 않았기 때문이다.

(자치시론, 2013. 06)

05

지상 좌담회

지방의회 중심적 역할 더 큰 무대 향한 '터닝포인트' 마련
울산시의회, 한국지방자치사에 귀감으로 영원히 남기를
갈수록 후퇴하는 대전…장기적 발전전략 시급
표류하는 대전시 거시적 의사결정기구 필요
충청권 원대한 꿈안고 신 충청시대 열어야
특별 · 광역시 구의회 폐지해야 하나
종합행정 경쟁력 제고 급해
교육감 직선제 폐지해야 하나
대전시 서구는 분구, 유성구는 갑 · 을로

지방의회 중심적 역할 더 큰 무대 향한 '터닝포인트' 마련 울산시의회, 한국지방자치사에 귀감으로 영원히 남기를

[창간24주년] '지방자치 20년'광역의원 정치사 / 육동일 교수 인터뷰

- 지방자치 20년을 맞아 현재 지방자치를 평가하신다면?

지난 기간, 지방자치는 짧은 역사에도 불구하고 우리사회 전반에 엄청난 변화를 초래한 바 있다. 무엇보다 지방자치 실시로 나타난 큰 성과는 지역주민들이 지역의 진정한 주인이 되기 시작했다는 사실이다. 이는 대한민국 5천년의 역사를 송두리째 바꾼 혁명이었다. 오랫동안 대한민국을 다스리는 주인은 관(官)이었다. 민(民)은 늘 다스림의 대상에 불과했다. 이 일방적이고 주종적인 관 · 민관계를 짧은 기간에 혁명적으로 바꿀 수 있었던 원동력은 지방자치제다.

그에 못지않은 중대한 성과도 나타났다. IMF와 외환위기 등의 경제문제, 북핵문제와 천안함 피격, 연평도 포격사건 등의 남북간 긴장상태, 그리고 대통령 탄핵, 자살 등의 전대미문의 정치적 혼란기에도 불구하고 지역사회가 안정을 유지할 수 있었다는 점이다. 즉 지방자치를 통해 중앙정국의 혼란과 불안이 지방으로까지 파급되는 현상을 최소화시키고, 여 · 야간, 여 · 여간 정권교체를 가능케함으로서 정치발전을 이루었다. 그 결과로 인해, 중앙정부와 자치단체들은 경제위기 극복과 함께 주민복지 향상에 매진할 수 있었던 것이다. 그 밖에도, 지난 20년간 실시된 지방자치제는 지역실정에 맞는 지역특성화 사업의 추진, 행정서비스의 수준 향상, 지역적 특성을 고려한 지방자율과 창의행정의 실현, 그리고 개성있는 지역문화의 활성화의 가능성을 열었다고 볼 수 있다.

이상과 같은 긍정적 변화와 함께 지방자치제는 아직 실망스럽고 우려할 만한 문제들을 제기하고 있다는 점도 외면할 수 없는 사실이다. 즉 비정상적인 지방선거의 제도와 관행, 일부 단체장과 지방의원들의 고질적인 비리와 부패문제, 여전히 강력한 중앙집권적 제도와 관행, 형식적인 주민참여, 지방공무원 자치역량의 미흡 등은 지방자치가 여전히 풀지 못한 숙제로 남아 있다. 지역민들은 그 중에서 현 지방자치 운영에 있어서 가장 큰 문제점으로 주민들의 신뢰를 못받고 있는 지방의회를 꼽고 있다.

- 지난 20년 광역의회에 대한 평가는?

그동안 지역주민들의 광역의회 의정활동에 대한 평가는 크게 엇갈리는 가운데 만족도는 여전히 크게 향상되지 않고 있다. 긍정적인 측면에서 보면, 광역의회는 민주주의와 지방자치 발전에 크게 기여했다. 지난 기간, 전국 시 · 도의회는 지역의 민의를 반영해서 조례를 만들었다. 예산을 심의 · 의결하는 한편 집행기관의 행정사무를 감시해 왔다. 그 결과, 자치단체의 투명성을 높이고, 행정편의주의를 타파하는 성과를 냈다.

그러나, 광역의회 운영에 있어서 많은 문제점도 나타났다. 크게 두가지다. 하나는 집행기관을 제대로 감시 · 견제해야 할 광역의회가 오히려 집행기관의 거수기 역할에 그쳤다는 사실이다. 또한, 광역의회는 독주하는 광역단체장과 집행기관에 대해 견제역할을 제대로 하지 못한 결과, 상당수 자치단체들이 부패와 비리, 낭비와 비효율의 문제로 나타나서 주민들에게 실망감을 안겨줬다. 그로 인한 예산낭비의 피해는 그대로 주민들에게 돌아갔다. 다른 하나는 광역의회가 지역 현안문제를 대처하는데 있어서 소극적 내지 방관자적 역할에 그쳤다는 점이다. 특히, 지역간 또는 지역내 이해가 충돌하는 문제에 대해서는 그 갈등의 조정과 통합의 의무를 집행부에 떠넘김으로서 광역의회의 권위를 스스로 실추시키고 말았다는 사실이다.

- 광역의원의 업무적, 정치적 역할은 무엇인지?

광역의원의 역할을 근본적으로 관료주의적 중앙집권체제를 타파하고 지방분권적 자치행정체제로 전환하는 계기를 마련해서 지방민주주를 확립하는 것이다. 구체적인 역할로서는,

첫째, 광역의원은 각 지역주민의 권익을 위한 조례의 제정, 행정편의주의적인 불합리한 조례의 개폐, 그리고 지역의 현안문제나 민원의 해결에 앞장섬으로써 지방행정 민주화의 기틀을 마련하는 역할이다.

둘째, 광역의원은 지방행정에 대한 감시 · 통제활동을 통하여 일방적인 행정독주를 시정하는 역할이다. 특히 예산심의와 행정사무감사를 통하여 예산을 공개하고 사업내역이 불투명한 단체장의 판공비 등에 대해 그 사용처를 명시되거나 삭감해서 합리적 예산편성을 통해 주민들의 부담을 줄이는 일이다.

셋째, 광역의원은 집행기관과 공무원들과의 견제와 균형의 관계를 통해 공무원들이 행정업무를 보다 철저하고 신중하게 수행토록 하고, 대민 봉사자세

를 올바르게 갖도록 하는 역할이다.

넷째, 지역 현안문제가 광역의회를 중심으로 쟁점화됨에 따라 토론의 장이 조성되고 나아가 토론문화 정착의 계기가 되어 합리적 의사결정을 가능하게 하는 역할이다.

그동안 이러한 광역의원의 역할은 주민들의 입장에서 대부분 비가시적인 것들이었기 때문에 주민들의 피부에 직접 와닿지 못한 결과, 호의적인 평가로 연계되지 못한 아쉬움이 있다.

반면에, 광역의회 활동에 대한 주민들의 무관심, 중앙과 지방간의 불합리한 권한배분, 광역의원의 품위와 전문성 문제, 의회운영의 미숙, 집행부와의 불필요한 갈등, 중앙정당의 당리당략적 개입, 광역과 기초의회간의 유기적 연계활동의 결여 등 많은 문제점들은 가시적으로 나타나서 광역의원들에 대한 주민 만족도가 크게 개선되지 않은 것으로 나타나고 있다.

- 광역의원들은 국회의원에게 공천을 받는 만큼 이들과의 순기능과 역기능은?

지방자치가 지방정치의 활성화를 통한 민주화의 실현에 목표로 두고 있다고 본다면 지방자치에 정당이 참여하는 것은 지극히 당연하고 정상적인 것이다. 그래서 정당참여는 첫째, 지역의 다양한 의견과 이해관계를 조직화 정책화시켜 문제해결의 실마리를 제공하며 둘째, 정당은 지방자치에 정치의식을 심어주고 시민의 정치참여의식을 고양시켜서 진정한 민주주의의 훈련장으로서의 여건을 조성해 주며 셋째, 정당은 지역의 이익을 중앙당을 통하여 중앙정부에 요구함으로서 주민의 요구와 이익을 국정에 반영시켜 준다. 그리고 넷째, 정당참여는 권력의 개인화를 방지시켜서 책임정치와 책임행정의 실현을 가능하게 해준다.

그러나 이와 같은 정당참여의 효과는 어디까지나 기존정당이 제도화되어 있고 인물중심이 아닌 정책중심의 정당, 그리고 당내민주주의가 확립되어 있을 때만 가능하다. 이러한 전제조건을 정당들이 구비하고 있지 못할 때 지방자치에의 정당참여는 첫째, 당리당략적 중앙정치에 지방자치가 예속될 가능성이 높으며, 둘째 정당간의 극심한 대립은 행정의 혼란과 마비를 초래케 하고 셋째, 당파간 파벌대립은 지방정치를 과열화시켜 결국 지방자치의 기능을 약화시키는 결과를 내고 만다.

이와 같이 정당의 지방자치법 개입은 찬반의 논쟁이 있지만 우리나라 현 정치현실과 수준에서는 국회의원의 광역의원 정당공천제가 득보다는 실이 많은 것으로 나타나고 있다. 그 이유로는 첫째, 지방자치가 중앙정당과 지구당위원장에 예속되고 정당을 통한 중앙집권화가 초래된 점, 둘째, 정당공천을 명분으로 정치권이 막대한 정치헌금을 요구하는 측면과 아직도 지방선거가 돈 많이 드는 선거의 폐해를 극복하지 못한 점, 셋째, 지방선거가 과도한 정쟁하에 치루어짐으로써 지방자치가 생활자치로 정착되지 못한 점, 넷째, 정당참여로 지방선거조차 정당별 지역분단구도를 더욱 심화시키고 집행부와 지방의회간의 정상적인 관계를 왜곡시키고 있는 점 등을 들 수 있다.

따라서, 기초의원과 단체장의 정당공천제 폐지를 중심으로 한 개선방안을 도입해야 한다. 다만, 광역단체장과 광역의원은 그 역할과 기능상 정당참여를 계속 허용하는 것이 바람직하다.

- 기초의회(의원)과 광역의회(의원)의 차이점은 무엇인지?

광역의회든 기초의회든 자치구역만 다를 뿐, 상하관계는 아니다. 광역과 기초의회는 공히 주민의 대표기관, 입법기관, 지방행정의 감시기관으로서의 같은 지위를 갖는다. 조례의 재·개정, 예산의 심의·확정, 결산의 승인 등의 의결권과 서류제출요구권, 그리고 행정사무감사 및 조사권의 권한도 같다. 지방의원은 광역이든 기초든 임기 4년의 정무직 지방공무원으로서 불체포와

면책 특권은 없으며 같은 권리와 의무를 지닌다.

광역과 기초의원간 보수의 차이는 있다. 그밖의 차이점은 다음과 같다. 광역의회의 경우 의장 1명과 부의장 2명을, 기초의회의 경우 의장과 부의장 각각 1명을 선출한다. 행정사무감사시 광역의회는 14일의 범위내에서, 기초의회는 9일의 범위내에서 지방자치단체의 사무를 감사하도록 되어있다. 의회사무 기구와 관련해서 광역의회는 사무처와 사무처장을 둘 수 있는데 비해 기초의회는 사무국이나 사무과를 두고 사무국·과장을 둔다.

무엇보다, 광역의회는 광역자치단체를 상대해서 광역적 행정기능이 성공적으로 수행될 수 있도록 광역과 기초단체간 그리고 기초단체들간 발생할 수 있는 갈등을 조정하는 보다 적극적인 역할을 요구받고 있다. 특히, 광역의원과 기초의원들간 그리고 같은 광역자치단체내 기초의원들은 초당적인 입장에서 서로 정보를 교류·공유하면서 지역발전과 주민복지 향상을 위해 긴밀히 협력해야 한다.

- 끝으로 시민들께 전해주시고 싶은 말씀이 있다면?

지방의회는 주민을 대표해서 주민의 일상생활과 관련된 지역사안을 결정하는 최고의사결정기관이다. 지방자치제를 실시하고 있는 각국의 지방정부 구성형태를 보면, 집행기관의 장은 주민직선 이외에도 중앙에서 임명하기도 하고 지방의회에서 간선으로 선출하기도 하는 등 다양한 방법을 취하고 있다. 그러나 지방의회만큼은 주민의 대표기관이기 때문에 반드시 주민직선으로 선출된 지방의원으로만 구성한다. 즉 지방의회는 선거에 의해서 구성되는 정통성을 갖는 지역의 유일한 합의체다.

최근 주민소환제를 비롯 주민투표제, 주민소송제 같은 주민직접참정제도가 도입되면서 가뜩이나 실망스러운 지방의회의 역할을 대신해 줄 것으로 기대하는 사람이 많다. 그러나 주민소환제는 막대한 비용이 소요된다. 자치단체에서 수행해야 할 많은 계획들을 전부 주민투표로 결정할 수도 없다. 특히 단체장과 공무원들이 지방의회가 무력화될수록 양기관의 갈등이 줄고 또 행정의 낭비와 비효율도 줄여서 보다 안정되고 편안한 행정을 할 수 있으리라 생각한다면 큰 오산이다. 지방의회의 역할과 의정활동이 생략된 지방행정은 더 큰 갈등과 낭비를 초래하고 말 것이다. 지방의 정책을 결정하는 데에는 집행기관만의 단독결정이나 주민투표에 의한 결정보다 그 결과를 산출하는 주민토론의 과정이 반드시 필요하기 때문이다.

민주주의체제에서 가장 중요한 역할을 하는 지방의회가 지금 실망스럽다고 해서 지방의회를 포기할 수는 없다. 어떻게든 위기에 빠진 지방의회를 구해놓고 봐야 한다.

지난 20여년의 지방자치와 분권은 험난하고 고단한 여정을 거쳐왔지만, 앞으로도 국가와 지방의 경쟁력 강화를 위해서 반드시 우리가 가야 할 길이다. 전국의 광역의회들도 지난 기간 동안 시행착오도 물론 있었지만, 지방자치와 지역의 발전, 그리고 주민들의 복리향상을 위해 최선을 다해 왔다. 특히, 울산광역시의회는 "지방의회가 살아야 지방자치가 살고, 지방자치가 살아야 결국 대한민국도 산다"는 투철한 신념으로 부여된 역사적 책무를 다함으로써 한국지방자치사에 귀감으로 영원히 남기를 울산시민들과 함께 기대해 본다.

(울산매일, 2015. 07. 17)

갈수록 후퇴하는 대전…장기적 발전전략 시급

[지방자치 20년] 육동일 지방자치발전위원회 위원 인터뷰

1995년 자치단체장과 지방의원을 직접 뽑으면서 시작된 지방자치가 7월로만 20년, 성년을 맞이했다. 지난 20년 뒤돌아보고 성과와 문제점 정리하는 한편, 앞으로의 발전방향과 과제 등을 점검해 볼 중요한 시점인 것이다. 특히 올해는 민선 6기 출범 1년이 되는 시기인 만큼 이와 관련한 지역별 현안 점검도 필수적이다.

대통령 소속 지방자치발전위원회 지방분권분과 위원 등 오랫동안 지방자치 전문가로 활동하고 있는 충남대 육동일 교수를 만나 그동안의 성과와 과제를 짚어 봤다.

“지방자치 20년, 몸은 성년 됐지만 활동은 여전히 미숙”

- 지방자치 20년의 과정을 평가하자면.

요약하면 일단 성공적이다. 그러나 갈 길은 멀다는 것이 요점이다. 지난 20년 지방자치를 통해 우리 사회는 엄청난 변화를 했다. 지역의 주민이 비로소 주인 역할을 시작했다. 행정으로부터 대접받고 역할과 참여할 수 있도록 했다는 것이 소득이다. 또 하나는 다양한 정치적 위기와 혼란 속에서도 정권 교체를 통한 정치발전이 있었는데, 이는 지방자치가 지역사회 안정을 가져올 수 있어 가능한 일이었다.

- 문제점도 있었을 텐데.

지방선거가 아직 자리를 잡지 못해 부패와 비리가 근절되지 않았고, 지방의회가 중요한 기능과 역할 해야하는데 아직은 본궤도에 못 올라서 주민신뢰를 받지 못하고 있다. 중앙정부와 지방정부간 역할 분담 문제도 아직 정립되지 못했다. 세월호, 메르스 등 국가 위기 시 국가와 지방이 제대로 대처하지 못한 것도 그런 이유다. 또한 지방자치 활성화에 필요한 자치권, 입법권, 재정권이 보장돼있지 않아 몸은 성년이지만 활동은 여전히 미숙하다는 것도 문제다.

- 지방자치발전위원회가 이러한 문제점 해결을 위해 최근 종합계획을 마련한 것으로 알고 있다.

성과와 문제점 토대로 지방자치가 더 발전하기 위해서는 보다 장기적이고 실천적인 전략이 필요한데, 그것을 정리해 담은 것이 「지방자치발전 종합계획」이다. 이는 단순히 발전위원회 연구물이 아니라 여러 정부부처와 협의 ·

조정을 거쳐 만들어진 범정부적 실천계획이다. 중앙부처 협의과정에서 다소 후퇴와 생략이 있어 아쉬움이 있지만 지방자치권 확대와 지방재정 강화, 사무이양 등 지방일괄이양법을 제정해달라는 내용 담고 있다.

- 구체적 내용은?

지방 소비세 확대 및 국세와 지방세 비율 개선은 물론, 자치경찰제 도입, 특·광역시 내 자치구 의회가 주민 불신과 대도시 행정의 걸림돌 되고 있다는 평가에 따라 의회 폐지를 포함한 구자치제 개선 문제, 교육감 직선제 개선 등 20개 과제에 대한 종합계획 마련했다. 문제는 이를 현실화하기 위해서는 국회 입법과정이 필요한데, 사안에 따라 논란이 있을 수 있고 국민여론수렴도 필요한 만큼 일단 몇 가지만이라도 19대 국회에서 통과시켜주길 기대한다. 지방자치를 더 활성화하고 발전시켜야 하는데 입법화가 해결 안 되면 정체되고 침체될 수밖에 없다.

"민선6기 초반 강력한 리더십, 정책적 전략 마련 기회 놓쳐"

- 대전의 자치역량은 어떠한가.

전국 평균 지방재정자립도가 20년 사이 63.5%에서 지난해는 44.8%로 추락했다. 대전시는 43.4%로 전국 평균에도 못 미친다. 대전 5개 구청은 더 말할 것도 없다. 이를 해결할 수 있는 지방자치발전종합계획 입법화를 지방에서 먼저 촉구해야 하는데 오히려 잠잠한 것이 안타깝다. 외국의 사례를 보더라도 입법·재정권 이양이 중앙의 양보를 통해서 이루어진 적이 없다. 투쟁이 필요하다. 당장 사이언스 콤플렉스 사업비 200억 원도 문제가 됐던 상황을 보더라도 도시철도 2호선과 과학벨트 사업이 과연 제대로 추진될 수 있을지 의문이다.

- 민선6기 1년이 지났다. 정책적 보완이 필요한 부분은?

지난 2000년까지의 대전을 보면 경부 · 호남고속철과 대덕연구단지, 정부대전청사, 도시철도 등 모든 것들이 들어오는 발전의 시기였다. 하지만 이후 로봇랜드와 자기부상열차, 의료복합단지 등 잇따른 국책사업 유치 실패와 서해안고속도로로 인한 유성 침체, 충남도청 이전 등 상실의 시기가 이어지고 있다. 결국 세종시 개발로 인구마저 줄면서 여기저기 쇠퇴의 징조가 나타나기 시작했지만 미리 대비를 못했다. 민선 6기에 들어서도 이러한 문제에 대한 대처상황을 보면 아쉬운 점이 많다. 도시철도 2호선은 교통도시 재도약의 핵심이 되어야 하는데 대전 안에서만 생각했지 주변도시로의 확장성이 없다. 과학벨트 역시 사이언스 콤플렉스 문제로 너무 많은 시간을 잡아먹었다. 인구유출에 대한 해결책도 없다. 시장이 선거법에 연루되면서 강력한 리더십과 정책적 전략 마련 시기를 놓치고 있는 것이 아닌가 싶다.

- 대안이 있나.

지나간 1년이 시민의 입장에서는 굉장한 손실이다. 하루 빨리 선거법 문제가 매듭지어져 대전이 해야 할 일들을 서둘러 처리하는 것이 필요하다. 그렇다고 재판이 끝나기만을 기다리면서 몇 개월의 시간을 소모할 수는 없다. 남은 기간만이라도 앞으로의 거시적 정책을 결정할 비상적인 의사결정 기구가 필요하다고 본다.

"내년 총선과정 적극적 이슈 발굴…대안 찾아야"

- 내년은 20대 총선이 예정돼 있다. 이 과정에서 지역의 목소리를 낼 방법은 없나.

총선은 누가 나오느냐도 중요하지만 선거과정을 통해 이슈를 만들고, 공약을 제시하고, 이를 통해 소통과 경쟁하는 것이다. 선거는 사람만 뽑는 것이 아니라 그 사람들이 해야 할 일들을 발굴해주는 기능을 한다. 하지만 최근 선거를 보면, 지역 내 이슈 발굴과 정책경쟁, 주민소통이 제대로 안 이루어지고 있다. 선거의 중요 기능이 생략되고 정치구도만 따라가다 보면 주객이 전도될 수 있다. 내년 선거에서는 대전의 위기가 뭐고, 또 해결해야 할 것은 무엇인지 대안들이 만들어져야 한다.

(굿모닝충청 2015. 07. 09)

표류하는 대전시 거시적 의사결정기구 필요

[이슈의 인물] 육동일 지방자치발전위원회 지방분권분과 위원

대통령소속 지방자치발전위원회(위원장 심대평)는 28일 특 · 광역시 기초의회 폐지 등을 담은 지방자치발전종합계획 설명회를 갖고 다음 달까지 시행계획 확정 입장을 밝혔다. 시행계획엔 위원회가 지방선거제도 개선, 자치경찰제 도입, 지방재정 확충, 중앙정부 권한 지방이양 등 20개 세부과제 추진일정과 시행방안이 제시된다. 바야흐로 중앙정부 차원의 지방자치 구조조정이 본격화되고 있는 것이다. 하지만 이날 전국 시장 · 군수 · 구청장협의회 등은 지방자치발전종합계획 전면 철회 및 수정 촉구하는 등 반발도 만만치 않다.

지방자치발전위원회 위원으로 활동하고 있는 육동일 충남대 교수를 만나 구체적 내용과 입장, 대전시에 필요한 전략들을 들어봤다.

“교육자치 · 지방자치 통합해야 진정한 지방교육자치 실현”

- 지방자치발전위원회가 오늘 지방자치발전종합계획 설명회를 가졌는데 교육자치와 지방자치 통합 논의가 관심을 끌고 있다.

우리나라 지방자치 교육제도는 교육행정에 대한 책임은 시 · 도지사와 교육감으로 나뉘어 있는데 그것을 견제하는 의결기능은 지방의회 통합돼 있어 분리도 통합도 아닌 기형적 구조다. 이로 인해 학교급식, 보육, 주변시설 정화, 부지확보 문제 등 중요한 연안에 대한 교육청은 교육청대로 예산지원을 제대로 안 해준다는 불만을, 자치단체는 예산이 부족하다는 입장에서 서로 책임을 전가하고 있다. 결국 이런 피해는 학생과 학부모에게 고스란히 돌아가고 있다. 사사건건 진보와 보수 이념논쟁도 문제다. 이것을 바로잡기 위해 교육계는 완전한 분리 · 독립을 주장하기도 하지만, 이는 세계적 추세나 이론적인 측면에서도 맞지 않다. 일원화가 필요한 시점이다.

- 이러한 현상이 발생하는 근본적인 이유가 뭔가.

외국의 경우 대부분 지방자치 틀에 교육자치가 들어가 있다. 그 속에서 기능과 조직은 교육전문과들에게 맡긴다. 국가마다 자율적으로 이루어지지만 기본 틀은 그렇다. 그러니 예산, 인사, 정책 등 모든 분야에서 기본적으로 협력이 이루어진다. 중요한 것은 지방교육자치가 되려면 교육 분권이 이루어져야 하는데 지금은 교육부가 모든 권한을 쥐고 있다는 것이 문제다. 교육청은 교육부에 종속돼 있고, 교육관련 기능과 사무의 지방이양이 안 되고 있다. 교육부는 지방자치로 가면 교육의 정치적 중립성과 전문성, 자주성이 훼손된다는 이유를 달아 기존 집권화 행정을 유지하고 안주하려 한다. 하지만 사실은 지방자치와 통합돼야 오히려 교육자치가 강화된다. 지방교육의 자율성과 창의성을 보장하려면 틀을 바꾸어야 한다.

- 교육감 직선제 폐지를 말하는 것인가.

통합된 속 교육감 선거는 임명제 또는 의회 간선제가 마땅하다. 현재 교육감 직선제는 무관심, 재정낭비, 정당 대리전 등 문제가 심각하다. 사실 이 문제를 바로잡아야 하지만, 지난선거에서 진보교육감이 많이 당선되면서 정치적 의도가 있는 것 아니냐는 오해를 받기도 한다. 하지만 위원회는 이미 선거 실시 오래전부터 대안을 가지고 있던 것이다. 보수교육감이 17명 다 당선되더라도 개선이 필요하다. 직선제 유지든 폐지든 근본적 개선이 팰요하다는 것이다.

- 시민 교육계가 동의할 것으로 보나.

시민들은 전혀 모르고, 교육자들은 기존 논리에 묻혀있다. 교육자치는 교육자 자치, 교육관료 자치가 아닌 교육에 대한 주민자치다. 주민들이 참여하고 통제할 수 있어야 한다. 지금은 교육청 자치를 자치라고 잘못 이해하고 있어 지방자치와의 연계통합에 질색하고 있다. 이 오해가 풀려야 한다. 교육부 종속을 빨리 풀어 지방 속에서 교육자치가 이루어져야 한다.

"구의회 폐지, 시의회 기능 강화…시의원 50~60명 규모로 늘려야"

- 특 · 광역시 기초의회 폐지 문제도 지역 정치권 초미의 관심사가 되고 있다.

발전위 안의 골자는 구의회 폐지 대신 읍면동 활성화다. 행정자치부가 21

일 읍면동을 2~3개로 묶어 대동(大洞)으로 통합하는 방안을 박근혜 대통령에게 보고한 것을 보더라도 정부차원의 실질적 조치가 들어간 것으로 보인다. 이 부분에 대해서는 개인적으로 오해를 받고 있기도 하다. "육동일은 그동안 지방자치를 강조하며 활성화를 위해 노력했는데, 왜 구의회 폐지를 이야기하며 민주주의 후퇴에 앞장서느냐"는 것이 골자다. 하지만 이것은 전국 226개 기초의회 모두를 폐지하자는 것이 아니라 시 · 군의회는 오히려 기능을 강화하고, 특 · 광역시 내 구의회 74개를 환골탈태시켜 실질적인 지방자치로 나가야 한다는 것이다.

- 구체적으로 어떻게 하겠다는 것인가?

골자는 구의회를 폐지하는 대신 시의회 기능을 강화해 주자는 것이다. 대신 현재 대전시 구의원이 63명인데, 시의원을 50~60명 규모로 보완해서 막강해질 수 있는 시장 견제기능과 전문성을 강화해야 한다. 외국의 경우 대전시 정도의 규모에서는 시의원이 60-70명도 된다. 단체장 권한 견제를 위한 감사관 직선 등 제도적 보완도 필요하다. 동단위에서는 주민자치회 신설 및 동장 직선제 등 실질적 행정적 자치기능을 강화해 줄 필요가 있다. 동네에 관한 일은 스스로 하도록 여건을 마련해주도록 하는 것이 풀뿌리민주주의 차원에서 바람직하다.

- 시의회 기능 강화는 어떤 방식으로 이루어지나.

대전은 현재 대도시 행정발전에 어려움을 겪고 있고 일부 쇠퇴 조짐까지 보이고 있다. 자치구 중심도 중요하지만 전체적으로 광역 단위 경쟁력을 갖는 것이 급선무다. 그런 점에서 보면 구 자치제보다 광역행정에 주력해야 한다. 또 우리나라 지방자치는 광역이든 기초든, 도시든 농촌이든 모두 획일적이라는 데 문제가 있다. 이것은 본질적으로 지방자치 정신에 맞지 않는다. 한 국가에서도 도시와 농촌, 재정여건, 광역 · 기초에 따라 자치가 달라질 수 있다. 궁극적으로는 지방마다 자율적 제도를 갖추도록 하는 것이 바람직하다.

예를 들어 일본의 경우 동경은 23개의 자치구에서 구청장을 직선하고 구의회도 있지만, 오사카는 인구가 270만이지만 단일 행정구로 구청장과 구의회가 없다. 서울, 대전, 대구, 광주 등 모든 시를 일괄적인 틀로 다 바꾸자는 것이 아니라 자치역량과 여건 시민이 원하는 바에 따라 다양한 형태의 자치 선택권을 부여할 수 있어야 한다. 법적으로도 지방자치법만 개정하면 가능한 일이다. 다만, 일정한 가이드라인이 필요한 만큼 위원회나 국가차원에서 몇 가지 유형을 제시할 필요가 있다. 영국도 4개 유형을 선택적으로 운영하고 있다.

- 이렇게까지 구의회를 폐지해야 하는 이유는 뭔가.

지방자치는 제도적으로는 순기능과 역기능이 있다. 지방자치 도입 20년이 된 상황에서 그동안 가져온 성과와 문제점을 제대로 짚고 문제가 있다면 개선해야 한다. 그런데 현재 성적표를 보면 구의회는 성과보다 문제가 많았다. 대도시 행정의 종합적 수행에 걸림돌이 된다거나, 주민자치 기능도 구 단위에서는 활성화가 못되고 있다는 것이 대표적이다. 구의회가 없는 것보다는 있는게 좋을 수 있지만 제대로 안 된다는 것은 문제다.

더 큰 문제는 대단한 주민불신을 받고 있다는 점이다. 일부 정당과 국회의원에 종속된 구의회 때문에 지방자치 전체가 불신을 받는 것이 진정한 의미의 지방민주주의에 도움이 되느냐를 고민해 볼 때가 됐다. 소통 부족이든 홍보 잘못이든 시민 평가가 거의 낙제점이고 폐지를 원하고 있다. 풀뿌리민주주의로 더 내려가고, 지방자치를 강화하고, 국민 불신을 해소하자는 차원이다. 오히려 시의회를 강화해 의원수를 늘리고 전문성을 강화시켜 시장 권한을 견제하면 위상확대도 가능해질 것이다. 아울러 제도적 장점만 가지고 구의회를 지키라는 것으로 국민을 설득할 수 없다. 국민이 신뢰하지 않으면 제대로 뿌리내리지 못한다. 구의회가 환골탈태하지 못하면 국민적 폐지 목소리를 거부하기 어려울 것이다.

"표류하는 대전시정 거시적 의사결정기구 필요… 권 시장 정치적 판단 기대"

- 대전시로서는 이러한 문제를 어떻게 풀어가야 하나.

최근의 인구감소와 세종시 확장 등을 볼 때 대전의 미래는 결코 밝지 않다. 이미 쇠퇴조짐마저 보이고 있다. 도시철도 2호선, 호남고속철 서대전역 경유, 엑스포 재창조, 유성복합터미널 건설, 선거구 증설 등 산적한 현안 하나도 제대로 풀고 있지 못하다. 그런데 이런 과제를 풀어나가야 하는 권선택 시장은 애석하게도 선거법에 연루돼 리더십이 실종되고, 시정은 난맥상을 보이며 전혀 미래를 향해 가지 못하고 있다는 평가를 받고 있다. 이러한 상황이 길어지면 후유증이 길어질 수밖에 없다. 정치권은 물론 시민 전체가 힘을 결집해 현재 빠르게 논의되고 있는 대전시의 쇠퇴에 대비해야 한다.

- 현 난국을 타개할 특단의 대책이 있나.

힘을 결집하지 않으면 하나도 풀 수 없다. 그럼에도 시정이 마비 상태에 놓여있어 보통 심각한 문제가 아니다. 총체적 위기다. 이러한 위기시간을 결코 늘려서는 안 되며, 거시적 비상조치가 뒤따라야 한다. 시장의 리더십이 절대적으로 필요한 시점에서 선거법에 걸려 운신이 어렵다면 혼자 모든 것을 다 해결하려 하지 말고 대전의 시급한 현안과제를 제대로 풀고 미래 경쟁력 강화를 시킬 수 있는 거시적 의사결정기구를 만들어 대처해 나가는 것이 좋겠다.

단순히 선거법 때문에 끌고 가다가 나중에 결론 낸다는 것은 시민과 대전시 발전에 굉장한 저해가 된다. 정치력이 약해졌다면 초당적 협력과 시민의 힘을 결집 시킬 수 있도록 정책결정을 거버넌스 차원으로 확대해야 한다. 시정이 마비되어 꼬여있는데 시민들이 그것만 믿고 갈 수 있겠느냐. 상황을 이렇게 표류하게 놔두지 말고 시장의 정치력을 배가시킬 수 있는 거시적 기구가 필요하다 권 시장의 정치적 판단이 요구되는 이유다.

(굿모닝충청, 2015.1.28)

충청권 원대한 꿈안고 신 충청시대 열어야

(대전투데이 창간기념 초대석)

충남대 사회과학대 육동일 교수의 연구실을 방문했다. 육동일 교수는 지난 연말연시를 이용해서 미국 콜롬비아대 동창회(CAA)의 초청으로 뉴욕시와 보스턴시를 다녀왔다고 한다. 육교수는 이번 여행의 목적을 분명히 했다. 즉 하버드대, 예일대, 뉴욕대, MIT대 등 세계적인 명문대와 도시발전의 현장을 직접 방문해서 선진도시의 미래발전 비전과 향, 도시재생과 원도심 활성화의 정책과 전략, 그리고 도시발전을 이끄는 지도자의 리더십과 시정의 성공요인들을 찾아내서 대전발전에 접목시키는 것이었다고 한다. 그래서 육교수로부터 오랜 시간 동안 그의 생각과 견해를 직접 들어보았다.

- 대전의 위기에 대하여

최근 대전은 도시쇠퇴의 징후를 뚜렷이 보이기 시작했다. 예상했던 일이지만, 가히 충격적이다. 대전시 인구는 현재 153만 5,815명으로 작년부터 계속 줄고 있다. 대전시 인구가 감소세를 보인 것은 1989년 충남도로부터 분리돼 광역시로 승격된 후 처음겪는 일이다. 여태껏 증가일로에 있던 대전시 인구가 감소세로 돌아섰다는 사실이 도시쇠퇴의 대표적인 지표로 나타난 것이다. 앞으로 인구가 계속 줄면, 유휴시설이 늘 것이다. 부동산 가치는 하락하고 지역경제는 더욱 침체될 것이다. 지역의 인재와 중산층 그리고 기업은 대전을 떠난다. 결국 도시 전체가 공동화되면서 쇠퇴의 늪으로 빠져들 것이다. 설상가상으로, 이제 대전은 인구감소의 위기에다 정치적 리더십의 위기, 도시 정제성의 위기, 사회분열과 갈등의 위기, 그리고 자신감 상실의 위기까지 겹치면서 총체적인 위기에 직면해 있다

지난 20여년 동안 지역의 정치 · 행정지도자들이 가까운 미래에 일어날 혹독한 환경변화에 준비하지 못한 결과다. 우선 교통도시 대전으로서의 명성과 도시브랜드를 지키지 못했다. 이제 대전은 더 이상 삼남의 관문이 아니다. 서대전역 주변도 시간이 갈수록 공동화될 것이 틀림없다. 대전역사와 역세권 개발의 지연은 원도심을 이미 초토화시키기에 충분했다. 이제는 교통도시 대전의 간판을 내려놓아야 하는 상황에 이르렀다.

교통도시의 장점을 살려 과학도시로 발돋음하는데에도 성공하지 못하고 있다. 대전이 진정한 과학도시가 되려면 대덕과학특구가 지역경제에 기여해야 한다. 지역의 인재를 지역의 대학이 육성해서 대덕과학특구에 주인으로 들여보내야 한다. 시민들의 과학적 사고와 활동이 지역의 일자리 창출과 지역비즈니스의 활성화에 기여해야 한다. 그러나 그동안 그렇지 못했다.

이렇게 대전이 갖춘 모든 유리한 요건을 제대로 활용하지도 못한 채, 시간을 허비하는 사이에 대전주변 상황은 대전을 벼랑끝 상황으로 내몰고 있다.

충남도청사는 이미 내포 신도시로 빠져나가서 원도심의 황폐화를 가속화시켰다. 인근의 청주와 청원은 통합하여 대전을 위협하고 있다. 천안 · 아산 · 당진은 이미 수도권의 경제와 산업의 남하를 막아서면서 대전을 썰렁한 비수도권으로 몰아낸지 오래다. 동반성장과 일방쇠퇴라는 양면의 칼을 가지고 대전과 접하고 있는 세종시는 대전시의 인구를 서서히 흡인해가는 빨대역할을 하면서 대전을 향해 쇠퇴의 칼을 휘둘기 시작했다. 대전이 양도시의 상생발전과 차별화된 전략을 준비하는데 소홀한 결과다.

- 위기를 극복할 대전의 발전방안은

대전을 다시 살리려면 처음부터 새로 시작해야 한다. 대전을 철저히 바꿔서 다시 태어나기 위해서는 대전 재도약의 비전과 목표, 전략과 정책, 리더십, 그리고 시민들의 의식과 자세를 바로 잡아야 한다. 이를 위한 몇가지 중요하고 시급한 과제들을 큰 틀에서 짚어보면 다음과 같다.

먼저, 대전의 정체성(Identity)을 되찾아 대전미래 발전의 비전과 목표를 재정립해야 한다. 여기에 대전시민들의 공감대 형성이 반드시 필요하다. 앞으로 경쟁과 갈등이 불가피한 대전시와 세종시 그리고 충남 · 북은 상생발전전략을 새로 짜야 한다. 대전과 같은 생활권이라 볼 수 있는 금산, 옥천 · 보은 · 영동의 지역쇠퇴는 불 보듯 뻔하다. 그 해결책도 대전과 머리를 맞대고 짜내는 것 외에 뾰족한 수가 없다. 선진도시들은 이미 국경을 초월해서까지 지역간, 도시간 협력을 하는 '초광역권 경쟁시대'로 가고 있다. 그동안 간간이 논의되어 왔던 금산과 대전의 통합, 옥천과 대전의 통합을 보다 전향적이고 적극적으로 추진해 봐야 할 때가 되었다.

또한, 대전이 다시한번 활력을 찾으려면, 백년을 쌓아온 교통도시로서의 정체성과 도시 브랜드를 지키는데서 풀어야 한다. 그러려면, 제2경부고속철 및 고속도로 건설에서 이번만큼은 대전을 비켜가지 않도록 미리미리 챙겨야 한다. 충청권 광역철도망의 구축과 도시철도 2호선이 대전을 중심으로 사통팔달이 되도록 힘써야 한다. 통일후 까지 고려하여 북한을 거쳐 유럽까지 뻗는 유라시아 철도건설노선에 하나의 중심축이 되도록 대비해야 한다. 서대전역에 KTX가 통과하지 않는 문제를 놓고 오송, 공주, 대전이 같이 고민해서 공생활용의 지혜를 짜지 않으면 모두 손해다.

- 도시재생 및 원도심 활성화 방안은

지난 연말 연시를 이용해서 미국 뉴욕시와 보스턴시 그리고 코네티컷주 뉴해븐시 등 도시재생의 현장을 직접 가봤다. 그 곳에서 선진도시의 미래비전과 방향, 원도심 활성화와 도시재생의 전략과 정책, 그리고 이를 실현해가는 시장의 리더십과 시정의 시스템에 대한 많은 자료와 정보를 얻었다. 대전시는 지금 도시전체를 재생해야 하는 중요한 과제를 안고 있다. 충남도청이 대전 원도심을 이미 빠져나가고, 이웃하고 있는 세종시가 대한민국 행정중심도시로서 자리를 잡아갈수록 대전은 위축될 것이 분명하다.

앞으로 대전시는 단순히 원도심의 공동화만의 문제로 끝나지 않는다. 대전시가 지난 백년동안 고민해보지 않은 본질적인 도시생존의 문제가 이제부터 시작된다. 대전 전체가 공동화의 위기에 놓이게 된 것이 그 주된 이유다. 더 큰 문제는 이러한 위기가 일찍이 예상됐는데도 불구하고, 중 · 장기적 대비책을 대전시가 그동안 전혀 마련해 놓치 못했다는 사실이다. 텅빈 공간이 되어버린 구도심 일부에 공공기관의 입주, 시민대학의 설립 등 그 효과가 미미한 단기적 대안만이 제시되고 있는 실정이다. '대한민국문화예술복합단지'라는 내용없는 하드웨어만 막연히 기대할 뿐인데 그마저도 불투명한 상황이다.

도시재생에 성공한 도시들의 세가지 비결은 이렇다. 우선 도시위기를 극복한 가장 큰 힘의 원천은 구 시대의 낡은 사고방식과 관행을 과감히 타파하고, 새 시대의 변화를 만들어 낸 리더들의 빛나는 지혜와 용기였다. 그리고 재건축 · 재개발의 하드웨어 중심의 낡은 방식에서 탈피해서 소프트웨어 측면을 강조했다는 점이 바로 두 번째 성공비결이다. 세 번째는 도시재생의 주체가 바로 그 지역의 주민이라는 사실이다. 지금 대전시는 물론 외국 도시들과 다르다. 그러나 뉴욕과 보스턴시의 성공비결이었던 시장의 지혜와 용기, 도시문화 콘텐츠의 개발, 주민주도의 도시재생은 대전시에도 유효할 것이 틀림없다.

그러려면 먼저, 대전역과 서대전역의 역세권 개발을 제대로 추진해서 교통도시로서의 인프라 구축과 원도심 재생에 돌파구를 마련해야 한다. 대전역은 대전 재도약을 위한 최선의 돌파구이자 보배다. 대전역세권 개발을 알차게 추진해서 MICE 산업과 벤쳐산업의 중심지로서 발돋음 해야 한다. 청주공항은 대전이 글로벌화를 지향하는 전진기지가 되는 만큼 공항으로의 접근성 보완은 물론 실질적인 투자를 통해 세계와 교류하는 대전의 관문이 되도록 해야 한다.

특히, 앞으로 사회는 고령화 및 장수시대로 접어든다. 따라서, 대전 원도심인 중구에는 장수마을, 뿌리공원 등 장수와 관계된 시설이 많기 때문에 대전 중구를 건강과 장수의 메카로 발전시켜 나가면 원도심 활성화는 물론 대전경제가 살아나는 계기가 될 수 있다. 그 가운데 「힐링의료재단 설립과 힐링마을」 건설 같은 정책도 적극 검토해 볼 필요가 있다.

- 도시철도 2호선 문제에 대하여

지금 당면한 가장 중요한 문제로서 대전이 갈피를 못잡고 있는 문제가 바로 대전 도시철도 2호선 문제다. 얼마전 첨예하게 대립되고 있는 2호선 건설방식을 '타운홀 미팅' 등을 통해 트램방식으로 일단 결정했으나 여전히 혼돈에 빠져 있다. 현대행정이 정책을 성공적으로 추진하는데 있어서 제일 중요하게 생각하는 것이 정책의 디자인이 아니라 정책에 대한 소통이다. 아무리 잘 만든 정책도 국민이나 주민과의 소통을 통해 이해와 공감대를 구하지 못하면 반드시 실패하기 때문이다. 대전이 그동안 롯데 테마파크와 유니언스퀘

어의 건립, 과학벨트사업의 수정, 그리고 도시철도 2호선 건설에 실패했거나 혼란을 초래한 것은 바로 정책소통에 실패한 결과다. 게다가 정책과 사업에 대한 미래 청사진도 없었다. 관련 정보와 자료도 공정하고 객관적이지 못했다. 심지어 공개되지도 않았다. 사후 요식행위만을 서둘다 우왕좌왕 했을 뿐이다. 정책소통 부재가 불러온 정책실패의 대표적인 사례가 되고 말았다.

대전도시철도 2호선의 노선과 건설방식은 그 비용이나 경관에 미치는 영향만이 아니라 대전의 미래발전과 직결되어 있는 총체적인 문제다. 대전이 대중교통중심의 생태도시를 지향하는데 우선순위를 둔다면 지금의 노선과 노면방식을 선택할 수 있다. 대전이 미래를 위해 일거리와 먹거리를 준비해 놨다면 선택을 망설일 필요도 없을 것이다. 그렇지 않다면 이 방식으로 대전의 쇠퇴를 멈추기는 쉽지 않은 전망이다. 내생적 발전요인이 취약한 대전이 외부 인구와 산업 및 자원을 끌어드릴 흡인력을 유지하기 힘들기 때문이다. 지금의 노선만을 목표로 한 도시철도 건설은 쇠퇴하는 대전을 살리는데는 한계가 있다.

대전의 행정구역내에서 고가로 돌아다니는 2호선은 적자에서 벗어나지 못한다. 도시내 불균형은 심화될 수 있다. 2호선의 노선은 대전시를 벗어나서 계룡 · 논산으로, 금산 · 무주로, 옥천 · 영동으로, 공주 · 내포로, 오송 · 세종으로, 조치원 · 청주공항으로 뻗어나갈 수 있도록 빅 데이터를 가지고 보다 광역적인 계획을 세워야 한다. 대전시내만을 돌아나니는 도시철도는 더 이상 대전발전에 기여하지 못한채 적자로 시민들의 부담만 늘일 뿐이다. 도시철도 2호선 문제는 시간이 걸리더라도 근본적인 재검토가 필요하다.

- 대전의 미래 성장동력은

지금까지 대전이 처한 상황을 놓고 볼 때, 대전시가 당면한 도시쇠퇴 문제를 해결하면서 미래 안정된 일거리와 먹거리의 창출을 위해 지향해야 할 대전의 비전과 목표는 네가지로 정리된다. 즉 대전이 가지고 있는 여건과 잠재력을 충분히 살리면서 타 도시와 차별화된 경쟁력을 확보해야 한다. 그러려면 신성장동력사업 창출의 과학기술도시, 철도와 지하철을 활용한 최첨단 교통도시, 품격있는 시민중심의 문화도시, 그리고 글로벌 인재와 평생학습 중심의 교육도시가 되는 것이다. 이 중에 대전을 먹여살릴 원동력은 우선 과학기술도시로 새롭게 재탄생하는 것이다.

앞으로, 대전의 향후 산업발전은 다부문 기술자원과 문화적 역량을 결합한 융·복합 분야를 중심으로 이루어질 전망이다. 재료, 환경, 에너지 분야 등에 응용되어 새로운 산업기반을 선도할 나노기술분야, 정보통신기술과 문화예술 역량이 결합한 디지털미디어 분야, IT, NT, BT가 융합한 신개념 맞춤형 의약 및 의료기기 개발 등이 대전에서 가장 효율적으로 추진될 것이다. 대전시는 내년을 대전발전의 중대한 전환기로 삼고 시민들의 미래 먹거리와 일거리 준비에 승부를 걸어야 한다. 더 이상의 시간적 여유가 없다. 금년부터 본격 추진될 국제과학비즈니스벨트 사업의 그 핵심적인 내용이 차세대 성장을 견인할 수 있는 기초·원천연구능력의 확대 및 연구개발, 이에 근거한 사업화에 초점이 맞추어 지고 있다는 점에서 대전을 중심으로 하는 육성전략이 수립되어야 할 것이다.

결론적으로, 대전을 먹여 살릴 미래산업은 융·복합산업 및 연구개발서비스업 같이 지역의 특성·강점을 극대화 할 수 있는 지식집약적 산업 분야여야 한다. 그런 점에서 대전이 보유하고 있는 우수한 대덕특구의 인적·물적 인프라 그리고 과학벨트를 최대한 활용해서 연구개발 성과를 대전의 미래산업과 연계시키는데 대전시의 모든 역량을 발휘해야 할 것이다.

- 앞으로 먹고사는 문제와 함께 인권이 시대의 화두가 될 것 같은데

앞으로 우리 사회가 당면한 시대의 화두는 경제, 안전, 그리고 인권이 될 것이다. 근대사회 이후, 인간은 태어나면서부터 자유롭고 평등한 인격과 스스로 행복할 권리를 가진다는 인권사상이 싹트기 시작했다. 18세기 유럽에서 시민계급의 대두로 발전했으며, 1789년 프랑스혁명으로 인간의 자유와 평등, 저항권, 주권재민 등 인간이 누려야 할 권리를 공표하기에 이른다. 1948년 UN의 세계인권선언으로 이제 인권사상은 전 세계인들의 핵심 사상이 되었으며, 시민사회와 대중사회를 경험해 가고 있는 우리로서는 21세기 새로운 삶의 방식을 결정짓는 대단히 중요한 요소가 될 것이다.

대전시가 지난 1월 8일, 대전시청 대강당에서 시와 구의 공무원과 다수 시민 등이 참석한 가운데 '당신의 인권을 외면하지 않는 것도 나의 인권입니다'라는 주제로 인권의식 향상을 위한 인권교육을 실시한 것도 향후 인권이 시대의 화두가 된다는 사실을 반영한 것이다. 인권의 사각지대라 볼 수 있는 대전에 2014년 국가인권위원회 대전사무소가 개소되고 세계인권의 날 66주년을 기념하는 2014년 12월 10일에 (사)시민인권센터가 창립한 것은 그 의미가 크다.

이를 계기로 대전시정은 일자리 창출, 원도심 활성화 등 경제회생과 함께 생명과 인권존중에 심혈을 기울여야 할 것이다. 즉 대전시민들이 사람답게 살 수 있는 최소한의 권리가 보장될 수 있도록 지금부터 철저한 기반을 구축해야 한다. 몸이 불편하도라고, 가난하도라도, 교육을 제대로 못받았더라도, 다른 사람과 다를 생각을 가졌다고 하더라도 사람이기 때문에 존중받는 인권도시 대전이 되어야 대전은 선진 미래도시가 될 것이다.

-「신 충청시대」가 열리도 있는데

2013년부터 한국 정치지형에 있어서 의미심장한 변화가 발생했다. 근대적인 호구조사가 실시된 이래 충청권 인구가 호남권 인구를 최초로 앞지른 것이다. 현재 충청권 인구는 531만 명으로 호남 인구보다 6만 명이나 많다. 이런 추세로 가면, 차기 대통령선거가 실시되는 2017년에는 충청권 인구가 호남보다 무려 35만 명 가량 더 많아진다는 것이 통계청의 예상이다. 인구변화에 있어서 가히 역사적인 전환점이라 볼 수 있다.

충청과 호남 인구의 역전현상은 단순한 숫자적으로 인구구조상의 변화가 나타나는데 그치는 것이 아니다. 한국정치와 경제, 사회와 문화를 깡그리 바꿔놓기에 충분하다. 그동안 뿌리깊은 영 · 호남 지역감정의 문제도 의미가 없어질 것이다. 향후 나타날 우리 미래사회의 변화는 각 부문에서 상상을 초월해서 나타날 것이다. 특히 2016년 총선은 그 결과를 예측하기가 불가능해졌다. 최근 헌재의 결정에 따라 인구비례에 맞게 선거구를 새롭게 개편한 후 치러지기 때문이다. 2017년 대선에서는 인구변화에 따른 정치지형의 변동이 정권의 향방에 어떻게 영향을 미칠 지 아무도 모른다. 따라서, 그동안 이른바 '충청홀대론'과 '충청권인사 소외론'이 팽배했던 충청권에서 이 혁명적 인구변화를 어떻게 준비하고 대처하느냐에 따라 충청권의 미래가 달라진다. 나아가 영 · 호남 중심으로 경도된 한국의 빗나간 정치관행을 바로잡을 기회가 왔다. 국민들의 오랜 염원인 한국정치를 개혁하느냐 못하느냐의 여부도 충청권의 의지와 도전에 달려있는 셈이다.

다시금 대전에서 크게 기대하고 있는 선거구 증설문제는 단순히 다음 총선에서의 유 · 불리만을 따져서 정략적 내지 당리당략적으로 접근하면 또다시 성공하지 못한다. 이 기회를 놓치면 대전발전은 물론 충청권은 영 · 호남의 그늘에서 벗어나지 못한 채, 늘 그랬듯이 정권창출의 보조자 내지 수발자로서의 역할에 그치고 말 것이다. 을미년 새해부터 중대한 역사적 전환기를 맞이한 충청권은 원대한 꿈을 안고 새로운 도전을 시작해야 한다. 이것이 충청권의 시대적 사명이다. 충청권이 결집하고 단합하면 절대 불가능한 일이 아니다. 이제 충청민 모두 하나되어 '신 충청시대'의 도래를 엄숙히 선언하고, 대한민국을 선진국으로 앞장서 이끌고 나가야 할 것이다.

(대전투데이 초대석, 2015. 01. 19)

특별 · 광역시 구의회 폐지해야 하나

(한국경제 맞짱 토론)

대통령 직속 지방자치발전위원회는 지난 8일 특별 · 광역시의 구의회(광역시 내 군의회도 포함)를 없애는 방안을 추진하겠다고 발표했다. 서울특별시는 구청장 직선제를 유지하면서 구의회를 폐지하겠다는 안을 제시했다. 또 6대 광역시에 대해서는 광역시장이 구청장과 군수를 임명하고 의회를 구성하지 않는 방안을 1순위로, 구의회를 폐지하되 구청장 및 군수를 직선제로 뽑는 안을 2순위로 제안했다.

위원회는 "특별시와 광역시는 사실상 하나의 생활권인데, 인위적 경계인 '구'에 따른 의회는 행정 비효율이 초래된다"며 "특별 · 광역시의 자치구를 행정구로 전환할 필요가 있다"고 설명했다. 위원회 안대로 법안이 만들어져 통과되면 서울 종로구청장은 지방선거를 통해 선출하지만, 종로구의회는 사라진다. 집권여당인 새누리당도 구의회를 없애는 안에 찬성한다.

위원회 발표에 기초의회 의원들은 중앙집권적인 발상이라고 반발하고 있다. 지방자치 확대와 분권화라는 시대적 조류에 어긋난다는 비판도 나온다. 서울시 구의회의장협의회 등은 성명서를 내고 "헌법 제118조에는 지자체에 의회를 둔다는 규정이 있다"며 "구의회 폐지는 위헌 소지가 있을 뿐만 아니라 지방자치법의 기본 이념을 묵살한 반민주적인 발상"이라고 주장했다.

이번 맞짱토론에서는 특별·광역시 구의회 폐지를 놓고 육동일 충남대 자치행정학과 교수와 이재은 충북대 행정학과 교수가 찬반토론을 펼친다.

육동일(충남대 자치행정학과 교수)

■찬성 생활권 같은데 區로 인위적 분류…행정비용 과다·정치 外風 부작용

일부 구의원 수준 낮은 의정활동도 '무용론' 자초

대통령 소속 지방자치발전위원회가 지난 8일 '지방자치발전 종합계획'을 발표하면서 특별·광역시 자치구·군의회를 폐지하는 방안을 포함시켰다. 이유는 간단하다. 특별시와 광역시의 기초의회를 운영하기 위한 행정비용이 과다하게 소요되고 부작용도 만만치 않기 때문이다.

특히 특별시와 광역시 내 자치구가 독자적 과세권을 행사하면서 구와 구의 격차가 심해지고 있다. 특별시와 광역시가 종합행정을 수행하려고 해도 자치구의 반발로 원활하게 되지 않는 경우가 많아졌다. 그 결과 자치구제 운영에 행정비용이 과다하게 소요된다는 지적이 나온다. 그 비용은 고스란히 주민들에게 돌아간다.

여기에다 자치구마다 공공건물의 공동 이용을 외면하고 구청사 및 문화·

복지 · 체육시설의 과다 설치가 재정적 지출의 낭비를 가져왔다. 일부 구에서는 정치적 목적에서 비롯된 선심성 · 전시성 사업과 행사가 이어지는 현상도 일어나고 있다.

부작용과 폐해도 심각하다. 의장단 구성, 의정비 책정, 의원 해외연수 때마다 시민들이 구의회에 갖는 불만과 불신은 인내의 한계를 넘었다. 일부 구의원의 빗나간 권위주의와 수준 낮은 의정활동은 구자치제에 대한 무용론을 자초하는 데 한몫했다.

더구나 특별시와 광역시의 자치구는 구민들의 정체성 · 역사성에 바탕을 두고 분리된 것이 아니라 인위적으로 갈라놓은 것에 불과하다. 따라서 대도시 전체는 하나의 생활권으로 도시계획 · 경제 · 교통 · 환경 등의 문제를 종합적으로 수행해야 한다. 그래야만 전체 시민들의 삶의 질이 향상되고 대도시 내 지역 격차 문제가 완화될 수 있다. 하지만 그동안 독립된 법인격을 가진 자치구들은 대부분 특별 · 광역시의 종합계획수립에 대해 반발하거나 계획의 이행을 준수하지 않았다. 그래서 대도시 종합행정에 큰 걸림돌이 됐다는 평가를 받고 있다. 특히 구청장과 구의회 의원을 뽑는 선거에까지 전면 정당공천제가 시행되면서 정당 배경이 다른 특별 · 광역시와 자치구 간 또는 구청장과 구의회 간 협력 관계는 실종되고 말았다.

물론 지난 기간 구 자치의 운영 성과는 적지 않게 나타났다. 도시민의 행정 접근 및 참여 기회를 확대했다. 다양해진 지역 수요에 부응해 행정서비스의 제공을 다양하게 시도했다는 점은 큰 성과다. 그러나 구 자치제 시행에 따른 부작용과 폐해가 더 커지고 있다. 구 자치제는 도입 당시부터 찬반양론이 팽팽하게 대립해 논란이 많았다. 이제 구 자치제는 시행 20년 만에 그 존폐를 다시 결정해야 하는 중대 기로에 서게 됐다. 앞으로 구의회 폐지를 비롯한 구 자치제의 올바른 길을 모색하는 일은 지방자치의 발전을 위해 대단히 중요한 사안이 되고 있다.

물론 구의회 폐지가 정당화되려면 전제조건이 충족돼야 한다. 특히 비대해

질 수 있는 특별・광역시장의 권한을 견제하는 장치는 충분히 마련해 놓아야 한다. 광역시 의회의 의원 정수와 기능을 확대하고 독립적인 지방행정감사기구를 두는 방안도 필요하다. 서울특별시와 광역시 자치구들의 평균 인구 규모는 각각 40만명과 20만명이 넘는다. 이렇게 규모가 큰 자치구로는 실질적인 자치가 불가능하기 때문에 읍・면・동의 자치기능이 보다 활성화돼야 한다.

결론적으로 지금의 구의회는 국민들로부터 지지를 받지 못하고 있다. 보다 건강한 지방자치를 위해서라도 특별・광역시 구의회(군의회 포함)를 폐지하는 방안을 본격적으로 추진해야 한다.

이재은(충북대 행정학과 교수)

■ 반대 區의회 폐지는 反헌법적 발상…지방분권 강화해야 균형발전

중앙정부의 재정・인력, 지방이양 고심할 때

생각의 차이가 생각보다 크다. 지방자치발전위원회가 생각하는 지방자치의 발전이 고작 중앙집권적 구조로의 회귀라는 것이 믿기지 않는다. 다른 기관도 아닌, 지방자치의 취지를 지켜내고 지방의 균형적 발전과 선진 지방자치의 구현을 위한 조직인 지방자치발전위가 서울시와 대구시 등 6개 광역시의 자치구・군 의회를 폐지하자고 했다는 것이 선뜻 이해가 되지 않는다.

대한민국은 획일적인 중앙집권적 통치가 아닌 개별 지역의 실정과 특성에 맞는 자치를 위해 지방분권을 더욱 발전시킬 새로운 제도적 틀을 필요로 하고 있다. 그런데 대통령 소속 지방자치발전위의 '지방자치발전 종합계획안'에 담겨 있는 2017년까지 서울시와 대구시 등 6개 광역시의 자치구・군의회 폐지, 서울시를 제외한 광역시의 구청장・군수 임명제는 지방자치발전을 저해하는 것이다. 이는 지방자치제도를 포기하거나 폐지하자는 것과 다름없다. 대한민국 헌법 제118조는 '지방자치단체에 의회를 둔다'고 규정했다. 1000만 인구가 사는 서울시의 구의회를 폐지하자는 제안은 명백하게 반헌법적 발상이고, 대한민국의 근간을 뒤흔드는 위헌 사건임이 틀림없다. 더욱이 대통령 소속 기관인 지방자치발전위가 이 같은 계획안을 제시했다는 것은 지방자치를 이념으로 하는 헌법 제8장의 취지를 근본적으로 훼손하는 것이다. 오히려 중앙정부에 의해 지방자치의 취지가 퇴색돼 가는 오늘날 지방분권을 더욱 강화하기 위한 대안을 마련하는 것이 필요하다.

첫째, 제대로 된 지방자치제도의 안정적 정착과 지역 균형 발전을 위해서는 지역균형 발전 개헌 또는 지방분권 개헌을 추진해야 한다. 지방자치의 궁극적 모습은 중앙정치로부터 독립적인 풀뿌리 민주주의와 자치권의 확보인데, 현실의 지방자치는 중앙정치에의 예속과 자치권의 실종으로 나타나기 때문이다.

둘째, 지방재정의 확충 방안이 항구적이고 제도적으로 마련되기 위해서는 지방자치단체의 재원 확충을 보장하는 법이 마련돼야 한다. 가정을 꾸려가는데도 돈이 있어야 떳떳하고 당당한 것이다. 하물며 지방자치단체의 재원마저도 중앙정부에서 간섭하는 대로 써야 한다면 지방자치는 일찌감치 물 건너간 것이다.

셋째, 이제는 지역의 균형발전이 국가 생존의 필요조건이기 때문에 중앙정부가 움켜쥐고 있는 권한과 사람을 지방자치단체에 풀어주는 법적 기반이 마련돼야 한다. 그것도 국가 생존의 차원에서 추진해야 한다. 이는 국가 생존은 지역 균형 발전에 기반하고 있고, 지역 균형 발전은 제대로 된 지방자치에 기반하는 것이기에 대한민국의 생존과 발전을 위해서는 무엇보다도 통치권 차원의 강한 의지와 국민적 합의가 마련돼야 한다.

지방에서 국회를 보는 것만큼이나 중앙에서 지방의회를 보는 것이 답답할 것이다. 한 집안에서도 대소사를 결정할 때는 집안 식구들이 중지를 모으고 협의하지 않는가. 그런 과정을 거치면서 식구들이 지혜

를 모으고 승복하면서 함께 행복한 공동체를 만들어 가는 것이다. 식구들을 우습게 보는 권위주의적인 가장의 결정에 따라야만 하는 불쌍한 식구들이 살아가야 하는 미래는 암울하다. 다소 늦더라도 함께 협의하고 양보하는 건강한 가정이 행복하다. 이제는 지역 균형 발전과 지방분권 강화를 위해 중앙정부가 재정, 인력, 조직을 어떻게 나누어 줄 것인지를 고민해야 할 시점이다.

(한국경제, 2014.12.20.)

종합행정 경쟁력 제고 급해

(영남일보 뉴스 & 이슈)

대통령소속 지방자치발전위원회 위원인 육동일 충남대 교수(자치행정학과)는 최근 발표된 '지방자치발전종합계획'과 관련해 "풀뿌리 민주주의를 포기하려는 것이 절대 아니다"라고 강조했다. 그는 "지난 20년간 운영된 광역시 기초자치제 시행에 따른 부작용과 폐해는 심각하다"며 대도시 종합행정 걸림돌이 돼 대도시 경쟁력의 역화를 초래했다고 지적했다.

1. 지방 자치 마스터 플랜에 대해 '지방분권 의지가 너무 약하고 오히려 퇴행적이다'는 진단을 내놓고 있다면, 여권은 '현실을 고려하지 않은 무리한 계획이다'는 반응을 보이고 있다.이번 종합계획안이 발표되고 난 이후 반응에 대한 나름의 평가는.

우선, 많은 국민들의 관심과 반응을 가져왔다는 사실은 대단히 고무적이다. 종합계획에 대한 평가는 엇갈리고 있는 것으로 나타났다. 지방분권에 대해 기대가 큰 입장에서는 미흡다는 평가가 있는 반면, 자치경찰제 실시, 교육감 직선제 개선, 기초선거 정당공천제 폐지 등과 같이 선거와 관련된 민감한 과제에 대해서는 과연 국회입법 과정에서 현실화될 수 있을지에 대해서 우려를 나타내고 있기도 하다. 하지만, 이번에 발표한 종합계획은 다른 대통령소속 위원회들과는 달리 국무회의를 통해 확정된 법정종합계획이다. 그만큼 계획의 실천력을 담보하고 있다는 의미다.

2. 이번 마스터플랜에서 가장 역점을 둔 사항은

이번에 수립된 '지방자치발전종합계획'은 앞으로 우리나라가 바르게 가야할 지방자치의 방향과 반드시 해결해야 할 과제들을 정부 최초로 수립한 지방자치발전 마스터 플랜이다. 가장 역점을 둔 사항은 지방자치발전에 가장 중요한 중앙권한과 사무의 지방이양, 지방재정확충 및 건전성 강화, 국가사무와 자치사무의 명확한 구분, 자치경찰제의 도입, 주민직접참여제도 강화 등 지방분권과 자치기반 확립 분야이다. 이 분야들이 선행적으로 충족되어야만 주민편익 증진과 지방경쟁력 강화를 통해 성년이 된 한국지방자치가 보다 성숙해지기 때문이다.

3. 자치구를 행정구로 개편하려는 시도는 풀뿌리 민주주의를 포기하는 일이라는 비판이 많은데 ..

절대 그렇지 않다. 구자치제도는 도입 당시부터 찬반 논란이 많이 있었다. 지난 20년간 운영된 구자치제의 공과를 객관적으로 분석해서 평가하는 것이 중요하다. 그동안에 구자치의 운영성과도 있었지만, 구자치제 시행에 따른 부작용과 폐해는 자못 심각하다. 대도시 종합행정에 걸림돌이 되어 대도시 경쟁력의 약화를 초래했다. 치구들마다 공공건물의 공동이용을 외면하고 구 청사 및 문화 · 복지 · 체육시설의 과다 설치가 재정적 지출의 낭비를 가져왔다. 전면 정당공천제가 실시되면서 정당배경이 다르면 특 · 광역시와 자치구간 또는 구청장과 구의회간의 협력 관계는 실종되고 말았다. 지방자치는 민주적이어야 하는 동시에 효율적이어야 한다. 지금의 구자치제는 주민의 부담을 줄이는 행정의 효율성은 물론, 풀뿌리 민주주의의 역할도 지키지 못하고 있기 때문에 근본적인 혁신을 필요로 하고 있다. 외국의 경우도 대부분의 대도시들은 자치기능을 제한한 준자치제 내지 행정구제로 관리되고 있음을 참고해야 한다.

4. 기초자치단체와 의회의 성급한 폐지에 대해서는 우려가 있는데 이에 대한 의견은

서울특별시와 광역시 자치구들의 평균 인구규모는 각가 40만명과 20만명이 넘는다. 이렇게 규모가 큰 자치구로는 실질적인 자치가 불가능하다. 구의회도 지금까지 구민의 대표기능, 의결기능, 집행기관의 감시기능을 제대로 하고있지 못하다. 일부 구의원들의 빗나간 권위주의와 수준낮은 의정활동은 구의회에 대한 주민들의 불신을 가중시키고 있다. 그러나 성급한 폐지는 안된다. 종합계획안에는 구의회의 자치기능을 대신할 읍면동 자치기능의 강화, 특 · 광역시의회의 기능 확대, 비대해질 수 있는 시장의 견제기능 보완장치를 마련해 놓고 있다.

5. 논란이 많은 교육감 선거에 대해서도 제대로 안을 내놓지 않았는데

현행 교육감 직선제 개선은 절대적으로 필요하다. 2010년과 2014년 두차례 동시지방선거로 치러진 교육감 선거의 문제점을 확인한 바 있다. 우선, 돈이 너무 많이 드는 선거다. 유권자가 후보들을 제대로 알지 못한 채 투표하는 깜깜이 선거다. 제도적으로 정당공천을 배제시켰지만, 암암리에 정당이 개입하고 있는 비교육적인 정치선거였다. 다만, 일부 정치권과 교육계에서 지난 선거에서 소위 진보 교육감들이 많이 당선되었기 때문에 만든 개선안이라는 오해가 있다. 하지만, 지난 선거전부터 만들어진 안을 종합계획에 담은 것이다. 아직도 이 개선안에 대해서는 논란과 찬반이 있기 때문에 앞으로 국민적 공감대 형성이 반드시 필요하다.

6. 박근혜정부에서 이번 종합계획안 실행에 대한 의지가 제대로 있는지 의문을 갖는 사람도 많은데 이에 대한 견해는

작년, 우리 위원회가 출범할 당시 박근혜 대통령은 성숙한 지방자치시대를 열어가기 위해 지방자치발전위원회가 중심이 되어 폭넓은 의견수렴을 통해 합리적 대안을 만들어 제시하면, 반드시 실현될 수 있도록 힘쓰겠다고 약속했다. 우리 위원회도 그동안 지역주민과 관계기관의 다양한 여론을 수렴하고, 중앙관련부처와 협의 · 조정을 거쳐 계획안을 마련해서 대통령께 보고했다. 이제 국회 입법과정에서 이 계획안이 제대로 법제화되기를 기대하고 촉구한다. 그래야만 대한민국의 지방자치가 지방의 경쟁력을 강화하고, 주민의 편익을 증진시킴으로서 행복해진 지역주민들의 품속에 자리잡을 것이다.

(영남일보 뉴스 & 이슈, 2014. 12. 19)

교육감 직선제 폐지해야 하나

(한국경제 맞짱 토론)

올해 6 · 4 지방선거와 함께 치러지는 교육감 선거를 놓고 논란이 불거지고 있다. 최근 국회 정치개혁특별위원회가 지방선거 제도와 함께 교육감 선거 제도도 바꾸는 방안을 모색하고 있어서다. 일부 시민단체에서는 교육감 직선제가 각종 비효율과 폐해를 낳는다며 임명제로 전환할 것을 요구하고 있다. 최대 교원단체인 한국교원단체총연합도 이에 동조하면서 올해 고치기 어렵다면 완전 공영제라도 실시하자고 주장하고 있다.

교육감 선출 방식은 그동안 임명제→간선제→직선제로 변화해 왔따. 1949년부터 1990년까지는 독립기구인 교육위원회가 추천하고 도지사와 문교부 장관을 경유해 대통령이 교육감을 임명했다. 1991년부터 1997년까지는 교육위에서 교육위원 가운데 무기명 투표로 선출하는 방식이었다. 1997년 12월부터 2006년까지는 학부모 등이 참여하는 학교운영위원회에서 학교당 1인 등으로 선거인단을 구성해 선출하는 간선제를 유지했다. 이때부터 교육감 후보자가 출마 할 수 있었다. 2007년부터는 직선제가 도입돼 주민 직접투표로 교육감을 뽑아왔다.

교육감 직선제폐지를 주장하는 쪽은 유권자들의 관심이 낮아 후보가 누구인지도 모르고 투표하고 있고, 막대한 선거비용을 조달하느라 교육감들이 당선 이후에 각종 부정 비리에 연루되기 쉬우며, 지방자치단체로부터 지원도 제대로 받지 못하는 등 폐해가 많다고 지적하고 있다.

폐지에 반대하는 측은 교육의 정치적 중립성, 자주성, 전문성 등 교육자치가 헌법에서 규정하고 있는 헌법적 가치인 데다 이를 달성할 수 있는 가장 좋은 방법은 교육감 직선제라는 논리를 편다.

이번 주 맞짱토론은 '교육감 직선제 폐지해야 하나'를 놓고 찬성 측 육동일 충남대 자치행정학과 교수와 반대 측 허종렬 서울교대 사회과교육과 교수가 나서 논리 대결을 펼쳤다.

〈 교육감 선출방식 변화 〉

시기	형태	선출방식
1949~1990년	임명제	교육위 추천으로 대통령이 임명
1991~1997년	선출제	교육위 자체 무기명투표로 선출
1998~2006년	간선제	학운위 등 선거인단에서 선출
2007년이후	직선제	주민직선

자료:교육부

육동일 〈충남대 자치행정학과 교수〉

찬성 - '깜깜이 선거' 비효율 양산…선진국은 임명제 채택 많아

인구 감소와 고령화, 글로벌화, 지방화, 다민족 · 다문화시대 등으로 표현되는 미래 교육환경의 변화는 지방교육 전반에도 예외 없이 새로운 개혁을 요구하고 있다. 지역이 필요로 하는 다양한 인재를 차별 없이 양성하고 활용해서 지역발전의 주역이 되도록 하는 일은 지역민의 삶의 질을 증진시키고 삶의 기회를 확대하기 위한 전제 조건이다.

교육자치는 지방교육의 다양한 발전을 도모하고, 나아가 주민들에게 자신들의 교육문제를 스스로 결정하고 통제할 수 있는 권리를 보장하는 제도다. 따라서 '교육자 자치'내지 '교육관료 자치'로 잘못 이해 · 운영되고 있는 현 교육자치제를 과감히 정산해야한다. 문제 해결의 출발은 지방교육의 토대가 되는 현 지방교육자치 제도를 근본적으로 개선하는 것이다. 그 중심에 교육감 선거제도 개선이 있다.

현재 교육행정의 의사결정기구는 지방의회로 통합됐지만, 집행기구는 시 · 도지사와 별도로 주민 직선으로 선출된 교육감이 담당하고 있다. 이런 제도로는 지방교육에 대한 주민의 책임성 확보도, 지방교육재정의 자주성 달성도, 그리고 일반행정과 교육행정 간의 협력을 통한 교육서비스의 향상도 기대하기가 어렵다. 게다가 중앙정치의 대리전으로 전락한 지방선거를 통해 선출하는 교육감 직선제는 이미 정치의 개입, 막대한 선거비용, 유권자들의 낮은 관심도 등 심각한 문제점이 드러난 바 있다.

교육 비리 · 편법 인사 '주범'…정치권보다 더 중립 훼손

〈 주요 국가 교육감 선출방식 〉

국가	교육감선출방식	일반행정과 교육행정의 관계
일본	지방자치단체장 임명	통합
영국	지방의회 임명	통합
프랑스	대통령 임명	분리
독일	지방자치단체장 임명	통합
핀란드	지방자치단체장 임명	통합
미국	14개주 선거, 나머지 임명	주마다 다름(통합 또는 분리)

교육감 직선제 이후 민선 교육감들의 도덕적 해이는 특정 지역에 국한된 문제에 그치지 않고 있다. 현 시 · 도교육감 17명 중 10명이 비리에 연루돼 처벌을 받았거나 재판 내지 수사 중이다. 교육계의 비리와 부조리 범위와 수준이 이 정도에 이르게 됐다면, 이것은 단순한 문제가 아니다. 문제의 원인이 교육감 개인차원을 넘어 교육계 전반의 고질적이고 구조적인 원인에서 비롯된 것으로 볼 수 있다. 전국 교육계에서 불거진 비리와 편법인사 문제의 중심에는 잘못된 현 교육감 선거제도가 깊숙이 자리 잡고 있기 때문이다.

2010년 6 · 2지방선거를 통해 정당 관여를 배제한 가운데 교육감과 교육의원들을 모두 주민직선으로 선출했다. 그러나 지방선거가 끝나자마자 교육감 선거에 대한 제도상의 문제와 함께 선거관리상의 문제점이 심각하게 드러났다. 무엇보다 선거비용이 지나치게 많이 들어가는 부작용이 심각했다. 지난 선거에서 후보들은 많게는 30억 원이 넘는 선거비용을 썼다고 선거관리위원회에 신고했는가 하면, 후보 1인당 평균 4억 6000만원씩 '선거빚'을 졌다고 한다.

문제는 여기서 그치지 않는다. 선거과정에서 교육정책과 공약 중심의 경쟁을 하기보다는 색깔론과 상호비방전으로 유권자의 무관심과 불신만 증폭

시켰다. 결국 교육감 및 교육의원 선거는 누가 누군지 모른 채 마구잡이로 찍는 이른바 '묻지마 투표', 혹은 후보 이름 게재 순서를 정당순서로 착각해 찍는 '일자 투표'가 됐다는 부끄러운 평가를 받을 정도다. 더욱이 교육감 선거가 단체장 및 지방의원 선거와 동시선거로 치러짐에 따라 중앙정치의 중간평가로 전락해 정치적 중립성은 처음부터 훼손됐다. 심지어 광역단체장과 교육감이 당선 후 교육이념이 서로 다를 경우 심한 갈등으로 이어져 결국 교육 수요자에게 피해를 고스란히 떠넘겨 주는 근본적인 문제에 직면하게 됐다.

지난 선거는 앞으로 교육감 선거가 왜 달라져야 하는지, 어떻게 제도를 바꿔야 하는지에 대해 다시 한 번 경종을 울려주고도 남았다. 이제는 돈이 덜 들면서 일반행정과 요육행정 간 정책과 재정의 실질적인 연계를 할 수 있는 만큼 교육자치에 충실할 수 있는 체제를 만들어야 한다.

그동안 많은 연구 결과를 통해 제시된 대안으로 시 · 도지사가 청문회 등을 거쳐 지방의회의 동의를 받아 임명하는 방안이 있다. 이 방식은 시 · 도지사가 교육수장 임명의 최종 결정권자로서 교육행정에 관한 유능한 전문가를 교육감으로 임명할 때 교육행정의 질을 높이고 교육행정의 능률을 향상시킬 수 있다. 또한 교육감이 되려고 하는 자가 선거권자나 정당의 환심을 사려고 노력할 필요가 없으므로 교육감은 오로지 합리적인 교육행정 처리에 전념할 수 있을 것으로 본다. 그리고 일반행정과의 협조가 원활하게 될 것이기 때문에 교육행정의 통일성과 일관성을 확보하기가 용이할 것이다.

> 찬성포인트
> - 교육감 직선제는 폐해와 비효율 많아
> - 외국은 교육감 임명제 채택 늘고 있어
> - 교육자치는 선거가 아닌 창의적이고 다양한 지방교육으로

창의적 · 다양한 지방교육으로 교육자치 실현 얼마든지 가능

선진국의 경우 교육감 선출 방식은 교육의 지방분권을 강화하는 방향으로,

그리고 교육자치가 지방자치의 큰 틀 속에서 자리매김하는 방향으로 개선이 이뤄져 왔다. 또한 일반행정기구와 교육행정기구는 프랑스와 미국의 일부 주를 제외하고는 양 기구가 통합돼 있다. 그리고 교육감 선거제도는 다양하지만 대체로 임명제 채택이 증가하고 있는 공통점이 있다.

특히 교육감 선거가 지방선거와 함께 치러지는 국가가 거의 없다는 점은 우리에게는 큰 시사점이 되고 있다. 즉 교육의 정치적 중립성이 강조되고 있는 상황에서 정당공천제가 전면 실시되고 있는 지방선거에서 유일하게 정당공천이 배제된 교육감 선거를 전국에서 동시에 치르는 것은 외국의 사례에 비추어 볼 때 무리가 아닐 수 없다.

이제 교육감 선거제도를 재정비하는 일은 비리로 얼룩진 교육감 때문에 위기에 놓인 교육자치를 바로잡고, 지방교육에 대한 지역민들의 신뢰를 회복하는 차원에서 박근혜정부와 국회가 반드시 해결해야 할 대단히 중요하고 시급한 국정과제가 됐다.

허종렬 〈서울교대 사회과교육과 교수〉
반대 - 교육 자치는 헌법적 가치... 공영제 확대로 보완 가능

헌법 제31조 교육의 자주성, 정치적 중립성, 전문성을 담보하기 위해 만들어진 지방교육자치 제도의 중요 부분들이 올해 지방자치단체 선거 시점부터 사실상 폐기될 전망이다. 특히 그동안 교육자치의 상징이던 교육위원회제도가 '일몰제' 규정으로 폐지된다. 게다가 교육자치의 상징인 교육감 직선제도 논란을 빚고 있다. 2010년 교육감 직선제 이후 비리 혐의를 받고 있는 교육감이 17개 시 · 도에서 10명에 달할 정도다.

임명제를 주장하는 사람들은 현행 교육감 직선제는 '깜깜이 선거', '로또 선거'로 막대한 선거비용을 조달하느라 비리 유혹에 빠지기 쉽고 시 · 도와 협력도 잘 안 되는 등의 문제가 있다고 지적한다. 하지만 깜깜이 선거는 교육감 직선제 자체의 문제가 아니라 운영의 문제다. 선거공영제를 강화해 지방자치단체장과 마찬가지로 지상파 방송 등을 충분히 활용하면 된다. 로또 선거는 교호순번제 등의 개선책을 선거관리위원회에서 마련하고 있다.

임명제 부활땐 전문성 위축... 교육력 저하 가져올 것

둘째, 선거비용이 시 · 도지사 선거 못지않게 많이 들어가는데 교육감은 정당 후원을 받지 못해 자금 확보가 어렵다고 주장한다. 이 때문에 선거 자금을 모으는 과정에서 특정지지세력의 자금을 받고 당선 후 그 대가를 지불한다거나 후보 단일화 과정에 금품이 오간다는 것이다. 이는 선거 후원금 허용 한도를 대폭 확대하고 TV토론 기회를 늘리는 방법으로 극복할 수 있다.

셋째, 교육자치가 지방자치와 분리돼 교육에 대한 시 · 도지사의 지원과 협력을 확보하는데 실패해 교육 발전이 지체된다는 논리다. 유권자의 가장 큰 관심사가 교육이므로 교육을 지방행정에 통합하면 지방자치단체장의 업무 1순위가 될 것이라는 게 임명론자들의 주장이다. 하지만 시 · 도지사들은 최근 관심사였던 보육을 1순위로 처우하고 있지 않다. 재원 부족분을 중앙정부가 지원해주지 않으면 보육을 중단할 수밖에 없다고 주장하고 있을 분이다.

넷째, 교육감 선임에 선거제를 도입하는 것 자체가 교육의 정치적 중립성 원칙을 위반했다는 주장이다. 물론 선거가 그 자체로서 정치적인 것은 분명하다. 그러나 헌법에서 말하는 정치적 중립성의 문제는 정당과의 관련 여하에 따라 판단해야 하는 협의의 의미다.

사람들은 교육감을 임명제로 하면 많은 문제가 해소될 것으로 생각한다. 그러나 임명제 역시 문제점을 안고 있다. 첫째, 교육감 임명제는 교육자치의 포기이며 교육자치 62년 역사에서 39년간을 지배해온 과거로의 회귀다. 구체적인 문제점은 교육감의 행보가 주민의 의사보다 임명권자에 예속되는 점, 주민들의 요구인 자치 수요에 역행한다는 점, 교육의 자율성과 전문성이 일반 행정에 의해 질식당하게 된다는 점, 임명과 연계한 부정과 비리가 발생할 가능성이 크다는 점, 학연과 지연 등에 의한 부적격 인물이 선임될 가능성이 높다는 점 등을 들 수 있다.

둘째, 헌법 위반이라는 점이다. 지방교육자치는 '민주주의 · 지방자치 · 교육자주'라고 하는 세 가지의 헌법적 가치를 골고루 만족시킬 수 있어야 한다. '민주주의'의 요구를 절대시해 비정치기관인 교육위원이나 교육감을 정치기관의 선출과 완전히 동일한 방식으로 구성한다거나, '지방자치'의 요구를 절대시해 지방자치단체장이나 지방의회가 교육위원 · 교육감의 선발을 좌우하는 방식은 헌법적으로 허용될 수 없다. 이는 헌법재판소의 2000년도 결정이다.

셋째, 외국 사례가 임명제를 정당화하는 것도 아니다. 미국에서 임명제를 실시하는 주의 사례를 보면 임명제를 시행하는 곳은 이미 많은 자율성을 기초 단위 혹은 학교 단위에 보장하고 있다. 하지만 우리나라의 경우 학교 단위는 물론 시 · 군 · 구 교육자치가 전혀 이뤄지지 않고 있다.

반대 포인트
-임명제는 주민들 의사보다 임명권자에게 귀속
-임명제는 자치시대에 역행하는 과거로의 회귀
-직선제는 교육자치 '힘의 원천'

폐지하면 자치시대 역행... 문제점 없애며 발전시켜야

교육감 직선제는 교육자치를 가능하게 하는 힘의 원천이다. 그 전형적인 실례를 서울의 한 국제중학교에 대한 중앙정부의 퇴출론을 버텨낸 서울시교육감의 소신에서 확인할 수 있다. 서울시 교육감은 "비리를 저지른 사람은 엄중 처벌해야 하지만 학교 지정을 취소하는 것은 다른 문제"라고 강조했다. 그는 "현행법상 학교의 지정 취소 요건은 설립 목적을 달성하지 못했을 경우"라며 "비리 때문에 학교를 폐지해야 한다면 많은 학교가 없어져야 한다"고 지적했다.

서울시교육감의 이런 판단은 타당한 것이다. 학교 운영진에 문제가 있다고 학교를 폐쇄해서는 안 되는 것이다. 이 같은 결정은 교육감이 정당배제 직선제를 했기 때문에 가능하다 만약 러닝메이트제나 임명제였다면 이런 소신이 가능했을까.

교육감 선거에 부정과 비리가 있다고 해서 그 제도를 폐지하자는 것은 성급하다. 교육감 직선제를 전국 동시로 해본 것이 아직 한 번밖에 되지 않는다. 교육자치는 자치경찰과 다르다. 전자는 헌법에 특별한 근거를 가진 것이지만 후자는 그렇지 않다. 따라서 시 · 도지사가 자치경찰 다루듯 교육을 다루려고 해서는 안 된다. 헌법이 이를 특별히 규정한 데에는 그만한 이유가 있다.

교육감 직선제가 임명제로 바뀌면 모든 문제가 해결될 것 같지만 임명제에 따른 또 다른 부작용을 생각해야 한다. 가장 본질적은 문제점이지만 일반행정과 통합하면 교육이 지방정치권의 횡포에 휘둘려 학교교육의 자율성과 교원의 전문성이 위축될 것이 분명하다. 39년간 임명제로 시달리던 교육이 자치권을 얻은지 20년 만에 다시 위기를 맞고 있다. 신중한 접근이 필요하다.

(한국경제, 2014.1.11.)

대전시 서구는 분구, 유성구는 갑 · 을로

(디트뉴스 인터뷰)

지난 10월 30일, 헌법재판소가 현행 국회의원 선거구 획정방식을 변경하도록 판결함에 따라 국회의원 선거구의 대규모 변화가 있을 것으로 전망된다. 헌재는 국회의원 지역선거구 획정 인구수 편차가 3:1로 결정되는 현재의 획정방식은 국민의 평등권을 제한하기 때문에 불합치 판결을 했다. 이에 따라 2015년 말까지 공직선거법을 개정해서 국회의원 선거구 획정 인구수를 2:1로 낮춰야만 한다.

현재 우리나라의 인구수는 5,128만 4천명으로 전체 지역구 국회의원 숫자 246명을 대입할 경우 평균 인구수는 20만 8천명이 된다. 현재의 결정에 따르면 선거구는 인구가 가장 많아도 27만 9천명을 넘으면 안된다. 반대로 아무리 인구가 적더라도 13만 8천명 이상이 되어야만 독립된 선거구로 남을 수 있다. 현재 37개 선거구는 인구상한선을 초과하고 있고, 25개 선거구는 인구하한선에 미달하고 있어서 총 62개 선거구는 선거구 통폐합 또는 지역재조정을 거쳐야 한다. 따라서, 2016년 총선은 예측불허의 정치권 지각변동이 이루어질 전망이다.

대전 유성구는 현재 인구가 33만을 초과하고 있기 때문에 선거구 증설이 불가피한 실정이다. 이 혁명적 정치변화를 어떻게 해석하고 준비하느냐에 따라 대전은 물론 충청권의 미래가 달려있다. 나아가 영 · 호남 중심으로 경도된 한국의 빗나간 정치를 바로잡아 통일시대에 대비하느냐의 여부도 대전 · 충청권의 의지와 도전에 달려있다. 특히, 대전의 선거구 증설문제는 오랜 숙원사업으로 대전의 미래발전과 직결되어 있다.

지역에서 인구대비 국회의원 수는 국비의 지원규모나 중앙정치 차원에서 지역의 정치적 입지를 가늠하는 중요한 척도가 된다. 대전 유권자들의 표의 등가성과 지역대표성이 크게 훼손되어 있다는 것은 이미 객관적인 통계로 입증되었다. 오랜동안 대전의 주요 현안 사업들이 거의 대부분 예산을 확보하지 못한 채 실종되거나, 중앙정치와 정부의 주요자리에 대전출신 인사가 등용되지 못하고 있는 이유는 바로 대전이 소유하고 있는 정치적 입지가 그만큼 취약함을 의미한다. 결국 대전은 소유하고 있는 국회의원 의석수 만큼만 중앙으로부터 대접받고 있고, 그에 상응하는 행 · 재정조치를 당하고 있는 것이다. 그래서 대전 선거구 증설은 더 이상 미룰 수 없는 지역의 최우선 과제다. 결코 쉽지 않은 과제지만, 지역의 미래를 위해 반드시 관철해야 하고, 또 우리 모두가 한 마음 한 뜻으로 대동단결하면 할 수 있다.

대전은 지난 오랜 기간 동안 나름대로 노력해왔지만 아직 뜻을 이루고 있지 못하다. 지난 2007년과 2010년 그리고 2012년말 세 번의 기회와 도전이 있었지만 그 때 마다 지역의 역부족을 뼈저리게 실감하기 만 했을 뿐 손에 쥔게 없었다. 그 이유는 내부적 요인과 외부적 요인에 기인한다. 내부적 요인으로는 대전지역내 각 정당의 정쟁과 당리당략, 후보자들 간의 밥그릇 싸움, 정치권과 행정부 간, 대전시와 자치구 간 이해관계의 대립, 지역민들의 무관심 등으로 대전과 시민들이 하나가 되지 못했기 때문이다.

외부적 요인으로는 중앙정치의 무관심이 상존하는데다 영·호남 중심의 뿌리깊은 기득권의 벽이 예상보다 높다는 사실이다. 헌법상 최대 300석으로 국회의원 의석수가 규정되어 있는 것을 감안할 때 타 지역과의 한판 승부는 불가피하다. 그러나 그동안 영·호남이 주도해온 한국 정치권력의 패권주의 구도를 깨는 것은 쉬운 일이 아니다. 그런데도 대전·충청의 정치력은 여전히 부족하다. 집권의 경험도 갖지 못했다. 여기에 바로 대전·충청의 단합과 이에 바탕한 새로운 차원의 도전이 불가피한 이유가 있는 것이다.

2007년 이래 다시금 논의되고 있는 선거구 문제가 단순히 국회의원 선거구를 한·두석 늘리는데만 목적을 두거나, 내후년 총선에서의 유·불리만을 따져서 정략적 내지 당리당략적 차원에서 접근한다면 또 다시 성공하지 못한다. 이 절호의 기회를 잡지 못하면 충청권은 영·호남의 차별을 극복하지 못한 채, 늘 그랬듯이 기껏해야 정권창출의 보조자 내지 수발자로서의 역할에 그치고 말것이다. 그 지긋지긋한 영·호남간의 갈등을 충청권이 중심이 돼서 해결할 수 있는 기회도 저버리게 될 지 모른다.

인구면에서 크게 성장한 대전·충청권이 이제 통일에 대비해서 대한민국의 정치와 사회발전을 새롭게 창조하는데 중심적 역할을 하겠다는 큰 뜻을 품고 그 구체적 청사진을 제시하지 않으면, 선거구 증설문제도 그저 또 한번 소리만 요란하다가 지역이기주의 쯤으로 폄하될 가능성이 크다. 국회의원의 정수는 묶여있고 인구가 아무리 늘어도 타 시도 지분을 줄여야 그만큼의 몫을 가져올 수 있기 때문이다. 그리고 무엇보다 아직도 정치권력의 핵심은 영·호남이 쥐고 있음을 잊어서는 안된다.

중대한 역사적 전환기를 맞이한 대전·충청권은 원대한 꿈을 안고 새로운 도전을 시작해야 한다. 이것이 선거구 증설에 앞서 더 중요한 일이다. 정권창출의 소극적 역할에서 탈피해서 권력창출의 주체자가 된다는 적극적 자세가 필요하다. 대전 · 충청지역이 결집하고 단합하면 절대 불가능한 일이 아닌 동시에 그러한 비전과 목표가 서있을 때 선거구 증설이 결실을 맺을 수 있을 것이다. 이번 기회를 절대 놓쳐서는 안된다. 특히, 대전은 미래 발전의 명운이 걸린 문제다.

1. 최근 충청권의 인구변화에 따른 정치적 변화와 전망은?

2013년 5월, 한국 정치지형에 있어서 의미심장한 변화가 발생했다. 근대적인 호구조사가 실시된 이래 최초로 충청권 인구가 호남권 인구를 앞지른 것이다. 조선시대 정조(1798년)이래 1980년대까지 충청권의 인구는 호남 인구의 60내지 70%수준에 머물러 있었다.

그런데 지난해 부터 앞서기 시작하더니 현재는 충청권 인구가 529만 6,313명으로 호남권 인구를 4만 4,796이나 따돌리고 있다. 최근 호남권의 인구는 정체되고 있지만 충청권은 매달 3천명씩 인구가 늘고 있다.

이런 추세로 가면, 차기 대통령선거가 실시되는 2017년에는 충청권 인구가 호남보다 무려 31만명 가량 더 많아진다는 것이 통계청의 예상이다. 인구변화에 있어서 가히 역사적인 전환점이라 볼 수 있다. 그러나 충청과 호남 인구의 역전현상은 단순한 숫자적으로 인구구조에 변화가 나타나는데 그치는 것이 아니라, 한국정치와 사회, 그리고 그동안 뿌리깊은 영 · 호남 지역감정의 문제에 이르기 까지 향후 나타날 우리 미래사회의 변화는 상상을 초월할 것이다.

따라서, 이 혁명적 인구변화를 어떻게 해석하고 준비하느냐에 따라 충청권의 미래가 달려있다. 나아가 영 · 호남 중심으로 경도된 한국의 빗나간 정치를 바로잡아 통일시대에 대비하느냐의 여부도 충청권의 의지와 도전에 달려있다. 이런 시대적 배경하에 충청과 대전의 선거구 증설문제는 자연히 초미의 관심사가 될 수 밖에 없다.

2. 현재 충청과 대전의 의석수 현황과 타 지역에 비하여 적은 이유는?

인구대표성이라는 기준으로 비교해 볼 때, 대전충남을 비롯 충청권의 국회의원 의석수는 영 · 호남과 비교하여 훨씬 적은 심각한 상황이다. 충청권보다 인구가 4만이나 적은 호남권의 의석수는 30석으로 충청권보다 총 5석이 많다. 또 영남은 1,320만명에 67명의 국회의원을 보유하고 있다. 154만명의 인구를 가지고 있는 강원도의 의원도 9명이나 된다. 특히 대전은 광주보다 인구가 많지만, 의석수는 2개가 적고 울산보다는 40만명이 많은데도 의석수는 같다. 이를 한 개 선거구당 인구수로 환산하면, 충청은 21만 2천명, 호남은 17만 5천명, 영남은 19만 7천명, 심지어 대전은 25만 5천명으로 그 편차가 심하게 나타나고 있어서 표의 등가성이 심하게 훼손되고 있다.

이렇게 된 근본적인 이유는 광역별 인구대표성을 고려하지 않은 국회의 선거구 획정과 대전시 5개구의 불균형적 인구분포 때문이다. 특히, 대전의 경우 국회의원 선거구의 인구기준이 대략 10만에서 30만대 초반인데 대전 5개의 인구수는 서구를 제외하고 나머지 구가 25만 내외라는 점 때문에 6석을 넘어서기 어려운 것이다. 반면에, 광주는 그간 15만이하 구가 2개, 국회의원을 2명 뽑는 34만이상 구가 2개로 만들어 국회의원 정수가 총 8석으로 대전보다 절대적으로 유리한 상황이 된 것이다.

따라서, 지금과 같은 광역간 대표성을 배려하지 않은 채, 인구기준만 가지고 선거구 획정이 이루어 진다면, 자연인구 증가나 행정구역 개편을 통한 방법이외에는 현재로서 쉽지않은 상황임을 알 수 있다.

3. 대전의 선거구 증설이 성공하지 못하고 있는 이유는?

대전은 지난 오랜 기간동안 나름대로 노력해왔지만 아직 뜻을 이루고 있지 못하다. 지난 2007년과 2010년 그리고 2012년말 세 번의 기회와 도전이 있었지만 그 때 마다 지역의 역부족을 뼈저리게 실감하기 만 했을 뿐 손에 쥔게 없었다. 그 이유는 내부적 요인과 외부적 요인에 기인한다. 내부적 요인으로는 대전지역내 각 정당의 정쟁과 당리당략, 후보자들 간의 밥그릇 싸움, 정치권과 행정부 간, 대전시와 자치구 간 이해관계의 대립, 지역민들의 무관심 등으로 대전과 시민들이 하나가 되지 못했기 때문이다.

외부적 요인으로는 중앙정치의 무관심이 상존하는데다 영 · 호남 중심의 뿌리깊은 기득권의 벽이 예상보다 높다는 사실이다. 헌법상 최대 300석으로 국회의원 의석수가 규정되어 있는 것을 감안할 때 타 지역과의 한판 승부는 불가피하다. 그러나 그동안 영 · 호남이 주도해온 한국 정치권력의 패권주의 구도를 깨는 것은 쉬운 일이 아니다. 그런데도 대전 · 충청의 정치력은 여전히 부족하다. 집권의 경험도 갖지 못했다. 여기에 바로 대전 · 충청의 단합과 이에 바탕한 새로운 차원의 도전이 불가피한 이유가 있는 것이다.

4. 그렇다면, 현행 선거구 획정의 기준과 원칙은 무엇이며 무슨 문제점이 있는가?

헌법 11조에는 "평등의 원칙에 따라 표의 등가성이 확보되어야 한다"고 명시하고 있다. 공직선거법 제25조에 선거구 증설시 분명한 원칙과 기준도 있다. 즉 선거구를 획정할 시 시도의 관할구역안에 인구, 행정구역, 지세, 교통, 기타 조건을 고려해 확정하며, 시군구의 일부를 분할해 다른 국회의원 선거구에 속하게 하지 못한다. 때문에 행정구역 중심으로 확정하는게 일반적이다. 이러한 원칙과 기준에도 불구하고 국회에서 선거구 획정을 논의할 때 여러 가지 문제를 드러내고 있다.

먼저, 선거구 획정기준이 불명확하다. 2012년 2월 27일에 마련한 선거구 획정기준은 인구 상한선 31만 406명이다. 그러나 분구와 합구, 또는 경계조정을 할 때 대상 선거구의 기준은 없다. 또한 선거구간 인구편차(3대1)만 고려하고 광역시도간 인구편차는 고려하지 않고 있다. 게다가 인구기준일 적용과 관련한 법적 규정이 미비하다. 제18대 총선시 인구기준일은 전년도 12월 31일 이었으며, 제19대 때는 전년도 10월 31일로 하는 등 그 때 마다 기준일이 다르다. 그리고 제일 큰 문제는 「선거구획정위원회」의 권한과 위상이 국회에 권고안을 제시하는 수준의 한시적 자문기구라는 사실이다. 법적 구속력도 정치적 중립성도 보장되지 않은 위원회에 무엇을 기대할 수 있겠는가.

따라서, 선거구획정위원회는 자문위원회가 아니라 독립적인 활동을 보장해서 그 권한과 위상을 높혀줘야 한다. 이를 위해 여 · 야 공히 그리고 대전 · 충청권 출신 국회의원들이 노력해야 한다. 그리고 선거구 획정시 원칙과 기준도 다시 손봐야 할 것이다.

5. 20대 총선 선거구 획정을 위한 선거구획정위원회나 정치개혁특위의 활동은 언제부터 어떻게 하고, 우리는 어떤 대비가 필요한가?

법적으로 2016년 4월, 20대 총선이 치러지기 1년전인 2015년에 구성토록 규정되어 있다. 이제 시간이 얼마남지 않았기 때문에 지금부터 착실하게 전략적으로 그리고 지혜롭게 준비해야 한다. 대전 · 충청권의 선거구 증설을 성공적으로 이루기 위해서 다음과 같은 방식으로 추진되기를 제안하고자 한다. 첫째, 정파적 이해관계나 선거 유 · 불리를 떠나 선거구 증설이 국가와 지역발전에 연계되도록 지역정치인들은 초당적으로 협력할 것을 제안하며, 반드시 합의를 통해 한 목소리만을 낼 것을 촉구한다. 둘째, 선거구 증설문제가 정쟁과 당리당략의 대상이 되거나 행정분구에 따른 지역갈등이 심화되지 않도록 정치인 개개인의 사견피력과 개인 돌출행동을 자제하고, 공식기구를 출범시켜 보다 종합적 · 체계적 · 전략적으로 접근해야 한다. 셋째, 선거구 증설문제에 관련된 심층적 분석과 대안 · 전략개발은 전문가와 시민대표로만 구성된 비정치적 공식기구인 가칭 「선거구증설민간협의체」에서 논의하고 결정한다.

넷째, 결정된 선거구 증설의 대안과 계획은 반드시 공개하고 시민들과 공유한다. 다섯째, 시장과 협의체대표를 공동위원장으로 하는 초당적 「민관정 협의체」를 구성하여 대국회 · 대언론 및 대국민 홍보와 설득에 적극 노력할 것을 촉구한다.

6. 대전 선거구 증설이 꼭 되어야 하는 이유와 그 실현방안과 전략은?

지역에서 인구대비 국회의원 수는 국비의 지원규모나 중앙정치 차원에서 지역의 정치적 입지를 가늠하는 중요한 척도가 된다. 대전 유권자들의 표의 등가성과 지역대표성이 크게 훼손되어 있다는 것은 이미 객관적인 통계로 입증되었다. 오랜동안 대전의 주요 현안 사업들이 거의 대부분 예산을 확보하지 못한 채 실종되거나, 중앙정치와 정부의 주요자리에 대전출신 인사가 등용되지 못하고 있는 이유는 바로 대전이 소유하고 있는 정치적 입지가 그만큼 취약함을 의미한다. 결국 대전은 소유하고 있는 국회의원 의석수 만큼만 중앙으로부터 대접받고 있고, 그에 상응하는 행 · 재정조치를 당하고 있는 것이다. 그래서 대전 선거구 증설은 더 이상 미룰 수 없는 지역의 최우선 과제다. 결코 쉽지않은 과제지만, 지역의 미래를 위해 반드시 관철해야 하고, 또 우리 모두가 한 마음 한 뜻으로 대동단결하면 할 수 있다.

선거구 증설이 현실화되려면, 지역정치권의 초당적 공조가 선결조건이고 행정구역 개편이 필수조건이다. 2016년 총선을 앞두고 하루속히 행정구역 개편논의에 착수해야만 게리맨더링의 논란을 피할 수 있다. 대전의 행정구역 개편은 그동안의 불합리한 행정구역 조정의 개선과 선거구 증설을 연계하는 방식으로 명분과 실리를 얻는 것이 바람직하다.

대전은 현재 서구와 유성구 인구만 합쳐도 80만이 넘어 5명의 국회의원도 가능하다. 따라서, 양구 간 합리적 행정구역 조정을 통해 최소한 2개의 선거구를 증설하는 방안부터 찾아야 한다. 우선 서구를 서구와 진잠구로 분구하는 한편, 유성구는 인구증가에 따른 갑 · 을 선거구로 나누는 이원화 전략도 적극 검토할 필요가 있다. 여기에 서구와 유성구의 전략적 연대가 중요하고, 지역의 정치력과 행정력이 올인해야만 성공가능성이 높아진다.

7. 마지막으로 제안하고 싶은 말은?

2007년 이래 다시금 논의되고 있는 선거구 문제가 단순히 국회의원 선거구를 한 · 두석 늘리는데만 목적을 두거나, 내후년 총선에서의 유 · 불리만을 따져서 정략적 내지 당리당략적 차원에서 접근한다면 또 다시 성공하지 못한다. 이 절호의 기회를 잡지 못하면 충청권은 영 · 호남의 차별을 극복하지 못한 채, 늘 그랬듯이 기껏해야 정권창출의 보조자 내지 수발자로서의 역할에 그치고 말것이다. 그 지긋지긋한 영 · 호남간의 갈등을 충청권이 중심이 돼서 해결할 수 있는 기회도 저버리게 될 지 모른다.

인구면에서 크게 성장한 대전 · 충청권이 이제 통일에 대비해서 대한민국의 정치와 사회발전을 새롭게 창조하는데 중심적 역할을 하겠다는 큰 뜻을 품고 그 구체적 청사진을 제시하지 않으면, 선거구 증설문제도 그저 또 한번 소리만 요란하다가 지역이기주의 쯤으로 폄하될 가능성이 크다. 국회의원의 정수는 묶여있고 인구가 아무리 늘어도 타 시도 지분을 줄여야 그만큼의 몫을 가져올 수 있기 때문이다. 그리고 무엇보다 아직도 정치권력의 핵심은 영 호남이 쥐고 있음을 잊어서는 안된다.

중대한 역사적 전환기를 맞이한 대전 · 충청권은 원대한 꿈을 안고 새로운 도전을 시작

해야 한다. 이것이 선거구 증설에 앞서 더 중요한 일이다. 정권창출의 소극적 역할에서 탈피해서 권력창출의 주체자가 된다는 적극적 자세가 필요하다. 대전·충청지역이 결집하고 단합하면 절대 불가능한 일이 아닌 동시에 그러한 비전과 목표가 서있을 때 선거구 증설이 결실을 맺을 수 있을 것이다. 이번 기회를 절대 놓쳐서는 안된다. 특히, 대전은 미래 발전의 명운이 걸린 문제다.

(디트뉴스, 2014. 09. 24)

06

지방자치연구 발표 논문

지방자치의 활성화를 위한 지역언론의 역할과 과제

I. 지방자치와 분권 20년의 의미

올 해로 지방자치가 부활해서 20년째가 된다. 이제 지방자치가 성장해 온 지난 과정과 성과를 진지하게 짚어 볼 때가 되었다. 우리가 과거를 주기적으로 뒤돌아 보는 것은 과거의 역사속에서 교훈을 얻고, 현재의 상황을 성찰적으로 반성해서 보다 발전적인 미래의 지평을 열기 위함이다.

지난 기간, 지방자치는 짧은 역사에도 불구하고 우리사회 전반에 엄청난 변화를 초래한 바 있다. 무엇보다 지방자치 실시로 나타난 큰 성과는 지역주민들이 지역의 진정한 주인이 되기 시작했다는 사실이다. 이는 대한민국 5천년의 역사를 송두리째 바꾼 혁명이었다. 오랫동안 대한민국을 다스리는 주인은 관(官)이었다. 민(民)은 늘 다스림의 대상(subject)에 불과했다. 이 일방적이고 주종적인 관 · 민관계를 짧은 기간에 혁명적으로 바꿀 수 있었던 원동력은 지방자치제다. 아직은 갈 길이 멀지만, 이제 주민은 관의 고객(customer)으로서, 유권자(voter)로서, 협력자(partner)로서 그리고 주인(owner)으로서 지방자치시대에 그 위상과 역할을 자리메김 해나가고 있다.

그에 못지않은 중대한 성과도 나타났다. 지난 기간, IMF와 외환위기 등의 경제문제, 북핵문제와 천안함 피격, 연평도 포격사건 등의 남북간 긴장상태, 그리고 대통령 탄핵, 자살 등의 전대미문의 정치적 혼란기에도 불구하고 지역사회가 안정을 유지할 수 있었다는 점이다. 즉 지방자치를 통해 중앙정국의 혼란과 불안이 지방으로까지 파급되는 현상을 최소화시키고 여·야간, 여·여간 정권교체를 가능케함으로서 정치발전을 이루었다. 그 결과, 중앙정부와 자치단체들은 경제위기 극복과 함께 주민복지 향상에 매진할 수 있었던 것이다. 이 성과야 말로 지방자치 실시에 소요되는 비용을 보전하고도 남을만 한 대단한 지방자치의 성과가 아닐 수 없다. 이 결과가 바로 지방자치를 반드시 해야만 하는 이유를 말해주고 있다. 그 밖에도, 지난 20년간 실시된 지방자치제는 지역실정에 맞는 지역특성화 사업의 추진, 행정서비스의 수준 향상, 지역적 특성을 고려한 지방자율과 창의행정의 실현, 그리고 개성있는 지역문화의 정체성 정립과 활성화의 가능성을 열었다고 볼 수 있다.

이상과 같은 긍정적 변화와 함께 지방자치제는 아직 실망스럽고 우려할 만한 문제들을 제기하고 있다는 점도 외면할 수 없는 사실이다. 즉 비정상적인 지방선거의 제도와 관행, 일부 단체장과 지방의원들의 고질적인 비리와 부패문제, 여전히 주민들의 신뢰를 못받고 있는 지방의회, 강력한 중앙집권적 제도와 관행, 형식적인 주민참여, 지방공무원 자치역량의 미흡 등은 지방자치가 여전히 풀지못한 숙제로 남아 있다.

그러나 무엇보다도 현 지방자치 운영에 있어서 가장 큰 문제점은 지방자치에 대한 이해부족과 무관심이다. 여기에 그동안의 언론 특히 지역언론의 역할과 그 영향력이 깊숙이 관련되어 있다고 본다. 지방자치가 지역사회에 미친 긍정적 변화와 한계 그리고 개선점들을 주민들을 비롯한 중앙정치인과 공무원, 재벌과 대기업 관계자 그리고 중앙과 지역의 언론인들이 정확하게 인식하고 지지할 때 비로소 지방자치가 지역사회에 정착할 수 있다. 그럼에도 불구하고 지방자치 실시에 따른 제반의 변화가 언론을 통해 아직도 주민들에 의해 제대로 전달 · 체감되지 못하고 있는 것이 사실이다. 여기에 언론 특히 지역언론 스스로의 지방자치에 대한 인식과 그 활성화를 위한 역할과 관련해서 많은 문제점들이 깊숙이 연결되어 있다.

결국, 지난 20년의 지방자치와 지방분권이 어떻게 평가되고, 그 평가가 어떻게 주민들에게 전달되어 체감되느냐에 따라 주민들이 지방자치와 분권을 보는 시각이 달라질 것이고, 나아가 향후의 한국 지방자치와 분권의 방향과 수준 및 내용을 좌우하게 될 것이다. 이런 차원에서 1995년 7월부터 최근까지 운영된 지방자치의 주요쟁점들에 따른 성과를 평가하고, 그 과정에서 제기된 문제점을 지역언론과의 관계를 중심으로 살펴보고, 이를 토대로 향후 지방자치와 지방분권의 활성화를 위한 과제 그리고 이를 위한 지역언론의 역할과 과제들을 모색해 보는 것은 민선자치 부활 20년을 맞는 시점에서 의미있는 일이 될 것이다.

Ⅱ. 한국지방자치의 좌표와 방향

1. 한국 지방자치와 분권의 새 좌표와 방향

지방자치는 다음의 다섯 가지 ABCDE가 본질이요, 성공의 조건이다. 즉, 자율성(Autonomy), 선거(Ballot), 경쟁과 협력(Competition & Cooperation), 권한이양(Devolution), 경험과 교육(Experience & Education)이다. 지방자치 부활 20년을 맞는 시점에서, 이상의 다섯 가지 성공조건을 놓고 볼 때 작금의 지방자치는 심각한 위기국면에 놓인 가운데 그 성공적 정착여부가 중대한 전환점에 놓여있다.

먼저 다섯 가지의 조건과 그 간의 성과와 문제점을 요약해 보기로 한다. 첫째, 지방자치는 자율성이 확보되어야 한다. 지방자치단체는 더 이상 중앙정부의 결정을 단순히 집행하는 하부 행정기관이 아니다. 지역주민들의 의사를 수렴해서 지역문제를 스스로의 역량과 책임 하에 풀어나가기 위해서는 먼저 독립적인 제도가 마련되어야 한다. 그래서 주민직선의 단체장이 필요하고 또 그 견제를 위한 지방의회가 존재하는 것이다. 하지만 지역의 자율적인 역량과 창조성을 기반으로 한 다양한 지방자치제도의 도입은 국회에 입법권이 독점된 현 상황 하에서는 불가능하며, 정치적 이해관계에 따라 지방자치의 자율성은 크게 훼손되어 가고 있다. 설령 독립적인 제도가 확보되었다고 해서 자율성이 보장되는 것은 아니다. 제도가 자율적으로 작동하려면 제도를 움직이는 권한이 있어야 한다. 즉 지방이 스스로 법규와 조직을 만들 수 있어야 하고, 스스로 처리할 수 있는 행정사무도 있어야 한다. 그리고 필요한 돈을 스스로 조달하고 관리할 수 있어야 한다. 그러나 중앙정부는 권한, 돈, 인재, 정보들을 여전히 독점하면서 지방에게 지방자치권을 획기적으로 부여하지 않고 있다. 언론의 역할이 절대적으로 필요한 조건이다.

둘째, 지방선거의 조건이다. 지방자치는 선거로 시작하고 선거로 끝난다. 그만큼 선거는 지방자치의 전부로서 지방자치의 미래와 성패를 좌우한다. 그러나 선거법과 제도의 미비, 공명선거의 의지부족, 왜곡된 정당공천, 성숙되지 못한 시민의식 등은 아직도 지방선거를 본궤도에 올려놓는데 성공적이지 못하였고 그것은 지방자치 위기의 근본적인 요인이 되고 있다.

역대 지방선거는 한마디로 지방선거 본래의 의미와 기능이 실종내지 퇴색된 채 철저하게 대선의 전초전 그리고 정당의 대리전으로 치루어진 선거였다. 그 결과 지방자치는 여전히 중앙정치에 예속되고 있을 뿐만 아니라 지방자치가 주민들로부터 외면받고 그 뿌리를 내리지 못하고 있는 것이다. 여기에 지역언론의 역할은 고스란히 그 한계점을 드러내고 있다.

셋째, 경쟁과 협력이다. 지방자치는 중앙과 지방간, 지방자치단체간, 그리고 집행기관과 지방의회간의 경쟁을 바탕으로 한다. 그러나 경쟁은 반드시 갈등을 초래한다. 갈등은 사회를 변화시키는 계기를 마련하지만 갈등을 제대로 풀지 못하면 이기주의적으로 표출되어 전체사회에 상당한 진통과 혼란을 초래한다. 특히 현재의 지방자치는 행정구역에 철저히 갇혀 협력행정을 하지 못하고 있기 때문에 상당한 낭비와 비효율을 양산해 내고 있는 실정이다. 이와 같이 지방자치를 하면서 갈등을 관리하지 못하고 협력을 하지 못하고 있는 상황이 바로 지방행정체제 개편을 시도하는 명분을 주고 있는 것이다. 언론의 이해와 협조가 절대적으로 필요한 조건이다.

넷째, 권력의 이양이다. 주민과 관련된 사안의 결정권을 중앙에서 지방으로 이양하는 지방분권화가 지방자치의 핵심이지만 그것만이 전부는 아니다. 한 자치단체내에서도 '위에서 아래로'의 권한이양이 있어야 하며 더 궁극적으로는 '관에서 민으로'의 권한이양이 진행되어야 한다. 그럼에도 불구하고 현재의 분권은 중앙과 지방자치단체간에 그것도 사무이양에 머물고 있기 때문에 주민들의 적극적인 지지를 끌어내지 못하고 있는 것이다. 지방언론으 존재 이유도 바로 여기에 있다고 본다.

마지막으로 지방자치에 대한 경험과 교육이다. 지방자치는 단체장과 공무원, 지방의원, 그리고 지역주민들의 경험을 필요로 한다. 여기에는 시행착오가 수반되어 시간이 필요하지만 그렇다고 주민들의 민주적인 자치의식이 저절로 고양되는 것은 결코 아니다. 지방자치의 경험을 통해 그간 권리의식은 팽배해 왔지만 그에 상응하는 책임의식과 공동체의식은 아직도 미미하다. 여기에 필요한 것이 민주시민교육이다. 독일이 지방자치의 정착을 통해 통일을 완수하고 민주주의체제를 굳건히 정착시킨 것은 꾸준한 시민교육의 결실에서 비롯된 것이다. 우리도 늦었지만 지금부터라도 비정파적, 비당략적 차원에서 지방자치 정착과 생활화를 위한 지방자치 교육프로그램의 개발과 교육전문가 양성에 투자를 시작해야 할 것이다. 지역언론은 이 조건이 대단히 중요함을 인식하고 지방정부, 시민단체와 함께 노력해야 할 역할이다. 아울러, 지방자치에 대한 언론인들의 교육 실시와 전문가 양성도 지방자치를 활성화시키는데 있어서 대단히 중요한 과제가 되고 있다.

Ⅲ. 지방자치와 분권의 활성화 방향과 과제

현재의 국가발전의 단계로 보거나, 국민의식수준, 지방자치 선진국의 사례, 그리고 지난 20년의 성과와 문제점을 볼 때, 앞으로 한국의 지방자치와 분권이 확대 · 강화되기 위해서 반드시 해결해야 할 과제는 다음의 10가지다.

1. 민주와 분권으로 국정을 개혁하자
2. 지방자치를 헌법적으로 보장하자
3. 지방자치발전종합계획을 현실화 · 입법화하자
4. 정당공천제와 지방선거를 개혁하자
5. 성숙한 지방자치를 위해 구자치제를 개선하자
6. 협력의 지방자치 시대를 열자
7. 지방자치제도의 자율성을 보장하자
8. 교육자치의 틀을 재정비하자
9. 주민 자치의식을 제고시키고, 주민자치를 실질화하자
10. 투명과 소통, 나눔과 협력의 자치행정을 하자

지방자치는 당면한 국가 사회적 위기를 극복하고 새로운 시대적 환경에 도전하기 위하여 반드시 필요한 제도이다. 지금까지 지방자치 실시로 인해서 제기된 문제들은 어디까지나 지방자치가 활성화 되어가는 방향에서 그 제도적 개선이 이루어져야지 과거의 통제적 중앙집권시대로 돌아가려 해서는 절대로 안된다. 중앙정부나 정치권이 앞으로도 지방자치를 낭비적이고 비효율적인 제도로만 보고, 국가경제의 어려움을 앞세워 지방자치와 분권의 확대 · 강화를 외면하거나 지연시킨다면 종국에는 사회적 위기와 저항으로 나타날

수 밖에 없을 것이다. 오히려 그 때 지불해야 할 사회적 비용과 희생은 경제력만으로 감당하기 어려울 것이다.

지난 세월호 사건과 메르스 사태를 통해 우리 국민은 정부라는 집단 자체가 무능하다는 사실을 알게 되었다. 게다가 국가와 사회의 모든 문제들을 관료들끼리만 해결하도록 맡겨서는 안된다는 사실도 뒤늦게 깨달았다. 선진국에서는 벌써 문제가 생길 때마다 정부만이 나서서 해결할 수 있다는 속설이 통하지 않은지 오래되었다. 현대사회에서 정부가 모든 문제에 간섭해서 혼자 해결해 가려 할수록 오히려 사태를 악화시켜서 더 깊은 늪에 빠지게 됨을 알았기 때문이다. 사회안전은 물론 경제, 복지, 교육, 환경 문제들의 해결과정에서 선진국 정부들이 경험한 것이다.

정부의 관리시스템 그리고 이를 운영하는 관료들의 전문성과 능력은 이미 오래전부터 민간부문 즉 집단지성으로 무장한 기업과 시민사회에 뒤지기 시작했다. 그럼에도 관료들은 낡은 법과 제도로 그리고 '관피아'라는 탄탄한 부조리 구조를 통해 억지로 민을 규제하고 통제해왔지만, 이제 그마저도 한계를 드러낸 것이다. 정부는 공권력이다. 그리고 정부는 비효율그 자체다. 공권력을 비효율적으로 사용할 때 그 문제는 심각해진다. 따라서, 정부가 모든 문제를 해결해야 하고 또 할 수 있다는 낡은 발상을 버려야 한다. 정부는 스스로의 무능을 인정하고 정부보다 똑똑해진 민간부문과 어떻게 협력해야 할지에 대한 고민이 먼저 앞서야 한다.

박근혜 정부 임기가 반환점이 지나도록 국정운영의 기본틀은 중앙집권 그것도 청와대 중심에서 크게 변하지 않고 있다. 그동안 청와대가 중심이 되어 추진하고 있는 국가안보, 경제혁신, 공공개혁 등은 모두 중앙집권을 더욱 공고히 하고 말았다. 모든 권력이 청와대로 집중될수록 그로 인해 나타난 공적과 과실 모두 대통령 개인에게 귀속될 수 밖에 없다. 만일 잘못된 국정운영으로 인한 책임문제가 불거지면 당연히 대통령 혼자 떠안아야 한다. 그럴때마다 정권은 위기로 치닫는다. 정부혁신을 하기 위한 정부내 옥상옥의 조직을 아무리 만들어 놔도 소용없다. 관료주의의 반대는 민주주의다. 대한민국은 관료가 주인이 아니라 국민이 진정한 주인이 되는 민주주의를 회복해야만 정부에 대한 신뢰가 다시 회복될 것이다. 그러려면, 국정운영을 중앙집권적 통제방식에서 지방분권형 협력방식으로 바꿔야 한다.

따라서, 지방자치와 분권은 경제가 아무리 어렵더라도 미리 전향적이고 단계적으로 확대, 강화해나가는 것이 현명한 일이다. 이를 위해 현 시점에서 중요한 것은 대통령과 중앙정부 공무원 및 중앙정치인들 그리고 중앙과 지역언론인들이 지방자치의 중요성과 필요성을 재인식하는 일이다. 그리고 지역주민 모두는 강력한 자치의지를 토대로 지방자치를 우리 사회에 뿌리 내린다는 확고한 신념을 재확립하는 동시에 대내·외적으로 지방자치의 성실한 이행을 강력히 촉구해야 하는 중요한 시점에 놓여 있다. 지방자치가 우리사회에 뿌리내리기 위해서는 다음과 같은 노력이 필요하다.

첫째, 향후 한국의 지방자치가 제약된 입법권, 조직권, 행정권, 재정권 등의 자치권을 강화하려면 우선 헌법적으로 자치와 분권의 정신이 천명되고, 보다 구체적인 자치관련 내용들이 헌법에서 보장되어야 한다.

둘째, 분권의 실질적 실현은 지방자치의 활성화로 이루어진다. 지방자치가 다양한 실험과 학습을 통해 그 장점을 살리려면 제도 선택의 결정권을 지방에 넘겨줄 필요가 있다. 만일 획일화된 제도로 분권과 자치를 밀어부치면 전국이 같은 후유증을 앓게 되어 실패한다. 그렇다고 그 개선대안이 다시 획일적인 제도라면 또다시 성공하기는 어렵다. 결국, 지방자치는 지방과 지역주민들이 지역의 여건과 환경 그리고 능력에 따라 선택할 수 있도록 제도적 자율성을 보장해 주는 방향으로 가야 한다. 특히, 국회가 독점한 입법권을 지방과 나누고, 지방일괄이양법의 제정으로 자치행정권을 보장해 주어야 한다. 그리고 지방자치법 등의 법령에 의해 획일적인 규제를 받는 자치조직권의 확대를 위해 지자체 정원 뿐 아니라 행정기구 설치 및 운영의 실질적인 자율성을 보장해 주어야 한다.

셋째, 지방자치의 성공여부는 주민들의 자치의식에 달려있다. 지금부터라도 주민들의 지방자치에 대한 교육이 다양한 주체에 의해서 다각적으로 실시되어야 한다. 지방자치에 대한 이론은 룰론 지방자치를 운영하는데 필요한 소양과 자세 및 환경, 문화, 지역문제에 이르기 까지 주민들의 민주의식과 판단력을 높이는데 필요한 투자와 노력을 아끼지 말아야 한다. 그래야만 주민자치의 실질화를 통해 지역사회가 궁극적으로 주민자주관리의 사회에 도달할 수 있다.

넷째, 분권과 자치에 따른 부작용을 최소화할 수 있는 의식과 능력을 갖추어야 한다. 분권과 자치는 당분간 제반 갈등을 증폭시킬 것이고, 낭비와 비효율을 초래할 것이며, 부패와 비리를 증대시킬 것이 자명하다. 따라서 분권과 자치에 따른 긍정적 효과만을 기대하고 서두르지 말고 그 부작용을 극복하고 치유해나가는 지혜와 전략 그리고 인내심이 필요하다.

다섯째, "지방분권과 자치의 확대를 거부하고 곳은 중앙이 아니라 결국 지방이다."라는 속설이 있듯이 분권과 자치를 수용하는 것 역시 쉽지 않다. 중앙정부가 지방정부에 권한을 이양할 때 지방정부는 이를 행사할 수 있는 자치역량을 구비하고 있어야 한다. 그렇지 못하면 분권화와 자치화는 훨씬 더 무능하고 부패한 지방정부를 출현시킬 수 있고 중앙이 지방에 권한이양을 거부하는 빌미가 되기도 한다. 그러면 지방자치와 분권은 다시 국민과 지방으로부터 환영받지 못하는 악순환이 되풀이 될 것이다.

Ⅳ. 지방자치활성화를 위한 지역언론의 역할과 과제

1. 지방자치와 지역언론

지방화의 성패 여부는 지역주민들이 지역사회 문제에 대하여 스스로 판단하여 결정을 내리는 과정에 얼마나 어떻게 참여할 것인가에 달려 있다고 할 수 있다. 여기에 필요한 전제조건이 자치의식이다. 자치의식이란 이해관계를 함께하는 지역공동체 주민들에 의해서 자연발생적으로 생겨나는 의식이라고 할 수 있는데 그러기 위해서는 이 자치의식을 배양시키고 고취시킬 수 있는 어떤 매개체를 필요로 한다. 현대와 같은 매스커뮤니케이션 시대에 있어서 이 매개체는 다름 아닌 언론매체일 수밖에 없다. 더욱이 정치의 민주화 언로(言路)의 개방화, 사회의 정보화라는 시대적 추세와 함께 중앙과 지방의 관계가 획일적인 중앙집권적 관계에서 지방분권적 관계로 발전해 나가는 것이 지방화 시대의 명제다. 지방자치제가 정착되면 한 지역사회는 단순한 생활공간에서 한 걸음 더 나아가 정치공간, 경제공간, 문화공간으로서 독자성을 갖추고 그 역할이 증대될 것이기 때문에 지방자치와 언론활동은 어느 것 하나 따로 떼어놓고 생각할 수 없을 만큼 상호 영향적 관계에 놓여 있다고 할 수 있다.

따라서, 지역언론은 지방자치단체나 지방의회는 지역주민 공통의 관심사가 무엇인지를 파악해야 하는 한편 그들의 활동상황을 널리 알려 지역주민들의 합의를 도출해내는데 기여해야 한다. 지역 내의 이해를 달리하는 집단들간의 갈등을 주민 여론을 바탕으로 조정해야 하기 때문에 이를 원활히 수행하자면 언론의 보다 큰 역할이 기대되는 것이다. 또한, 지방자치 시대의 언론은 정치권력에 대한 감시와 비판자로서의 역할 뿐만 아니라, 지역간 또는 지역 내의 여러 집단간 갈등의 조정자이자 통합자의 역할까지도 수행해야 하는 만큼, 어떻게 보면 그동안 중앙정부가 쥐고 있던 권한의 상당 부분이 언론에 위임된 것이나 다름없다고도 할 수 있을 것이다. 다시 말해 지방자치제의 정착과 성패 여부는 언론이 그 역할을 얼마나 충실하게 수행할 수 있느냐에 달려 있다고 해도 과언이 아닌 것이다.

지방언론은 언론환경의 심각한 구조적 변화라는 그 어려운 현실에도 불구하고 올바른 지역사회의 발전과 지방자치의 정착을 위해서는 무엇보다 지방언론이 본연의 역할에 충실해야 한다. 그러려면 지역언론은 무엇보다 지역민들의 취향에 맞게 지역사회의 문제나 관심사를 심층 보도하고, 애향심의 고

취를 통해서 지역민들의 여론을 대변하고 합의를 도출해 내야 할 것이다. 또한, 지역사회의 개발에 주민의 참여를 유도하고 지역문화를 발굴 · 보존 · 전승시키며, 지방의 정치나 행정을 감시 · 비판하는 역할을 충실히 수행하고, 나아가 주민들의 자치의식을 함양시키는 일에도 게을리하지 말아야 한다.

결국, 지역언론은 지역민들과 밀착될 수 있도록 지역내는 물론 국내 · 외적으로 일어나는 사건과 문제에 대해 중앙의 시각이 아닌 지방의 시각으로 파악하고 해석해서 전달함으로써 지역민들의 참된 대변인이 되고 신뢰받는 언론으로 거듭나야 할 것이다.

2. 지방선거와 지역언론

지방선거 본래의 의미와 기능을 놓고 볼 때, 지난 일곱번의 선거들의 결과는 한마디로 '중앙정치의 완승'이자 '지방자치의 완패'로 평가되고 있다. 이로써 한국의 지방자치는 부활된지 24살의 성년이 되었음에도 불구하고, 지방선거는 여전히 유아기에 머물고 있음을 여실히 보여주고 있다. 그 결과로 인해 향후 지방자치가 성공적으로 정착하기 위해서는 여전히 큰 숙제를 떠안게 되었다. 지난 지방선거들은 앞으로 지방선거가 어떻게 달라져야 하는지, 또 법과 제도를 어떻게 바꿔야 하는지에 대해서 다시 한번 교훈을 던져주고 있다. 먼저 정당공천제의 폐해를 극복하고 지역별 일당독점 현상을 개선하기 위해서는 기초의원은 물론 기초단체장까지 정당공천을 반드시 배제하는 것이 바람직하다. 그리고 광역선거와 기초선거는 분리 실시되어야 한다. 동시선거의 부작용이 너무 크기 때문이다.

더욱이, 민선 6기에서 지방자치가 중앙정치에 종속된 채, 다음의 총선이나 대선을 위한 정략적 수단으로 전락한다면 지방자치의 미래에 희망을 갖기는 더욱 어려워 질 것이다. 따라서, 지역언론이 가장 먼저 해야 할 일은 지방선거의 변질로 인한 지방자치의 왜곡 실상을 심각하게 인식하는 것이다. 그리고 나서 한국의 지방자치가 바른길을 향해 나가도록 잘못된 지방선거와 자치제도를 지금부터 바로잡도록 촉구하는 동시에 올바른 개선대안에 대한 국민적 공감대를 형성하는 일이다.

특히, 지난 선거는 기본적으로 지방선거임에도 불구하고, 지방공약과 정책보다는 중앙정치의 이슈들을 중심으로 아젠다가 설정되었다. 아젠다 구조 역시, 여당의 '정권 안정론'과 야당의 '정권 심판론'이라는 구조가 첨예하게 대립한 선거였다. 중앙정치에의 예속으로 인한 지방정치 본연의 정책이슈는 실종되었다. 여기에 중앙언론의 편집과 보도의 영향력이 크게 작용한 것으로 보인다.

공천을 위한 여론조사 자체도 부실하기 짝이 없었다. 조사의 타당성과 신뢰성이 확보되지도 않은데다 조사 대상자가 누구인지도 모르고, 또 그 응답률도 2%가 안되는 타당성 없는 조사가 대부분이었다. 심지어 착신전화 조작으로 여론을 왜곡하는 사태까지 벌어졌으니 경선에 참여했던 후보들은 물론 대대수 유권자들도 공천에 대하여 크게 불신했다는 평가를 받고 있다. 각 언론사들이 선거를 앞두고 직·간접적으로 주관한 여론조사의 문제도 매우 심각해서 조사결과에 대한 낮은 신뢰도, 오차범위의 무시, 여론조사의 왜곡과 조작 가능성, 표본추출의 오류 등의 문제를 제기했다. 경영 문제를 구실로 일부 언론사들은 여론조사 실시와 관련한 높은 비용은 모두 출마예상자나 후보자가 부담하게 함으로서 여론조사와 관련된 문제점들을 조장하기도 했다.

더욱이 언론의 보도경향만 놓고 본다면, 지방선거가 대통령선거나 총선으로 착각될 정도로 그간의 선거 보도관행을 그래도 답습하고 있어 지방선거의 의미를 퇴색시키고 있을 뿐 아니라, 중앙언론들이 심지어 각 지역의 기초단체장이나 지방의원 후보경합 상황까지 상세히 보도함으로써 정작 해당지역 언론들의 보도 및 여론조사의 결과를 지역 유권자들이 신뢰하지 않는 기현상마저 나타났다. 그 결과, 일부 후보들은 지역언론은 제쳐두고 중앙언론이나 종편방송에 노출되는데 심혈을 기울이기도 했다. 심지어, 일반적으로 선거 보도에 있어서 지역언론이 지역의 이슈나 후보자의 공약과 정책에 초점을 맞추기 보다는 후보자간의 인지도 순위에만 흥미위주로 경마식 보도로 일관함으로써 이른바 '경마저널리즘'에서 벗어나지 못하고 있다. 선거보도의 관행처럼 되어버린 이런 보도태도는 독자들의 호기심을 자극하고 흥미를 이끌 수 있을지는 몰라도 유권자들이 올바른 판단을 할 수 있도록 정보를 제공하고 선거 과정에서 초래될 수 있는 각종 불법과 비리를 감시하고 고발해야 하는 언론 본연의 사명과는 동떨어진 것이라고 할 수 있다.

선거는 바람직한 후보를 선출하는 본연의 기능 외에 우리 사회가 크게 간과하고 있는 기능이 '대표자의 육성 내지 자기발전의 기능'이다. 주민의 대표로서 주어질 직책과 역할을 차질없이 완수해야 하는 후보들은 엄격하고 철저한 선거과정을 통해 지도자로서 필요한 자질과 능력을 향상시킴으로써 단체장이나 지방의원이 되어서 임하는 그들의 활동에 시행착오가 없어야 한다. 그 대표적인 과정이 공약과 정책을 놓고 후보간 경쟁하는 토론회다. 우리사회가 필요로 하는 지도자는 웅변이나 연설로 대중을 사로잡는 것보다 차분한 토론을 통해 치밀하게 국가와 지역의 이익을 실현해 나갈 수 있어야 한다.

이런 점에서 기대를 걸었던 것이 TV토론을 통하여 후보와 정당들 간의 정책대결을 유도하는 것이었다. 그러나, TV토론 자체가 가지고 있는 본질적인 문제점은 제쳐놓고라도 운영상의 미숙함, 차별성 없는 토론회의 반복개최로 인한 유권자들의 외면, 수준 이하의 질문과 원론적이고 추상적인 답변, 방송시간대의 문제 등 여러 요인들에 의해 시청률 10%대 이하의 저조한 반응으로 나타나서 선거에서의 TV토론은 여전히 제 기능을 못하고 있다. 이의 개선을 위해서는 단발성 토론으로 그칠 것이 아니라 지역이 안고 있는 현안문제나 지역적 과제에 대해 각 후보나 정당들이 어떤 정책과 비전을 갖고 있는지 하는 쟁점에 대해 TV 토론을 하고, 그 내용들을 일목요연하게 비교할 수 있도록 다시 신문지상에 분석을 통해 제시하는 것이 필요하다. 그러면 유권자들에게는 합리적인 판단을 내릴 수 있는 정보의 제공이라는 일석이조의 효과를 거

둘 수 있을 것이다.

요약컨대, 지역언론은 지방선거를 통해 올바른 지역의 지도자가 선출될 수 있도록 선거과정에서의 투명성과 공정성을 감시하는 파수견의 역할을 제대로 해야 한다. 나아가, 정당 및 후보들간의 정책과 공약에 대한 비교검증 및 실현가능성 여부 등을 분석, 제시해야 하며, 지역주민들이 선거라는 이슈 자체에 관심을 가지고 적극 참여할 수 있도록 여론을 환기시키는 역할을 보다 적극적으로 수행해야만 지방선거가 본연의 기능을 수행할 수 있을 것이다.

3. 종편방송과 지방자치

종편방송이 시작된지 만 4년이 되어간다. 그동안 종편방송은 방송구조환경에도 엄청난 변화를 가져왔을 뿐만 아니라 지역사회에도 적지않은 영향을 미쳤다. 특히, 지방자치와 분권에는 긍정적인 영향을 주지 못한 것으로 평가된다. 세상에 '종편'이 생기기 전, 우리에게 '시사프로그램'이라 하면 탐사보도 프로그램이 주류를 이루었다. 하지만 종편은 시사프로그램의 새 장을 열었다. 진행자와 초대손님(패널) 몇 명이 스튜디오에 모여 시사를 논하는 '시사토크쇼'가 등장한 것이다. 시사토크쇼는 완성도가 높아야 하는 다큐멘터리에 비해 제작비가 적게 든다. 이런 프로그램이 우후죽순처럼 늘어나면서 종편은 '종합편성채널'이 아니라 '시사토크채널'로 시청자에게 다가갔다. 그래도 일단 볼 만한 프로그램이라면 시청자 입장에서는 열광한다. 지역의 주민들 그중에도 50대 이상 장 · 노년층은 종편 사시프로그램을 많이 본다. 그 이유는 이해하기 쉽다는 것이다. "지상파 시사프로그램은 20분, 30분 봐야 내용을 파악할 수 있다. 출연자들이 말을 돌려서 하니까 그 얘기를 곱씹어봐야 한다. 하지만 종편은 5분만 보면 딱 안다"는 것이다.

"지상파만큼 신뢰하지 않고", "정부와 여당 편만 든다"고 생각하면서도 이들은 종편 시사토크 프로그램을 애청하고 그 소감과 논평이 그들 일상대화의 대부분을 차지한다. "막장 드라마처럼 욕하면서도 그 시간이 되면 텔레비전 앞에 앉아 있다"고 고백한다. 〈한겨레21〉과 〈민언련〉이 종편 시사토크 프로그램을 전수조사한 결과를 보면, 패널 한 명이 종편 3사에 52회나 출연하는 등 겹치기 출연자가 눈에 띄게 많았다. 전문성 없는 전문가들이 닥치는 대로 백화점식 토론을 한다는 점도 드러났다. 1위부터 20위를 차지한 다수 출연자들의 대화 주제를 전수조사해 직업적 전문성과 일일이 대조한 결과다. 패널이 비전문 분야 주제를 다루는 비율은 평균 47.6%, 최고 90.7%였다. 종편 최다 출연자인 K변호사(52회)는 MBN 〈뉴스파이터〉, TV조선 〈장성민의 시사탱크〉 〈황금편지〉, 채널A 〈직언직설〉에 나와 주제 89건을 다뤘다. 법률가로서 논평할 수 있는 판결 · 사건 분석 등은 34건(38.2%)에 그쳤고 나머지 55건(61.8%)은 정치 · 문화 등 비전문 분야였다. 〈D신문〉 S대표(20회)는 TV조선 〈돌아온 저격수다〉에서 전문 분야인 언론 · 북한(25건 · 27.1%)뿐 아니라, 정치 · 사회 · 문화(67건 · 72.9%)에 대해서도 토론했다.

문제는 이렇게 종편방송이 시사토크 프로그램에 치중해서 시청률을 높이면서 지역에 깊숙이 영향력을 행사하고 있는데도 불구하고, 그 주제선정에 있어서 지역의 이슈, 특히 지방자치와 분권 및 지역균형발전에 관계된 이슈는 전무하다는 사실이다. 그에 따라 지방자치 관련 전문가가 종편방송 패널로 출연하는 경우도 아직까지 유례가 없다. 오직 중앙의 이슈들만을 선정해서 중앙의 논리와 시각에서 중앙에서 활동하는 특정분야 전문가들이 비전문 분야까지 독점하고 있는 셈이다. 결국, 지역주민들은 유익하고 공정하며, 지역성에 충실한 방송 프로그램을 향유할 권리를 크게 위협받고 있는 것이다. 뿐만 아니라, 지방자치 활성화에 종편방송이 현재 제일 큰 걸림돌이 되고 있음을 부인할 수 없게 되었다. 이러한 문제를 극복하기 위해서는 지역언론의 언론전문 지식인과 직업언론인 그리고 시청자들이 하루속히 협업체제를 구축해서 종편방송의 역할을 재점검하고 그 개선방안을 강력히 촉구해야 한다. 특히, 지역언론인들의 과감한 노력과 지역주민들의 활발한 참여, 지역정치 ·

경제 · 사회의 폭넓은 연대, 그리고 중앙정부 차원에서 지역을 중시하는 인식을 바탕으로 종편방송의 강력한 개선요구를 촉구하고 그 개선방안을 적극 모색해야 할 때다.

4. 지방정부와 지역언론

지방정부 단체장들에 의한 지역언론의 비공식적 통제방식들은 다음과 같은 있는 것으로 벌써 조사된 바 있다. 첫째, 자신들을 문제삼는 기사를 축소, 제거하고자 언론사를 포함한 다양한 인맥을 통해 전방위적으로 압력을 행사한다. 둘째, 자신들에게 우호적인 인사들이 포진되도록 지역언론사의 인사에 개입한다. 셋째, 지역언론을 '영향력 행사가 가능한 언론'과 '영향력 행사가 어려운 언론'으로 구분하여 전자에는 다양한 지원을 하고, 후자에는 무관심 · 무대응 함으로써 이들의 영향력을 차단한다. 넷째, 지역발전 이데올로기를 내세워 비판적 기사의 생산을 억제한다. 다섯째, 자체 홍보기능을 대폭 강화하여 지역언론의 자발적 동의를 창출함으로써 정보통제를 행사한다. 지방정부의 언론인 포섭 전략은 지역언론사 기자들에게 산하 공기업 등에의 취업 기회를 제공하고 촌지, 골프 모임, 간담회 등을 통한 물질적 향응을 제공하는 방식으로 행해졌다고 조사된 바 있다. 여기서 주목해야 할 것은 지방정부와 자치단체장이 지역언론에 대해 행하는 통제방식들 자체뿐만 아니라, 이러한 통제방식들이 언론의 자율성을 훼손하는 것이 명백함에도 불구하고 큰 논란 없이 통용되어지는 현실이라고 하겠다.

또한 지방정부의 언론통제방식들이 큰 논란없이 수용되는 것은 지역언론사들의 생존전략에 기인하는 측면도 크다고 하겠다. 지역언론사들은 정치권력이 일방적인 피해자라기보다는 공모자라고 할 수 있다. 사실 지역언론사들은 현재의 상황을 최대한 활용하여 수익을 극대화하는 전략을 취하고 있다. 수익 극대화를 위해 지역언론사들이 취하는 방식들은 다음과 같다. 첫째, 지방정부와 자치단체장과 갈등 또는 긴장 관계를 불러올 수 있는 비판 기능을 가능한 회피한다. 한 일간신문은 편집 방향을 비판 대신 밝고 긍정적인 뉴스로 전환하기까지 하였다. 둘째, 수동적으로 비판 기능을 축소 또는 외면하는 것에서 더 나아가 자치단체와 적극적 거래를 시도한다. 자치단체장 또는 지방정부의 시각으로 기사를 보도한 뒤 광고나 협찬을 지원받는 방식을 거래한다는 것이다. 셋째, 수익 극대화에 필요할 경우 비판 · 감시 기능을 오히려 적극적으로 활용한다. 즉 비판 기사를 적극적으로 보도해 지방정부와 긴장관계를 형성하고, 이를 이용하여 지방정부로부터 협찬과 광고 또는 모기업 경영에의 도움 등을 얻어낸다는 것이다.

최근 몇 년간 대전광역시와 지역언론은 다른 광역자치단체나 기초자치단체 등에서 진행돼 온 양상을 대체로 재현해 왔다. 그런데 두 가지 점에서 타 지역 사례와 구별된다. 하나는 '국장 홍보 책임제'를 운영해 왔다는 점이다. 실 · 국별로 부정확한 보도나 오보의 확산을 책임지고 막겠다는 취지다. 그런데 홍보책임제는 단순히 보도 자료를 제공하거나 부정확한 보도에 대해 정정 · 해명자료를 제시하는데 그치지 않고, 그러한 내용에 대해 기자실을 방문하거나 대응 브리핑을 할 경우 평가점수를 대폭으로 올린 특징을 갖고 있다. 대전광역시의 홍보 대응 계획에 따르면 이른바 지역 언론의 문제보도 대응은 2가지인데 정정 · 해명 보도와 지적 · 비판 보도가 그것이다. 시장이나 시정에 대한 지적과 비판을 아예 봉쇄하겠다는 취지로 이해될 수 있다. 타 지역 지자체와 구별되는 다른 하나의 특성은, 지역 언론사에 대한 언론소송 제기 방식이다.

언론의 감시 비판 기능은 가장 기본적인 저널리즘 원칙임에도 불구하고 최근 대전 · 충남지역 언론에서는 지역권력과 현안에 대한 감시 비판보도를 찾아보기 매우 어려운 상황이 되었다. 지역 여론형성과 공론자로서의 기능을 상실한 채, 지역의 현안문제를 언론은 적극적으로 보도하지 않고 지역권력의 남용과 잘못을 비판하기 보다는 적당히 타협하고 자사 이익을 위해 자치단체의 홍보수단으로 전락했다고 비판받고 있다. 문제는 언론매체가 제 본연의 저널리즘 역할을 망각할 채, 지자체의 홍보도구화 돼 가고 있다는 점이다. 따라서, 지방자치의 활성화를 위해서는 공직자의 정책수행에 대한 언론의 감시와 비판은 성역 없이 이뤄져야 하고 공직자는 이러한 언론의 비판과 감시를 겸허하게 수용하는 자세를 가져야 한다. 선출직 공직자는 더더욱 언론의 비판을 경청하고 이를 정책의 수립과 시행에 반영할 필요가 있다. 지방자치단체나 단체장이 정책정보와 홍보광고비의 집행, 지역언론의 구독 등을 이유로 비판적인 지역언론의 보도에 재갈을 물리려한다거나, 비판적 언론인의 활동에 제약을 가하려는 유혹에 빠져서는 결코 안 된다. 또 하나 중요한 것은 지역언론과 지역 언론인들의 자세다. 전국단위 언론이든 지역언론이든 제일차적인 존재의 의의는 시민의 알 권리 실현에 있음을 잊어서는 안될 것이다.

지역언론이 중요하다는 이유로 모든 것의 면죄부를 주지는 않는다. 지역언론이 지역의 문제를 제대로 짚어내고, 지역주민들의 목소리를 충실히 대변할 때만이 그 가치를 인정받을 수 있을 것이다. 시청자 또는 독자들에게 사실의 왜곡없이 정확한 정보를 전달하는 일, 잘못된 일에 대한 감시와 비판 기능, 사회적 약자들의 목소리를 대변하고 대안을 제시하는 일, 지방정부의 이해관계가 상충할 때 지역의 목소리가 반영될 수 있도록 지역주민들을 대변해 목소리를 높이는 일이 지역언론의 기본적인 역할이다. 언론의 가장 중요한 역할인 감시견제 기능이 절실할 때다.

5. 지역언론의 역할과 과제

지방자치와 분권화 시대에 있어서 지역언론이 지향해야할 바를 요약하면, 지역언론이 보다 더 지역언론다워지는 것이다. 그러려면 지역언론은 신문과 방송을 막론하고 지역주민들에게 보다 철저하게 밀착하여, 지역사회내의 사소한 일에 이르기까지 관심을 기울여야 한다. 한편, 국익이라는 명분 때문에 희생을 감수해야 했던 지역주민의 이익을 대변하고, 지역사회의 제반 문제점을 발굴해서 개선책을 제시함으로서 진정한 지역여론의 수렴자이자, 지역발전의 견인차, 지역문화 전승자로서의 역할을 해 나가야 할 것이다. 지역언론의 미래는 지역언론 스스로가 지역사회 발전이라든가 지역주민의 이익 대변과 같은 본연의 목적을 이탈하지 않은 채 자생력을 가지고 그 역할을 얼마나 충실히 수행하느냐에 달려 있다고 할 수 있다. 그것이 바로 지방자치와 분권을 활성화시키는 지름길이기도 한 것이다.

실로 혁명적인 언론환경의 변화가 오고 있음을 지역언론은 주목해야 한다. 그러나, 이 변화가 지역언론들에게 확 달라질 언론시장에서 주역으로 재탄생하는 축복이 될지, 아니면 경쟁에서 도태되는 재앙이 될지는 이제 전적으로 지역언론사와 지역언론인들의 깨어있는 의식과 과감한 변신 그리고 치밀한 대비전략 마련 여부에 달려 있다.

흔히, 예로 들고 있듯이, 전 세계적으로 권위를 인정받고 있는「워싱턴 포스트」는 미국의 행정수도인 워싱톤에서 발행되는 지역일간지, 즉 지역신문일 뿐이었다. 지역언론이 변모할 수 있는 가장 최선의 시나리오는 지금까지는 지역의 신문과 방송에 불과했던 지역의 언론이 단기간에 전국언론으로 성장하는 것이다. 지역언론들은「워싱턴 포스트」처럼 세계적 신문과 방송으로 발돋음할 수 있는 가능성은 크게 열려있다. 그럼에도 불구하고, 지역의 언론들이 중앙언론과 경쟁해서 이겨낼 수 있는 외적 조건과 내부역량을 갖추어 가고 있느냐는 점에서는 여전히 회의를 갖지않을 수 없다. 전국 신문시장의 70%를 점유하고 있는 3대 중앙일간지가 언론시장을 지역언론에게 양보한다는 것은 전혀 기대할 수 없는 외적 환경이다. 방송의 경우 문제는 더 심각하다. 현 중앙방송에서 지방은 오직 먹거리, 고기잡이, 축제, 미담, 사고 등을 보여주기 위한 서울시민의 위로용 방송에 머물러 있는 한, 지방방송사는 중앙방송사로의 송출을 위한 스튜디오 수준에 머물 가능성은 여전히 남아있다.

이 위기적 환경조건을 극복해서 새로운 희망을 찾는 길은 지역언론들이 과감한 변신을 통해 내부역량을 키우고 치밀한 생존전략을 구비하는 것 밖에 달리 방법이 없다. 먼저, 지역언론사들은 기존 사업의 정리와 신사업 투자가 조화를 이룰 수 있도록 과감한 기업변신을 시도해야 한다. 프랑스「르몽드」의 경우처럼 사원지주제 도입도 수용해 보고, 언론사간 M&A도 검토할 필요가 있다. 먼저 버리지 않으면 버림받기 때문이다.

다음으로 중요한 과제는 지역기자들의 안목과 실력을 높이는 일이다. 지방자치의 활성화와 함께 지역기자들이 작성하는 뉴스와 해설은 전국으로 세계로 발신됨을 인식해야 한다. 지역이 지향하는 목적이 지방분권과 지역균형발전에 있는 만큼, 이제 지역기자들은 국제적인 안목과 전문성으로 전국적 수준의 뉴스를 지역과 지역민의 관점에서 소신있게 소화해 낼 수 있어야 한다. 그러려면, 기자 재교육을 위한 투자를 확대하고, 지금부터라도 밀도높은 학습을 시작해야 한다. 또한 지역언론은 지금까지의 언론관이나 편집태도도 크게 달라져야 할 것이다. 지역언론인들이 아직도 버리지 못하고 있는 중앙집권적 내지 중앙의존적 의식과 태도는 과감히 청산하고, 지방자치시대를 주도해야 할 지역언론의 새로운 역할과 과제들을 진지하게 모색하고 과감하게 행동에 나서야 한다. Think Strategically, Act Democratically!

V. 결론

지난 20년의 지방자치를 종합적으로 평가해 볼 때, 그 성과는 문제점과 부작용을 메우고 남을 정도로 종합적 이해득실에서 플러스의 결과를 가져왔다고 해도 무리가 없을 것이다. 따라서, 지방자치의 부활은 대한민국을 재도약시킨 국민들의 탁월한 선택이자, 역사적 진보임이 분명하다. 또한 지방분권과 자치의 당위성과 그 내용에 대해서도 이제 어느 정도 국민적 합의를 이루어 가고 있다. 문제는 그것을 실천해 내는 우리의 의지와 전략이다. 분권과 자치를 거부하는 세력을 극복하고, 또 분권과 자치를 두려워하는 집단을 설득해서 국민과 함께 분권화 · 자치화의 길로 나서야 한다. 대한민국이 진정한 선진국이 되기 위해서 지방자치와 분권은 어렵지만 반드시 가야할 길이 때문이다. 지역언론이 이 길에 앞장서서 동참해야 한다.

요약컨대, 성년이 되기 위한 한국 지방자치와 분권은 험난하고 고단한 여정을 보냈다. 하지만, 대한민국 선진화의 토대를 만든 만큼, 앞으로 보다 성숙하고 행복한 미래 사회를 향해 새로운 여정을 준비해야 할 것이다. 여기에 지역언론의 새로운 역할과 노력이 절실하다. 지방자치시대 지역언론은 주민들에게 공정하고 정확한 지역정보를 제공하여 지방자치를 활성화시키는 역할, 지방행정과 지방의회에 대해 감시 · 비판하는 역할, 그리고 지역사회에 자치문화를 배양하고 확산하는 중요한 역할을 수행해줘야 만 지방자치와 분권이 지역민들의 품속에 자리잡을 수 있기 때문이다.

■ **참고문헌**

김미라, "종합편성채널의 초기 편성에 관한 연구", 「언론과학연구」 12(2), 한국지역언론학회, 2012. 6.

김여라, "사이비언론의 쟁점과 과제", 「이슈와 논점」 제1064호, 국회입법조사처, 2015. 9.

김세철, "지역사회의 발전과 언론의 역할", 「사회과학논총」 계명대 사회과학연구소, Vol 19, 2000.

김영호, "지방화 구현을 위한 지역언론의 활성화 방안", 지방자차학회 발제원고, 2003. 9.

육동일, 「지방자치와 국가 · 지역발전론」 충남대 출판문화원, 2015 .10.

_____, "한국 지방자치와 분권 20년의 성과평가와 발전과제", 지방자치 20주년 토론회 주제발표논문, 전국지방4단체협의회, 2015. 3. 30.

_____, "다시 짚고 가야 할 지방선거 정당공천제 문제", 「자치의정」 2014 / 9 · 10, 지방의회발전연구원, 2014. 10, pp. 8-22.

_____, "성년맞은 지방자치 발달장애 벗어나려면", 중앙일보 시론, 33면, 2014, 12. 11.

_____, 「국민행복시대 지방분권과 자치행정」 충남대 출판문화원, 2013 .09.

_____, 「육동일 교수와 함께 지방자치의 길을 찾다」 비주얼스톰, 2009. 11.

_____, "지방자치와 교육자치의 연계를 위한 교육감 선거제도 개선에 관한 연구", 「한국지방자치연구」 제14권 제2호, 대한지방자치학회, 2012.8. pp. 129-159.

윤주성 · 이호연, "지방정부의 지역언론 통제 방식에 관한 연구: 광주 · 전남 지역을 중심으로”, 「한국언론학보」 55(4), 한국언론학회, 2011. 8.
이승선, “지방자치단체의 언론대응 방식 특성과 함의: 대전광역시 2012-2013 사례를 중심으로”, 사회과학연구 25(2) 충남대 사회과학연구소, 2014. 4.
이승종, “지방자치발전종합계획의 의미와 실천방안”, 민선지방자치 20주년 기념 국제학술대회 주제발표논문, 한국지방자치학회, 2015. 2.
이진로, “종합편성채널 시대와 지역신문”, 한국언론학회 2011 봄철정기학술대회 발제논문, 2011.
장호순, “지방자치와 지역언론: 지방자치의 필수조건으로서 지역언론에 관한 시론적 연구”, 「사회과학연구」 16(1), 순천향대 사회과학연구소, 2010.
정은주, “종편이 낳은 괴물들 막장 배틀”, 「한겨레21」 2015. 3.
전국시도지사협의회, 「지방분권추진방향」 2014. 12.
지방자치발전위원회, 「지방자치발전종합계획」 2014. 12.
________________, 「지방자치발전종합계획 보도자료」 2014. 12.

(한국언론학회 발표, 2015. 10. 17)

지방자치와 교육자치의 연계 · 통합을 위한 교육감 선거제도 개선방안

Ⅰ. 교육자치제와 교육감 선거

글로벌화, 인구감소와 고령화, 지방화, 정보화, 다민족 · 다문화 시대 등으로 표현되는 미래 교육환경의 변화는 지방교육 전반에도 예외 없이 새로운 개혁을 요구하고 있다. 지역이 필요로 하는 다양한 인재를 차별 없이 양성하고 활용해서 지역발전의 주역이 되도록 하는 일은 지역민의 삶의 질을 증진시키고, 삶의 기회를 확대하기 위한 전제 조건이다. 그러나 지금까지의 지방교육은 국내 · 외적 환경변화에 부합하지 못한 채, 집권화 된 교육의 틀, 그리고 획일적인 교육의 내용과 방법에서 크게 벗어나지 못하고 있는 것이 사실이다. 교육자치는 지방교육의 다양한 발전을 도모하고, 나아가 주민들에게 자신들의 교육문제를 스스로 결정하고 통제할 수 있는 권리를 보장하는 제도다. 따라서 '교육자 자치'내지 '교육관료 자치'로 잘못 이해 · 운영되고 있는 현 교육자치제를 과감히 청산해야 한다. 이제는 지방교육이 '학교자치'의 기본 틀로 완전히 새로 태어나야 할 때다. 문제해결의 출발은 지방교육의 토대가 되는 현 지방교육자치의 제도를 근본적으로 개선하는 것이다. 그리고 그 중심에 교육감 선거제도의 개선이 있다.

현 교육행정의 의사결정기구는 지방의회로 통합되었지만, 집행기구는 시 · 도지사와 별도로 주민직선으로 선출된 교육감이 담당하는 현 제도로는 지방교육에 대한 주민의 책임성 확보도, 지방교육재정의 자주성 달성도, 그리고 일반행정과 교육행정간의 협력을 통한 교육서비스의 향상도 기대하기가 어렵다. 게다가, 중앙정치의 대리전으로 전락한 지방선거를 통해 선출하는 교육감 직선제는 정치의 개입, 막대한 선거비용, 유권자들의 낮은 관심도 등의 심각한 문제점들이 이미 드러난 바 있다.

지난 2014년 6.4지방선거를 통해 정치적 중립성과 시민에게 교육참정권을 부여해야 한다는 이유로 정당관여를 배제한 가운데 교육감을 주민직선으로 선출했다.[1] 1991년 지방자치가 부활되어 지방의회를 재구성하고 1995년 자치단체장을 주민직선으로 하는 본격적인 자치시대에 돌입하였음에도 불구하고, 교육분야에서는 여전히 교육의 전문성과 독립성 그리고 정치적 중립성을 강조하여 지방자치제의 일반행정과 분리된 상황에서 교육감 대한 선거는 교육의 수요자, 주민으로부터 직접 선택받는 직선제가 아니었다. 즉, 1991년 이전에는 임명제, 1991년에는 교육위원회 간선제로, 1997년에는 선거인단에 의한 간선제로서의 교육감 선출 시기를 거쳐 2007년부터 비로서 교육감을 주민직선으로 선출하게 된 것이다.

그러나 지난 2010년과 2014년 지방동시선거가 끝나자 마자 교육감 선거에 대한 제도상의 문제와 함께 선거관리상의 문제점이 심각하게 드러난 바 있

1 정당관여를 허용한 자치단체장(시장, 도지사, 시장/군수/구청장), 지방의회의원 역시 주민직선으로 하여 1인 8표제의 통합선거를 전국적으로 시행하였다.

다. 무엇보다 선거비용이 지나치게 많이 소요되는 부작용은 심각했다. 지난 선거에서 교육감 후보가 쓴 비용은 730억 원으로 시도지사 선거 456억 보다 훨씬 많았다고 한다. 교육감 후보 당 많게는 30억원이 넘는 선거비용을 썼다고 선거관리위원회에 신고했는가 하면, 후보1인당 평균 4억 6천만원 씩 선거빚을 졌다고 한다. 지금까지도 선거비용을 감당하지 못해 신용불량자로 전락하거나 행방불명된 낙선자들이 수두룩 하다고 하니 심각한 문제가 아닐 수 없다. 물론 당선된 상당수의 교육감도 교육감직을 공정하고 투명하게 수행하지 못하는 원인이 과도한 선거비용 때문이라는 것이 피할 수 없는 현실이다.

문제는 여기서 그치지 않는다. 선거과정에서 교육정책과 공약 중심의 경쟁은 커녕 색깔론과 상호비방전이 두드러지면서 유권자의 무관심과 불신만 증폭시켰다. 결국, 교육감 선거는 누가 누군지 모른 채 마구잡이로 찍는 이른바 '묻지마 투표' 혹은 후보 이름 게재 순서를 정당순서로 착각해 찍는 '일자 투표'가 되었다는 부끄러운 평가를 받은 바 있다. 더욱이 교육감 선거가 단체장 및 지방의원 선거와 동시선거로 치러짐에 따라 중앙정치의 중간평가로 전락하여 정치적 중립성은 처음부터 훼손되었다. 정당공천까지 배제되어 있는 교육감 선거를 지방선거와 동시에 치르는 나라는 우리밖에 없다. 심지어 광역단체장과 교육감이 당선 후 교육이념이 다를 경우 심한 갈등으로 이어져 결국 교육수요자에게 피해를 고스란히 떠넘겨 주는 근본적인 문제에 직면하게 하였다.

지난 선거는 앞으로 교육감 선거가 왜 달라져야 하는지, 어떻게 제도를 바꿔야 하는지에 대해서 다시한번 경종을 울려주고도 남았다. 그리고 최근에 드러난 교육계의 부정과 비리는 이제 더 이상 현 선거제도를 지킬 명분도 없어지게 했다. 국민들이 실망하고 대노한 상황에서 진보와 보수가 대안을 따로 생각할 만큼 한가롭지도 않다. 현 선거제도를 계속 유지한다고 해서 나아질 것 같지도 않다. 진보 교육감들을 많이 당선시켰기 때문에 현 직선제를 바꾸려한다는 오해와 편협한 인식에서도 벗어나야 한다. 현 교육감 선거제도는 지난 선거 이전부터 이미 심각한 문제제기와 함께 그 개선방안들이 구체적으로 제시된 바 있다. 이제는 돈이 덜 들면서 일반행정과 교육행정간 정책과 재정의 실질적인 연계가 될 수 있도록 교육감 선거가 달라져야 한다.

이에 따라, 본고에서는 현행 교육자치 개혁의 연장선상에서, 그리고 지방자치와 교육자치의 연계를 강화하는데 있어서 가장 핵심적인 요소가 되는 교육감 선거제도가 그동안 어떤 문제점들을 제기했으며, 향후 어떻게 개선되어야 하는지를 논의해서 그 바람직한 방향과 대안을 제시하고자 한다.

II. 교육자치의 개념 및 연계논의

1. 교육자치의 개념

그동안 교육자치의 개념에 대해서는 매우 다양한 접근이 이루어지고 있음에도 불구하고, 교육사무라는 사무의 제한성을 제외하면, 지방자치의 개념과 다르지 않다. 원칙적으로는 교육자치의 개념도 지방자치의 개념에 근간을 두고 있으므로, 지방자치의 개념인 "일정한 지역의 주민들이 지방자치단체를 구성하여 그 지역 안의 공동문제를 자기부담에 의하여 스스로 처리하는 것(최창호, 2006: 43)"을 준용할 필요가 있다. 다시 말하면, 교육자치의 개념은 지방자치의 개념요소인 일정한 지역, 주체의 자주적 권한과 책임, 자주재원, 구성원 참여가 확보된 내용으로 규정되어야 한다. 이처럼 지방자치의 개념요소에 근거하여 교육자치의 개념을 규정하면, 다음과 같다. 즉, 교육자치는 "일정한 지역의 교육주체들이 당해지역의 교육사무를 자기부담에 의하여 스스로 처리하는 것 "으로 규정할 수 있다.

다만, 교육자치의 개념규정에서 자치단위의 차이는 크게 세가지로 분화되고 있는데, 그 내용을 보면 다음과 같다(이승종, 2004: 19). 첫째, 교육주체의 자치로 교육행정기구와 교육주체간 기능분리를 통해서 교육현장의 자율성을 확보하는 것이다. 즉, 교육자치는 교육의 주체가 교육행정기관의 획일적인 규제와 간섭으로부터 독립하여 법규의 범위 내에서 자기책임 하에 교육을 하도록 보장함으로서 교육목적을 효과적으로 달성할 수 있다는 시각이다. 둘째, 교육행정기관의 자치로 일반행정기관과 교육행정기관간 기능분권을 통해서 지방자치와 교육자치의 분리를 확보하는 것이다. 이러한 시각은 교육자치의 목적이 교육의 자주성과 전문성 및 중립성의 보장에 있으며, 이와같은 목적 달성을 위해서는 교육행정기관의 분리 및 독립형이 유리한 제도라는 점에 초점을 두고 있다. 셋째, 지방교육의 자치로 지방자치와 교육자치를 통합하되, 교육분권을 통해 중앙정부로부터 지방교육의 자율성과 중립성을 확보하는 것이다. 이와 같은 시각은 전술한 교육주체의 자치는 교육행정기관의 간섭으로부터 교육활동의 독립성 보장에 그리고 교육행정기관의 자치는 일반행정기관으로부터의 분리 · 독립에 초점을 둠으로써 교육자치 역시 지방자치의 부분이라는 점을 간과한다.

따라서, 교육자치의 본질적 요소인 분권과 참여 및 중립성의 일부 또는 전부를 소홀히 하여 종국적으로는 교육자치의 바람직한 발전을 저해하는 한계를 극복하기 위한 것을 강조하고 있다. 이와 같이 교육자치의 개념을 어떻게 정립하느냐에 따라 지방자치와 교육자치의 관계 및 교육감 선거제도의 방향이 달라진다.

〈표 1〉 교육자치의 개념유형

구분	교육주체의 자치	교육행정기관의 자치	지방교육자치
강조측면	교육행정기구와 교육주체간 관계	일반행정기관과 교육행정기관간 관계	중앙-지방관계
지향방향	교육주체의 자율성	교육영역의 독자성	교육의 자율성 지방자치 발전
일반-교육관계	통합	분리독립	통합
교육 특수성	강조	매우 강조	강조
분권의 성격	기능분권	기능분권	지역분권 기능분권
주요 참여자	교육주체	교육자	교육주체 및 주민
처방	교육현장의 자율성 보장	일반-교육행정의 분리 · 독립	교육의 지방분권

자료 : "교육자치와 일반자치의 연계강화방안", 금창호(2010, 11-12), 에서 정리한 도표를 재정리

본고에서는 교육자치의 개념을 지방교육자치에 기초하여 접근하는 것이 타당한 것으로 보고, 양자가 통합 내지 연계되기 위해서는 현행 교육감 선거제도의 개선이 선행되어야 한다는 것이 기본적인 논지다.

2. 지방자치와 교육자치의 연계논의

1) 행정계와 교육계의 기본적인 시각 차이

지방자치와 교육자치의 연계에 대한 행정계와 교육계의 시각은 시종일관 현저한 차이를 보이고 있다. 원칙적인 측면에서 보면, 지방자치와 교육자치에 대해 행정계의 다수가 조속한 통합을 요구하는 것에 비해 교육계의 다수는 분리를 전제한 협력을 강조하고 있다. 우선, 지방자치와 교육자치의 통합에 대한 지방자치단체의 입장은 다음과 같다. 「전국시장군수구청장협의회」와, 「지방분권국민운동본부」 및 「서울시의정협의회」 등에서 다소의 내용에

차이가 있지만, 공통적으로 지방자치와 교육자치의 통합을 주장하고 있다. 이에 비하여「전국교육위원협의회」는 지방자치와 교육자치의 통합을 반대하고, 단위학교의 자율성과 학교자치의 보장을 요구하고 있다.

〈표 2〉 교육자치에 대한 기존입장

구 분	내 용
자치단체 입장	■전국 시장군수구청장협의회 - 기초단위 교육자치 실시 지방자치와 교육자치의 조속 통합 ■지방분권국민운동본부 교육자치와 지방자치의 통합 ■서울시 의정협의회 의결기관의 일원화 집행기관의 연계강화(교육감 부단체장화)
교과기부 입장	■전국 교육위원협의회 - 지방자치와 교육자치의 통합 반대 - 교육위원회의 독립형 의결기구화 단위학교의 자율성과 학교자치의 보장

최근에 제시되고 있는 교육자치에 대한 행정계의 입장을 봐도 변화가 없음을 알 수 있다. 원칙적으로 지방자치와 교육자치의 통합을 기본적인 기조로 하되, 연계와 관련하여 제도적 개선을 주장하고 있다. 즉, 지방자치와 교육자치의 연계를 강화하기 위해서는 의결기관에서 교육위원회의 본회의 의결을 대체하는 특례제도를 폐지하고, 집행기관에서 교육감의 런닝메이트 또는 부단체장화와 국가직 공무원 부교육감의 지방직화가 수반되어야 한다는 것이다. 이처럼 행정계는 지방자치와 교육자치의 연계를 위해 현행 교육감 선거제도의 근본적인 개선에 초점을 두고 있다.

이에 비하여 교육계는 교육자치에 대해 다음과 같은 입장을 견지하고 있다. 기본적으로 지방자치단체와 달리 지방자치와 교육자치의 통합보다는 상호연계 및 협력에 초점을 두고 있다. 이에 따라 지방자치와 교육자치의 연계 및 협력을 강화하기 위한 조치로 지방교육행정협의회 법제화, 교육지원의 법적 근거마련, 평생교육추진체계 정비 등의 장치를 활성화해야 한다는 것이다. 물론 현행 교육감의 주민직선제는 기본적으로 유지되어야 한다는 입장이다. 결국, 교육과학기술부는 지방자치와 교육자치의 연계를 강화하기 위한 전략으로 선거제도같은 근본적인 제도적 개선보다는 다양한 소프트웨어를 활용하자는 것이 기본 입장이었다.

〈표 3〉 연계에 대한 양자의 입장

구분	지방자치단체	교육과학기술부
주요내용	· 교육위원회 특례제도 폐지 · 교육감 부단체장화 · 부교육감 지방직화	· 지방교육행정협의회 법제화 · 교육지원의 법적 근거 마련 · 평생교육추진체계 정비
접근전략	· 제도개선	· 소프트웨어 적극 활용

이처럼 교육자치에 대해 행정계와 교육계가 상호 상이한 입장을 견지하는 주된 이유는 다음과 같은 논거에 기초하고 있다. 행정계는 지방자치와 교육자치를 통합하여 지방자치단체장에게 지방교육에 관한 최종 책임을 일원적으로 부여함으로써 행정의 신속성과 능률성을 확보하고, 자치단체가 교육업무에 직접 관여함으로써 독립된 조직보다 강한 추진력이 담보할 수 있다는 것이다. 뿐만 아니라 [지방자치법] 제9조에 따르면, 교육 · 체육 · 문화 · 예술의 진흥에 관한 사무를 지방자치단체의 사무로 규정하고 있으며, 집행기관의 분리 설치 규정([지방자치법] 제 112조)에도 불구하고, 교육사무는 원칙적으로 지방자치단체의 사무라는 것이다.

이에 비해 교육계는 지방자치와 교육자치를 분리해서 교육감을 지방교육의 수장으로 독립시킴으로서 교육에 대한 최종 책임을 부여하며, 지방교육의 정치적 중립성을 보장하고, 교육의 특수성과 전문성을 확보하기 위해 반드시 필요하다는 입장이다. [지방교육자치에관한법률] 제1조에도 "교육의 자주성 및 전문성과 지방교육의 특수성을 살리기 위하여 지방자치단체의 교육·과학·기술·체육 기타 학예에 관한 사무를 관장하는 기관의 설치와 그 조직 및 운영 등에 관한 사항을 규정함으로써 지방교육의 발전에 이바지한다"고 하여 지방자치와 교육자치의 분리에 관한 법적 근거가 명확하다는 입장이다.

2) 역대 정부들의 정책적 지향

교육자치에 대한 행정계와 교육계의 상반된 시각과는 달리 정부의 정책적 목표는 원칙적으로 지방자치와 교육자치의 통합에 초점을 두어 왔다. 다만, 지방자치와 교육자치의 통합에 대한 교육계의 강력한 저항을 고려하여 단계적 통합정책을 견지하여 왔다. 참여정부에서 추진한 교육자치에 관한 정책내용을 보면 다음과 같다(정부혁신지방분권위원회, 2004). 당시의 교육자치에 대해 지방행정과 교육행정의 분리에 따라서 지역교육의 역량이 분산될 뿐만 아니라 지방교육에 대한 종합적 접근이 부족하고, 학교부지 확보·유해환경 규제·급식 등에 대한 지방정부의 협력이 부재하며, 지방교육에 대한 책임이 분산되는 것으로 진단하였다. 이에 따라 교육자치의 개선정책으로 분리된 의결기능의 한계를 개선하기 위하여 지방의회에 교육특별위원회의 설치로 통합을 도모하고, 교육감 선임에서 시·도지사와 교육감의 연계를 강화하며, 기초단위의 교육자치를 실시하는 것으로 확정하였다. 특히, 교육자치의 실시단위를 기초로 하는 것을 제외하면, 의결기능의 통합과 집행기능의 연계강화 등 원칙적으로 지방자치와 교육자치의 통합에 높은 비중을 두었다. 그러나 현실화되지는 못하였다.

이명박 정부 역시 교육자치의 개선에서는 전술한 참여정부와 정책적 방향을 같이 하고 있다. 「지방분권촉진위원회」를 중심으로 교육자치의 개선을 위한 「교육자치제도개선 소위원회」를 설치하고, 교육자치에 대한 이명박 정부의 정책내용을 수립하였다(지방분권촉진위원회, 2010). 동 위원회에서 논의된 결과에 따르면, 현행의 교육자치는 참여정부에서 진단한 문제점을 그대로 갖고 있는 동시에 교육분권도 충분치 못하다는 것이었다. 이에 따라 교육자치의 개선을 위하여 원칙적으로 교육분권의 확대와 지방자치와 교육자치의 통합을 목표로 하되, 단기적으로는 양자간 연계를 강화하는 정책적 노력을 집중하는 것으로 결정하였다. 교육감 선거제도의 개선도 양자간의 연계 강화를 전제로 그 구체적인 대안이 검토되고 있다.[2]

이처럼 참여정부와 이명박 정부의 교육자치에 대한 정책내용을 보면, 추진전략의 탄력성에도 불구하고 지방자치와 교육자치의 통합에 초점을 두는 공통성을 보이고 있다. 참여정부는 기초단위의 교육자치 실시를 그리고 이명박 정부는 교육분권의 확대를 추가적인 정책으로 포함하고 있으나 양 정부간에 일관되게 유지되는 정책내용은 지방자치와 교육자치의 통합을 달성하는 것이었다.

〈표 4〉 교육자치에 대한 정부정책 기조

구분	정책기조
참여정부	의결기능의 통합 교육감 임명의 시 · 도지사 연계강화 방법마련 기초단위의 교육자치 실시
이명박정부	교육분권의 확대 지방자치와 교육자치의 통합 단기적으로 일반자치와 교육자치의 연계 강화 교육감 선거제도의 개선

2 지방분권촉진위원회, 「지방분권촉진위원회 제56차 회의 안건」, 2012년 6월 27일, pp.28~30.

III. 교육감 선거제도의 역사적 변천과 외국의 제도

1. 교육선거제도의 역사적 변천

우리나라의 교육자치제도는 교육감의 선출방식의 상당한 변화 속에서 이루어졌다. 즉, 임명제, 간선제, 직선제의 변화를 여러 번 가져왔다. 그 과정에서 법률과 제도상의 정당성이 실제와 어떤 차이점이 있는지 확인할 수 있다. 그 추세와 특징을 정리하면 다음과 같다(최진혁, 2010:89-93).

1) 1952.4-1961.12 / **임명교육감 시기**

교육감은 특별시, 시에 두었고, 교육위원회의 추천(시의 경우 도지사 경유)과 문교부장관의 제청으로 대통령이 임명하였다(근거 : 1949년 교육법). 특별지방자치단체인 군교육구에 독임제 집행기관으로서 교육감[3]을 두었다. 당시 임명제 교육감은 일부 교육감이 역량부족으로 교육행정을 원활히 수행하는데 한계를 드러내어 교육자치 폐지론의 빌미를 제공하는 이유가 되기도 하였다.

2) 1961.5-1963.12 / **교육감 폐지시기**

5.16 군사혁명으로 특별지방자치단체였던 군교육구가 폐지되고 그 기능이 군에 통합되었다. 그리고 시교육위원회도 폐지되어 그 기능이 시에 통합되었다. 따라서 교육감이 담당하던 업무는 교육국장, 교육과장이 담당하게 되었다.[4]

---

3 현 교육장에 해당. 교육공무원법 개정법률(법률 956호, 1962.1.6) 제6조 교육감을 교육장으로 변경하여 그 자격기준을 밝히고 있다.

4 '도와 서울특별시의 행정기구에 관한 건'(각령 제233호, 1961.10.6) 제2조, 제3조는 도와 서울특별시에 교육국을 두어 교육, 교육공무원의 인사, 교육비, 특별회계의 관리와 집행, 교육과 문화시설의 관리, 과학, 기술, 체육, 출판, 저작권과 기타 문화학예에 관한 사무를 분장하도록 하였다.

3) 1964.1-1991.2 /교육위원회 추천으로 문교부장관의 제청으로 대통령이 임명하던 시기(임명교육감 시기)

제3공화국 정부가 교육자치의 중요성을 인지하여 그 실행을 담보로 1963년 11월 교육법이 개정됨에 따라 지방자치단체의 교육 · 학예에 관한 사무의 집행기관으로서 시 · 도에는 합의제 집행기관인 교육위원회가, 시 · 군에는 독임제 집행기관인 교육장이 각각 구성되었다. 그리고 서울특별시와 부산시에는 교육위원회의 하급집행기관(교육청)을 둘 수 있도록 하였다(구교육법 제15조). 교육감은 '학식과 덕망이 높고 교육 또는 교육행정경력이 있는 자'중에서 당해 교육위원회의 추천에 의하여 문교부장관의 제청으로 대통령이 임명하도록 하였다. 교육장은 시 · 군의 독임제 집행기관으로서 교육공무원법이 정하는 자격기준에 해당하는 자 중에서 교육감의 제청으로 문교부장관을 경유하여 대통령이 임명하도록 하였다.

4) 1991.3-1997.12 /교육위원회가 교황식선출방법(무등록, 무추천, 비공개)에 의한 교육감 선출시기(교육위원회의 간선제)

1988년 4월 전면 개정된 '지방자치법'에 따라 교육부는 지방교육자치의 실시를 위한 법적 근거를 마련한다는 취지에서 교육법을 개정하였다. 이에 따라 교육 · 학예에 관한 제한적 의결기관인 교육위원회와 집행기관인 교육장을 두게 되었다. 그러나 기초단위 지역까지 교육자치제를 시행하는 것이 타당한가에 대하여 많은 비판이 있었고, 따라서 광역단위 교육자치만을 인정하는 '지방교육자치에 관한 법률'을 제정 · 공포하게 된다(1991.3.8). 교육감은 당해 교육위원회에서 무기명투표로 선출하는 교육감 선출방식은 추천이나 출마의 과정이 없어서 후보자의 포부나 소신을 알 수 있는 기회가 없고, 적절한 후보자를 모색하는 과정에서 음성적인 거래나 부작용이 발생하는 문제가 있었다. 당시 교육감 후보 등록이나 후보추천제를 채택하는 경우 교육자 집단 내에 선거 열풍이 불어서 각종 선거비리가 발생할 것을 우려하여 이러한 교황선출제 모델(무등록, 무추천, 비공개의 선출방식)을 채택하였다고 하나, 실제적으로 금권타락선거로 이어져 이론과 실제의 괴리를 확인한 선거였다는 평가를 받았다.

5) 1998.1-2000.2 / 학교운영위원회 선거인과 교원단체 선거인으로 구성되는 선거인단에 의한 교육감 선출시기(선거인단에 의한 간선제)

교육위원회가 선출하던 교육감을 1998년부터 각급 학교에 설치된 학교운영위원회에서 선출한 선거인(학교당 1인)과 교육단체에서 추천한 선거인(학교운영위원회선거인 총수의 100분의 3)으로 구성된 교육감선거인단에서 무기명투표로 선출하는 방식으로 전환되었다. 교육위원도 동일한 방식으로 시·도교육위원 선거인단을 구성하여 선출하였다. 교육감은 교육감선거인단에서 무기명투표로 전체 교육감선거인 과반수의 찬성을 얻은 자를 당선자로 하였다. 교육감의 자격은 교육경력 또는 교육행정경력이 5년 이상으로 대폭 줄어들었다. 이러한 교육감 선출방식은 교육위원회에 의한 간선제의 문제점을 보완했다는 점에서는 의미가 있었으나, 선거인 수가 적어(교원단체 선거인수가 학교운영위원회 선거인수 중 3/100으로 하여 교원들의 참여비중 매우 낮았다) 금품수수 등이 용이하여 공정선거에 어려움이 있고, 선거운동의 제한으로 후보자 검증 기회가 부족하며, 교육위원회 의사국의 전문성 부족과 인력제한으로 선거관리능력에 한계가 있다는 점이 문제로 지적되었다(고전·김이경, 2003). 이에 따라 선거인단의 확대가 제기되었고, 가장 유력한 대안으로 학교운영위원회 위원이 부상하였다.

6) 2000.3-2006.12 / 학교운영위원회 구성원 전원을 선거인단(간접선거)으로 하는 교육감 선출시기

종전의 학교별 각 1인의 학교운영위원회선거인 및 교원단체선거인을 선거인단으로 하였던 것을 교육위원, 교육감 선거인 증원을 위하여 학교운영위원회 구성원 전원을 선거인단으로 하였다. 학교운영위원회 구성의 일반적 비율은 학부모위원 40-50%, 교원위원 30-40%, 지역위원 10-30%로 하였다. 교원의 참여비율을 상향 조의 참여비율을러한 교육감 선출방식은 종래의 선출제도에 비하여 대표성이 확보되었고, 투표율이 높아졌다는 장점이 있으나, 선거인단의 구성 측면에서 선거인단이 여전히 규모가 작아 부정선거가 빈발하고, 학교운영위원의 구성과정에서 대표성을 확보하점이못하며, 학교운영위원회가 의츠적 도구로 이용원회는 문제출제과반수득표 및 선거운동의 제한 등이 문제점으로 지적되었다(강인수 · 김성기, 2005).

7) 2007.1-현재 / 주민직선제에 의한 교육감, 교육의원 선출시기

그간 간선제 방식으로 선출되던 교육감과 교육의원을 모두 주민직선제로 선출하게 하였다.[5] 일반행정과 교육행정의 의결기관을 통합하기 위하여 교육위원회를 지방의회의 상임위원회로 전환하였다. 그리고 교육의원들이 교육상임위원회의 과반수 이상을 차지하도록 하였고, 교육의원과 교육감은 정치적 중립을 지키도록 하였다.[6] 이것은 교육계에서 간선제에 의한 교육감 선출방식의 대안으로 오랫동안 주장해왔던 방안이었다(강인수 · 김성기, 2005; 노종희, 2002; 윤정일 외, 1996). 교육계가 주민직선제를 선호한 이유는 다음 두 가지 입장으로 구분할 수 있다. 하나는 교육감 및 교육위원의 주민대표성이 부족하다는 비판에 대한 반작용으로, 이들을 주민들이 직접선거하면 교육감과 교육위원의 주민대표성이 확고해져 교육자치를 흔들지 못할 것이라고 생각하는 교육자치 강화론자의 입장이다. 다른 하나는 학교운영위원들이 교육감 및 교육위원을 선출하다보니 학교운영위원에 대한 교장의 영향력 때문에 진보세력

5 2006년 『지방교육자치에 관한 법률』의 개정으로 2007년부터 2009년까지 교육감 잔여임기가 1년 이상 남은 지역에서 부분적으로 주민직선제가 실시되었고, 2010년 6월 2일 전국적으로 동시에 16개 시 · 도교육감을 선출하는 주민직선제가 역사상 처음으로 실시되었다.

6 정당추천 안받는 교육감 후보들은 기호가 없어 투표용지 게재순위를 결정하는 추첨에 온갖 신경을 쓸 수 밖에 없다. 지역별로 정당이나 후보에 대한 선호도가 분명할 경우 교육감 후보들도 순서에 따라 '어부지리(漁父之利)'할 수 있는 가능성이 커졌다. 따라서 '로또'당첨으로 간주되었다.

들이 진출하는데 어려움이 있다는 인식 하에 주민직선제 도입을 통해 진보세력의 입지를 강화하자는 진보진영의 입장이다(송기창, 2009: 55-56). 당시 정부의 입장은 시 · 도지사와 교육감의 러닝메이트 또는 시 · 도지사 임명제였으나 법률 개정과정에서 교육위원회를 시 · 도의회와 통합한 것에 대하여 일종의 '대가'로 주어진 측면도 없지 않다(송기창, 2009: 33).

3. 2010년 교육감 선거제도의 개편

2010년 교육감 선거를 위해 다양한 개편 노력이 있어 왔다. 지난 제18대 국회에 발의된 개정안은 총 24건(제17대의 경우 19건 중 3건 의결됨)으로 이들 중 15건이 2010년 2월 법 개정으로 대안폐기 된 바 있다. 선출방법과 관련하여서는 비례대표 교육의원제, 지방의원 대체제(일몰제)등이, 정당 가입제한은 폐지안, 2년 제한 유지안, 1년 제한, 6개월 제한 방안 등이, 그리고 후보자의 교육경력은 폐지안, 5년 유지안, 학운위 위원 및 교육단체 상근경력의 포함 주장 등 각 단체의 이해관계에 따라 다양하게 제기된 바 있다. 이후 국회에서 통과(2010.2.10, 221명 재석 148명 찬성)된 개정안은 다음과 같다.

〈표 5〉 2010년 2월 지방교육자치법 개정안 개요

개정 사항	주요 내용
후보자 교육 및 정당 경력 제한의 완화	· 정당원 경력제한은 1년으로 완화하고, 교육경력은 5년으로 완화 · 시 · 도 교육위원 경력자와 재직 교육위원으로서 경력 인정
주민소환제 도입 신설	· 주민소환에 관한 법률의 도의회의원 및 도지사에 관련 규정 준용
퇴직사유 관련규정 신설	· 겸직금지 의무위반, 피선거권 상실, 정당의 당원이 된 때 등으로 규정
선거구 확정규정 명확화	· 교육의원은 인구, 행정구역, 교통 고려 소선거구, 교육감은 시도단위
선거의 정치적 중립성	· 정당은 후보추천 불가, 후보자 역시 정당의 지지 · 추천 표방 금지
입후보 제한 관련 신설	· 현직 교육의원 및 교육감이 그 직을 가지고 입후보하는 경우 외에, 다른 선출직 공직자는 그 직을 가지고 입후보할 수 없음
투표용지 차별화 신설	· 후보자의 성명을 표시하고 기호는 표시하지 아니하도록 함
공직선거법 준용규정 신설	· 교육의원은 공직선거법 중 지역구 시 · 도의회의원 선거규정 준용 · 교육감은 시 · 도지사에 관한 규정을 준용함(준용규정을 열거함)
정치자금법 준용규정 신설 (후원회 허용)	· 교육의원은 정치자금법 중 지역구시 · 도의회의원 선거규정 준용 · 교육감은 시 · 도지사 선거규정 준용하며, 음성적 선거비용 모금 제한 · 교육감후보자의 경우 후원회를 지정하여 후원금을 모금할 수 있음
교육의원 선거 일몰제	· 교육위원회 설치 및 교육의원 선거규정은 2014.6.30일까지만 효력

지난 국회에서 당시 이시종 의원 등은 확대된 선건인단제를, 김세연 의원은 아예 선출방법을 시 · 도에 맞기는 조례위임제를, 정희수 의원 등은 시도의회 동의를 거친 시도지사 임명제를, 이철우 의원은 시도지사 공동출마(러닝

메이트제)안을, 그리고 원유철 의원 등은 러닝메이트제 혹은 선거권자 추천방식 병행제를 제안하기도 했다. 그런가 하면 2012년 4월에 치러지는 세종시 교육감 선거를 앞두고 국회행정안전위 이인기 위원장은 세종시장 후보와 교육감 후보의 공동등록제를 도입하는 내용의 '세종특별자치시 설치특별법 개정안'을 발의했으나 처리되지는 못했다.

개정안의 핵심사항은 세종시장 후보와 교육감 후보가 공동으로 후보자 등록을 할 수 있도록 하고, 교육감 후보의 기탁금과 선거비용 제한액, 선거운동원수를 현행의 50%로 하향조정한다는 내용이다. 또 교육감 후보와 시장후보가 공동 등록한 경우 선거벽보, 선거공고, 선거공약서에 공동등록 사실을 기재하고, 교육감 후보의 투표용지에는 시장 후보와 동일한 기호를 기재하도록 하는 내용도 포함됐었다. 공동등록제는 교육감 후보와 시장후보가 공동으로 후보자등록을 하고 함께 선거운동을 하는 방식으로 시장 후보가 교육감 후보를 지명하는 러닝메이트제와는 다르다.

앞서 살펴본 바와 같이, 교육감 선출방법은 지난 60여년 동안 당시의 정치적 배경에 따라 다양하게 변천되고 제안되어 왔다. 그러나 교육감 임명제를 실시하던 지방자치 이전의 40여년과 1991년 지방자치 실시와 더불어서 교육감 간선제를 실시한 16년 동안에는 교육감 직선제의 도입이 지방교육자치제의 도입 및 개혁의 중심이었다. 그 결실이, 2007년 부산에서부터 시작된 교육감 주민직선제로 나타난 바 교육감선거 제도의 변천은 점차 주민대표성을 높여온 개정이었다. 2010년의 개정에서도 정당후보 제한 기간을 2년에서 1년으로 단축하거나 교육공무원으로서 경력조건을 삭제하고, 2014년부터는 경력자체를 요구하지 않거나 후원회제 및 주민소환제를 도입하였다. 모두 주민통제의 원리를 강화한 방향이며 아울러 전문직 관리의 원칙은 다소 후퇴한 법 개정이었다고 할 수 있다. 따라서, 앞으로 교육감 주민직선제를 정착시켜서 지방자치와 교육자치를 연계시키는 일, 아니면 지방자치의 큰 틀 속에 교육자치를 통합시키는 방향에서 교육감 직선제를 폐지하는 일이 교육자치와 교육선거에서 주민대표성과 주민통제를 강화하는 차원에서 볼 때, 서로 다른 해결 방안이라고 볼 수 있다.

2. 외국의 제도

국가마다 교육자치제의 내용과 환경, 전통이 다르고, 교육감의 명칭과 역할 또한 국가마다 차이가 있다. 여기에서는 '광역단위의 교육행정 최고 책임자'에 해당하는 직위를 교육감으로 하고, 그 선출방식을 살펴보면 다음과 같다. 우리나라는 역사적으로 교육행정과 일반행정이 분리된 지방교육행정체제를 발전시켜 왔으나, 많은 외국에서는 일반행정과 교육행정이 통합되어 있고, 일반행정체제에서 교육감을 임명하고 있다. 주요국의 교육감 선출방식을 개괄하여 비교하면 〈표 6〉, 〈표 7〉, 〈표 8〉과 같다.

〈표 6〉 주요국의 교육감 선출방식

국가	교육감 선출방식	일반행정과 교육행정의 관계
일본	지방자치단체장 임명	통합
영국	지방의회 임명	통합
프랑스	대통령 임명	분리
독일	지방자치단체장 임명	통합
핀란드	지방자치단체장 임명	통합
미국	주마다 다름(임명 또는 선거)	주마다 다름(통합 또는 분리)

〈표 7〉 교육감 선거제도

국가	행정구역	교육감(교육장)제도
미국	주	■ 3가지 방식으로 교육감을 선출함 -주교육위원회 임명(25개 주) -주지사 임명(11개 주) -주민직선(14개 주)
일본	광역	■ 교육위원회가 교육위원 중에서 교육장을 임명함 ■ 최근 교육장 공모제를 실시한 사례도 있음
독일	주	■ 교육장은 주 교육부장관이 임명함 -주교육부장관은 주지사가 임명함
영국	광역	■ 광역단위 지방교육행정기관은 없음
	기초	■ 기초단위 교육감은 LEA(지방교육행정 집행 및 의결기구)가 선임함
프랑스	학구	■ 학구의 교육감은 대통령이 임명함 -광역 일반행정구역인 지역(Region:레종, 총22개)과 해외에 교육행정구역인 학구(30개)를 별도로 설치함

〈표 8〉 미국의 주별 교육감 선출방식 변화

(단위 : 주)

구분	1910	1930	1950	1973	1983	1992	2008
교육위원회 임명	4 (9%)	8 (17%)	13 (27%)	23 (46%)	27 (54%)	26 (52%)	24 (48%)
주지사 임명	7 (15%)	7 (14%)	6 (13%)	5 (10%)	5 (10%)	9 (10%)	12 (24%)
선거	33 (72%)	33 (69%)	29 (60%)	22 (44%)	18 (36%)	15 (36%)	14 (28%)
기타	2* (4%)	·	·	·	·	·	·
합계	46	48	48	50	50	50	50

자료 : McCarthy, M., Langdon, C., Olson, J. (1993: 21),
CCSSO: http://www.ccsso.org(2008년 검색결과)
* 주의회 임명 또는 전임 교육감 지명

외국의 사례를 통해 얻는 시사점은 다음과 같다. 첫째, 교육감 선출방식은 국가마다 다양하며, 심지어 한 국가 내에서도 지역에 따라 상이한 제도를 실시하고 있다는 사실이다. 하지만, 주요 선진국들은 각국의 교육 및 정치체계에 적합한 방식으로 정착시켜왔다는 교훈을 얻을 수 있다. 지방자치단체의 장이나 교육위원회 등이 임명하는 방안이나 일본에서 시범도입 중인 공모제 등이 그것이다. 둘째, 교육감 선출방식은 교육의 지방분권을 강화하는 방향으로 그리고 교육자치가 지방자치의 큰 틀 속에서 자리매김하는 방향으로 개선이 이루어져 왔다는 점도 우리나라가 참고할 필요가 있다. 또한, 일반 행정기구와 교육행정기구는 프랑스와 미국의 일부 주를 제외하고는 양 기구가 통합되어 있다. 그리고 주요 선진국 교육감 선거제도는 그 임명주체는 다양하지만 대체로 임명제를 채택이 증가하고 있는 공통점이 있다. 영국은 지방의회, 프랑스는 대통령이 교육감을 임명한다. 독일 과 핀란드, 일본은 지방자치단체장이 임명한다. 특히, 교육감 선거가 지방선거와 함께 실시되는 국가는 거의 없다는 점도 우리에게는 큰 시사점이 되고 있다. 즉 교육의 정치적 중립성이 강조되고 있는 상황에서 정당공천제가 전면 실시되고 있는 지방선거에서 유일하게 정당공천에 배제되어 있는 교육감 선거를 전국이 동시에 치르는 것은 외국의 사례에 비추어 볼 때 무리가 아닐 수 없다.

Ⅳ. 교육감 선거의 실태와 문제점

지난 교육감 선거는 나름 정치적 중립성을 보장하기 위한 성과도 있었다고 본다(고전, 2010:7-8). 교육감 및 교육의원선거에서 정당이 후보를 낼 수도 없었고, 후보자 역시 선거전 1년간은 정당인이어서는 안 되는 정치적 중립성도 요청되었으며, 선거 당일 지방공직자들 선거와 차별화하여 교육감 및 교육의원 선거를 먼저 하도록 하였고, 정당기호와 혼돈하지 않도록 치렀다는 점을 성과로 꼽고 있다. 그러나 아직은 성과보다 문제점이 많은 선거로 평가할 수밖에 없을 것이다. 종합적으로 평가할 때, 유권자의 입장에서 지난 교육감 선거에서 나타난 문제점들을 정리해 보면 다음과 같다.

우선, 교육감 선거에 들어가는 엄청난 선거비용이 가장 큰 문제점으로 나타났다. 지방교육자치법 개정을 통하여 교육감은 시 · 도를 단위로 각 1명씩 주민이 직접 선출하도록 규정하였다. 그리고, 교육관련 선거에 관하여는 지방교육자치법에서 규정한 사항을 제외하고는 「공직선거법」의 규정을 준용함에 따라 교육감선거에 있어서는 시 · 도지사에 관한 규정을 준용하도록 하였다. 특히 교육감선거에 관하여는 「정치자금법」의 시 · 도지사선거에 관한 규정을 준용하도록 하여 교육감선거 후보자는 후원회를 두고 후원금을 모금할 수 있도록 함으로써 투명한 정치자금조성을 위한 제도적 기반을 마련하였다. 즉 후원금은 후원회를 통해 모금할 수 있고 경비를 제외한 뒤 후보자에게 기부하면 후보자는 이 후원금으로 선거비용이나 보전대상이 아닌 부분에 합법적이면 자유롭게 지출할 수 있도록 하였다.

그러나, 선거에 드는 엄청난 비용에 대한 고려가 부족하였다. 무엇보다도 교육감 선거의 경우 지방의원 선거와 달리 정당의 지원이나 기부금을 받을 수 없고 댓가성이 없는 개인적 채무에 의해서만 자금조달이 가능하다. 비록 교육감 출마후보는 법정선거비용의 50%까지 후원금을 모을 수 있지만, 모금기간이 후보 등록일부터 투표일 직전까지만 할 수 있어 상한액을 다 모금하하다. 비불가능에 가깝다. 또한, 후원회가 활성화되지 못한 까닭에 대부분 전체 선거비용의 10% 미만의 후원금을 거둬 선거비용 마련 등에 상당한 어려움을 겪은 것으로 알려졌다

따라서 후보로 등록하기 위해 내야 하는 기탁금 5천만원과 선거기간 쓸 수 있는 법정 선거비용 수십 억 원은 고스란히 출마자의 몫이다. 물론 이 돈은 후보자의 득표율에 따라 전액 또는 일부를 보전 받을 수 있지만[7] 개인이 선뜻 출마를 결심하기에는 부담이 가는 벅찬 금액인 것만은 사실이다. 특히 교육감 선거의 경우 시 · 도 전역을 대상으로 해서 고비용이 들 수밖에 없는 구조인

7 15% 이상 득표자는 선거비용 전액보전을, 10~15%미만은 반액을 보전 받는다.

만큼 다음 선거까지 이 같은 문제를 해결하는 방법을 찾는 것도 주어진 과제 중 하나다. 무엇보다도 선거운동 기간에 합법적으로 지출해도 법정선거비용이 아닌 과목은 단순 '정치자금'으로 분류돼 국고지원을 못 받는 비용(유류비나 사무실임차비 등)이 상당하여 후보자 개인의 재력이 충분치 않으면 주변에 신세를 질 수밖에 없고 이런 부분들이 자칫 비리로 이어질 수도 있는 만큼 개선책이 마련돼야 한다.

둘째, 후보자를 개별적으로 알 수 있는 기회를 갖기가 물리적으로 불가능하여 선거광고물속에 나타난 정보나 플랜카드에 제시된 정책공약을 보고 불완전한 정보를 바탕으로 객관식 선택을 해야만 하였다. 자치란 개인의 인격이나 품성, 성과를 말만이 아니라 삶과 경험을 통하여 알 수 있는 규모에서 가능한 것이다. 또한 일반, 교육선거를 통합하여 1인 8표제의 동시 선거를 하다 보니 후보자를 판단하는데 어려움이 있었다.

셋째, 교육선거는 정당공천이 배제되어 투표용지에 후보이름만 기호 없이 기재되어 있어서 유권자입장에서 어려움이 있었다. 또한 추첨을 통해 순번을 정하기 때문에 1번이나 2번으로 투표용지 위쪽에 등재하는 후보가 유리한 선거가 되고 말았다. 16명의 교육감 당선자 중 첫 번째 기재된 경우는 6명(37.5%), 두 번째는 4명(25%)으로 전체의 63%에 이른다. 지난 6 · 4지방선거에서는 교호순번제를 도입했으나 그 효과는 그렇게 크지 않은 것으로 평가되고 있다.

넷째, 후보자의 공약을 보면, 교육정책의 이념적 선택이 보여 진다. 즉, A 후보자의 공약은 보수의 교육정책이고 B후보의 공약은 진보의 정책공약이란 것이 보였다. 따라서 유권자의 입장에서는 자신의 정치적 선호에 따라서 후보자를 선택하게 되고, 결과적으로 유권자는 정치적인 지지 혹은 정치적인 선택을 하지 않을 수 없도록 하였다. 교육선거는 정치적 중립이란 기준이 있었지만, 유권자 개인의 입장에서 보면, 이미 정치적 선택을 하게 되었던 것이다. 후보자의 선거공보도 어떤 후보는 파랑색 배경을 사용한다든지, 어떤 후보는 노란색 배경을 사용함으로써, 후보자도 어느 정도 자신의 정당선호를 표현하고 있었다. 즉 정치적 중립성이라고 하여 정당공천을 직접 받지 않고, 2년 동안 정당가입을 하지 않도록 하였지만, 간접적으로 정당의 영향을 받고 있는 선거였다고 보여 진다.

다섯째, A교육이념을 지지하는 후보들은 후보단일화에 어려움이 있어서 각각 개인적인 행동을 한 반면에 B교육이념을 지지하는 후보들은 후보단일화를 통하여 유권자의 선택이 B후보로 집중됨으로써 분산된 투표를 한 A교육이념을 지지하는 유권자들의 표가 사표화되었다. 선거후에도 상이한 교육이념에 의한 대립이 선거에서 나타나서, 교육정책 집행과정에서 분열된 시민들의 교육에 대한 입장을 조정하고 방향을 잡아가는데 어려움이 컸다. 특히 중앙정부의 교육정책방향이나 이념과 지방정부 교육감이나 교육위원들의 교육정책방향이나 이념이 대립될 경우에는 중앙정부-지방정부간의 갈등양상이 나타난 바 있다.

그 밖에도 교육선거와 교육자치는 지방정부의 교육정책을 가장 잘 수행할 수 있는 대표자와 집행자를 뽑는 선거로서 중앙정치의 영향을 받지 않아야 하는데, 실제로는 전국동시지방선거로 치러진 교육감 선거가 중앙정치에 대한 중간평가로서의 성격으로 해석되었다. 따라서, 중앙정부에 대한 반대의 표시로서 교육선거를 행하게 되어, 지방교육자치의 취지를 무색하게 만들었다.

Ⅴ. 교육감 선거제도의 개선방안

지금까지 교육감 선출제도는 여러 가지 방식을 경험하였고, 또한 새로운 방식들이 다양하게 논의되었다. 예컨대, 지난 정부들에서 검토했던 교육감 선출방안은 첫째, 러닝메이트제, 임명제, 주민직선제, 선거인단 확대방안 중 시 · 도 조례로 선택하게 하는 방안, 둘째, 시 · 도지사와 러닝메이트로 주민직선하는 방안, 셋째, 시 · 도지사가 시 · 도의회의 동의를 얻어 임명하는 방안, 넷째, 주민직선으로 선출하는 방안, 다섯째, 선거인단을 유지하되 선거인단을 확대하는 방안 등이었다(이기우, 2004). 이러한 선행 논의와 연구, 외국 사례, 지방자치의 주역인 시 · 도의 인식[8] 등을 바탕으로 다양한 대안들을 모색할 수 있는 바, 본 연구에서는 크게 현행 제도를 유지 · 보완하는 대안과 현행 제도를 개선하는 대안으로 구분하였다.

1. 현행 제도를 유지하는 대안

교육감에 대한 현재의 주민직선제는 앞서 살펴본 바와 같이 기본적으로 몇 가지 문제점이 여전히 내재하고 있다. 첫째, 넓은 의미의 주민대표성은 있다고 하더라도 4년 임기동안 직접 교육감의 교육정책과 관련되지 않는 유권자들이 참여함으로써 직접적으로 관계되는 학부모나 학생들의 이해가 반영될 수 있는 가능성을 상대적으로 낮추는 문제가 있다. 둘째, 교육행정에 불가피하게 관련될 수밖에 없는 일반자치단체와의 협력이나 연계관계가 형성되지 않을 수 있으며, 그 결과는 고스란히 교육정책의 수혜자들인 학생들에게 갈 수 밖에 없다. 두 단체장을 같이 주민직선으로 함으로써 이념적으로나 정책방향 면에서 두 단체장이 충돌하는 경우, 협력과 연계관계가 형성되지 않을 수 있다는 점이다. 셋째, 지금과 같은 동시선거하에서는 주민들의 선거관심이 모두 자치단체장에게 집중되는 현상을 가져오게 되어 상대적으로 교육감후보자에 대한 관심도가 떨어지며, 이러한 현상은 여전히 교육감 후보자에 대한 정확한 정보나 지식이 없이 투표하는 경향으로 이어질 수 있다는 점이다. 넷째, 외국의 경우를 보더라도 미국의 일부 주를 제외하고는 지방자치 선진국의 경우 우리나라처럼 교육감에 대한 주민직선제를 유지하는 나라를 찾

8 지방분권촉진위원회가 2011년 11월 7일부터 23일까지 전국 16개 시 · 도를 대상으로 교육감 선출제도 개선방안에 관해 조사한 「시 · 도 의견수렴 보고서」에 의하면, 교육감 임명제를 선호한 시도가 5곳(여론 수렴 등 심층적 검토 필요를 제시한 1곳, 세종시 시범시행 후 확대 1곳 포함), 러닝메이트를 선호한 시도 4곳, 기타 의견을 제시한 시도가 5곳으로 나타났다. 기타 교육수요자의 공감대 형성, 사회적 합의 등 신중한 검토가 필요하다는 의견 2곳, 각 선출 방법별 장단점 제시의견 1곳 그리고 의견없음이 2곳으로 나타난 바 있다.

아보기 어렵다는 점이다. 그리고 미국의 경우도 주민직선제를 유지하는 주의 수는 계속 줄어들고 있다. 다섯째, 우리 나라의 제도변천과정에서 보더라도 제도를 통해서 국가나 지역사회의 분열보다는 통합을 지향해 나가는 방향에서 제도 설계를 고려해 볼 필요가 있다는 점이다. 현재처럼 일반자치단체의 직선제와 교육감의 직선제를 병행하는 경우는 지역사회 내에서 분열과 갈등의 소지를 더욱 양산하는 결과를 초래할 수 있다고 본다. 따라서, 현행 제도를 유지하려면 교육감 선거방법과 시기 등에 대해서 대폭적인 개선이 이루어져야 할 것이다.

2. 현행 제도를 개선하는 대안

1) 시 · 도지사와의 러닝메이트제

광역교육행정에 대한 교육감선거를 위하여 단체장과 러닝메이트로 선거에 임하는 방법, 시도지사와 교육부시장으로서 러닝메이트로 선거에 임하는 방법(이혜숙 김찬동 외, 2008)을 제안할 수 있다. 전자의 방법은 집행기관의 통합 없이 일반행정과 교육행정의 분리로 인한 연계 · 협력부재의 문제를 해소하는 방법이다. 즉 일반행정단체장이 교육감과 지방교육정책에 대한 입후보 단계에서 공동으로 정책을 만들고, 실천전략을 구상함으로써, 당선이후에 정책공조가 가능하게 하는 것이다. 후자의 방법은 지방교육행정과 일반행정을 통합하였다고 할 경우에 시 · 도지사 밑에 교육부시장 혹은 교육부지사를 두어서 러닝메이트로 선출하는 방안이다.

대부분의 경우, 주민직선제에서 정당과의 관련성에 대해서는 민감하게 반응할 수 있지만, 시 · 도지사와 교육감이 관련을 맺는 시 · 도지사 러닝메이트와 시 · 도지사 임명제 등에 대한 지지가 적지 않은 것으로 나타났다(최진혁, 2010:103-105). 이것은 정치적 중립성과 교육전문성 훼손 가능성에 대한 우려를 피할 수 있으면서 행정 효율성과 협력적 거버넌스를 용이하게 만드는 장점이 있다. 그러나 시 · 도지사와 교육감의 관계 설정에 정치개입의 어려움이 있을 수 있고, 기관 분리형의 교육자치제라는 점에서 현실적인 어려움이 있다는 지적을 받을 수 있다.

특히, 앞서 검토해 본 바와 같이, 교육감과 시 · 도지사와의 협력을 높이는 방안이 지방교육에 있어서 매우 중요해 진다고 볼 때, 교육전문성을 훼손하지 않으면서 협력적 거버넌스를 통한 교육서비스 제공에 상대적으로 용이한 대안을 찾는 것이 선택의 주요 기준이 되어야 한다고 생각한다. 이러한 관점에서 시 · 도지사와의 러닝메이트제도 향후 가치있는 교육감 선거제로 활용할 수 있을 것이다.

2) 시 · 도지사 임명제

시 · 도의회에서 복수의 후보자를 추천하고 시 · 도지사가 최종적으로 교육수장을 선택할 수 있게 하는 방법을 제안할 수 있다. 이 방식은 시 · 도지사가 교육수장 임명의 최종 결정권자가 되어, 교육행정에 관한 유능한 전문가를 교육감으로 임명할 때에는 교육행정의 질을 높이고 교육행정의 능률을 향상시킬 수 있다. 또한 교육감이 되려고 하는 자가 선거권자나 정당의 환심을 사려고 노력할 필요가 없으므로 교육감은 오로지 합리적인 교육행정처리에 전념할 수 있을 것으로 본다. 그리고 일반행정(시 · 도지사)과의 협조가 원활하게 될 것이기 때문에 교육행정의 통일성과 일관성을 확보하기가 용이할 것이다.

그러나 교육자치의 기본원칙인 기관의 자기선임원칙에 배치된다는 차원에서 교육자치가 아니라는 비판에 직면할 수 있으며, 지방교육행정이 관료주의적으로 운영될 가능성이 크다. 또한 교육감의 신분이 시도지사에 예속된 국가교육공무원이므로 민의의 충실한 반영보다는 시 · 도지사의 지시에 따르는데 급급하게 되는 비판에서 자유롭지는 못할 것이다. 그 밖에도 시 · 도지사가 복수의 후보자를 추천하고 시 · 도의회에서 최종적으로 선택하는 시 · 도의회 임명제도 고려해 볼 수 있다. 교육행정의 전문가를 선임할 수 있는 장점이 있는 반면, 시장과 교육감 간에 갈등이 심화될 가능성도 높은 단점도 있다. 그러나 지방자치와 교육자치의 연계 · 협력을 강화시키는 차원에서는 보다 현실성 있는 대안이 될 것이다.

3) 제한적 주민직선제

교육감 직선제 문제점이 종전 간선제의 문제점보다 훨씬 더 크고 심각하다고 판단된 결과에 따라, 시 · 도교육감의 선출방식을 현행직선제를 폐지하는 대신, 과거 간선제보다 유권자 수를 확대하여 학부모, 교직원, 교육청 직원, 학교운영위원회 위원, 사립학교재단이사장 · 이사 등 교육관계자 전원에 의한 직선제로 전환하는 것도 유용한 대안이 될 수 있다.

제한적 주민직선제는 결국 교육을 잘 아는 교육수요자와 공급자에게 선택권을 부여함으로써 교육행정의 독립성을 확보하면서도 교육수요자인 일반주민과의 대표성도 확보하게 되어 교육행정의 민주성과 능률성을 도모할 수 있다. 또한 교육의 전문성과 중립성을 높이고, 교육의 질적 향상을 도모할 수 있다.

그러나 제한적 직선제는 현실적인 실행방안을 강구하는 것이 간단치 않을 것으로 보이며 교육관련집단의 이기주의로 비판받을 수 있다. 그리고, 이미 실시했던 선거인단에 의한 간선제와 거의 동일한 방안이므로 과거로 회귀한다는 비판을 받을 수 있다. 그러나 교육감 간선제의 경험을 제대로 살리고 주민직선제의 장점을 적절히 접목시킨다면 중 · 장기적으로는 제도의 도입을 검토해 볼 필요가 있다고 판단한다.

VI. 결론

본 연구의 결과, 교육선거에 관련하여 다음과 같은 논의가 이루어져야 할 것이다. 첫째, 현재 주민직선제의 가장 큰 문제점은 지역주민의 교육에 대한 무관심인 것으로 생각된다. 지방선거와 교육감, 교육의원 선거가 동시에 실시되고 1인 8표의 투표가 가장 큰 원인이었으나, 교육감 후보자에 대한 정보가 많지 않았다는 점도 지역주민들의 무관심을 높이는 요인이 되고 있다. 지방의회와 연계하지 않고 독립적으로 실시되었던 2010년 6월 2일 이전의 교육감 선거에서 투표율이 낮았던 경험에 비추어 볼 때, 교육감 선거제도의 개선방안을 모색할 때 가장 먼저 고려해야 할 점은 교육감 후보의 교육정책 공약에 대한 검증 기회를 확대하는 것이다. 즉 교육감 후보에 대한 정보를 제공하고 지역주민들의 관심을 높일 수 있는 방안이 필요하다. 만일, 기초지방선거에서의 정당공천제가 배제된다면, 전국 동시지방선거를 분리해서 정당공천이 없는 기초단체장, 기초의원 그리고 교육감 선거를 묶어서 따로 하는 것도 문제해결의 방안이 될 수 있다.

둘째, 본 연구에서는 지금까지의 교육감 선거제도의 변천 과정 및 주요국의 사례를 통해 다양한 교육감 선거제도 대안을 제시하고 이에 대한 각각의 장 · 단점을 분석하였다. 현재 주민직선제를 유지, 보완하는 대안으로는 현재와 같이 전체 주민이 직선으로 교육감을 선출하되, 정당공천제나 정당표방제, 시 · 도지사와의 러닝메이트제 등 정당과 연계한 후보자를 선출할 수 있도록 하는 것이다. 현행 제도를 변경하여 간선제 형식을 취하는 대안은 시 · 도지사 임명제, 시 · 도의회 임명제, 제한적 주민직선제 등이 제시되었다. 선진국의 경우, 나라마다 제도가 다르지만 교육감 선출방식은 교육의 지방분권을 강화하는 방향으로 바뀌고 있다. 특히, 교육자치가 지방자치의 큰 틀속에 자리잡는 방향으로 그 개선이 이루어져 왔음을 직시해야 한다. 결국, 실질적인 교육자치를 통해 다양하고 창의적인 지방교육을 정립하는 데는 교육감 직선제만이 능사가 아님을 알 수 있다.

결론적으로, 지방자치와 교육자치의 연계를 위해서는 교육감 선출방식이 반드시 개선되어야 한다. 다만, 주민직선제를 제대로 시도해 본 경험이 2010년 교육감 선거가 거의 처음이라고 할 수 있는 상황에서 또 제도를 변경할 필요성이 있느냐는 지적이 있을 수 있을 것이다. 그러나, 앞에서 검토해 본 바와 같이 현행 교육감 직선제가 심각한 문제들을 제기한 상황을 감안하면 단기적으로 그리고 중·장기적으로는 제도개선의 필요성도 제기된다고 할 수 있다. 그런 배경에서 시·도지사 러닝메이트제, 시·도지사 임명제, 제한적 주민직선제 등 교육감 선출의 새로운 개선방식에 대해서 앞으로 검토할 가치가 클 것으로 보인다.

그러나, 앞에서 검토해 본 바와 같이 현행 교육감 직선제가 심각한 문제들을 제기한 상황을 감안하는 동시에 실추된 지방교육자치의 신뢰를 회복하기 위해서는 2018년의 교육감 선거에 대비해서 미리부터, 가장 현실성있는 선거제도의 개선방안을 모색해 두어야 한다. 현 교육감 선출제는 학생들에게 피해를 고스란히 떠넘기는 가해자들과 제도에 의해 희생되는 피해자들만 지역교육계에서 양산할 뿐이다. 지금까지 공직선거법 위반으로 줄줄이 낙마한 서울시 교육감들을 지켜본 것 만으로도 충분하다. 우리의 교육자들을 더 이상 교도서 담장위를 걷게 해서는 안된다.

이제 교육감 선거제도를 재정비하는 일은 선거부정과 교육비리로 얼룩진 교육감들 때문에 실추된 지방교육에 대한 지역민들의 신뢰를 회복하는 차원에서 대단히 중요하고 시급한 국정과제가 되었다. 현재, 「대통령소속 지방자치발전위원회」에서는 교육자치와 지방자치의 통합을 20개 지방자치발전 과제의 하나로 설정하고, 그 추진방향과 개선안을 마련하기 위해 「교육자치와 지방자치 통합 소위원회」를 구성, 운영했으며 그 결과를 「지방자치발전종합계획」에 담고 있다.

■ **참고문헌**

고전. (2010). 지방교육자치제도 개정에 관한 논의. 「지방자치법연구」, 10(2)

고전. (2008). 2007 교육감 주민직선 결과 및 쟁점 분석. 「교육행정학연구」, 26(2)

남경희. (2004). 교육감 선거의 민주성·공정성·유능성 확보방안. 「선거관리」 50. 중앙선거관리위원회

노종희. (2002). 지방교육자치제의 개선방안.「교육행정학연구」, 20(2)
송기창 · 박소영. (2011). 2010년 교육감 및 교육의원 선거의 기호효과에 관한 연구.「교육행정학연구」, 29(2)
송기창. (2009a).「현행 교육감 직선제에 대한 평가와 개선과제」. 한국교육개발원
송기창. (2009b). 지방교육자치제도 개선방안 심포지움 자료집. 경남교육위원회
육동일. (2013). 지방분권과 자치행정. 충남대 출판문화원
육동일. (2012). 지방자치와 교육자치 연계를 위한 교육감 선거제도 개선에 관한 연구.「한국지방자치연구」, 14(2). 대한지방자치학회
이기우. (2004). 지방교육자치제도 개선방안. 지방교육자치제도개선토론회 발표자료.
이덕난. (2010). 교육감 직선제 폐지 및 교육 · 일반자치 통합 논의에 대한 검토.「이슈와 논점」, 137.
이덕난 · 이정진. (2011). 주요국의 교육감 선출제도 및 시사점.「이슈와 논점」, 291호
이상철. (2009). 교육감 주민직선제 쟁점 및 과제 분석.「아시아교육연구」, 10(2)
이준한. (2009). 2010년 지방선거와 교육감 및 교육의원선거의 동시실시에 따른 효과 예측.「한국지방자치학회보」, 21(3)
최영출 · 정영수 · 윤유진 · 이인회 · 김민희. (2009). 해외 지방교육행정체제에 관한 연구. 한국지방교육연구센터
최진혁. (2008). 외국의 교육자치제도 : 미국, 프랑스, 일본을 중심으로.「공공정책21」
최진혁 · 육동일. (2010).「사회통합과 지방자치 활성화를 위한 지방선거제도 개선방안 도출」. 사회통합위원회
지방교육자치에 관한 법률 일부개정 2002.1.26 법률 제 6626호
지방교육자치에 관한 전부 개정 법률안 2005.4.19
지방자치발전위원회, (2014).「지방자치발전종합계획」
지방자치발전위원회, (2013).「교육자치와 지방자치 통합 소위원회 회의자료」
지방분권촉진위원회, (2011).「교육자치제도 개선」
지방분권촉진위원회, (2011).「교육자치제도 개선방안 시 · 도 의견수렴보고서」
중앙선거관리위원회, (2010).「교육감 · 교육위원선거 결과」
Lunenburg, F., & Ornstein, A. (2008). Educational Administration (5th ed.). Belmont, CA : The Thomson Cor.

한국 지방자치와 분권 20년의 성과평가와 발전과제

I. 문제제기

우리가 과거를 뒤돌아 보는 것은 과거에 대한 연구를 통해 우리가 과거에 어디에 있었으며, 미래에는 무엇을 지향해야 하는지를 알기 위함이다. 따라서 1주년, 10주년, 100주년 등 일정한 주기로 특정시점의 과거를 회고해 보는 이유는 과거의 역사 속에서 교훈을 얻고, 현재의 상황을 성찰적으로 반성해서 보다 발전적인 미래의 지평을 열기 위함이다.

1952년 초대 지방의회가 개원, 지방자치제를 대한민국에서 시작한지 반세기하고도 13년이 지났다. 지난 60여 년 동안 우리민족은 6 · 25전쟁, 4 · 19혁명, 5 · 18 민주화운동 등 수많은 굴곡과 파란으로 점철된 격랑들을 우리의 굳건한 의지와 지혜로 극복해왔다. 역사적 소용돌이 속에서 무엇보다도 의미있는 발전은 우리 국민들의 민주화에 대한 각오와 집념 끝에 1991년부터 지방자치제를 다시 부활시킨 사실이다. 자치와 자율을 바탕으로 중앙집권과 관료주의를 지양하고 민주주의의 원리를 달성하려는 제도적 장치로서의 지방자치제가 다시 우리의 역사적 현실로 나타난 것이다. 그 후 1995년 6·27 지방선거를 통해 주민이 직접 선출한 민선단체장이 등장함에 따라 비로소 외형상 민선지자체의 완성된 모습을 갖추고 본격 실시된 지 이제 20년째를 맞이하게 되었다.

지난 기간, 지방자치는 짧은 역사에도 불구하고 우리사회 전반에 엄청난 변화를 초래한 바 있다. 무엇보다 지방자치 실시로 나타난 큰 성과는 지역주민들이 지역의 진정한 주인이 되기 시작했다는 사실이다. 이는 대한민국 5천년의 역사를 송두리째 바꾼 혁명이었다. 오랫동안 대한민국을 다스리는 주인은 관(官)이었다. 민(民)은 늘 다스림의 대상(subject)에 불과했다. 이 일방적이고 주종적인 관·민관계를 짧은 기간에 혁명적으로 바꿀 수 있었던 원동력은 지방자치제다. 아직은 갈 길이 멀지만, 이제 주민은 관의 고객(customer)으로서, 유권자(voter)로서, 협력자(partner)로서 그리고 주인(owner)으로서 지방자치시대에 그 위상과 역할을 자리메김 해나가고 있다.

그에 못지않은 중대한 성과도 나타났다. IMF와 외환위기 등의 경제문제, 북핵문제와 천안함 침몰, 연평도 포격사건 등의 남북간 긴장상태, 그리고 대통령 탄핵, 자살 등의 전대미문의 정치적 혼란기에도 불구하고 지역사회가 안정을 유지할 수 있었다는 점이다. 즉 지방자치를 통해 중앙정국의 혼란과 불안이 지방으로까지 파급되는 현상을 최소화시키고, 여·야간, 여·여간 정권교체를 가능케함으로서 정치발전을 이루었다. 그 결과로 인해, 중앙정부와 자치단체들은 경제위기 극복과 함께 주민복지 향상에 매진할 수 있었던 것이다. 이 성과만으로도 지방자치 실시에 소요되는 총비용을 보전하고도 남을 만 한 장사를 그간 한 셈이다. 바로 국가사회에 미치는 이 혜택 때문에 선진국들은 앞다퉈 지방자치를 지키고 또 강화시켜 나가고 있는 것이다. 그 밖에도, 지난 20년간 실시된 지방자치제는 지역실정에 맞는 지역특성화 사업의 추진,

행정서비스의 수준 향상, 지역적 특성을 고려한 지방자율과 창의행정의 실현, 그리고 개성있는 지역문화의 활성화의 가능성을 열었다고 볼 수 있다.

이상과 같은 긍정적 변화와 함께 지방자치제는 아직 실망스럽고 우려할 만한 문제들을 제기하고 있다는 점도 외면할 수 없는 사실이다. 즉 비정상적인 지방선거의 제도와 관행, 일부 단체장과 지방의원들의 고질적인 비리와 부패문제, 여전히 주민들의 신뢰를 못받고 있는 지방의회, 강력한 중앙집권적 제도와 관행, 형식적인 주민참여, 지방공무원 자치역량의 미흡 등은 지방자치가 여전히 풀지 못한 숙제로 남아 있다.

그러나 무엇보다도 현 지방자치 운영에 있어서 가장 큰 문제점은 지방자치에 대한 이해부족과 무관심이다. 지방자치가 지역사회에 미친 긍정적 변화와 한계 그리고 개선점들을 주민들이 정확하게 인식하고 지지할 때 비로소 지방자치가 지역사회에 정착할 수 있다. 그럼에도 불구하고 그 변화가 아직도 주민들에 의해 제대로 체감되지 못하고 있는 것이다. 따라서, 지난 20년의 지방자치와 지방분권 어떻게 평가하느냐에 따라 주민들이 지방자치와 분권을 보는 시각이 달라지고 향후의 방향과 내용을 좌우하게 될 것이다. 이런 차원에서 1995년 7월부터 2014년 6월까지 운영된 지방자치의 주요쟁점들에 따른 성과를 평가하고, 그 과정에서 제기된 문제점을 토대로 향후 지방자치와 지방분권의 성공적 도약을 위한 발전과제들을 모색해 보는 것은 민선자치 부활 20년을 맞는 시점에서 제일 의미 있는 일이 될 것이다.

Ⅱ. 지방자치와 분권 성과평가와 문제점

1. 역대 정부 지방자치와 분권의 실적

1) 문민정부(1993년~1998년)

o 그동안 연기되어 왔던 광역 및 기초자치단체장의 선거를 통해 지방자치

의 전면적 실시를 주도

- 이와 같이 문민정부 지방분권 정책의 대표적인 특성은 지방분권을 최초로 실시하는 동기부여를 했으며, 지방분권 추진 이념의 측면에서 지방자치를 정착시키고자 하는 목적을 지니고 있었음

o 중앙권한이양 부분에서는 단위사무 위주의 이양을 추진하였으며, 내용적으로 단위사무에 대한 망라적 검토가 이루어졌으나,

- 지방분권정책에 대한 정치적 지지가 그리 높지 않은 것으로 나타났고, 지방참여 측면에서도 적극적 참여의 통로가 미흡했던 것이 특징
- 지방이양합동심의회(민 · 관 합동이 비상설협의체)에서 지방분권 추진

2) 국민의 정부(1998년~2003년)

o 100대 국정개혁과제의 하나로 중앙권한의 지방이양과 자치경찰제도의 실현을 채택하는 등 분권화 요구를 충분히 인식하고 출범하였다는 평가

- 지방분권 정책을 복리증진과 지역발전이라는 추진 이념 하에 실시하였으며, 문민정부와 마찬가지로 단위별 사무이양을 추진

o 지방분권 차원에서의 의의로 새로운 체제가 출범했다는 의미를 갖지만, 정책의 실시에 대한 정치적 지지가 그다지 높지 않았고 지방이양 성과도 높지 않은 것으로 평가

- 다만, 참여연대 · 경실련 등 시민단체를 중심으로 한 주민참여 기회가 확대되었고, 지방정부의 참여확대가 양적으로 이루어졌다는 점은 긍정적으로 평가
- 지방이양추진위원회 설치 · 운영

3) 참여정부(2003년~2008년)

o 지역균형 발전과 지방 자치역량 강화라는 추진이념 하에서 대통령의 의지가 매우 강하게 표방되면서 지방분권의 제도화를 시도하여

- 지방분권 로드맵 작성을 통하여 7개 분야 47개 과제를 제시하고, 지방분권특별법 제정, 제주특별자치도 출범, 주민투표 · 주민소환 · 주민소송제 등을 도입

o 이전 정부와는 달리 사무의 포괄이양을 제도하였으나, 실질적으로 단위별 사무를 연계하여 이양이 이루어졌고, 아쉽게도 행정 · 재정적 지원이 수반되지 않아 지방정부의 적극적 이양 요구가 약화되는 결과를 초래

- 즉, 재정분권, 특별지방행정기관정비 등에 소극적이었던 면이 참여정부의 지방분권 브랜드 공식화를 희석시키는 결과를 초래
- 지방이양추진위원회 지속 운영, 정부혁신지방분권위원회 신설

4) **이명박 정부**(2008년~2013년)

o 지방분권을 추진해 오면서 제기되어 온 이러한 문제점을 해결하기 위해 100대 국정과제에 "지방분권의 확대"를 중심과제로 선정

- 「지방분권특별법」을 「지방분권촉진에 관한 특별법」으로 전면 개정하여 지방분권과 지방이양 추진체계를 일원화시키는 등의 추진체계를 재편

o 특히, 지난 지방분권촉진위원회에서는 참여정부 미완의 과제인 특별지방행정기관 정비, 지방소득 · 소비세 도입, 국가와 지방자치단체의 사무구분체계의 개편 등을 추진

2. 역대 정부의 평가

1) **지방분권의 철학과 방향**

민주화운동에 의한 6 · 29선언 이후, 정부여당은 지방자치법을 전면적으로 개정하여 지방자치제도를 수동적으로 실시하였다. 따라서 지방분권의 철학과방향이 명확하지 않았음을 말한다. 또 문민정부에서는 지방자치제도의 실시를 원래 4년간으로 했어야 함에도 불구하고 3년간으로 제한한 것을 보면

지방분권에 철학이 부족하고, 그 방향이 명확하지 않았음을 말해 준다.

한편, 국민의 정부는 지방분권과 국가균형발전에 대한 확고한 신념을 갖고 국정을 운영하였다. 그러나 지방분권정책은 분산개념인 지역균형발전에 의해서 우선순위가 뒤로 쳐지게 되었다. 따라서 지방분산정책에 집중하고, 경제적 지원을 강조함으로써 진정한지방분권의 신장에는 기여하지 못했다. 참여정부는 국정운영의 기본방침으로 '원칙과 신뢰', '공정과 투명', '대화와 타협', '분권과 자율'을 들고 있고, 지방분권을 기초로 지역사회, 지방정부, 그리고 중앙정부를 혁신하여 국가를 재구조화하는 '분권형 선진국가'를 이룩하는 정책기조를 취하였다, 마지막으로, 이명박 정부는 100대 국정과제를 발표하면서 '섬기는 정부분야'에 지방행정체제의 개편, 광역경제권구축, 자치경찰제 도입 등을 포함하였으며, 「지방분권촉진위원회」를 통하여 중앙행정권한을 지방으로 이양하고 있다. 위원회는 지방분권 4개 분야로 '권한 및 기능 재배분', '지방재정확충', '자치역량 강화', 그리고 '협력 및 공감대 확산'을 통하여 각 분야마다 세부과제를 추진 중에 있다(소순창, 2011: 28-34).

〈표 1〉 정부간 지방분권의 철학과 방향

	노태우정부	문민정부	국민의 정부	참여정부	이명박정부
내 용	불명확	불명확	분산 〉분권	균형 발전 〉 분권	섬기는정부 지방행정체개편
효과성	중	하	중	중	중
민주성	하	하	중	상	하
대응성	하	하	중	중	하

2) 지방분권추진 비교평가

이명박 정부가 지방분권의지 측면에서 미흡하다고 평가되나, 교육의원 폐지, 지방소득소비세의 도입, 특별지방행정기관의 정비 등의 성과가 있었다는 것이다. 이 결과는 참여정부의 계획이 실현된 것으로 볼 수 있는 한편, 지방자치단체와 학계 및 시민사회의 지방분권에 대한 열망과 노력의 결과로도 볼 수 있다는 것이다. 따라서, 지방분권 추진에 대한 지속적인 관심과 촉구가 지방분권에서 지속적 성과로 나타날 수 있음을 확인해 준다고 주장한다(김홍환, 2014: 393).

〈표 2〉 정부간 지방분권 추진 상대적 평가

평가 내용	국민의 정부	참여정부	이명박정부
목표의 구체성 · 적합성	미흡	우수	보통
목표의 달성정도	보통	미흡	우수
추진 체계	보통	보통	보통
추진 의지	보통	우수	미흡
지방자치 철학	미흡	우수	미흡

3) 지방분권정책의 추진기구

〈표 3〉 정부간 지방분권의 추진기구

	노태우정부 · 문민정부	국민의 정부	참여정부	이명박정부
추진 기구	지방이양합동 심의회	지방이양추진 위원회	지방이양추진위원회 정부혁신 · 지방분권위원회	지방분권촉진위원회 지방행정체제개편추진위원회
체계	단독기구	단독기구	이원화기구	이원화기구
법정여부	비법정기구	법정기구	법정기구	법정기구
효과성	하	중	중	중
민주성	하	중	상	하
대응성	하	하	중	하

4) 지방이양, 자치경찰제, 교육자지제, 특별지방행정기관

〈표 4〉 정부간 중앙행정권한의 지방이양성과

	노태우정부	문민정부	국민의 정부	참여정부	이명박정부
효과성	중	중	상	상	하
민주성	중	중	중	중	중
대응성	하	하	하	중	하

〈표 5〉 정부간 자치경찰

	노태우정부, 문민정부	국민의 정부	참여정부	이명박정부
내용	1980년대 말부터 경찰의 중립성과 민주성을 확보 방안을 추진	중장기적으로 자치경찰 도입 국가경찰의능률 성과 조화를 꾀하는 개편방향 제시	자치경찰에 관한 법안 작성. 제주특별자치도의 자치경찰 실시	기초자치단체에 교통이나 생활안전 분야의 기초적인 치안 유지 권한을 인정
효과성	구체적논의 없음	하	중	하
민주성	구체적논의 없음	하	중	하
대응성	구체적논의 없음	하	중	하

〈표 6〉 정부간 교육자치

	노태우정부, 문민정부	국민의 정부	참여정부	이명박정부
내용	이중간선방식에 따라 광역단위에 교육위원회가 구성. 교육위원회의 합의제 기구에서 심의·의결기구로 변경. 교육감은해당 교육위 원회에서 무기명투표 로 선출.	학교운영위원회 대 표들만 참여하던 교 육위원 및 교육감 선출제도가 위원전 원이 참여하는 방식 으로 개정. 피선자격중 과거 2 년 동안 비정당원 규제사항이 추가. 교육자치와 일반자치의 갈등	교육위원회가 일반 의회와 일원화. 교육감을 직선제로 선출. 교육의원주민직선. 교육자치와 일반자치의 통합 논의.	교육자치에 관련된 제도개선. 교육자치와 일반자치의 일원화 개선안 정리
효과성	중	중	중	하
민주성	중	중	중	중
대응성	중	중	중	중

〈표 7〉 정부간 특별지방행정기관

	노태우정부, 문민정부	국민의 정부	참여정부	이명박정부
내용	구체적논의 없음	전면적지방이관이 아니라 행정 효율성을 위한 조직개편의 측면 강조.	특별지방행정기관의 정비를 지방분권의추진과제로 명시. 로드맵대로 실천하지 못함.	특별지방행정기관 정비를 핵심국정과제로 채택. 이해당사자들의 의견수렴 과정
효과성	구체적논의 없음	중	하	하
민주성	구체적논의 없음	상	중	상
대응성	구체적논의 없음	하	하	하

3. 지방자치와 분권 20년의 성과와 한계 및 문제점

1) 지방분권의 성과

(1) 지방정치의 민주화

- 단체장을 포함 지방공직자 선출과정에서 주민의 정치적 효능감 증대
- 주민위상의 강화, 지방행정의 반응성 · 책임성 증대

(2) 지방의 자율성 확대

- 국가주도 · 국가지원 시스템 전환 기반 구축
- 국가주도적 혹은 중앙의존적 행정이 아닌 정책중심 운영기조로 전환
- 지역현안 해결지원을 위한 행정자치부의 컨설팅감사 실시 : 감사위원회 전환 가능, 감사기관 장 개방형 의무화, 중복감사 제외 등
- 다양성과 창의성을 통한 지역발전 지원체계 구축(지역발전위원회, 지방자치발전위원회 등) : 일자리 창출, 서민생활 안정기반 조성, 특수지역개발 촉진, 지역녹색성장 활성화 등
- 안전한 생활 구현을 위한 지원 극대화 : 국민생활안전 확보(어린이, 여성, 서민 등), 안심마을 중심의 주민자치회 시범사업 추진 등

(3) 특별자치의 실시로 지방분권 강화 기반 조성

- 제주특별자치도의 지방분권 실험으로 행정 효율성 제고 및 국제자유도시의 압축적 성장 현상 발견
- 행정수도 이전 및 특례 부여에 의한 세종특별자치시 설치로 지역균형발전 강화

(4) 광역행정시스템 강화로 협력체제 구축

- 통합 창원시(창원시, 마산시, 진해시) 설치로 국토 남부권 협력체제 마련
- 통합 청주시(청주시, 청원군) 설치로 동일생활권 갈등 해소 및 국토중심부 핵심권역으로 공간 조정

2) 지방분권의 한계

(1) 지방자치단체의 자치권능 취약

① 중앙행정권한의 지방이양 저조

- 2000년 이후 지속적으로 중앙권한을 지방에 이양
- 13년간(00~12) 이양확정 사무 3,101건 중 1982건(64%) 이양 완료, 1,119건(36%)은 미이양
- 국가 → 시도(1,941개, 62.6%), 국가 → 시 · 군 · 구(369개, 11.9%), 시도 · 시 · 군 · 구 (785개, 25.3%)
- 국민의 정부(612개 확정 / 610개 이양) → 참여정부(902개 확정 / 856개 이양) → 이명박 정부(1,587개 확정 / 516개 이양)

〈표 7〉 역대정부 이양완료 현황

(단위 : 개/사무)

구분	이양확정	이양완료				미완료
		소계	국민의 정부	참여정부	이명박 정부	
계	3,101	1982	232	987	763	1119
국민의 정부	612	610 (99.7%)	232 (38%)	374 (61%)	4 (0.7%)	2 (0.3%)
참여정부	902	856 (94.9%)	-	613 (68%)	243 (26.9%)	46 (5.1%)
이명박 정부	1,587	516 (32.5%)	-	-	516 (32.5%)	1071 (67.5%)

- 미완료된 1,119개 사무 중 우선적으로 법개정이 필요한 651개 사무를 대상으로 지방일괄이양법 제정 추진 중
- 이양사무의 특성상 법령개정 등을 통하여 이양이 완료되므로 단기간

(1~2년)에 사무가 완료되는 경우도 있지만, 대부분 장기간(3년 이상)에 걸쳐 이양이 되고 있음

② 자치조직권 취약

- 지방공무원의 총정원제 → 표준정원제 → 총액인건비제 → 기준인건비제로 전환되면서 포괄적 자율성을 부여하였음에도 불구하고 지방공무원 수를 통제하는 것을 기본으로 하고, 대통령령(지방자치단체·행정기구 및 정원등에 관한 규정)에 따라 인구 유형별로 행정기구 수를 통제

(2) 지방정치의 중앙정치 예속화

- 정당공천제의 역기능으로 국회의원과 지방의원 간 부정적 관계 설정 인식 팽배
- 중앙정치의 이슈가 지방선거 정책 공약화로 변질

(3) 국정통합성에 대한 지방의 인식 부족

- 분권지상주의로 인해 중앙의 조정 및 평가기능 소홀
- 중앙부처 공무원의 중앙집권적 사고로 지방을 하부기관으로 인식 상존
- 지방자치단체의 자치역량 불신으로 건전한 역할관계 조성 취약
- 일부 지방공무원의 자치제도 변경에 대해 중앙의존적 태도 고수

(4) 획일화된 지방자치

- 지방자치단체의 자율권에 기초한 창의적 시책 추진 미흡
- 자치입법권의 제약, 자치과세권의 제약 등으로 획일적 자치제도 시행
- 동일한 지방자치단체 기관구성형태(기관대립형 구조, 구자치제 등) 존속

3) 지방자치의 성과

(1) 지방의정 경험 축적으로 의정활동 역량제고

- 1991년 지방의회 설치 이후 실효적 행정사무감사, 적극적 예산심의 활동, 의정연수 참석, 권위주의 배격 등 일부 양 · 질적 성과

(2) 지방자치단체 간 협력관행 확산

- 일부 매립지 관련 갈등이 존재하지만, 전반적인 자치단체 간 갈등이 다소 감소
- 혐오시설 설치 협력(서울 관악구와 부천시 등), 세수 불균형 완화 합의(서울 강남 북간) 등 성공사례 도출

(3) 지방공무원 및 지방자치단체의 대 주민 대응 자세 변화

- 주민중심의 행정서비스 개선 : 주민의사에 부응하는 주민만족행정 정착 및 찾아가는 행정서비스 실현
- 주민을 서비스 수혜자가 아닌 소비자이며 고객으로 인지 : 주민수요에 맞춘 지역별 특색사업 추진(Wonderful 25시청(안산시), 생활민원기동처리반(고창군) 등)

(4) 지역경제발전을 선도

- 지역축제의 관광 산업화 등 발전전략 추진 : 나비축제(함평군), 산천어축제(화천군), 홍길동 축제(장성군) 등
- 국내외 기업유치, 기업애로 해소시책 도입, 특산품 개발, 농촌지원에 의한 농가소득 증대 등 발전정책 다양화
- 세방화에 부응하는 국제적 글로벌 경쟁의 주체로 성장 : 평창(동계올림픽유치), 부산, 인천광역시(아시안게임), 대구광역시(세계육상선수권대회 개최) 등

(5) 지방행정의 혁신 선도

- 관료제의 경직성을 타파하고 민의 추구라는 공직문화 혁신을 선도
- 인력의 창의적 활용, 인적네트워크의 확산 및 활용, 부처간 · 지방정부간 협력 증대
- 지역의 가용자원 동원 등의 혁신을 주도

(6) 특별지방행정기관의 정비

- 참여정부 제주특별자치도에 6개부처, 7개 기관 일괄 이관
- 이명박정부 1단계로 국토 · 하천, 해양 · 항만, 식의약품 시설관리, 인 ·

허가 지도단속 등 집행적 기능 이양

- 2단계로 환경 · 고용 · 중소기업 분야 지방으로 이관

(7) 장과 의회간의 관계 개선

- 의회의 장과 집행기관의 견제로 행정의 민주화, 투명성 향상

4) 자방자치의 한계

(1) 과도한 중앙의존적 행태

- 중앙의 한정된 자원을 놓고 비정상적이고 과도한 경쟁 촉발

(2) 자원배분의 왜곡

- 불요불급한 전시행정, 선심성 행정으로 자원낭비 (호화청사, 낭비성 축제 등)
- 과도한 개발경향 (지방정부와 기업들이 결탁해서 개발위주 정책의 추진)

(3) 파행적 행정행태

- 정치적 중립성이 훼손되어 선거관련 줄세우기, 불공정한 인사, 인사비리 등 전횡적 형태
- 법규의 경직된 해석 또는 자의적 해석으로 법치행정을 위반

(4) 자치단체의 공직사회 책임성 부족

- 자치단체장의 비리 및 내부통제 시스템 미흡
- 지방자치단체 운영이나 주민생활 관련 인허가 관련 뇌물수수 등 토착비리 발생 빈번 : 민선4기 시 · 군 · 구의 장 18.3%가 뇌물수수 등으로 직위상실
- 자체적 비리예방 및 제도적 장치 마련을 위한 내부통제장치 기반 미흡 : 최근 IT모니터링시스템 도입이 있지만 아직 광범위한 정착 미흡
- 공직사회 책임성 부족
  · 부서할거주의. 폐쇄주의, 법규만능주의로 책임회피 현상 상존
  · 행사위주 시책 추진 및 장기계획수립 능력 부족 등으로 낭비성 지출 과다

· 무리한 지역개발 및 경제사업 추진에 따른 예산낭비 제어장치 부족, 선거와 연계된 행정 등 선심성 및 전시성 사업 남발, 지방재정 확충을 위한 환경파괴와 난개발 기승, 단속업무의 묵인 및 방조 등

· 계획성 및 개혁성 부진에 의한 지방공기업 비효율적 운영 : 인천은하철도 등 경전철사업 부실, 지방의료원 등 부실경영

(5) 지방자치단체의 자치역량 기반 미흡

- 지방자치단체의 인적자원(지방공무원, 지방의원, 기업인, 시민단체, 직능단체 등) 관리 역량 미흡
- 자치경찰제, 교육자치제 등 미실시로 의한 지방자치의 제도적 기반 취약
- 사회복지비 급증 및 재산과세 기반 악화로 인한 재정건전성 취약

(6) 특별지방행정기관의 정비 미흡

- 중앙부처의 소극적 태도, 정치권의 무관심에 따른 입법지연
- 지방이양에 따른 행 · 재정 부족
- 단위사무 중심의 이양에 따른 실질적 이양 효과 미흡

(7) 장과 의회간의 관계 미정립

- 양자 권한의 불균형적 대립으로 행정의 불안정성 초래
- 행태적, 제도적, 정치적 요인에 의한 불필요한 갈등 유발 (재의요구 및 대법원 제소, 집행기관에 대한 무리한 감사와 소송, 지방의회에 대한 지원과 협조 태만)

5) 지방자치와 분권의 문제점과 원인

(1) 문제점 : 민선 지방자치 부활 20년 동안 다양한 지방분권 · 정책을 추진해 오면서,

- 지역주민이 지역의 주인으로 등장(주인이라는 사실을 인식했을 뿐 진정한 주인이 된 것은 아직 아님)
- 중앙정국의 혼란과 불안을 최소화 하면서 지역사회의 안정을 유지

- 행정서비스의 양적, 질적 확대와 강화
- 주민참여의 활성화 계기 마련
- 지역의 자율성과 창의성을 전제로 한 지역발전기반을 마련하는 성과가 있는 한편, 지역사회의 자치권 보장 장치는 일부 부분적으로 마련된 것으로 보이나,
- 이의 효과가 반감되지 않도록 중앙권한의 대폭적인 지방이양, 지방재정 지원 등 후속조치가 미흡
- 보다 거시적 시각에서 보면, 자치입법권, 자치행정권, 자치재정권 등을 보장하는 지방분권정책은 그 실현 성과가 여전히 미흡하다고 할 수 있으며, 이외에도 오래 전부터 여러 정부를 거치면서 시행하고자 하였던 특별지방행정기관의 정비, 교육자치제의 개선, 자치경찰제의 실시 등은 기대에 크게 미치지 못함
- 또한, 지방의회의 유명무실화, 자치단체간의 협력 부재, 지방자치단체의 자치역량 미확보, 자치의식의 미흡 등은 여전히 해결해야 할 과제로 남아있음

(2) 원인 : 이와 같이 지방분권에 대한 강한 의지와 계획을 갖고 추진했던 역대 정부들이 기대한 결과를 내지 못한 주 요인은 크게 다섯 가지
- 첫째, 정부가 의욕을 가지고 동시에 추진했던 자치와 지방분권, 균형발전, 정부혁신들을 그 본질적 개념과 목표의 정립, 상충하는 상호관계 그리고 단계별 추진전략에 대한 진지한 검토와 고민없이 무리하게 한꺼번에 추진하고자 했기 때문
- 둘째, 자치와 분권은 국민들이 그 성과를 체감하는 가운데 계속해서 공감대를 형성해 가야 함에도 불구하고 오히려 누구를 위한 자치고 분권이며 균형인지 명확하지 않은 채 국민과 함께하지 못함
- 셋째, 중앙정부 부처의 기득권 유지와 부처이기주의, 중앙공무원의 막연한 위기의식과 자치의식 몰이해, 지방분권담당주체의 위상과 권한 미

흡, 지방분권 관련 법률처리에 소극적인 국회의 입법행태

- 넷째, 자치와 분권에는 상당한 저항과 부작용이 반드시 뒤따르기 때문에 이에 대한 극복방안이 구체적으로 마련된 다음 구체화했어야 했는데 이에 역대 정부가 하나같이 소홀
- 다섯째, 중앙언론의 지방자치에 대한 이해와 관심의 부족, 특히, 지방자치단체의 일부 부패와 비리를 지나치게 확대 보도하여 일방적인 정보들을 국민들에게 과장 전달. 특히, 종편방송들의 지방자치와 분권 이슈와 과제들에 대한 철저한 외면은 국민들의 무관심을 초래하는 주요 요인으로 작용

4. 지방자치에 대한 국민 인식조사 결과 (전국시장 · 군수 · 구청장협의회 보고서, 2015. 2. 26))

1) 조사설계

구분	내용
모집단	· 전국의 만19세 이상 성인남녀
표본크기	· 1,000명(무선전화 717명, 유선전화 283명)
표본오차	· ±3.1%p (95% 신뢰수준)
조사방법	· 전화면접조사
응답률	· 13.8% (총 7,262명과 통화하여 그 중 1,000명 응답 완료)
조사일시	· 2015년 2월 22일~23일
조사기관	㈜한국리서치(대표이사 노익상)

2) 결과 요약

(1) 응답자 10명 중 8명 가까이가 우리 사회가 중앙에 너무 치우쳐있고 지방

이 소외되고 있다는 주장에 공감함

- 공감한다 77.4% 〉 공감하지 않는다 18.8%

(2) 응답자의 44.0%는 그간 우리나라의 지방자치가 '특색 있는 지역 발전'에 기여하였다고 응답하여 가장 높음

- 기여하고 있다: 특색 있는 지역 발전 44.0% 〉 주민들의 지역에 대한 관심 제고 43.4% 〉 주민들의 삶의 질 향상 36.4% 〉 풀뿌리 민주주의 강화 33.8%

(3) 지방자치 발전을 가로막는 가장 큰 문제는 '열악한 지방재정'(38.6%)이라는 응답이 가장 높음

- 열악한 지방재정 38.6% 〉 정당의 지방자치 개입 22.2% 〉 주민들의 무관심 20.5% 〉 지방정부에 대한 중앙정부의 과도한 관여 8.2%

(4) 또한, 지방자치 활성화를 위해 가장 필요한 것으로 '지방재정의 안정성 확보'(31.7%)라는 응답이 가장 높음

- 지방재정의 안정성 확보 31.7% 〉 주민들의 참여기회 확대 27.2% 〉 시장·군수·구청장 및 시·군·구 의회의원 선거 정당공천 폐지 25.5% 〉 지방행정의 자율성 강화 55.8%

(5) 응답자 10명 중 명 정도가 개헌을 할 경우 헌법 전문에 대한민국을 "지방분권 국가"로 명시하자는 주장에 대해 동의함

- 동의한다 48.2% 〉 동의하지 않는다 39.2%

(6) 응답자 10명중 7명 정도가 지방선거에서 실시하고 있는 정당공천제를 폐지해야 한다고 응답함

- 폐지해야 한다 67.6% 〉 유지해야 한다 22.7%

(7) 정당공천제를 유지해야 한다는 응답자의 절반 가까이는 '소속정당을 통해 선거 출마 후보에 대한 기본적 검증이 가능하므로'를 이유로 꼽아 가장 높음

- 소속정당을 통해 선거출마후보에 대한 기본적 검증이 가능하므로

47.9% 〉 지역에서 정당정치를 활성화하기 위해 28.0% 〉 비례대표제를 통해 여성 등 사회적 약자의 지방의회 진출이 수월하므로 17.7%

(8) 반면, 정당공천제를 폐지해야 한다는 응답자 10명 중 4명은 '지역정치가 중앙정치에 종속되는 것을 막기 위해'를 이유로 꼽아 가장 높음

- 지역정치가 중앙정치에 종속되는 것을 막기 위해 41.4% 〉 공천헌금 등 공천비리를 방지하기 위해 30.0% 〉 정당 간 과도한 정쟁을 막기 위해 25.8%

(9) 응답자 10명 중 7명 정도가 특 · 광역시의 구청장과 군수 등을 시장이 임명하는 방안에 대해 '주민 의견 반영이 제약되고 구와 군의 특성을 살리기 어려우므로 반대한다'고 응답함

- 반대한다 68.1% 〉 찬성한다 24.8%

Ⅲ. 한국지방자치의 좌표와 방향

1. 한국 지방자치와 분권의 새 좌표와 방향

지방자치는 다음의 다섯 가지 ABCDE가 본질이요, 성공의 조건이다. 즉, 자율성(Autonomy), 선거(Ballot), 경쟁과 협력(Competition & Cooperation), 권한이양(Devolution), 경험과 교육(Experience & Education)이다. 지방자치 부활 20년을 맞는 시점에서, 이상의 다섯 가지 성공조건을 놓고 볼 때 작금의 지방자치는 심각한 위기국면에 놓인 가운데 그 성공적 정착여부가 중대한 전환점에 놓여있다.

먼저 다섯 가지의 조건과 그 간의 성과와 문제점을 요약해 보기로 한다. 첫째, 지방자치는 자율성이 확보되어야 한다. 지방자치단체는 더 이상 중앙정부의 결정을 단순히 집행하는 하부 행정기관이 아니다. 지역주민들의 의사를 수렴해서 지역문제를 스스로의 역량과 책임 하에 풀어나가기 위해서는 먼저 독립적인 제도가 마련되어야 한다. 그래서 주민직선의 단체장이 필요하고 또

그 견제를 위한 지방의회가 존재하는 것이다. 하지만 지역의 자율적인 역량과 창조성을 기반으로 한 다양한 지방자치제도의 도입은 국회에 입법권이 독점된 현 상황 하에서는 불가능하며, 정치적 이해관계에 따라 지방자치의 자율성은 크게 훼손되어 가고 있다. 설령 독립적인 제도가 확보되었다고 해서 자율성이 보장되는 것은 아니다. 제도가 자율적으로 작동하려면 제도를 움직이는 권한이 있어야 한다. 즉 지방이 스스로 법규와 조직을 만들 수 있어야 하고, 스스로 처리할 수 있는 행정사무도 있어야 한다. 그리고 필요한 돈을 스스로 조달하고 관리할 수 있어야 한다. 그러나 중앙정부는 권한, 돈, 인재, 정보들을 여전히 독점하면서 지방에게 지방자치권을 획기적으로 부여하지 않고 있다.

둘째, 지방선거의 조건이다. 지방자치는 선거로 시작하고 선거로 끝난다. 그만큼 선거는 지방자치의 전부로서 지방자치의 미래와 성패를 좌우한다. 그러나 선거법과 제도의 미비, 공명선거의 의지부족, 왜곡된 정당공천, 성숙되지 못한 시민의식 등은 아직도 지방선거를 본궤도에 올려놓는데 성공적이지 못하였고 그것은 지방자치 위기의 근본적인 요인이 되고 있다.

역대 지방선거는 한마디로 지방선거 본래의 의미와 기능이 실종내지 퇴색된 채 철저하게 대선의 전초전 그리고 정당의 대리전으로 치루어진 선거였다. 그 결과 지방자치는 여전히 중앙정치에 예속되고 있을 뿐만 아니라 지방자치가 주민들로부터 외면받고 그 뿌리를 내리지 못하고 있는 것이다.

셋째, 경쟁과 협력이다. 지방자치는 중앙과 지방간, 지방자치단체간, 그리고 집행기관과 지방의회간의 경쟁을 바탕으로 한다. 그러나 경쟁은 반드시 갈등을 초래한다. 갈등은 사회를 변화시키는 계기를 마련하지만 갈등을 제대로 풀지 못하면 이기주의적으로 표출되어 전체사회에 상당한 진통과 혼란을 초래한다. 특히 현재의 지방자치는 행정구역에 철저히 갇혀 협력행정을 하지 못하고 있기 때문에 상당한 낭비와 비효율을 양산해 내고 있는 실정이다. 이와 같이 지방자치를 하면서 갈등을 관리하지 못하고 협력을 하지 못하고 있는 상황이 바로 지방행정체제 개편을 시도하는 명분을 주고 있는 것이다.

넷째, 권력의 이양이다. 주민과 관련된 사안의 결정권을 중앙에서 지방으로 이양하는 지방분권화가 지방자치의 핵심이지만 그것만이 전부는 아니다. 한 자치단체내에서도 '위에서 아래로'의 권한이양이 있어야 하며 더 궁극적으로는 '관에서 민으로'의 권한이양이 진행되어야 한다. 그럼에도 불구하고 현재의 분권은 중앙과 지방자치단체간에 그것도 사무이양에 머물고 있기 때문에 주민들의 적극적인 지지를 끌어내지 못하고 있는 것이다.

마지막으로 지방자치에 대한 경험과 교육이다. 지방자치는 단체장과 공무원, 지방의원, 그리고 지역주민들의 경험을 필요로 한다. 여기에는 시행착오가 수반되어 시간이 필요하지만 그렇다고 주민들의 민주적인 자치의식이 저절로 고양되는 것은 결코 아니다. 지방자치의 경험을 통해 그간 권리의식은 팽배해 왔지만 그에 상응하는 책임의식과 공동체의식은 아직도 미미하다. 여기에 필요한 것이 민주시민교육이다. 독일이 지방자치의 정착을 통해 통일을 완수하고 민주주의체제를 굳건히 정착시킨 것은 꾸준한 시민교육의 결실에서 비롯된 것이다. 우리도 늦었지만 지금부터라도 비정파적, 비당략적 차원에서 지방자치 정착과 생활화를 위한 지방자치 교육프로그램의 개발과 교육전문가 양성에 투자를 시작해야 할 것이다.

2. 박근혜 정부 지방자치발전 방향과 추진계획

대통령소속 지방자치발전위원회는 「지방분권 및 지방행정체제개편에 관한 특별법」에 따라 『지방자치발전 종합계획』을 마련, 국무회의 심의를 거쳐 최종 확정하였다.

『지방자치발전 종합계획』의 비전과 정책과제

구분	내용
비 전	성숙한 지방자치, 행복한 지역주민
목 표	주민편익 증진, 행정효율 제고, 지방경쟁력 강화
정 책 과 제	**1 강력한 지방분권 기조 확립과 실천** · 자치사무와 국가사무의 구분체계 정비, 중앙권한 및 사무의 지방이양 등 4개 과제 **2 자치기반 확충 및 자율과 책임성 강화** · 지방재정 확충 및 건전성 강화, 지방의회 활성화 및 책임성 제고 등 5개 과제 **3 주민중심 생활자치·근린자치 실현** · 자치경찰제도 도입, 교육자치와 지방자치 연계·통합 노력, 읍·면·동 주민자치회 도입 등 6개 과제 **4 미래지향적 지방행정체제 구축** · 대도시 특례제도 개선, 지방자치단체 기관구성 형태 다양화 등 5개 과제

『지방자치발전 종합계획』은 '성숙한 지방자치, 행복한 지역주민'이라는 비전과, '주민편익 증진', '행정효율 제고', '지방경쟁력 강화'라는 목표아래, 지방자치발전을 위한 20개 정책과제로 구성되어있다.『지방자치발전 종합계획』의 분야별 개편방안은 다음과 같다.

1) 강력한 지방분권 기조 확립과 실천

사무측면에서 과소분권이라는 문제점을 개선하고, 강력한 지방분권 기조를 확립하기 위해 지속적으로 지방사무를 발굴하여 지방이양을 추진할 예정이다. 또한, 중앙-지방 협의체를 설치하여 지방의 목소리가 중앙의 정책결정과정에 반영될 수 있도록 할 계획이다.

지방분권 추진을 위해 가장 기본적으로 선행되어야 할 자치사무와 국가사무의 명확한 구분을 위해, 현행 기준을 보완하는 사무배분 기준을 새로 마련하였다. 그리고 현행 4,000여개 법령을 대상으로 국가 총사무를 일제 재조사하여 46,005개의 사무로 확정하고, 새로 마련한 사무배분 기준에 따라 국가총사무를 원점에서 재배분하였다. 그 결과, 주민 가까이에서 처리되어야 할 사무는 지방으로 대폭 이양하고, 국민안전과 같이 국가적인 차원에서 종합적·통일적 대응이 요구되는 사무는 국가로 환원될 수 있도록 하였다.(재배분 결과: 지방이양 대상사무 2,122개, 국가환원 대상사무 174개 발굴)

효과적인 지방이양을 위해, 각 부처가 지방이양을 위한 개별법을 개정하는 데 걸리는 시간과 어려움을 감안하여, 국회와 협조하여 단계별 「지방일괄이양법」제정을 추진할 계획이다. 우선, 과거에 지방이양토록 결정되었으나 아직까지 이행되지 않은 사무부터 일괄 법제화(20개 부처, 111개 법률, 649개 사무를 대상으로 1단계 「지방일괄이양법」 제정하는 것을 시작으로 국가총사무 재배분 완료 사무에 대한 일괄 법제화, 특별지방행정기관의 집행적 사무와 대도시 특례사무에 대한 일괄 법제화)를 순차적으로 추진해 나갈 계획이다. 이러한 단계별 지방이양을 통해 자치사무 비율이 40%까지 점차 확대될 것으로 기대된다.

지방자치단체에 중대한 영향을 미치는 각종 법령 및 정책에 대하여 중앙과 지방이 사전 협의하고 심의하는 중앙·지방협력회의 설치가 제도화된다. 협력회의 의장은 국무총리가 맡고, 행정자치부장관과 시·도지사협의회장이 공동부의장이 되며, 위원은 기획재정부장관과 17개 시·도지사로 구성된다. 또한, 협력회의는 원칙적으로 의장인 국무총리가 소집하고 주재하되, 필요시 대통령도 회의소집을 요청할 수 있도록 하였다. 이와 같이 지방과 관련된 주요 정책결정에 지방자치단체의 참여를 법적으로 제도화하기 위하여, (가칭) 「중앙-지방 협력회의 설치에 관한 법률」의 제정을 추진할 계획이다.

2) 자치기반 확충 및 자율과 책임성 강화

지방자치의 핵심기반이라 할 수 있는 지방재정을 단계적으로 확충하는 동시에 책임성도 제고해나갈 계획이다. 또한, 지방자치의 책임성 강화를 위해 지방의회의 권한과 기능을 강화하는 등 지방의회 활성화를 추진한다.

각종 복지수요 증대, 국고보조사업 매칭구조에 따른 지방부담액 증가 등 지방재정의 어려운 여건을 개선하는 한편, 지방자치단체 스스로의 노력을 강화하는 방안을 마련하였다. 먼저, 국가-지방간 기능조정에 따라 국세와 지방세간의 비율을 합리적으로 조정하고, 지방세 비과세 · 감면을 축소하는 등 자주재원을 확충해나갈 계획이다. 또한, 교부세 제도를 개선하고, 국고보조사업을 정비하는 등 이전재원을 조정할 예정이다. 이와 동시에 자치단체 스스로의 노력을 통해 낭비되는 예산이 없도록 세출구조를 조정토록 하고, 지방공기업의 부채감축 관리를 강화하는 한편 재정위기관리제도를 개선할 계획이다.

지방의회는 의회 고유의 기능에 충실할 수 있도록 자치입법권과 인사독립권을 강화할 계획이다. 먼저 조례제정 범위를 확대하여 자치입법권을 강화하는 한편, 입법지원인력 확대 또는 입법정책연구비 신설을 통해 입법지원을 강화한다. 특히, 그동안 지방의회의장이 지방의회에 소속된 직원 중 별정직 · 임기직 · 舊기능직 공무원에 한해 제한적으로 행사하던 인사권을 확대하여, 원칙적으로 의회소속 전 직원의 인사권을 행사하도록 하고, 장기적으로는 의회직렬 신설을 추진한다. 또한, 지방의원의 겸직제한을 확대하는 등 지방의회의 책임성도 동시에 강화될 수 있도록 제도를 개선할 계획이다.

3) 주민중심 생활자치 · 근린자치 실현

교육, 치안 등 주민이 원하고 주민생활에 직접 영향을 미치는 지방자치의 현안에 대한 개편을 추진함으로써 주민중심의 생활 · 근린자치를 실현하고, 궁극적으로 주민행복을 최우선으로 하는 행복지방자치를 구현할 계획이다. 또한, 풀뿌리 민주주의 활성화를 위해 주민직접참여제도를 강화하는 한편, 생활권과 관할구역의 불일치로 인한 주민생활 불편을 해소하기 위한 관할구역 경계조정을 추진할 계획이다.

그간 논의에만 그쳤던 자치경찰제는 각계의 의견수렴과 현장실사 등을 통해 실행 가능하고 치안력이 강화되는 방안을 마련하는데 중점을 두었다. 먼저, 기초자치단체에 자치경찰단을 설치하여 범죄예방, 질서유지, 학교폭력 등과 같은 주민생활과 밀접한 사무를 수행하면서 지역별로 특화된 맞춤형 치안서비스를 제공할 수 있도록 하였다. 또한, 지역주민들이 자치경찰제 도입 여부 및 인근지역과 통합 등을 자율 결정할 수 있도록 하여 자치이념도 구현토록 하였다. 이외에, 광역자치단체에도 인사교류 및 분쟁조정 등 일정 역할을 부여, 광역-기초자치단체 모두 주민안전에 책임을 다하도록 하였으며, 자치경찰제도의 성공적 정착을 위해 충분한 시범실시를 통해 제도의 완성도를 높여나갈 계획이다.

종합적인 지방행정으로 교육서비스의 질적 향상과 비효율을 제거하고, 교육의 분권 강화로 지방교육의 자율성 · 창의성 · 다양성을 확보할 수 있도록 교육자치와 지방자치의 연계 · 통합을 위해 노력할 계획이다. 우선 시 · 도-교육청간 인사교류를 활성화하고, 중기지방재정계획 수립시 사전협의 절차를 도입하는 등 교육행정 · 재정 · 정책분야를 중심으로 교육자치와 지방자치의 연계 · 협력을 강화하는 한편, 헌법과 관련 법률의 입법취지에 적합하도록 교육감 선출방식을 개선하되, 교육의 자주성과 전문성, 정치적 중립성이 강화될 수 있는 방안도 함께 추진할 계획이다. 이처럼 교육자치와 지방자치가 실질적으로 연계 · 협력할 수 있는 방안을 추진해나가는 한편, 앞으로 지속적인 논의를 통해 국민적 합의를 거쳐 교육자치와 지방자치의 연계 · 통합 행정체제 개편방안을 마련해나갈 예정이다.

주거단위의 근린자치 활성화를 위해 지역주민이 직접 자신들의 문제를 해결하고 주민서비스를 개선하는 읍 · 면 · 동 주민자치회를 도입한다. 올해 연말까지 31개 읍 · 면 · 동에서 시범실시 중인 협력형 모델과 그 외의 통합형 · 주민조직형 모델의 장 · 단점 등을 분석하여 최적의 주민자치회 모델과 세부 실시방안을 마련할 계획이다. 이를 위해, (가칭)「주민자치회 설치 및 운영에 관한 법률」을 제정하는 한편, 지방자치단체 표준조례안도 마련하여 제시할 예정이다.

지방행정에 주민이 참여할 수 있는 기회를 확대하여 지역주민의 의사가 적극 반영될 수 있도록 하였다. 조례의 제 · 개정 및 폐지에 대한 주민청구 조례안은 주민 서명자 수를 현행보다 완화하는 한편, 주민청구 조례안은 의원임기와 함께 자동 폐기되던 현행 제도를 개선하여 차기의회에 한하여 계속 심사할 수 있도록 할 계획이다. 또한, 행정기관의 위법사항에 대한 주민감사청구 기한을 현행 2년에서 3년으로 연장하고, 지방의원에 대한 주민소환 청구요건을 현행 청구권자 총수의 20/100에서 15/100으로 낮추어 주민참여가 더욱 용이하도록 관련 제도를 개편한다.

4) 미래지향적 지방행정체제 구축

지방의 경쟁력이 국가의 경쟁력으로 이어지는 선순환 구조를 실현할 수 있도록 미래지향적 지방행정체제를 구축한다. 이를 위해 대도시의 규모와 자치역량에 부합하는 자치권을 부여하는 한편, 획일적인 기관구성 형태를 다양화하여 지역별로 특색있는 지방자치가 실현될 수 있는 토대를 마련할 예정이다. 또한, 특별 · 광역시의 자치구 · 군을 의회를 구성하지 않는 행정구 · 군 형태로 개편을 추진하되, 국민적 합의를 거쳐 개편방안을 확정한 후 추진할 계획이다.

대도시의 규모 및 역량에 부합하는 기능과 역할 부여를 위해 인구 50만 · 100만 이상 대도시에 대하여는 각각 특례시 · 특정시(잠정)라는 별도의 명칭을 부여하고, 각종 특례도 대폭 확대하기로 했다. 이를 위해 대도시 사무특례를 확대 발굴하여 (가칭)「일괄이양법」제정을 통해 대도시에 특례를 부여하는 한편, 이양되는 사무의 규모와 성격, 도(道) 재정영향 분석 등을 통해 대도시에 대한 행정 · 재정특례 확대방안을 마련할 계획이다. 특히, 100만 대도시에 대해서는, 지방자치단체 기준인건비 산정 시 100만 대도시의 특성을 고려하여 반영하도록 하는 한편, 지방채 발행비율을 현행 5%에서 8%로 상향하고,

재정투융자 시 자체심사 신규사업의 범위를 현행 40억 미만에서 100억 미만으로 확대하여 100만 대도시의 재정자율성을 강화할 예정이다.

「단체장-의회 대립형 구조」로 획일화되어 있는 지방자치단체 기관구성 형태를 현행 단체장 중심형, 단체장 권한분산형*, 의회중심형** 등으로 다양화하여 지역여건에 따라 다양한 지방자치가 구현될 수 있도록 하였다. 앞으로, 우리나라에 적용 가능한 다양한 모형을 마련하고, 기초지방자치단체를 중심으로 지역특성과 규모에 맞는 기관구성 형태를 주민이 직접 선택할 수 있도록 추진할 계획이다. 기존 시 · 군 통합 건의지역*을 중심으로 자율통합을 적극 지원하여 지역경쟁력 강화 및 주민편익 증진을 도모하고, 통합여건 변화 등을 고려하여 필요시 통합 대상지역을 추가로 발굴해 나갈 계획이다.

* 6개 지역 14개 시 · 군(의정부 · 양주 · 동두천, 전주 · 완주 등)

아울러 통합 시 · 군 · 구에 대한 보통교부세 특례지원*의 기한 연장을 추진하고, 지자체 건의 및 전문가 의견수렴 등을 통해 지원 특례를 추가 발굴할 계획이다.

* '15.1.1 이전 통합 지자체에 한해 보통교부세 총액의 6/100을 10년간 지원(특별법 제35조)

- 지원규모 : 통합 창원시(년 146억원 10년간 지원), 통합 청주시(년 202억원 10년간 지원)

3. 현 정부의 지방분권과 자치에 대한 SWOT 분석

〈표 8〉 현 정부의 지방분권과 자치의 발전과제

	강점(strength)	약점(weakness)
추진 과제	-지방자치단체장/의회가 강력한 분권 추진세력으로 존재 -전국적인 분권운동 시민단체 활약중 -야당의 분권세력화 가능성 -지방자치발전위원회의 활동	-통치자를 비롯한 중앙정치인, 중앙언론들의 무관심 -전반적 시민운동의 활력 저하 -분권운동단체의 관변성 및 연대 미흡 -분권에 대한 시민적 관심 저조, 지방의 중앙의존성 심화
	기본방향	주요과제
추진 환경	-과도한 재정부담의 지방 떠넘기기에 대한 지방의 반발 증폭 -분권에 대한 관심 재점화 조짐 -차기 대선 의제화 가능성 -분권형 헌법의 개정	-경제의 침체화 지속 -수도권침체의 상대적 심화로 분권요구의 당위성 훼손 -지방재정의 지속적 악화 -지역간 발전수준 및 재정력 격차

(소영진, 박근혜 정부의 지방자치발전과제 도표를 재정리, 2014: 43)

VI. 한국지방자치의 발전과제

현재의 국가발전의 단계로 보거나, 국민의식수준, 지방자치 선진국의 사례, 그리고 지난 20년의 성과와 문제점을 볼 때, 앞으로 한국의 지방자치와 분권이 확대 · 강화되기 위해서 반드시 해결해야 할 과제는 다음의 10가지다.

1. 민주와 분권으로 국정을 개혁하자

지난 참여정부와 MB정부 10년간의 지방분권을 위한 노력들은 우리에게 많은 교훈을 남겨주었다. 짧은 기간내 적지 않은 성과도 있었지만, 미진한 점도 많았고 풀어야 할 과제도 던져 놓았다. 앞으로 박근혜 정부하에서도 분권을 추진하는 환경과 여건은 급변할 것으로 전망된다. 인구감소와 고령화, 다민족 · 다문화시대의 급속한 전환, 글로벌화와 정보화 및 광역화의 진전, 수도권과 비수도권 및 도시와 농촌간의 불균형의 심화될 것이다. 게다가 지역개발, 경기활성화를 위한 재정수요가 계속 증가하고 있으나 경기침체로 세수는 감소할 것으로 예상되어 사무이양에 따른 재정보전과 지방재정 확충 노력은 자치단체의 큰 부담으로 작용할 것이다.

이제 지방자치와 분권은 이제 피할 수 없는 시대적 소명이자 어렵지만 가야할 길이다. 분권화를 향한 선진국의 추세, 한국의 국가발전 단계, 그리고 우리 국민들의 민주시민의식의 수준을 놓고 볼 때, 아직도 극복하지 못하고 있는 '중앙집권형 국가관리체제'를 과감히 타파해야 한다. 그래야만이 지역의 경쟁력을 강화시켜서 소외와 격차없이 지방분권과 균형발전의 꿈이 실현가능해 질 것이다. 지금까지 지방분권의 촉진으로 인해서 제기된 문제들은 어디까지나 지방자치가 활성화 되어가는 방향에서 그 제도적 개선이 이루어져야지 과거의 통제적 중앙집권시대로 돌아가려해서는 절대로 안된다.

박근혜 정부가 출범해서 2년이 다 되어가도록 국정운영의 기본틀은 중앙집권 그것도 청와대 중심에서 크게 변하지 않고 있다. 그동안 청와대가 중심이 되어 추진하고 있는 국민안전, 경제혁신, 공공개혁들은 모두 중앙집권을 더욱 공고히 하고 말았다. 모든 권력이 청와대로 집중될수록 그로 인해 나타날 국정실패와 실수는 모두 대통령 개인이 떠안을 수 밖에 없다. 그럴때마다 정권은 혼돈과 위기로 치닫는다. 아무리 뛰어난 리더라고 하더라도 1인이 국가나 조직을 통제하고 관리하는 시대는 지났다. 정부내 옥상옥의 조직을 아무리 만들어 봐도 소용없다.

관료주의의 반대는 민주주의다. 대통령은 관료가 주인이 아니라 국민이 진정한 대한민국의 주인이 되는 민주주의를 회복해야만 국민들의 신뢰와 지지를 다시 회복할 것이다. 따라서, 박근혜 정부가 성공하기 위해서는 더 늦기 전에 국정을 개조해야 한다. 그러려면, 국정운영의 틀과 방식을 과감하게 바꿔야 한다. 정부의 자치와 분권 및 균형을 위한 지역정책이 성공하기 위해서는 국정운영의 틀은 청와대 중심의 중앙집권적 통제체제에서 지방정부와 지역사회가 상당한 독립성과 자율성을 보장받는 이른바 지방분권형 협력체제로 바꿔야 한다. 그리고 그 운영방식은 투명과 공개, 소통과 협력중심이 되어야 할 것이다.

2. 지방자치를 헌법적으로 보장하자

작금의 지방자치는 중대한 전환국면에 놓인 가운데 중앙정부나 국회는 공히 권한, 돈, 인재, 정보들을 여전히 독점하면서 지방에게 지방자치권을 획기적으로 부여하지 않고 있다. 오히려 지방분권과 자치에 대한 비전과 철학없이 지극히 정략적인 대응하고 있다는 점이 지방분권 추진의 걸림돌이 되고 있다. 따라서, 지방자치의 근간을 흔드는 뿌리깊은 중앙집권의 유혹을 뿌리치고 지방분권적 국가운영의 틀을 정립하기 위해서는 현행 헌법을 대폭 보완해서 지방의 자율성을 보호해야 한다는 요구가 소위 '지방분권개헌론'이 제기되는 배경이기도 하다. 헌법은 국가의 모든 구성원이 따라야 하는 국가공동체의 강제적인 최고 가치규범이기 때문이다.

특히, 한국의 경우 헌법개정을 위해서는 엄격한 절차를 요구하고 있다. 즉 국회에서 의결은 재적 2/3이상의 찬성을 요하고 국민투표를 요한다. 그렇기 때문에 일시적인 다수를 차지한 정치세력이 지방자치제도를 시대에 역행해서 자의적으로 변화시키려하는 경우에 안전장치로서 기능을 수행해줄 것이다.

지방자치 정신을 실천하는 선진국의 시민사회와 정치권의 실제 모습을 보면, 대의민주주의로부터 나온 대표권을 중앙정치의 입법권자만이 독점하고 있지는 않다는 공통점이 있다. 독일, 프랑스의 상원제도, 영국의 지역국회, 스페인과 이탈리아의 지역정부 등 지방정부 대표를 통한 입법권의 분점, 그리고 지방정부와 관련된 사안에 대한 직접적인 국정참여장치 활성화 등 다양한 통치유형과 계층구조를 가진 지방자치를 통해서 민주주의를 확실하게 실천하고 있다.

2011년, 영국은 지역주권법(Localism Act 2100)을 제정하여 중앙의 권한을 지방자치단체에 이양하는데 그치지 않고, 지역사회와 지역주민에 까지 그 이양선을 획기적으로 확대해가고 있다. 2003년 프랑스는 헌법 제1조를 수정하여 '프랑스가 분권에 기초한 국가'임을 천명하고 있다. 이와같이 민주주의 선진국일수록 분권은 이제 지역의 주권 내지 국민의 기본권으로 인정하는 경향을 보이고 있다.

우리 사회도 자유민주주의를 확고히 하기 위해서는 획일적 지방자치제도를 지양하고, 지역특색에 맞는 다양한 지방자치제도를 추진하는 것이 이제는 절실하다. 이를 보장하기 위해서는 헌법을 개정할 때 지방분권과 자치를 국민의 기본권으로 선언하는 한편, 자치입법권을 비롯 지방자치단체의 종류, 기관구성, 기능, 지방재정 그리고 중앙정부와 지방정부간 권한의 명확화 및 지방정부의 국정참여 나아가 주민의 위상과 직접참여 등이 헌법에 명시되어야 한다. 향후 새로운 20년을 향해 새 좌표가 필요한 한국지방자치가 바른길을 가기 위해서 헌법적 길잡이를 요구하고 있다.

3. 지방자치발전종합계획을 현실화 · 입법화하자

2014년 12월, 대통령소속 지방자치발전위원회가 「지방자치발전종합계획」을 발표했다. 계획안에는 지방자치의 중요과제들을 포괄적으로 담고 있다. 물론, 지방자치단체와 관련 시민단체 및 학계가 제시한 지방자치의 성공조건을 충족시키기에는 여전히 미흡하다. 그러나, 지방자치발전위원회의 최고 의사결정은 지금까지 대통령에게 단순 보고에만 그쳤던 다른 위원회들과는 달리 관련 중앙부처들과의 협의와 조정을 거쳐서 이루어졌다. 그 과정에서 위원회 자체안들이 상당부분 축소되거나 연기되었다. 그만큼 지방자치와 분권에 대한 중앙정부의 반발과 저항이 여전히 크다는 사실을 말해주고 있다.

다만, 이번에 지방자치발전위원회가 어렵게 마련한 종합계획은 나름대로 큰 의미가 있다. 먼저 민선 지방자치가 부활된지 20년만에 지방분권과 행정체제 개편을 아우르는 과제들을 선정하여 이에 대한 종합적인 개선방안들을 담아 정부 최초의 마스터플랜을 마련했다는 점이다. 또한 개선안 마련 시작단계에서부터 종합계획의 확정단계에 이르기까지 지역주민, 분권단체, 지방자치단체들의 의견수렴과 중앙부처의 협의, 조정과정을 거치는 한편, 국회에 설치된 지방자치발전특별위원회에도 여러 차례 진행상황을 보고하는 등 종합계획 수립과정이 상향적으로 진행되었다는 점이다. 뿐만 아니라, 단순하게 대통령 자문위원회가 제안하는 지방자치발전에 대한 추진계획이 아니라 특별법에 근거를 두고 국무회의에 의결을 거쳐서 최종적으로 확정한 범정부적 실천의지가 담긴 계획이라는 점에서 이전과는 다른 의미를 찾을 수 있다고 하겠다.

그동안 지방자치발전 종합계획에 대해 TV 뉴스, 신문에서 뿐만 아니라 지방자치단체, 분권단체들도 각각 다양한 의견을 내놓고 있다. 하지만, 공통적인 의견은 올해로 20년을 맞이하여 성년이 된 지방자치제도를 전반적으로 개편할 필요성에 많은 공감을 보이고 있다는 것이다. 어떻게 보면 제도를 바꾸어야 한다는 필요성에 많은 국민들이 공감하고 있다는 사실 자체만으로도 지방자치발전 종합계획은 상당히 긍정적인 성과를 내고 있는지도 모른다. 그렇지만 가장 중요한 것은 앞으로 이러한 계획을 어떻게 실천하느냐 또 얼마만큼 실현시키느냐 하는 문제이다. 따라서, 어렵게 마련한 종합계획이 현실화 · 입법화되기 위해서는 다음과 같은 전략과 노력이 필요하다.

① 시민사회 공감대 형성

- 중 · 장기적으로는 분권과 자치를 위한 시민사회적 기반을 육성하는 것이 필요하다. 이를 위하여 우선적으로 시민들에 대한 교육과 홍보 프로그램이 강화되어야 할 것이다.

- 시민교육을 위한 교재개발 또는 중 · 장기적 방안으로 추진될 필요가 있다. 시민교육을 위한 교재 등은 기존의 연구교육역량으로도 단기간에 제작될 수 있을 것으로 판단된다.

② 지방자치와 지방분권 확대와 강화를 위한 위한 시민포럼 형성

- 시민사회의 동참을 독려하는 방안으로 지방분권과 지방자치의 가치를 강조하는 시민포럼 형태의 활동을 생각해 볼 수 있다. 시민들의 상당부분은 아직까지는 특정 조직에 소속되어 적극적인 활동을 하기 꺼려한다. 따라서 시민포럼 형태의 다소 느슨한 모임 정도로 구성하여 지방분권, 지방자치 활성화에 찬동하는 시민들을 모일 기회를 마련하는 것이 효율적인 방안이 될 것이다.

③ 관련 기관과의 연대 강화

- 학계 : 학계와 연대하여 자치와 분권 운동의 동력원으로 활용한다.
- 지방4단체, 각 지방자치단체 및 지방의회 : 자치단체와 지방의회의 경우 종합계획이 현실화되지 않을 겨우 실질적 피해자일 수 있으므로 연대하여 조직화하고 동력원으로 활용하는 방안을 고려한다. 우선적으로 운동조직 지도부와 지방자치단체장과 지방의회 의장 및 지방의원 등과의 간담회와 좌담회 등을 지속적으로 추진한다.
- 시민사회단체와의 연대 : 자치와 분권운동을 위한 기존의 지역 시민사회단체와의 연대를 추진한다. 이들 단체의 조직력과 인력 등을 활용하게 된다면 자치와 분권운동의 성과에 대한 시너지효과가 나타나게 될 것으로 판단된다.

4. 정당공천제와 지방선거를 개혁하자

2014년 6 · 4 지방선거가 끝나고 민선 6기가 출범했다. 당시 언론들은 지난 선거의 결과를 두고 여 · 야가 승자도 패자도 없는 무승부로 평가하는 분위기

였다. 즉 유권자들은 여 · 야 어느 편도 기울지 않은 채, 대통령과 여당에게는 자성의 기회를, 야당에게는 견제의 기회를 준 것이라는 것이다. 이런 해석은 지난 선거가 애초부터 정당개입을 전면 허용하는 가운데 정당의 대리전 같이 치러진 결과에서 비롯된 것이다. 그러나 지방선거 본래의 의미와 기능을 놓고 볼 때, 지난 선거의 결과는 한마디로 '중앙정치의 완승'이자 '지방자치의 완패'로 보는 것이 더 정확한 진단이다. 이로써 한국의 지방자치는 부활된지 20살의 성년이 되었음에도 불구하고, 지방선거는 여전히 유아기에 머물고 있음을 여실히 보여주고 있다. 그 결과로 인해 향후 지방자치가 성공적으로 정착하기 위해서는 여전히 큰 숙제를 떠안게 되었다.

6 · 4 지방선거는 앞으로 지방선거가 어떻게 달라져야 하는지, 또 법과 제도를 어떻게 바꿔야 하는지에 대해서 다시 한번 교훈을 던져주고 있다. 먼저 정당공천제의 폐해를 극복하고 지역별 일당독점 현상을 개선하기 위해서는 현 지방선거 정당공천제도를 다시 짚어봐야 한다. 그리고 교육감 선거제도와 함께 광역선거와 기초선거의 분리 실시도 검토해봐야 한다. 동시선거의 부작용이 너무 크기 때문이다. 다음, 일당지배 구조하에 나타나는 지방자치의 폐해를 완화하기 위해서는 지방자치에 주민들의 직접 참여를 활성화시키는 노력이 병행되어야 한다.

지방자치의 본질과 원칙에 위배된 지방선거의 결과는 선거전 여 · 야가 기초선거 정당공천제 문제를 놓고 대립할 때부터 이미 예견됐던 일이다. 여 · 야는 우여곡절 끝에 이런 저런 궁색한 이유를 달아서 지방선거에서 지방공천을 전면 유지토록 했다. 특히 대통령과 대부분의 국회의원들이 태도를 바꿔 정당공천제를 유지시킨 것은 그 이유가 어디에 있든 국민과의 분명한 약속위반이다. 또, 이번 선거를 왜곡시킨 주 요인으로 작용했다.

6 · 4 지방선거에서 정당공천과 관련해서 나타난 심각한 문제점을 정리해보면 다음과 같다. 첫째, 지난 선거는 기본적으로 지방선거임에도 불구하고, 지역의 이슈는 실종되고 중앙정치의 쟁점만 부각된 가운데, 주로 정권의 중간

평가적 의미로 치러졌다. 게다가 전국 동시선거, 지역주의에 기인한 정당간 당리당략과 네거티브 방식의 선거운동, 정당공천제 유지로 인한 파행적인 정당공천 방식까지 겹쳐서 정책 중심의 선거를 불가능하게 할 수 밖에 없었다.

둘째, 지난 지방선거에서 정당이 과도하게 개입해서 들어난 부작용은 자못 심각하다. 정당공천제의 유지를 위한 명분으로 도입한 것이 상향식 공천이다. 그러나 공천을 둘러싼 비리와 부작용은 정도를 넘었다. 공천부탁을 하기 위해 동붕투를 건낸 예비후보들이 곳곳에서 적발되었다. 국회의원들의 경선 개입 논란도 끊이질 않았다. 그 결과, 참신하고 유능한 정치신인들의 진출은 기대 밖이었다. 공무원의 줄서기 관행도 근절되지 않았다. 인물과 공약 중심의 정책선거는 또 다시 자리잡지 못했다. 비례대표제는 정당과 국회의원들에 대한 후보자들의 충성심만 더욱 공고히 했을 뿐이다.

셋째, 지방정치에서 일당 지배구조가 더욱 심화되었다. 즉 일부 지역을 제외하고 특정 정당이 광역단체장, 기초단체장, 그리고 각 지방의회의 과반수를 점유하여 일당 독점적인 양상을 계속 보인 점이다. 따라서, 중앙 정당정치의 지역분할구도는 지방자치를 중앙정치에 종속시킬 가능성을 보다 지속적으로 열어놓고 있다. 더욱이 단체장과 의회간의 기관대립형 제도을 취하고 있는 현 상황에서 일당 독점구조는 견제와 균형이라는 자치제도의 취지를 상실케하고 있다.

넷째, 새롭게 도입한 상향식 경선방식의 공천은 여성이나 정치신인에게는 대단히 불리하게 작용했다. 여성의 경선 승률은 40%에 지나지 않는다. 반면, 국회의원과 단체장 출신 후보들은 상향식 경선에서 남녀를 불문하고 매우 유리했다. 6 · 4 지방선거에서 당선된 광역단체장 17명중 국회의원 출신이 현직 5명을 포함 무려 9명이다. 본선과 경선과정에 참여한 전 · 현직 국회의원과 단체장까지 포함하면 훨씬 많아서 중앙정치인들이 지방선거를 지배했다고 볼 수 있다. 여기에 여성과 정치신인의 등장과 도전은 불가능할 수 밖에 없었다.

따라서, 상향식 공천에 따른 진입장벽의 문제, 전 · 현직 국회의원과 단체장 중심의 재공천, 여론조사의 한계, 진성당원의 부재에 따른 편법 동원선거, 높은 경선비용 문제 등은 비정상적인 정당공천이 그 원인이 된 바, 그 존폐 여부를 다시 짚어봐야 할 숙제로 남게 되었다.

결론적으로, 지방자치가 성년기에 접어든 현 시점에서 볼 때, 지방선거 정당공천제 문제는 정상적인 지방선거를 통한 올바른 지방자치의 정착을 위해서 반드시 해결하고 넘어가야 할 최우선의 국정 과제가 되어야 할 것이다. 그러나, 아무리 좋은 제도 개선방안도 입법권을 쥐고 있는 국회에서 적극 나서서 마무리하지 않으면 이 문제를 한 치도 해결할 수 없다는 것이 지금까지 얻은 교훈이다. 제19대 국회에서는 지방선거 정당공천제 문제 만큼은 반드시 끝내야 한다. 지난 지방선거들의 경험, 외국의 사례, 그리고 국민들의 의식을 분석해 보면 답은 나와 있다. 기초지방선거에서 정당공천을 배제하든지, 아니면 정당공천 절차와 제도를 혁명적으로 바꾸는 것이다.

5. 성숙한 지방자치를 위해 구자치제를 개선하자

「대통령소속 지방자치발전위원회」는 지방자치의 근본 틀을 개선하기 위해 8개 핵심과제 중에 하나가 특별·광역시 자치구·군의 지위 및 기능개편에 과한 과제다. 개편의 이유는 이렇다. 자치구의 독자적 과세권 등으로 구간의 격차가 심해지고, 특별시와 광역시에서 종합행정을 수행하려고 해도 자치구의 반발로 원활하게 되지 않는 경우가 많으며, 자치구의회 운영에 행정비용이 과다하게 소요된다는 것이다. 추진위의 결정을 두고 지방의 반발과 비판이 거세지고 있다. 현지 주민들의 의사를 충분히 수렴하지 않았고, 추진위 의결과정에도 적법한 절차를 거치지 않았으며, 결국 자치와 분권의 근간을 흔드는 결과를 가져온다는 것이 그 주된 이유다.

이제 구 자치제는 시행 20년 만에 다시한번 그 존폐를 점검하게 되었다. 이에 따라, 구 자치제 시행에 따른 그간의 성과와 문제점을 냉정하게 짚어보는 동시에 외국의 사례를 참고로 해서 앞으로 구 자치제의 올바른 개선방안을 모색하는 일은 지방자치의 발전을 위해 대단히 중요한 사안이 되고 있다.

구자치제는 도입될 당시부터 찬반론이 팽팽하게 대립되어 논란이 많았다. 그럼에도 불구하고 지난 기간 동안에 구자치의 운영성과는 적지않게 나타난 바 있다. 즉 비대해진 대도시 기능을 분권차원에서 관리할 수 있었고, 도시민의 행정접근 및 참여기회를 확대했으며, 다양해진 지역수요에 부응해서 행정서비스의 제공을 다양하게 시도했다는 점 등은 구자치제 실시의 성과다. 그러나, 구자치제 시행에 따른 부작용과 후유증은 심각해서 시민들의 불신을 초래하게 한 것도 피할 수 없는 사실이다.

특별시와 광역시의 자치구는 구 주민들의 정체성, 역사성에 바탕을 두고 분리된 것이 아니라 인위적으로 갈라놓은 것에 불과하다. 따라서, 대도시 전체는 하나의 생활권으로 도시계획 · 경제 · 교통 · 환경 등의 문제를 종합적으로 수행해야 만 전체 시민들의 삶의 질이 향상되고 대도시내 지역격차 문제가 완화될 수 있다. 그렇지만 그동안 독립된 법인격을 가진 자치구들은 대부분 특별 · 광역시의 종합계획수립에 대하여 반발하거나 계획의 이행을 준수하지 않음으로서 대도시 종합행정에 큰 걸림돌이 되었다는 평가를 받고 있다. 특히, 구청장과 구의회의원을 뽑는 자치구 선거에 까지 정당공천제가 실시되면서 정당배경이 다른 특별 · 광역시와 자치구간의 협력적 관계는 실종되고 말았다.

여기에다, 자치구들마다 공공건물의 공동이용을 외면하고 구 청사 및 문화 · 복지 · 체육시설의 과다 설치가 재정적 지출의 낭비를 가져왔다. 일부 구청장들의 개인적 정치야망에서 비롯된 선심성, 전시성 사업과 행사들은 구살림을 더욱 어렵게 만들었고, 일부 구의원들의 빗나간 권위주의와 수준낮은 의정활동은 구자치제에 대한 무용론을 자초하는데 한몫했다.

이상의 문제점들을 놓고 볼 때, 구자치제의 일대 혁신은 불가피하다. 그렇다고 단순한 구자치제의 전면폐지는 결코 바람직하지 않다. 지금까지의 구자치가 잘못됐다고 해서 지방자치 실시이전의 과거로 단순히 돌아가는 것은 분권과 자치에 역행하는 것으로 시대정신에도 맞지않기 때문이다. 외국의 대도시들은 다양한 형태로 구자치제를 운영한다. 동경시와 런던시의 자치구는 한 때 구청장의 직선을 폐지한 적이 있었으나 지금은 대단히 활성화 되어있다. 준 자치구를 둔 뉴욕, 베를린, 파리 등은 시의 종합행정과 구의 자치행정이 조화를 이룬 가운데 구자치제가 뿌리를 내리고 있다. 한 국가내에서도 구자치제는 다양한 형태로 운영된다. 물론 비대해진 대도시 단체장의 권한을 견제하는 장치는 충분히 마련해 놓고 있다. 서울특별시와 광역시 자치구들의 평균 인구규모는 각가 40만명과 20만명이 넘는다. 이렇게 규모가 큰 자치구로는 실질적인 자치가 불가능하기 때문에 읍면동의 자치기능이 보다 활성화 되어야 한다.

지금 수도권을 제외한 대부분의 대도시들은 도시침체와 쇠퇴의 위기를 맞고 있다. 빗나간 구자치제에 발목이 잡혀서는 도시재생의 기회를 영영 잃게 될 지 모른다. 또한, 구의회를 비롯한 구자치제의 획기적 개선은 적지않은 국민들의 요구사항이기도 하다. 따라서, 지금의 구의회는 환골탈태해야 한다. 앞으로 종합계획이 입법화될 때까지 구의회는 그 존재가치와 필요성을 국민들에게 보여줘야 한다. 그렇지 못하면 국민들의 외면을 받을 것이고 지방자치에 대한 불신도 지속될 수 밖에 없을 것이다.

결국, 획일적으로 운영되어 빚어진 구자치제의 현 문제를 풀기위해 과거의 획일적인 집권제도로 다시 돌아가서는 안된다. 오히려, 지역의 실정과 역량에 맞게 다양한 구자치 제도의 선택을 지역과 시민들의 판단에 맡기는 것이 대도시 미래환경에 대비한 현명한 해결책이 될 것이다.

6. 협력의 지방자치 시대를 열자

지방행정체제는 아무리 그 필요성이 시급하다 해도 결코 일거에 변경할 수 있는 단순한 제도가 아니다. 새로운 행정체제를 설계하는 데에는 작금의 통치를 효율화시키고 국가 경제적인 차원에서 성과를 내는 것을 중요한 변수로 다루어야만 한다. 하지만, 시 · 도 또는 시 · 군통합 같은 행정계층구조의 개편은 국가경영의 기본단위와 일선행정체계의 혁명적 변화를 초래하는 국가적 문제이며, 향후 지방자치의 발전은 물론 지역사회의 재구조화에 결정적인 영향을 미치기 때문에 국가와 지방차원에서 현명하고 신중하게 접근해야 한다. 그래서, 지방행정체제를 전면 개편할 경우에는 국민들의 합의와 지역 전체의 동의가 반드시 전제되어야 한다.

종합계획의 내용에는 도의 지위와 기능 재정립, 광역시 자치구 개편, 시 · 군 · 구의 통합과 그에 따른 지원특례 마련, 그리고 읍 · 면 · 동의 자치화 등이 포함되어 있어서 지역의 미래발전은 물론 권력구조 및 지역주민의 삶의 변화와 직결되어 있다. 따라서, 지역은 행정체제개편 추진의 주체자로서 보다 적극적인 관심과 참여를 통해 주민의, 주민에 의한, 주민을 위한 방향으로 개편이 이루어지도록 다음 사항들을 주시하고 철저한 준비를 할 필요가 있다.

먼저, 지방행정체제의 개편은 미래지향적이어야 한다. 선진 외국의 지자체들은 국경을 초월해서 까지 대단위 권역을 설정하고 경제의 활력과 주민들의 삶의 질을 높이기 위해 교통, 환경, 취업, 치안, 지역개발 등의 문제를 상생적으로 해결해 나가고 있음을 참고해야 한다. 그렇다면, 각 자치단체들은 행정구역을 초월한 대단위 생활권 내지 경제권역을 설정하고 그 단위내 지역의 역량을 총결집할 때가 되었다.

다음, 다양성이다. 그 간의 지방자치는 지나치게 획일적인 제도하에 갇혀 있었다. 획일화 된 틀 속에서의 자치는 지역의 창의성과 자율성을 보장할 수 없다. 전국이 동일한 제도하에서는 선의의 경쟁을 통한 지역의 경쟁력 제고와 주민의 삶의 질 향상이 제한적일 수 밖에 없다. 행정체제의 개편은 지역실정에 적합한 표준모델의 개발과 시범적 실시를 통한 미비책 보완 등을 통해 실용적이고 전략적으로 접근해야 성공할 수 있을 것이다.

현행 지방자치의 큰 문제점은 자치단체간 협력이 거의 활성화되지 못하고 있다는 사실이다. 협력이 전제되지 않은 지방자치는 낭비와 비효율을 초래할 뿐이다. 그렇다고 통합이 되면 저절로 협력이 이루어질 것으로 기대하는 것도 금물이다. 자치단체간 협력할 줄 알아야 서로간 필요에 의해서 통합이 수월하게 될 수 도 있고, 또 통합후에 협력도 기대한 만큼 이루어 질 것이다. 다시한번 강조하지만, "지역간 그리고 자치단체간 협력할 줄 모르면 지방자치를 할 자격이 아직은 없다"고 보아야 한다.

도로와 철도, 항만과 공항, 에너지, 식수, 전략산업 등의 문제를 공동 대처해 나가야 하는 지역들은 꼭 닫혀있는 행정구역을 넘어 공무원간, 대학간, 기업간, NGO간의 상호교류와 협력을 더욱 활성화시켜 나갈 필요가 있다. 각 지역들은 함께 발전해야 한다. 따로 따로의 발전은 한계가 있고 급변하게 될 미래의 행정수요를 충족시킬 수가 없다. 지방자치 부활 20주년을 맞이한 지금부터는 '협력의 지방자치시대'를 열어가야 한다.

7. 지방자치제도의 자율성을 보장하자

그동안의 지방자치제도에서 다시 고려해야 할 근본적인 문제 중 하나는 효율적이고 민주적인 지방자치조직을 어떻게 마련해야 할 것인가에 있다고 할 수 있다. 즉, 새로운 지방정치행정 환경에 적응하면서 지방분권의 실현을 위해 우리나라의 바람직한 지방자치단체 기관구성 형태는 무엇에 중점을 두어 어떻게 설정되어야 하는지에 대한 진지한 논의를 필요로 한다. 우리나라 현재의 지방자치단체의 기관구조는 직선제를 기반으로 '강시장-약의회형'의 전국공통의 단일모델을 취하고 있다. 그러나 이는 지역별 경제 · 사회적 차이를 제대로 반영하지 못하는 단점을 지닌다. 즉 지방의 특수한 여건, 행정수요, 자치역량 등을 고려하지 않고 중앙집권체제에서의 행정편의주의 발상을 그대로 적용해 오고 있는 실정이다.

결국 지역자원을 동원하여 지역발전을 도모해야 하는 지방자치가 본래의 의미를 구현하며서 올바른 지방자치의 운영으로 국가사회가 발전하려면 무엇보다도 각 자치단체의 정치 · 경제 · 사회 · 문화적 배경을 고려하면서 자치단체의 다양한 기관구성 형태를 대안으로 검토하고, 그 도입을 적극적으로 시도하는 것이 절실한 시점에 이르고 있다.

지난 기간 동안 지방의회와 집행기관의 장이 각각 주민에 의해 선출되어 독립적인 기관운영을 수행하고 있는 현행 제도는 나름대로 긍정적 성과를 냈다고 볼 수 있다. 즉 단체장에 대한 주민직선의 분리형 기관구성은 무엇보다 주민통제의 실효성을 제고할 수 있었고, 그에 따라서 주민중심의 행정구현이 가능해졌다는 긍정적 평가를 받는다. 각종 시민단체를 비롯하여 적극적인 주민의 등장으로 지방정책결정과정에 주민참여의 요구가 증대되는 배경에서 지방자치단체는 지방행정을 보다 투명하게 하기 위한 노력을 경주하게 되었다.

반면에, 기초와 광역지방자치단체 모두 획일적인 권력분립형 기관구성은 적지 않은 문제점과 부정적 결과를 가져왔음을 부인할 수 없다. 이는 삼권분립의 원칙에 따라 의결기능과 집행기능을 각각 다른 기관에 분담시켜 기관간에 견제와 균형(checks & balances)의 논리를 추구하고자 하였으나 다음과 같은 문제점들이 노출되고 있는 것이다. 즉, 지방의회와 집행기관과의 관계에 있어서 전국적으로 단체장의 강한 권한으로 집행부 우위의 강시장-약의회 형태를 가짐으로서 지역의 요구와 특성, 지방여건을 전혀 고려하지 못하고 있다는 사실이다.

그런가 하면, 전국의 지방자치가 획일적으로 구성된 기관에 의해 거의 동일하게 운영되고 있기 때문에 지역특성에 따른 주민의 요구에 제대로 대응하지 못하는 행정의 비대응성과 비효율성을 상시적으로 발생시킬 수 있으며, 제도의 운영상 실패가 발생할 때에는 그 폐해가 고스란히 전국으로 파급되는 과다한 손실의 위험성이 상존하고 있다. 결국 지방자치단체의 기관구성에 대한 선택권이 결여되고, 지방자치단체의 자율성이 확보되지 못한 현 상황에서 각 자치단체는 정책과정에서 중앙정부로부터 일방적인 영향을 받게되는 동시에 지방수준에서는 정책적 유연성의 결여로 행정의 효율성과 효과성이 지속적으로 반감될 수 밖에 없는 것이다.

따라서, 지방자치단체의 기관구성은 각 자치단체의 규모, 행 · 재정적 수요, 정치문화, 행정역량 지역경제적 특성을 고려하고 주민들의 다양한 요구를 반영하면서 그 대안과 전략이 마련되어야 한다. 이를 위해서는 다음과 같은 과제가 검토되어야 한다. 첫째, 생산성 제고와 성과관리 측면에서 자치단체 기관구성이 지역주민이 원하는 값싸고 양질의 정치 · 행정서비스를 효율적으로 제공할 수 있어야 한다. 둘째, 분권과 자율성 제고 측면에서 자치단체 기관구성이 주민들의 자발적인 참여를 촉진하고 지방정치 발전을 도모하여 지방분권을 통해 지역발전에 기여할 수 있어야 한다. 셋째, 향후 지방자치단체 기관구성은 그간 실시해 오던 기관분리형의 문제점을 검토하고 이를 해결하기 위한 방향에서 접근되어야 한다.

이 경우 기관대립형의 단점이 반드시 기관통합형의 장점이 아니며, 우리가 경험한 기관대립형의 폐단이 기관통합형의 기관구성으로 저절로 해결되지 않는다는 점을 인식해야 한다. 기관구성은 기관분립형과 기관통합형을 양극으로 다양한 형태의 조합이 가능한 동시에 제도의 운영결과는 지방의 자치역량과 주민들의 의식에 따라 크게 달라질 수 있음을 인정해야 한다. 최근 논란이 커진 특광역시내 자치구군의 문제도 지방정부 기관구성의 다양성 차원에서 그 해결방법을 찾는 것이 바람직하다.

8. 교육자치의 틀을 재정비하자

글로벌화, 지방화, 정보화, 인구감소와 고령화 등으로 표현되는 미래 교육환경의 변화는 지방교육 전반에도 예외없이 새로운 개혁을 요구하고 있다. 지역이 필요로 하는 다양한 인재를 차별없이 양성하고 활용해서 지역발전의 주역이 되도록 하는 일은 지역민의 삶의 질을 증진시키고 삶의 기회를 확대하기 위한 전제 조건이다. 그러나 지금까지의 지방교육은 국내 · 외적 환경변화에 부합하지 못한 채, 집권화 된 교육의 틀, 그리고 획일적인 교육의 내용과 방법에서 크게 벗어나지 못하고 있는 것이 사실이다.

새로운 변화에 따라 지역이 필요로 하는 인재를 양성하고, 적재적소에 배치하는 일은 지역의 경쟁력 강화를 위한 필수조건이 된다. 그러나 지금까지의 지역교육의 전반적인 체계는 국내 · 외적 환경변화에 둔감한 것이 사실이다. 전국 각 지역의 교육비전과 목표는 대체로 학력신장, 대입진학이라는 단기적 목표에 치중되었을 뿐이다. 그 목표의 실현마저도 전 보다는 나아졌는지 몰라도 학생들이 가지고 있는 역량에 비해서는 기대에 크게 미치지 못했다는 것이 일반적인 평가다. 지역간의 교육격차는 갈수록 심각해지고 있고 일류대학 진학을 위해 영재들은 오늘도 비수도권 지역을 떠나고 있다. 그런데도 대비책은 전무하다. 폐쇄적인 법과 규정위주의 형식적인 교육행정은 수요자 중심의 선택권을 철저히 박탈하였으며, 뿌리깊은 관료제의 보신주의적 성향은 일선교사들의 불만만 키운 채 여전히 개혁되지 못하고 있다. 그 결과 학부모와 시민들에게 감동과 만족을 줄 수 있는 지역교육을 창출해 내지 못하고 있는 것이 오늘의 우리 현실이다.

교육자치는 지방교육의 다양한 발전을 도모하고, 나아가 시민들에게 자신들의 교육문제를 스스로 결정할 수 있는 권리를 보장하는 제도다. 따라서, '교육청자치'내지 '교육관료자치'로 잘못 이해 · 운영되고 있는 현 교육자치제를 과감히 청산해야 한다. 이제는 지역교육이 광역단위에서 기초단위 그리고 궁극적으로는 '학교단위의 자치'를 기본으로 완전히 변화해야 할 때다. 이를 위해서는 지방교육의 틀을 새로 디자인해야 한다. 문제해결의 출발은 지방교육의 토대가 되는 현 지방교육자치의 제도를 근본적으로 개선하는 것이다. 교육행정의 의사결정기구는 지방의회로 통합되었지만, 집행기구는 시 · 도지사와 별도로 주민직선으로 선출된 교육감이 담당하는 현 제도로는 지방교육에 대한 주민의 책임성 확보도, 지방교육재정의 자주성 달성도, 그리고 일반행정과 교육행정간의 협력을 통한 교육서비스의 향상도 기대하기가 어렵다.

이와 같이 해결해야 할 현안들이 쌓였는데도 불구하고, 지역교육계는 중앙정부의 결정에 늘 소극적으로 순응하는데 익숙해 있다. 창의적인 인재를 육성해서 지역발전과 연계시키는 중요한 역할이 부재했기 때문에 학생들에게 꿈과 희망을 심어주는데 성공하지 못하였다. 공교육 정상화의 핵심은 교사들의 경쟁력에 달려있는데도 교사들을 개혁의 대상으로만 몰고갈 뿐, 교사들의 명예와 자존심을 지키는 방안을 내놓지 못하고 있다. 각 지역의 미래발전과 연계하는 그 지역만의 독창적인 교육프로그램을 개발하는 것도 소홀했다.

지난 지방선거에서 유권자의 철저한 외면 속에 비정상적으로 진행된 교육감선거도 반드시 개선되어야 할 것이다. 교육감 선거의 경우 정책과 공약 중심의 경쟁은 커녕 색깔론과 상호비방전이 두드러지면서 유권자의 불신만 증폭시켰다. 결국 교육감 및 교육의원 선거는 누가 누군지 모른 채 '깜깜이 투표' 내지 '로토 투표'가 되었다는 평가가 지배적이다. 정당공천까지 배제된 교육감 선거를 전국이 지방선거와 동시에 치르는 나라는 우리 밖에 없다. 그 결과, 교육감 선거는 중앙정치의 중간평가로 전락하여 정치적 중립성이 훼손되고 있다. 심지어, 교육감과 광역단체장이 당선 후 교육이념이 다를 경우 심한 갈등으로 이어져 결국 교육수요자에게 피해를 주게 되는 근본적인 문제가 나타났다.

지방자치가 실시 20년 시점에서, 지방자치와 교육자치의 제도적 연계와 조화를 모색하는 것을 비롯해서 교육자치의 틀을 재정비하는 일은 지방자치에 대한 지역민들의 관심과 신뢰를 회복하는 한편, 실질적인 교육분권을 통해 다양하고 창의적인 지방교육의 목표를 달성하는 차원에서도 중요하고 시급한 과제가 되었다. 앞으로 미래 세대들 모두가 꿈과 희망을 갖고 마음껏 달려나갈 수 있도록 지방자치와 교육자치의 제도적 연계와 통합을 모색해야 한다.

9. 주민자치의식을 제고시키고, 주민자치를 실질화하자

민주주의는 정치제도가 민주적인 형태를 갖추었다고 해서 이루어지는 것이 아니라 구성원들의 능력과 태도가 제도를 뒷받침해야 하며 사회·문화적으로도 정착되어야 한다. 따라서, 민주적인 제도를 마련하고 운영하는데 있어서 그 구성원들에게 요구되는 능력과 태도 곧 민주시민성이 필수적이며, 지방자치의 성공을 위해 무엇보다 중요하고 결정적인 요소는 지방자치에 대해 주민들이 갖는 태도와 자세 즉 자치의식[9]이 된다.

한국의 경우, 지방자치가 지역사회에 미친 변화를 주민들이 정확히 인식하고 지지할 때 비로소 지방자치가 지역사회에 정착될 수 있음에도 불구하고 아직도 그 변화가 주민들에 의해 체감되지 못하고 있는 것으로 조사되고 있으며, 여전히 남성보다는 여성, 젊은층 그리고 학력수준이 낮은 계층에서 지방자치에 대한 무관심의 문제는 좀처럼 개선되지 않고 있다. 갈등을 보는 시각도 무조건 부정적이어서 갈등을 관리할 수 있는 토대가 마련되어 있지 못하다.

이와 같이 공동체의식의 결여, 정치에 대한 불신과 냉소주의, 낮은 정치참여의식, 비합리적인 의사결정과정 등을 특징으로 하는 우리의 현실에 있어서 민주시민성을 함양시키기 위해서는 우선 민주시민교육에 비중을 두어야 한다. 지방자치의 수준은 바로 지역주민의 의식 수준을 반영하는 것이고, 좋은 시민만이 좋은 정부와 좋은 사회를 만들어 낸다. 그러므로, 주민들의 권리의식과 책임의식, 참여의식과 비판의식, 시민의식과 공동체 의식이 조화를 이루도록 끊임없이 노력해야 하며, 동시에 주민들이 민주시민성을 함양할 수 있도록 교육과 정치참여의 기회가 더욱 확대되어야 한다.

9 자치의식은 "지역사회에 대한 애향심과 정서적 일체감에 기초한 지역주민으로서 갖는 주민의식과 사회의 공동문제를 주위사람들과의 타협과 협력을 통해서 해결하려는 시민의식과의 균형적 태도"를 일컫는 것으로 보고자 한다.

시민교육은 지방정부가 주도하기보다는 민간단체나 지역내의 학교 또는 기업 등과 연계하여 이루어질 필요가 있다. 또한 실질적으로 시민참여에서 소외되었던 청소년, 장애인, 노인 등의 관심을 제고시키기 위한 인터넷 교육도 강화될 필요가 있다. 학교에서의 시민교육도 달라져야 한다. 학교의 시민교육은 교실 수업보다는 환경, 소비자, 자원봉사 등과 같은 지역사회의 문제에 직접 개입, 참여함으로써 보다 효과적이 될 수 있다. 뿐만 아니라 공익시민단체, 종교단체 등의 시민교육활동도 시민의식을 제고하는데 기여할 것이다. 주민자치센터도 지역주민을 성숙한 시민으로 성장시키는 정치적 교육의 장으로서의 기능을 수행해야 하는데 한계가 있다.

지방자치가 주민자치로서의 의미를 크게 제고시키기 위해서는 무엇보다도 정당한 요구를 할 수 있는 주민의 의식과 역량, 그리고 그들의 요구를 정부에 효과적으로 전달해 줄 수 있는 제도적 장치의 확립이 필수불가결한 과제가 된다. 특히, 지역주민들의 자치의식 내지 납세자의식을 강화시켜주는 차원에서 직접참정제도를 적극적으로 추진하는 것이 가장 확실한 전략이 된다. 특히 정부와 시민단체가 협력하여 서비스를 제공하는 공동생산의 경우 정책이나 서비스의 비용에 대한 시민의 이해와 지식을 증대시키고, 시민의 공동체의식을 증대시키는 효과가 있다. 21세기의 지방자치는 지방자치단체와 기업, 지역사회, 시민단체들과의 파트너쉽을 통하여 실시되어야 하며 자치행정은 공동결정 - 공동생산 - 공동책임(Co-determination - Co-production - Co-responsibility)하에서 수행되는 소위 '3각 공동행정(3-Co-administration)'체제가 구축되어야 한다.

한편, 우리나라는 지방의 경쟁력이 곧 국가의 경쟁력으로 되는 지방자치시대가 본격화되면서 주민의 복지실현이 지방에서 주도적으로 시작되어야 하는 힘든 시기를 맞고 있다. 이러한 일련의 변화들은 주민들이 종래의 국가 또는 지방자치단체의 기능과 역할에 모든 것을 의존하던 수동적 자세에서 벗어나서 자치역량(self-governance capacity)을 발휘할 것을 요구하고 있다. 특히, 유권자들이 "우리는 더 이상 세금을 내지 않겠다(No, we won't pay it anymore)."고 외치는 정부에 대한 실망과 분노의 목소리는 각 정부들이 국정과 복지를 개혁을 하지 않을 수 없는 근원이 되고 있다. 앞으로 더 많은 정부들이 같은 상황에 직면하게 될 것이다. 지방자치 선진국에서 추진하는 개혁의 방향과 전략을 보면, 개혁은 뿌리로부터 상향적으로 나와야 한다고 강조하면서 개혁의 궁극적인 목적을 정부의 효율성 향상이나 능력 증진에 두지 않는다. 보다 좋은 사회의 건설에 두고 있다. 즉, 효율적 정부는 좋은 사회를 위한 필요조건이지 충분조건은 아니라고 본다. 따라서, 전체적으로 좋은 사회에 접근하기 위하여 정부는 개인, 가족, 이웃 및 지역의 자발적 주민조직들이 지역문제를 스스로 해결하도록 그에 따른 권한과 책임을 지역사회에 이양한다. 즉 보다 견고한 지역사회(community)를 만들기 위한 노력에 심혈을 기울이고 있다. 결국, 시민들의 참여와 협동에 의해 자주적 관리가 이루어지는 '시민자주관리의 사회'를 지향하고 있는 것이다.

앞으로 한국의 지방자치는 지금부터 주민자치가 실질화되어서 지역사회의 원동력이 되어야 한다. 견고한 지역사회를 건설해서 개개인이 자율적이고 책임감 있는 삶을 추구하는 좋은 사회를 이룩해야 하기 때문이다. 이를 위해서 특히, 지역의 현안문제들은 지역사회가 자조적(self-help)으로 해결하도록 정부가 지원하는 것이 가장 효과적이다. 그래서 지방자치 선진국 정부들은 공공서비스에 대한 소유권이나 통제권을 관료나 전문가의 손에서 지역사회로 그 이양을 확대해 나가고 있는 것이다. 이제부터 지방자치의 궁극적인 목표는 주민자치에 있다. 따라서, 행정이 추구하는 목표도 주민들을 규제하고 가르치는 것이 아니라, 보다 편안하고 안전한 삶을 영위할 수 있도록 지원하는 방향으로 새 출발해야 할 것이다.

10. 투명과 소통, 나눔과 협력의 자치행정을 하자

세종시가 출범하고 국무총리실이 이전하면서 세종시를 중심으로 이제 새로운 국가행정이 시작된다. 각 자치단체들도 '국가행정의 세종시대'에 걸맞는 새로운 '자치행정의 새시대'를 펼쳐야 할 시점이다. 국가행정이나 자치행정이 공히 지향해야 할 미래행정은 투명과 소통 그리고 나눔과 협력이 행정의 핵심이 되어야 한다.

국민이 행복한 나라 스웨덴에서 우리가 꿈꾸는 미래를 찾을 수 있다. 스웨덴은 정부부처 뿐만 아니라 대학, 기업사무실까지 투명한 유리가 설치되어 있다. 밖에서도 훤히 들여다 보이는 구조는 개인의 사적인 삶과 공적인 삶이 명확히 구분되어야 한다는 사회적 합의에 바탕을 두고 있다. 그 중에서도 정책실명제, 모든 회의록 공개 등은 스웨덴 열린 행정의 주된 특징이다. 모든 결정과정과 회의록은 일반 국민에게 공개되어야 한다. 거부하거나 비협조적일 경우 해당 공무원은 공무상 과실로 처벌받게 되어 있다. 이렇다 보니 정치와 행정이 깨끗할 수 밖에 없다. 정책결정과정에 참여하는 정치인과 관료들의 생각, 언행, 소신 등은 모두 공개되기 때문에 국민들은 다음 선거에서 판단을 내리기 쉽다. 정치인의 능력과 무능력을 식별할 수 있기 때문이다. 공무원이 민원인과 골프치며 나눈 개인적인 거래조차 공개된다. 공무원의 사사로운 행위가 공적인 결정에 영향을 미칠 가능성을 미연에 차단하기 위한 것이다.

또 한가지 장점은 국민들의 생활양식도 공개주의에 따라 투명하게 생활하도록 영향을 준다는 것이다. 탈세, 뇌물공세, 이권이나 인사청탁 등이 발을 못붙이게 함으로서 합법적이고 합리적인 생활습관과 관행이 몸에 베게된다. 투명한 행정을 통해서 총체적인 사회변화가 나타나는 것이다. 이 정신은 스웨덴의 중요한 민주주의의 가치로 2백년이상 간직되면서 열린 행정과 책임행정의 밑거름이 되었다. 모든 것이 투명한 사회, 모든 것이 공개되는 행정 이것이 바로 중앙정부와 자치단체들이 지향해야 하는 미래행정의 목표다. 행정과정상의 모든 사업, 정책, 인사 등과 관련된 자료와 정보 및 회의록은 국민과 시민들의 알 권리가 충족되도록 공개의 의무를 다해야 한다.

다음, 미래행정은 소통의 리더십을 필요로 한다. 최근 '공자의 경영학'이 재해석되고 있는데 그 핵심은 소통이다. 즉 공자의 경영학은 인(仁)의 실현을 목표로 하며 그것은 소통을 통해 성취될 수 있다는 것이다. 그가 보여준 경청과 상대방에 대한 깊은 이해, 그리고 그들과 함께하는 공동체 건설이야 말로 공자가 제시하는 경영학의 요체다. 지금 국가와 자치단체에서는 말하는 리더보다 듣는 리더를 필요로 하고 있다. 행정을 통해 사회를 변화시키는 것은 입이 아니라 귀다.

2014년 말, 9부2처2청을 비롯한 36개의 중앙행정기관 및 소속기관들이 세종시로 이전했기 때문에 국정의 비효율성이 당분간 나타날 수 있다. 이를 극복하는 길은 협력행정과 나눔의 리더십을 정립하는 것이다. 중앙이든 지방이든 현재 행정의 가장 큰 문제점은 부처할거주의에 의해 중앙과 지방정부간 그리고 정부부처간 상호협력하지 않고 있는 것이다. 자기 부처나 부서의 기득권을 지키는데만 몰두한다. 고령화와 저출산, 에너지와 환경, 경기침체와 부채, 빈곤과 격차 문제 등 앞으로 정부가 풀어나가야 할 문제들은 중앙과 지방간 그리고 부처간 긴밀한 협력없이는 그 해결이 불가능하다. 또한 뛰어난 1인의 리더보다는 정부조직내 역량있는 여러 리더들이 권한을 나누는 나눔의 리더십을 발휘할 때 성공한다.

지방자치시대 지방행정은 여러 사람들에게 의견을 들어서 결정하는 새로운 경영방식을 요구하고 있다. 지방자치 실시 이전의 지방행정은 행정조직 내부의 공무원들끼리 결정하는 것이 당연한 것이었다. 주민들은 그저 공무원들이 결정한 정책이 잘 집행되도록 따라가는 행정관리와 통제의 대상에 불과했다. 지방자치가 실시되고 그에 따라 주민참여가 강조되면서 지방행정에 변화가 나타났다. 그러나 주민들의 참여는 어디까지나 전문가들의 참여에 한정했다. 일반주민들의 참여는 여전히 정책결정과정에서 배제된 채 집행과정에 협력하는 정도에 불과했다. 집단은 그 집단의 가장 우수한 개인보다 더 똑똑해진 새로운 사실을 외면하고 그저 일반주민의 참여는 시간낭비적이고 비효과적으로 보았기 때문이다.

따라서, 각 자치단체들이 지역 현안들은 이제 관련 학자나 전문가의 의견을 모으는데만 치중할 것이 아니라, 일반주민들의 의견과 판단에 귀기울이는 것이 훨씬 지혜로운 결과를 가져올 수 있다. 더군다나 일반주민의 의견이 존중된 결정에 대해서 주민들은 집행과정에서 아낌없는 지원과 협력을 보내주기 때문에 정책과 제도의 성공 가능성은 더 높아진다. 이제부터 중앙정부와 자치단체들은 새로운 미래 환경에 대비해서 투명과 소통, 나눔과 협력의 미래행정을 펼쳐 나가야 할 것이다.

V. 결론

지방자치는 당면한 국가 사회적 위기를 극복하고 새로운 시대적 환경에 도전하기 위하여 반드시 필요한 제도이다. 지금까지 지방자치 실시로 인해서 제기된 문제들은 어디까지나 지방자치가 활성화 되어가는 방향에서 그 제도적 개선이 이루어져야지 과거의 통제적 중앙집권시대로 돌아가려 해서는 절대로 안된다. 중앙정부나 정치권이 앞으로도 지방자치를 낭비적이고 비효율적인 제도로만 보고, 국가경제의 어려움을 앞세워 지방자치와 분권의 확대·강화를 외면하거나 지연시킨다면 종국에는 사회적 위기와 저항으로 나타날 수 밖에 없을 것이다. 오히려 그 때 지불해야 할 사회적 비용과 희생은 경제력만으로 감당하기 어려울 것이다.

따라서, 지방자치와 분권은 경제가 아무리 어렵더라도 미리 전향적이고 단계적으로 확대, 강화해나가는 것이 현명한 일이다. 이를 위해 현 시점에서 중요한 것은 대통령과 중앙정부 공무원 및 중앙정치인들이 지방자치의 중요성과 필요성을 재인식하는 일이다. 그리고 지역주민 모두는 강력한 자치의지를 토대로 지방자치를 우리 사회에 뿌리 내린다는 확고한 신념을 재확립하는 동시에 대내외적으로 지방자치의 성실한 이행을 강력히 촉구해야 하는 중요한 시점에 놓여 있다. 그리고 나서, 지방자치가 우리사회에 뿌리내리기 위해서는 다음과 같은 노력이 필요하다.

첫째, 향후 한국의 지방자치가 제약된 입법권, 조직권, 행정권, 재정권 등의 자치권을 강화하려면 우선 헌법적으로 자치와 분권의 정신이 천명되고, 보다 구체적인 자치관련 내용들이 보장되어야 한다. 그리고 분권형 헌법에 따라 현행 국정운영체제는 중앙집권적 통제체제에서 지방분권적 협력체제로 바뀌어야 한다.

둘째, 분권의 실질적 실현은 지방자치의 활성화로 이루어진다. 지방자치가 다양한 실험과 학습을 통해 그 장점을 살리려면 제도 선택의 결정권을 지방에 넘겨줄 필요가 있다. 만일 획일화된 제도로 분권과 자치를 밀어부치면 전국이 같은 후유증을 앓게 되어 실패한다. 그렇다고 그 개선대안이 다시 획일적인 제도라면 또다시 성공하기는 어렵다. 결국, 지방자치는 지방과 지역주민들이 지역의 여건과 환경 그리고 능력에 따라 선택할 수 있도록 제도적 자율성을 보장해 주는 방향으로 가야 한다. 특히, 국회가 독점한 입법권을 지방과 나누고, 지방일괄이양법의 제정으로 자치행정권을 보장해 주어야 한다. 그리고 지방자치법 등의 법령에 의해 획일적인 규제를 받는 자치조직권의 확대를 위해 지자체 정원 뿐 아니라 행정기구 설치 및 운영의 실질적인 자율성을 보장해 주어야 한다.

셋째, 지방자치의 성공여부는 주민들의 자치의식에 달려있다. 지금부터라도 주민들의 지방자치에 대한 교육이 다양한 주체에 의해서 다각적으로 실시되어야 한다. 지방자치에 대한 이론은 룰론 지방자치를 운영하는데 필요한 소양과 자세 및 환경, 문화, 지역문제에 이르기 까지 주민들의 민주의식과 판단력을 높이는데 필요한 투자와 노력을 아끼지 말아야 한다. 그래야만 주민자치의 실질화를 통해 지역사회가 궁극적으로 주민자주관리의 사회에 도달할 수 있다.

넷째, 분권과 자치에 따른 부작용을 최소화할 수 있는 의식과 능력을 갖추어야 한다. 분권과 자치는 당분간 제반 갈등을 증폭시킬 것이고, 낭비와 비효율을 초래할 것이며, 부패와 비리를 증대시킬 것이 자명하다. 따라서 분권과 자치에 따른 긍정적 효과만을 기대하고 서두르지 말고 그 부작용을 극복하고 치유해나가는 지혜와 전략 그리고 인내심이 필요하다.

다섯째, "지방분권과 자치의 확대를 거부하고 곳은 중앙이 아니라 결국 지방이다."라는 속설이 있듯이 분권과 자치를 수용하는 것 역시 쉽지 않다. 중앙정부가 지방정부에 권한을 이양할 때 지방정부는 이를 행사할 수 있는 자치역량을 구비하고 있어야 한다. 그렇지 못하면 분권화와 자치화는 훨씬 더 무능하고 부패한 지방정부를 출현시킬 수 있고 중앙이 지방에 권한이양을 거부하는 빌미가 되기도 한다. 그러면 지방자치와 분권은 다시 국민과 지방으로부터 환영받지 못하는 악순환이 되풀이 될 것이다.

지난 20년의 지방자치를 종합적으로 평가해 볼 때, 그 성과는 문제점과 부작용을 메우고 남을 정도로 종합적 이해득실에서 플러스의 결과를 가져왔다고 해도 무리가 없을 것이다. 따라서, 지방자치의 부활은 대한민국을 재도약시킨 국민들의 탁월한 선택이자, 역사적 쾌거임이 분명하다. 또한 지방분권과 자치의 당위성과 그 내용에 대해서도 이제 어느 정도 국민적 합의를 이루어 가고 있다. 문제는 그것을 실천해 내는 우리의 의지와 전략이다. 분권과 자치를 거부하는 세력을 극복하고, 또 분권과 자치를 두려워하는 집단을 설득해서 국민과 함께 분권화 · 자치화의 길로 나서야 한다. 대한민국이 진정한 선진국이 되기 위해서 지방자치와 분권은 어렵지만 반드시 가야할 길이 때문이다.

지난 20년의 한국지방자치와 분권은 험난하고 고단한 여정이었다. 하지만, 대한민국 선진화의 토대를 만든 만큼, 앞으로 보다 성숙하고 행복한 미래 사회를 향해 새로운 여정을 준비해야 할 것이다. 그 첫 번째 일은 어렵게 만들고 있는 지방자치발전종합계획들을 국회 입법과정에서 법제화시키는 일이다.

■ 참고문헌

김병국, "2015년도 지방자치의 쟁점과 방향", 「지방자치Focus」 제91호, 한국지방행정연구원, 2015. 1, pp. 4-19.

김성호, "지방분권 개헌 필요성과 과제", 민선지방자치 20주년 기념 국제학술대회 주제발표논문, 한국지방자치학회, 2015. 2.

김홍환, "역대정부 지방분권 추진 평가", 2014년도 한국지방자치학회 하계학술대회 주제발표논문, 한국지방자치학회, 2014. 8, pp. 373-396.

소순창, "지방자치 20년 , 분권과제추진 평가와 과제", 제21차 지방분권정책포럼, 주제발표논문, 전국시도지사협의회, 2011. 6, pp. 1-40

소영진, "지방분권의 현황과 과제: 성찰적 분권을 위하여", 「입법과 정책」 제8호, 서울특별시의회, 2014. 12, pp. 45-68.

오재일, "이명박 정부의 지방분권 개혁전략", 「자치의정」 2009 / 3-4, 지방의회발전연구원, pp. 8-20.

육동일, "다시 짚고 가야 할 지방선거 정당공천제 문제", 「자치의정」 2014 / 9-10, 지방의회발전연구원, 2014. 10, pp. 8-22.

_____, "성년맞은 지방자치 발달장애 벗어나려면", 중앙일보 시론, 33면, 2014, 12. 11.

_____, 「국민행복시대 지방분권과 자치행정」 충남대 출판문화원, 2013 .09.

_____, 「육동일 교수와 함께 지방자치의 길을 찾다」 비주얼스톰, 2009. 11.

_____, "지방자치와 교육자치의 연계를 위한 교육감 선거제도 개선에 관한 연구", 「한국지방자치연구」 제14권 제2호, 대한지방자치학회, 2012.8. pp. 129-159.

_____, "지방분권의 성과와 2010과제", 「공공정책21」 한국공공자치연구원, 2010. 02, pp. 14-15.

_____, "우리나라의 지방자치와 분권의 현황과 문제점 및 개선방안", 남양주시 지방자치발전세미나 주제발표논문, 2015. 01.

_____, "지방자치 10년의 평가와 과제에 관한 연구", 「지방자치정보」 152, 한양대 지방자치연구소, 2005. 06, pp. 44-61.

이승종, "지방자치발전종합계획의 의미와 실천방안", 민선지방자치 20주년 기념 국제학술대회 주제발표논문, 한국지방자치학회, 2015. 2.

_____, "민선지방자치단체장 출범 20년의 의의와 과제", 「자치의정」 2014 / 1-2, 지방의회발전연구원, pp. 8-16.

하승수, "20년이 지난 지방자치, 제도를 어떻게 혁신할 것인가?", 지방자치혁신2차토론회 주제발표논문, 참여자치지역운동연대, 2010. 4.

전국시도지사협의회, 「지방분권추진방향」 2014. 12.

전국시장군수 · 구청장협의회, 「지방자치에 대한 국민의식 조사 보고서」 2015. 2.

지방자치발전위원회, 「지방자치발전종합계획」 2014. 12.

_______________, 「지방자치발전종합계획 보도자료」 2014. 12.

지방분권촉진위원회, 「2009년 지방분권백서」 2010. 3.

6 · 4 지방선거의 평가와 과제 -지방선거 정당공천제를 중심으로-

I. 지방선거 정당공천제 문제의 재제기

6 · 4 지방선거가 끝나고 민선 6기가 출범했다. 언론들은 지난 선거의 결과를 두고 여 · 야가 승자도 패자도 없는 무승부로 평가하는 분위기 였다. 즉 유권자들은 여 · 야 어느 편도 기울지 않은 채 대통령과 여당에게는 자성의 기회를, 야당에게는 견제의 기회를 준 것이라는 것이다.

이런 해석은 지난 선거가 애초부터 정당개입을 전면 허용하는 가운데 정당의 대리전 같이 치러진 결과에서 비롯된 것이다. 그러나 지방선거 본래의 의미와 기능을 놓고 볼 때, 지난 선거의 결과는 한마디로 '중앙정치의 완승'이자 '지방자치의 완패'로 보는 것이 더 정확한 진단이다. 이로써 한국의 지방자치는 부활된지 23살의 성년이 되었음에도 불구하고, 지방선거는 여전히 유아기에 머물고 있음을 여실히 보여주고 있다. 그 결과로 인해 향후 민선 6기하에 지방자치도 그 성공적 정착여부는 여전히 불투명해 졌다고 볼 수 있다.

6 · 4 지방선거는 앞으로 지방선거가 어떻게 달라져야 하는지 또 법과 제도를 어떻게 바꿔야 하는지에 대해서 다시 한번 교훈을 주고 있다. 먼저 정당공천제의 폐해를 극복하고 지역별 일당독점 현상을 개선하기 위해서는 기초의원은 물론 기초단체장까지 정당공천을 반드시 배제하는 것이 바람직하다. 그리고 광역선거와 기초선거는 분리 실시되어야 한다. 동시선거의 부작용이 너무 크기 때문이다.

다음, 일당지배 구조하에 나타나는 지방자치의 폐해를 완화하기 위해서는 지방자치에 주민들의 직접 참여를 활성화시키는 노력이 병행되어야 한다. 특히, 민선 6기에서 지방자치가 중앙정치에 종속된 채 다음의 총선이나 대선을 위한 정략적 수단으로 전락한다면 지방자치의 미래에 희망을 갖기는 더욱 어려워 질 것이다.

지방선거가 끝난 현 시점에서 제일 먼저 해야 할 일은 지방선거의 변질로 인한 민선 6기 지방자치의 왜곡 가능성을 심각하게 인식하는 것이다. 그리고 나서 한국의 지방자치가 바른길을 향해 나가도록 잘못된 지방선거와 자치제도를 지금부터 바로잡는 일이다. 왜냐하면, 대한민국이 당면한 국가혁신을 위해 그리고 갓 출범한 민선 6기의 성공을 위해서도 지방자치와 지방분권은 어렵지만 반드시 가야할 길이기 때문이다.

Ⅱ. 지방선거 정당참여의 실태와 문제점

1. 2014 지방선거와 정당참여

지방자치의 본질과 원칙에 위배된 지방선거의 과정과 결과는 지난해부터 여 · 야가 기초선거 정당공천제 문제를 놓고 대립할 때부터 이미 예견됐던 일이다. 여 · 야는 우여곡절 끝에 이런 저런 궁색한 이유를 달아서 지방선거에서 지방공천을 전면 유지토록 했다[10]. 특히 대통령과 대부분의 국회의원들이 태도를 바꿔 정당공천제를 억지로 지킨 것은 국민과의 약속위반이며, 이번 선거를 왜곡시킨 주 요인으로 작용했다.

〈표 1〉 2010년 제5회 지방선거와 2014년 제6회 지방선거 결과 비교

정당	지방선거	시 · 도지사	시 · 도의회	시 · 군 · 구청장
새누리당 (한나라당)	2010년	6(37.5)	288(37.8)	82(36.0)
	2014년	8(47.1)	416(52.7)	117(51.8)
새정치민주연합 (민주당)	2010년	7(43.8)	360(47.3)	92(40.4)
	2014년	9(52.9)	349(44.2)	80(35.4)
통합진보당 (민주노동당)	2010년	-	24(3.2)	3(1.3)
	2014년	-	3(0.4)	-
노동당 (진보신당+사회당)	2010년	-	3(0.4)	-
	2014년	-	1(0.1)	-
기타 정당	2010년	1(6.3)	50(6.6)	15(6.6)
	2014년	-	-	-
무소속	2010년	2(12.5)	36(4.7)	36(15.8)
	2014년	-	20(2.5)	29(12.8)
합 계	2010년	16(100.0)	761(100.0)	228(100.0)
	2014년	17(100.0)	789(100.0)	226(100.0)

※ 자료 : 이동윤, 2014. p.11. 〈표 2〉를 재정리.

〈표 1〉에서 보는바와 같이, 6 · 4지방선거를 2010년 선거와 비교해 보면, 광역단체장의 경우 여 · 야간 비율의 격차는 달라지지 않았다. 기초단체장의 경

10 새누리당은 위헌논란과 책임정치 실정 등을 이유로 상향식 공천을 대안으로 제시하며 정당공천제 폐지 약속을 파기했다. 민주당은 당론으로 정당공천 폐지를 선언했지만, 당내반발을 놓고 고민하다 새정치연합과 합당하며 무공천을 다시 약속했다. 그러나, 지방선거 승리라는 실리와 국민의 신뢰라는 명분을 놓고 우왕좌왕 하다 결국 당원 여론조사를 통해 지난 4월 10일 정당공천을 확정한 바 있다.

우, 야당의 비율은 근소하게 감소하였으나, 여당은 31.0%에서 51.8%로 크게 증가했다. 광역의원과 기초의원도 여당의 당선자 비율이 크게 높아진 반면, 야당은 소폭 감소한 것으로 나타났다. 한편, 제도권 정당의 가능성을 기대했던 민주노동당과 진보신당 등 진보계열의 정당들은 이번 선거에서 유권자들로부터 철저히 외면받음으로서 지방선거 정당참여의 효과를 전혀 보지 못했다. 이 결과는 지방선거임에도 북구하고 '세월호 침몰'이라는 중앙이슈 경쟁에서 여당이 선전하고 공천과정에서의 잡음과 갈등이 야당에서 더욱 심각했음을 반영한 것으로 볼 수 있다.

이와 같이 지난 선거는 기본적으로 지방선거임에도 불구하고, 지방공약과 정책보다는 중앙정치의 이슈들을 중심으로 아젠다가 설정되었고, 아젠다 구조 역시, 여당의 '정권 안정론'과 야당의 '정권 심판론'이라는 구조가 첨예하게 대립한 선거였다. 중앙정치에의 예속으로 인한 지방정치 본연의 정책이슈 실종은 전국 동시선거, 지역주의에 기인한 정당간 당리당략과 네거티브 방식의 선거운동, 정당공천제 유지로 인한 파행적인 정당공천 방식까지 겹쳐서 정책중심의 선거를 불가능하게 할 수 밖에 없었다.

지방선거 정당공천과정에서의 각종 비리와 잡음, 정치신인과 여성에 대한 진입장벽 등의 문제는 여 · 야를 막론하고 심각하게 나타났다. 새누리당 대부분의 지역에서는 상향식 공천을 한다며 공천관리위원장이 서류심사, 면접, 여론조사 등의 자격심사를 통해 컷오프를 하겠다고 했지만, 사실상 여론조사만으로 결정했다. 그 결과조차 공개되지 않은 경우가 많았다. 여론조사 자체도 부실하기 짝이 없었다. 조사의 타당성과 신뢰성이 확보되지도 않은데다 조사대상자가 누구인지도 모르고[11] 또 그 응답률도 10%가 안되는 타당성 없는 조사가 대부분이었다. 게다가 착신전화 조작으로 여론을 왜곡하는 사태까

11 여론조사기관이 유선전화만 실시해서 표본의 대표성 문제가 발생했는가 하면, 조사대상지역 읍 · 면 · 동의 인구비례에 따라 응답될 수 있게 해야 하나 대부분 무시했거나 역선택의 문제도 고려하지도 않았다. 심지어, 특정 후보가 제출한 선거인부 명단을 중심으로 조사대상자를 선정하는 경우조차 있었다고 한다(시사충청, 2014. 06.17).

지 벌어졌으니 경선에 참여했던 후보들[12]은 물론 대대수 유권자들도 공천에 대하여 크게 불신했다는 평가를 받고 있다.

〈표 2〉는 지방선거 정당공천제를 통한 지역주의 투표행태를 보여주고 있다. 물론 특정 지역에서 무조건 일자투표를 하는 식의 지역주의는 다소 사라졌다는 새로운 변화는 있었지만, 새정치민주연합은 부산 · 경남, 대구 · 경북 선거구에서 그리고 새누리당은 광주 · 전남 · 북 선거구에서 기초단체장과 광역의원을 한사람도 선출하지 못한 것으로 볼 때, 지역주의의 장벽은 여전히 건재하고 있음을 보여주고 있다. 이와 같이 많은 지역에서 중앙정치에 예속된 지방자치는 지역 현안에 대해 정통한 지역 인사들이 중심으로 지역환경에 맞는 정책을 구현하기 위해 실시되는 지방자치의 취지를 크게 훼손하는 것으로서 현행 정당공천제 폐해의 결과로 볼 수 있다.

12 공천에서 탈락한 강원도의 모 예비후보는 "공천기준이 들쑥날쑥해 부당한 사례가 속출해서 상향식 공천이라고 하지만 당협위원장인 국회의원이 특정후보를 미리 낙점해 놓고 나머지 후보들은 들러리 세운 것과 다름없다"고 폭로했다(강원도민일보, 2014. 06.12).

〈표 2〉 광역자치단체장 및 의회의원 선거결과

구분	당선인수		새누리		새정치 민주연합		노동당		무소속	
	단체장	의원	단체장	의원	단체장	의원	단체장	의원	단체장	의원
합계	17	705	8	375	9	309		1		20
서울특별시	1	24	1	24		72				
부산광역시	1	42	1	42		0				
대구광역시	1	27	1	27		0				
인천광역시	1	21	1	21		10				
광주광역시	1	0		0		19				
대전광역시	1	5		5	1	14				
울산광역시	1	19	1	19		0				
세종특별자치시	1	4		4	1	8				1
경기도	1	44	1	44		72				
강원도	1	34		34	1	4				2
충청북도	1	19		19	1	9				
충청남도	1	28		28	11	8				
전라북도	1	0		0	1	32				2
전라남도	1	0		0	1	48				4
경상북도	1	48	1	48		0				6
경상남도	1	47	1	47		0		1		2
제주특별자치도	1	13	1	13		13				3

※ 자료 : 중앙선거관리위원회, 6 · 4 지방선거 결과를 재정리

종합적으로, 지난 선거결과에서 정당공천과 관련해거 나타난 심각한 문제점을 정리해 보면, 첫째, 지방선거에서 지역의 이슈는 실종되고 중앙정치의 쟁점만 부각된 채, 주로 정권의 중간평가적 의미로 치러졌기 때문에 지방선

거는 본연의 역할을 다하지 못했다[13]. 중앙정치의 과도한 개입으로 지방의제와 정책이 사라진 동시에 생활정치 영역에서의 정당공천 폐해를 다시금 확인하는 선거였다는 평가가 공감을 얻고 있다. 따라서, 많은 유권자들의 쌓여왔던 불만들이 선거를 통해 다소 해소되었는지 몰라도 고비용·저효율의 고질적인 선거관행은 되풀이 되고 만 것이다.

둘째, 지난 지방선거에서 정당이 과도하게 개입해서 들어난 부작용은 자못 심각하다. 정당공천제의 유지를 위한 명분으로 도입한 것이 상향식 공천이다. 그러나 공천을 둘러싼 비리와 부작용은 정도를 넘었다. 공천부탁을 하기 위해 동봉투를 건낸 예비후보들이 곳곳에서 적발되었으며 국회의원들의 경선개입 논란도 끊이질 않았다. 그 결과, 참신하고 유능한 정치신인들의 진출은 기대 밖이었다. 공무원의 줄서기 관행도 근절되지 않았다. 인물과 공약 중심의 정책선거는 또다시 자리잡지 못했다. 비례대표제는 정당과 국회의원들에 대한 후보자들의 충성심만 더욱 공고히 했을 뿐이다. 기초의원 중선거구제도 당내 내부갈등을 부축이고, 결국 지역주민들의 혼란과 무관심만 부채질하고 말았다.

셋째, 지방정치에서 일당 지배구조가 더욱 심화되었다. 즉 일부 지역을 제외하고 특정당이 광역단체장, 기초단체장, 그리고 각 지방의회의 과반수를 점유하여 일당 독점적인 양상을 계속 보인 점이다. 따라서, 중앙 정당정치의 지역분할구도는 지방자치를 중앙정치에 종속시킬 가능성을 보다 크게 열어놓고 있다. 더욱이 단체장과 의회간의 기관대립형 제도을 취하고 있는 현 상황에서 일당 독점구조는 견제와 균형이라는 자치제도의 취지를 상실케하고 있다.

다섯째, 새롭게 도입한 상향식 경선방식의 공천은 여성이나 정치신인에게

13 6·4지방선거가 결국 박근혜 대통령의 신임여부를 묻는 선거로 흘러가고 있다. 당초에는 정권 출범 1년여만에 치러지고 박대통령의 지지율이 높기 때문에 중간평가 프레임에 소극적이었으나, 세월호 참사이후 정권에 대한 지원론과 심판론이 강하게 부딪치게 됐다(조선일보, 2014.06.03, 1면).

는 대단히 불리하게 작용했다. 여성의 경선 승률은 40%에 지나지 않는다. 반면, 국회의원과 단체장 출신 후보들[14]은 상향식 경선에서 남녀를 불문하고 매우 유리했다. 특히, 경선과정에서 선거인 명부에 접근하는데 있어서나 인지도 측면에서 유리한 점은 여론조사에서 그대로 반영되었다. 또한, 후보경선을 위한 선거인단 모집에 특정 후보에 대해 충성도가 높은 당원이나 지지자들이 편파적으로 많이 동원되는 심각한 문제점이 드러나기도 했다. 여론조사의 문제도 매우 심각해서 조사결과에 대한 낮은 신뢰도, 오차범위의 무시, 여론조사의 조작 가능성, 표본추출의 오류 등의 문제를 제기했으며, 여론조사 실시와 관련한 높은 비용은 모두 후보자가 부담하게 함으로서 돈많이 드는 선거를 다시 재현하고 말았다(전용주, 2014: 26-31) 따라서, 상향식 공천에 따른 진입장벽의 문제, 전 · 현직 국회의원과 단체장 중심의 재공천, 여론조사의 한계, 진성당원의 부재에 따른 편법 동원선거, 높은 경선비용 문제 등은 비정상적인 정당공천이 그 원인이 된 바 그 존폐 여부를 다시 결정해야 할 숙제로 남게 되었다.

2. 2010년 지방선거와 정당참여

2010년에 치러진 6 · 2지방선거는 중앙정당의 정당별 지지에 따른 소위 연계투표가 이루어짐에 따라 지방자치가 중앙정치에 철저하게 예속되는 결과를 보여주었다고 평가된다. 지역사회의 비전과 정책논점을 중심으로 유능한 지역일꾼을 뽑아야할 지방선거가 당초 취지와 달리 중앙정당의 대리전으로 왜곡되어 진행되어 온 것이다. 이에 따라 지방선거는 지역후보자의 정책과 공약에 따라 지역일꾼을 선택하는 것이 아니라 중앙정당을 보고 후보자를 선

14 6 · 4 지방선거에서 당선된 광역단체장 17명중 전 · 현직 국회의원은 현직 5명을 포함 무려 9명, 현직 단체장은 6명이나 되었으며, 본선과 경선과정에 참여한 전 · 현직 국회의원과 단체장까지 포함하면 훨씬 많아서 이들이 지방선거를 지배했다고 볼 수 있다. 여기에 여성과 정치신인의 등장과 도전은 불가능할 수 밖에 없었다.

택하는 결과를 역력히 보여주었던 것이다. 이러한 결과를 만들어 낸 데에는 무엇보다도 중앙정치권의 책임이 크다. 정치권은 지방선거를 두고 대선의 전초전이나 현 정권에 대한 중간평가의 의미를 부여하고 총력적으로 나서다보니 지방자치는 실종되고 철저히 중앙정치에 예속되게 된 것이다.

부패의 시작으로서 지방선거의 공천을 주목할 필요가 있다[15]. 특정 선거구의 뇌물사건 등 극소수만 표면으로 드러났지만, '꼬리를 자르기 쉽게,' '현금으로', '1:1 비밀주의,' '가시가 있는 생선인지 가려서' 자행되는 공천비리는 여전히 엄존하고 있었다.[16] 공천과정의 부패는 결국 지방정부의 사업상 비리와 부실, 인사의 부정 등으로 나타나도록 되어있다.

전 한나라당은 국민공천배심원제를 운영하고 전 민주당은 시민공천배심원제 운영하였으나 상향식 공천에는 모두 실패하였다. 진성당원이 미흡한 실정에서 한계가 뚜렷하고, 지방선거의 공천은 사실상 정당의 지구당위원장과 중앙당 최고위원회의 지배력을 그대로 수용하는 실태였다. 그 결과, '자기 사람' 심기와 '돈공천'이 여실히 풍미할 수밖에 없는 현실이 되고 말았다.

이렇듯 지방선거에서 단체장 및 지방의원 후보들이 정당공천을 받기 위하여 저지르는 비리문제가 매우 심각하여 지방자치를 위협하는 수준에 이르렀다는 것이다. 공천과정에서의 비리는 드러난 것만 해도 그 유형이 매우 다양하여 유권자들의 정치혐오증까지 불러일으키고 있고, 이는 결국 낮은 투표율의 원인이 되었다. 물론 공천과정에서의 비리 중에서 밝혀진 것은 빙산의 일각에 불과하다.

광역자치단체의 경우, 1당 지배지역은 부산, 대구, 경북, 울산, 광주, 인천, 대전, 충북, 전북, 전남 등 10개 지역이다. 이들 지역에서는 단체장 소속정당

15 민선 4기 기초단체장 230명 가운데 113명이(49.1%)이 인허가와 공무원 인사 비리혐의로 기소되어 재판을 받았고, 이 가운데 45명(19.6%)이 물러났다. 6.2지방선거와 관련해 검찰의 수사를 받은 단체장은 광역 8명, 기초 54명인데 대부분 '돈선거'와 관련된 사안이다.

16 ㅈ 구의원 당선자 인터뷰, 2010년 6월. ㅎ 행안부 공무원 인터뷰 2010년 7월.

과 의회의 다수당이 동일할 뿐 아니라, 지방의회 내에서 다수당이 압도적인 점유율을 보여주고 있다. 뿐만 아니라 부산, 대구, 경북, 울산 지역과 광주, 전남, 전북 지역에서는 시간의 경과에도 불구하고 각 연도의 지방선거에서 1당의 지배체제가 변화하지 않고 있는 지역이다.

시장, 군수, 구청장의 경우 광주와 전남 · 전북 지역에서는 새누리당이 전무하고 부산과 대구 그리고 울산 · 경북 지역에서는 민주당이 전무한 실정이다. 기초의회 의원들의 경우에도 광주 · 전남 · 전북 지역에서는 새누리당이 전무하고, 울산지역에서는 민주통합당이 전무한 실정이다. 지역 내에서 정당과 정당 간의 경쟁, 집행부와 의회 사이의 견제가 바람직하다는 기본전제에 동의하는 사람들에게 이 같은 결과는 지방자치의 의미를 되돌아보게 하는 자료이다.

3. 2006 지방선거와 정당참여

2006 지방선거는 4번째로 실시된 전국동시지방선거이자 전 지방선거들과는 달리 아주 달라진 선거제도하에서 치러졌다. 지방자치단체장 3선 제한이 처음 적용되는 선거였고, 지방의회유급제가 도입된 이후 실시되는 첫번째 선거였기 때문에 역대 어느 선거보다 정치신인과 전문인력의 진출이 높아질 것으로 기대됐었다. 예비자 후보제도의 도입과 선거운동방법의 개선으로 입후보예정자가 유권자에게 자신을 알릴 수 있는 기회도 확대되었다. 선거권자 연령이 19세로 하향 조정되고 외국인에 대한 투표권 부여 등 전향적인 제도의 도입으로 이번 지방선거가 우리나라의 선거문화를 한차원 높여주는 계기가 될 것으로 내다보기도 했다(주용학, 2007:48).

그러나 5 · 31 지방선거 역시 달라진 제도에서 기대되었던 성과를 충족시키기 보다는 오히려 역대 지방선거의 한계를 극복하지 못한 채 정권에 대한 중간평가 내지 정당의 대리전으로 일관된 중앙선거로 평가할 수 밖에 없다. 지방자치의 본질과 원칙에 위배된 지방선거의 과정과 결과는 지난해 여·야가 공직선거법 개정을 전격적으로 처리할 때 이미 예견됐던 일로서 결국 중앙정치권이 자초한 결과였다. 선거 1년전인 2005년 6월, 여·야 국회의원들은 공직선거법 개정을 통해 지방의원 유급제와 함께 지방선거에서 정당공천을 전면 허용토록 했으며, 비례대표제를 기초의원까지 도입하는 한편 기초의원선거를 중선거구제로 바꾸는 등의 개정을 단행한 바 있다.

대부분의 국회의원들이 갑자기 태도를 바꿔 정당공천제를 전면 도입한 것은 국민들을 크게 실망시켰을 뿐만 아니라, 지난 지방선거를 왜곡시킨 주요인으로 작용하였다. 지방선거에서 정당공천의 전면 허용은 선거의 주역을 지방에서 중앙으로 그리고 주민에서 정당으로 바꾸어 놓고 말았다.

게다가 각 정당들은 지난 지방선거의 쟁점을 '지방권력교체론'과 '중앙권력심판론'으로 부각시켜 지방의 쟁점을 실종시키고 결국 많은 지역 유권자들이 지방선거를 외면하는 결과를 초래한 것이다. 선거에 참여한 유권자들 역시 후보자의 능력과 공약보다 정당을 기준으로 이른바 '일자투표'를 함으로써 선거를 통해 유능한 지역의 일꾼이 대다수 선출되었다고 보기가 어려웠다는 평가다. 심지어 중선거구제 도입으로 정당이 후보를 복수공천하자 유권자들은 '가'기호를 무조건 찍는 소위 '묻지마 투표'현상까지 적잖게 나타났다고 하니 선거의 본래 기능도 작동하지 않은 결과였다.

4. 2002 지방선거와 정당참여

2002년 실시된 6·13 지방선거는 21세기가 시작된 이후 첫 번째로 실시되는 지방선거라는 점에서 중요한 의의를 지니고 있었다. 그러나 지방선거의 쟁점이 또다시 왜곡되어 지역문제 중심이 아닌 중앙정치의 쟁점을 지방선거에 접목시킨 결과는 선거에 대한 유권자들의 불신과 무관심만 초래하였다. 더욱 심각한 문제는 앞으로 지방자치가 중앙정치에 철저하게 예속될 가능성을 한층 더 높여 놓았다는 사실이다. 또 대부분의 지역에서 같은 당이 광역과 기초단체장 심지어 광역의원의 의석비율의 2/3 이상을 독차지하는 것은 견제와 균형을 기본원리로 하는 지방자치에도 바람직하지 못한 결과이다(육동일, 2003;195~224).

그리고 4대 지방선거의 동시 실시는 각 지방자치단체의 수준별(광역과 기초단체), 기관별(집행기관과 의결기관) 차별성과 중요성을 인지하고 이에 따라 후보자를 선택하게 하는데 심각한 문제가 있음을 재차 확인하였다. 동시선거의 가장 큰 문제는 누가 누구인지도 모르는 후보를 선택하는 데 있다. 이는 후보선택의 기준을 소속정당 내지 혈연 · 지연 · 학연으로 삼게함으로써 올바른 후보선택을 저해하고 있을 뿐만 아니라 지방선거를 중앙정당의 정치적 전략수단으로 전락시키는 결과를 초래하였다. 따라서 동시선거가 선거관리에 따른 효율성이나 경제성이 높다고 하더라도 광역과 기초를 분리하여 실시한 필요성이 제기되었다.

6 · 13 지방선거가 과거와 다른 점 중에 하나가 바로 국민 경선제를 통한 후보선출방식의 도입이었다. 국민 경선제는 국민의 정치참여를 유도하여 만연된 정치불신의 풍토를 완화하고 정당운영의 비민주성과 폐쇄성을 효과적으로 혁신하는 것에 목적을 둔다. 그러나 실제적으로 경선제가 아닌 추대 내지 지명형식으로 선출된 후보자가 한나라당 65%, 민주당 45%, 자민련 85%를 상회하여 일반당원과 주민에 의한 경선제가 크게 후퇴한 바 있어서 제도적으로 정착된 것은 아니었다.

이와같이 지난 지방선거들에 정당이 관여하고 개입해서 드러난 부작용과 문제점은 그동안 공천방식을 새롭게 바꾼다고 각 정당들마다 야단법석을 떨었지만 전혀 개선되지도 달라지지도 않았다. 지방자치의 중앙정치 종속으로 인한 지방자치의 의미와 기능 왜곡, 지역주의 심화와 일당독점 구도의 고착화, 단체장과 지방의원의 임기중 업적을 무시한 정당위주의 투표, 무리한 상향식 공천 등의 폐단이 여지없이 노출되었다. 또한, 지방선거 때 마다 정당공천과 관련하여 공천권자에게 뇌물을 제공하고 공천을 받는 부패문제가 좀처럼 근절되지 않았다는 분석이 나타나고 있다. 게다가 모든 지방선거들은 예외없이 중앙정치의 대리전이자 현 정권의 중간평가적 의미로 시행되었으면서 지방의 이슈 보다는 중앙정당의 이슈가 크게 부각됨으로써 지방선거 본래의 취지가 퇴색되고 말았다. 이는 결국 지방선거에 대한 주민들의 불신과 외면 그리고 냉소주의를 초래하는 주 요인이 되고 있는 것이다.

Ⅲ. 지방선거 정당공천제의 개선과제

앞서 분석한 역대 지방선거들의 결과를 놓고 볼 때, 국민들은 물론 각 정당들 조차 이미 정당공천제의 폐해를 인정하고 있다. 그럼에도 불구하고, 제도의 유지가 불가피했다면 진작에 공천제도를 최소한의 정상 수준으로 바꾸었어야 했다. 이를테면, 부패 · 비리 등 후보자나 당선자 과실로 인해 재 · 보궐선거를 할 경우 선거관리비용을 원인자가 부담토록 해서 국민들의 쓸데없는 부담을 덜어줘야 했고, 공천을 잘못한 정당은 해당 선거구에서 공천을 못하도록 하는 엄격한 「정당책임관리제」를 도입했어야 했다.

그러나, 지난 6 · 4 지방선거에서도 공천제를 혁명적으로 바꾸는 것은 고사하고, 잘못된 제도를 수정하는 것 조차 각 정당은 철저히 외면하고 말았다. 즉 기초지방선거에서 정당공천제를 한시적으로 배제하든지 아니면 정당공천 절차와 제도를 개혁하든지 최소한 양자택일 해서 국민들의 기대에 부응했어야 했는데 또다시 기대를 저버리고 말았다.

그 결과, 정당참여로 인한 장점보다 폐해가 훨씬 더 심각하게 나타났다. 국회의원들은 부정할지 모르지만, 공천을 둘러싸고 벌어지는 검은 거래는 여전히 근절되지 않고 있다. 정당공천 유지의 명분으로 삼았던 상향식 공천은 더 큰 부작용으로 나타난 바 있다. 정당참여가 책임정치를 보장한다는 논리도 설득력이 없어 보인다. 정책이나 이념중심이 아닌 인물과 파벌중심의 정당들이 대부분이고, 이당 저당 옮겨 다니는 철새 정치인들의 이합집산이 대수롭지도 않은 현실에서 정당공천제를 통해 책임정치를 구현한다는 것은 애초부터 무리한 기대다.

6 · 4 지방선거를 끝낸 시점에서, 정당공천제 문제는 지금부터 선거법 개정을 통해 반드시 풀어야 한다. 정당공천제로 나타난 심각한 폐해, 정당정치에 대한 불신, 그리고 국민들의 여론 등을 존중한다면, 정치권은 당리당략을 떠나서 다시금 그 해결책을 찾아서 다음 지방선거가 임박하기 전에 미리 선거법과 제도를 개선해 놓아야 한다.

1. 정당공천제 개선의 방향

지방선거에서의 정당공천제의 전면허용이 공천과정을 통해 후보자의 난립을 막고 유능한 인재를 발굴해서 지역수준에서의 정당정치를 활성화시킴으로써 책임행정의 정착과 함께 지방의 이익을 중앙정치과정에 반영하는 계기가 될 수 있을 가능성은 있다. 그러나 우리나라의 현 지방자치의 실태 그리고 정당정치의 제도화 수준과 선거관행 그리고 중앙정치인의 의지와 유권자의 의식수준을 종합적으로 판단할 때, 정당공천제에 의한 지방선거는 처음부터 6 · 4 선거를 치른 현재까지 성과보다는 그 폐해가 효과보다 더 큰 것으로 나타났다.

더군다나 2010년부터 지방선거에서부터 정당공천이 배제된 교육감 선거까지 동시에 치러짐으로서 더 큰 부작용과 폐해가 나타나고 있음을 부인하기 어렵다. 따라서, 개정선거법에 규정된 기초의원의 정당공천제의 철회와 기초단체장의 정당공천제의 폐지를 다시 검토하는 것이 바람직하며, 중 · 장기적으로는 다음과 같은 대안들을 재차 제시하고자 한다.

2. 정당참여의 차등적용과 기초 · 광역선거의 분리

먼저 지역별 1당 독점현상과 지역갈등을 심화시키는 지역주의의 선거행태를 개선하기 위해서는 무엇보다도 지방선거에서의 정당참여를 차등적으로 허용 내지 제한시키는 것이다. 즉 정당이 지방자치에 참여하여도 그 부작용이나 나타날 수 있는 단점들을 극소화 시켜갈 수 있고, 또 장점들을 극대화시킬 수 있는 차원에서 여러 방안 중에서[17] 기초의회 의원선거뿐 아니라 기초단체장 선거에서의 정당참여를 전면 금지하고 광역자치단체는 정당참여를 완전히 허용하는 것이 바람직하다. 이는 동일한 수준의 자치단체 선거에서 동일한 법적용으로 일관성을 유지해서 엄격한 법적용이 가능해 지기 때문에 공명선거는 물론 그간 실추된 선거법과 제도의 권위와 신뢰성을 회복할 수 있는 목적도 달성할 수 있다.

그러기 위해서는 선거시기의 조정이 필요하다. 즉 광역단체장과 광역의회는 정당이 참여한 가운데 동시에 실시하는(국회의원 선거시기와 일치시키는 방안 검토) 한편, 일정기간을 두고 정당참여가 배제된 가운데 기초단체장과 기초의원 선거 및 교육감 선거를 동시에 실시하는 방안이 병행이 되면 정당참여의 효과를 극대화시킴과 함께 정당참여의 폐해도 극소화 될 뿐만 아니라 동시선거가 지방자치단체의 단위와도 일치함으로써 지방자치단체의 운영의 책임성 증진에도 기여할 수 있을 것이다.

동시선거가 선거의 횟수를 줄여서 막대한 선거비용과 노력을 줄인다는 장점이 있다. 그러나 선거인의 후보자 선택 곤란, 정당본위의 줄투표 현상, 그리고 지방선거 및 교육감 선거의 의미실종과 왜곡의 문제 등 그 단점과 한계도 분명히 들어난 만큼 정당공천제가 차등 적용되는 것을 전제로 광역과 기초지

17 지방선거의 분리실시 방안으로 자치단체장선거와 지방의회의원의 선거를 분리하여 실시하는 동시에 광역의원 후보자에 대한 정당공천제도를 폐지하는 제도적 개선방안이 이미 제시된 바 있다(최봉기 · 이동수, 2003:24-25).

방선거 및 교육감 선거의 분리 실시를 2018년 지방선거부터 도입할 필요성이 커졌다고 본다.

3. 지방정부 기관구성 형태의 자율화

기초지방선거에서의 정당공천제 폐지와 함께 광역지방선거에서의 공천제도를 혁명적 수준으로 바꾸는 것이 필요하다. 이를테면, 부패 · 비리 등 후보자나 당선자 과실로 인해 재 · 보궐선거를 할 경우 선거관리비용을 원인자가 부담토록 한다. 그리고, 공천을 잘못한 정당은 해당 선거구에서 공천을 못하도록 하는 엄격한 '정당책임관리제'를 도입하는 것이다.

정당공천제를 한시적으로 제한한 이후에는 지방정부 기관구성 형태를 자율화함으로서, 지방자치에 탈정치화를 원하는 지역의 경우에 정당참여가 배제된 지방선거를 택할 수 있도록 하는 것이 바람직할 것이다. 다시 말해서, 주민의 의식제고와 정당의 발전을 기다리고 독려하는 기간이 경과한 이후, 주민에게 지방정부 구성에 대한 선택의 권한을 돌려주는 것이다. 그렇게 되면, 지방자치의 다양한 실험이 가능해 진다. 뿐만 아니라 정권의 중간평가로 변질된 지방선거의 기능, 정당공천제의 폐해, 그리고 동시선거의 문제점들을 궁극적으로 해결할 수 있게 될 것이다.

Ⅳ. 정당공천제 폐지를 위한 실행전략

1. 중 · 장기적 전략 : 시민사회의 인식강화, 공감대 형성을 위한 기반조성

① 시민사회 공감대 형성

· 중장기적으로는 시민사회적 기반을 육성하는 것이 필요하다.

· 이를 위하여 우선적으로 시민들에 대한 교육과 홍보 프로그램이 강화되

어야 할 것이다.

· 시민교육을 위한 교재개발 또는 중장기적 방안으로 추진될 필요가 있다. 시민교육을 위한 교재 등은 기존의 연구교육역량으로도 단기간에 제작될 수 있을 것으로 판단된다.

② 지방자치와 지방분권, 정당공천제 반대를 위한 시민포럼 형성

· 시민사회의 동참을 독려하는 방안으로 지방분권과 지방자치의 가치를 강조하는 시민포럼 형태의 활동을 생각해 볼 수 있다. 시민들의 상당부분은 아직까지는 특정 조직에 소속되어 적극적인 활동을 하기 꺼려한다. 따라서 시민 포럼 형태의 다소 느슨한 모임 정도로 구성하여 지방분권, 지방자치, 정당공천제 폐지 등의 가치에 찬동하는 시민들을 모일 기회를 마련하는 것이 효율적인 방안이 될 것이다.

③ 관련 기관과의 연대 강화

- 학계

· 학계와 연대하여 정당공천제 폐지 운동의 동력원으로 활용한다.

· 학계인사를 정당공천제 폐지운동의 핵심인력으로 활용한다.

- 지방정부 및 지방의회

· 자치단체장과 지방의회의 경우 정당공천제의 실질적 피해자일 수 있으므로 연대하여 조직화하고 동력원으로 활용하는 방안을 고려한다.

· 우선적으로 운동조직 지도부와 지방자치단체장과 지방의회 의장 및 지방의원 등과의 간담회와 좌담회 등을 지속적으로 추진한다.

- 시민사회단체와의 연대

· 정당공천제 폐지운동을 위한 기존의 지역 시민사회단체와의 연대를 추진한다.

· 이들 단체의 조직력과 인력 등을 활용하게 된다면 폐지운동의 성과에 대한 시너지효과가 나타나게 될 것으로 판단된다. 예를 들어 국민서명 운동의 경우 특정 단체가 단독으로 추진하는 것보다 이들 단체들과 상호협

력하여 추진하게 된다면 훨씬 많은 시민들의 동참을 유도할 수 있을 것이다.

④ 지방정치 활성화를 위한 정치개혁

· 기초지방선거에 있어서 정당공천제를 폐지한다고 하더라도 광역선거에서 정당의 참여가 허용되기 때문에 현행 정당운영제도를 지방정치 내지 지방자치에 맞게 개선할 필요성이 있다.

· 당내 민주화를 위하여 적극 노력해야 할 것이다. 특히 지방선거에 있어 정당후보자 공천과정에 당원의 의견이 적극 반영될 수 있도록 법제화하는 것이 바람직하다.

· 지역의 이익을 반영하고 지방자치와 지역정치를 강조하는 지역정당(현행 지역주의 정당이 아닌)의 형성을 위한 제도적, 법제적 장치를 강화하는 방안을 고려해야 한다.

· 지방선거에 있어서 의무투표제, 비례대표비율의 증대[18], 중대선거구제 등 선거제도 개혁을 추진하여 기존 정당이외의 정치결사체의 출현과 정치신인들의 지방정치로의 입문을 원활히 하는 방향의 선거제도 개혁을 고려해야 한다.

· 정당에 집중되어 있는 후보공천을 시민사회단체나 연대기구에 의해서 추천할 수 있도록 정치개혁을 추진하는 것이 바람직하다.

2. 단기적 전략 : 총선을 이용한 전략

① 정치인들과의 연대 강화

· 2016년 국회의원 총선거 과정에 있어 정당공천제 폐지가 핵심적인 이슈

18 2014년 3월 16일 실시된 독일 바이에른 지방선거의 결과를 보면, 누적투표와 배합투표가 특정정당의 의석독점을 완화하고, 비례의석 확대와 봉쇄조항의 완화조치가 풀뿌리민주주의를 구현하는 기초단위에서 다양한 정치세력이 대표성을 갖도록 하는데 긍정적 효과가 있는 것으로 나타나서 이에 대한 시사점이 크다.

로 부각되도록 전략을 강화하는 것이 필요하다.

· 국회의원 선거에서 정당공천제 폐지를 주장하는 정치인들을 선별 하여 지원할 수 있는 방안이 모색되어야 한다. 이를 주장하는 정치인들을 대상으로 초청강연회나 신문, 방송의 좌담 프로그램을 기획하여 출연하게 함으로써 이들의 정치적 위상이 증가될 수 있도록 노력해야 한다. 결국 국회에서 정당공천제 폐지를 골자로 하는 선거법률안이 통과되어야 실현되는 것이기 때문에 이런 주장을 하는 정치인들을 가능한 많이 입성시키는 것이 중요하다.

· 선거과정에서 지방자치나 지방분권, 정당공천제 폐지 등의 주제를 공약으로 내세우는 정치인들을 사회단체나 사회단체연대가 추천 · 지지하는 행사를 추진하는 것도 필요하다.

· 선거과정상의 주요 토론회에서 정당공천제와 관련된 주제들이 채택되거나 이슈화 될 수 있도록 노력한다.

② 언론 · 방송을 통한 인식확산

- 지역언론과 연대하여 정당공천제 폐지를 주제로 하는 프로그램이 증가되도록 노력한다.
- 언론방송사를 연계한 여론조사나 대담프로를 지속적으로 추진하여 정당공천제 관련 주제가 이슈화 되도록 노력한다.
- 지속적인 여론조사나 세미나, 단체장과 지방의원 등과의 토론회, 좌담회, 간담회 등 언론에 부각될 수 있는 이벤트를 항시 제공하여 상시적인 협조체제를 구축할 필요가 있다.
- 언론사와 연계하여 선거 전후에 기획프로그램을 추진할 필요가 있다.

V. 결론

지난 6 · 4 지방선거에서도 역대 지방선거와 마찬가지로 정당공천제를 유지했으면 그 제도와 방법을 혁명적 수준으로 바꿔야 했다. 그러나 바꾸는 것은 고사하고, 잘못된 제도를 수정하는 것 조차 각 정당은 철저히 외면하고 말았다. 즉 기초선거에서 정당공천제를 한시적으로 배제하든지 아니면 정당공천 절차와 제도를 실질적으로 개혁하든지 최소한 양자택일 해서 국민들의 기대에 부응했어야 했는데 또다시 기대를 저버리고 말았다. 그 결과, 정당참여로 인한 장점보다 폐해가 훨씬 더 심각하게 나타났다.

6 · 4 지방선거를 끝낸 시점에서, 정당공천제 문제는 선거법 개정을 통해 반드시 풀어야 한다. 상향식 정당공천제로 나타난 심각한 폐해, 지방자치의 성공적인 정착, 그리고 국민들의 지방선거에 대한 무관심과 불신을 해소하려 한다면, 정치권은 당리당략을 떠나서 다시금 그 해결책을 찾아서 미리 선거법과 제도를 개선해 놓아야 한다. 공정성과 객관성이 보장되지 않고 주민의 정치불신만 조장했던 지방선거 정당공천제는 지난 5번의 지방선거를 통해 그 한계와 폐해가 확실히 드러났기 때문에, 기초선거에서 만큼은 한시적으로 폐지되는 것이 바람직하다. 그것이 지금 위기에 놓인 정당정치와 지방자치를 살리는 유일한 길이다.

결론적으로, 지방자치가 성년기에 접어든 현 시점에서 볼 때, 지방선거 정당공천제 문제는 정상적인 지방선거를 통한 올바른 지방자치의 정착을 위해서 반드시 해결하고 넘어가야 할 박근혜정부 최우선의 국정 과제가 되어야 할 것이다.

■ 참고문헌

육동일. (2013). 국민행복시대 지방분권과 자치행정. 충남대학교 출판문화원.

육동일 (2013a). 지방자치와 분권의 평가와 여성참여활성화 방안. 2014 지방자치 토론회 주제발표논문, 한국여성단체협의회.

육동일 (2013b). 지방선거 정당공천제 폐지를 위한 개선방안. 2014 지방선거 정당공천제 토론회 주제발표논문, 한국여성유권자연맹.

육동일 (2013c). 지방선거 정당공천제 폐지 논거와 그 대안. 지방선거 정당공천제 개선에 관한 토론회 주제발표논문, 국회정치쇄신특별위원회.

육동일 (2006a). 5 · 31 지방선거의 평가와 과제. 「자치행정」NO. 220, pp.24-31.

육동일 (2006b). 지방선거 정당공천제의 한계와 과제(지방의회의 활성화는 중심으로). 「한국지방자치학회보」 18(1), 한국지방자치학회, pp.5-26.

육동일 (2003). 6 · 13 지방선거의 평가와 과제에 관한 연구. 「사회과학연구」14, 충남대 사회과학연구소.

이동윤. (2014). 제6회 전국동시지방선거의 평가와 향후 과제. 「자치의정」17(4), 지방의회발전연구원, pp.8-17.

이정진. (2014). 지방선거의 여성당선자 현황과 개선과제. 「이슈와 논점」제887호. 국회입법조사처.

전용주. (2014). 2014년 지방선거의 제도적 쟁점과 개선방안: 공천문제를 중심으로. 「6 · 4 지방선거와 한국정치의 발전」내나라연구소. pp.21-33.

주선미. (2014). 6 · 4 전국동시지방선거의 특징과 문제점. 「자치의정」17(4), 지방의회발전연구원. pp.18-34.

주용학. (2007). 민선4기 지방선거 결과분석 및 정책적함의 (기초단체장의 정당공천제를 중심으로. 「한국지방자치학회보」 19(1), pp.29-51.

국회입법조사처. (2014). 독일 지방의회의원 선거제도의 특징 및 2014 바이에른 지방선거.

(한국행정학회 발표, 2014.9.25.)

20 Years of Elected Local Government in Korea: Assessment and Development Issues

Professor Dong-Il Yook

Department of Local Autonomous Government

Chungnam National University

I. The Significance of 20 Years of Elected Local Government

It has been 20 years since the resurrection of local self-government in Korea which enabled local residents to become the true owners of their respective regions. Local self-government has been the driving force behind transforming the role of the people as subjects of the central government to voters for government, partners with government, and both customers and owners of government.

During periods of political turmoil and unrest in central government, local governments minimize and stabilize the further spread of this turmoil, and by serving to make administration change possible, local governments also engender political development. Besides these achievements, Korea's system of local government also promotes local business that meets actual local needs, improves the level of local administrative services, realizes the need for creative administration when considering the individual character of regions, and opens up the potential for revitalizing local culture.

Despite all this positive transformation, there are still a number of disappointing and worrisome problems inherent in the system of local self-government. The most concerning problems are indifference to local government and insufficient understanding of how they operate. Only when local residents are able to recognize and support the effects of the positive changes and improvements to local culture can local communities truly begin to take root.

II. Assessing 20 years of Elected Local Government

The essence of local government and the conditions for its success are encapsulated in the following ABCDE's: Autonomy, Ballot, Competition & Cooperation, Devolution, and Experience & Education. First of all, the autonomy of local government must be ensured. Localities should have the capacity to create laws and organizations, and should also be able to handle themselves in the arena of civil service. They should also possess the capability to raise and manage money on their own. As long as the central government monopolizes authority, money, information, and talented individuals, localities will never be granted the ground-breaking achievement of the right to self-government. The second condition for the success of local government is that of elections. Local elections influence the entirety of the future success of local governments. The original meaning and function of local elections has either faded away or disappeared completely, and not only are local governments still subordinated to central government politics, ignorance of local government by local residents prevents them from planting their roots.

The third condition is embodied in both competition and cooperation. The inability to cooperate and manage conflict among local governments is justification for attempting to reorganize the system of local government administration. The fourth condition is the transfer of power. The transfer of power from the government to the people should be progressing as planned. However, the current attempt to decentralize has failed to attract the people's formal support since the only thing transferred from the central to local governments has been increased clerical work as opposed to increased authority. The final condition for the success of local government is rooted in the experience and training of those who would undertake roles in local government. Local governments need a mayor and officials, local councilors, and the experience of the local residents, and while those involved with local government have developed an overwhelming sense of privilege, they are still severely lacking in the corresponding sense of responsibility and community spirit. In this situation, democratic civic education is necessary. We must begin to invest in the development of local government education programs and the training of educational experts if a stable and settled system of local government is to be realized.

III. Why Local Autonomy and Decentralization are Poorly Promoted

Past governments have failed to achieve the expected results of decentralization due to five significant factors. First, they tried to achieve autonomy, decentralization, balanced development, and government innovation all at once. Second, if residents are to form social consensus on the merits of autonomy and decentralization, they should be able to experience directly what those merits are. However, just who autonomy and decentralization are actually being done for is unclear. Third, the departments of central government uphold their own vested self-interest, central government officials lack a sense of urgency and the awareness of what self-government encompasses, there is a lack of local organization regarding the coordination of the phases of decentralization, and the National Assembly has been passive in processing laws related to decentralization.

Fourth, because self-government and decentralization inevitably produce considerable resistance and side-effects, proposed solutions should be made specific and made in advance. Previous governments, however, have been negligent in this regard. Fifth, central media outlets lack an understanding of and an interest in local government, and exaggerated the extent to which corruption and irregularities occur in local government systems in their reports to the public. In particular, minor broadcast companies' refusal to broadcast programs pertaining to local government and decentralization is a major factor contributing to residents' lack of interest.

Ⅳ. The Challenges and Future Direction of Local Self-Government and Decentralization

Moving forward, the following ten calls for action must be considered if Korea is to expand and strengthen local autonomy and decentralization:

1. Let's reform our national administration through democracy and decentralization
2. Let's ensure local autonomy constitutionally
3. Let's make a comprehensive municipal development plan both realistically and legally
4. Let's reform our national party and local election systems
5. Let's improve local municipalities with the hope of achieving a more sophisticated local autonomy
6. Let's open a cooperative generation of local autonomy
7. Let's ensure the autonomy of the local government system
8. Let's adjust the framework for local autonomy education
9. Let's enhance resident's awareness of self-government and make civic self-government a tangible reality
10. Let's make local autonomous administration transparent, communicative, sharing and cooperative

Ⅴ. Development Issues for Elected Local Government

Local government is a much needed system when faced with having to overcome national crises and the unfamiliar landscape of a new era.

The important thing at this moment is that the president, alongside central government officials and politicians, are all working to reaffirm the centrality and necessity of local government. To accomplish this, the following efforts are needed:

First, to strengthen Korea's local autonomy, specific priorities related to local autonomy must hereafter be guaranteed in the Constitution. Furthermore, according to how decentralization is referred to in the constitution, government's current operating system should change from a system of centralized control to one of local control. Second, realizing the essence of decentralization is accomplished through the revitalization of local autonomy. Localities and their residents should pursue guarantees of institutional self-control over their regional conditions, environment, and ability. In particular, the National Assembly must guarantee that the legislative power they are currently monopolizing will be divided among Korea's localities and that those localities will be granted the right to self-government. In addition, to expand the authority of self-government rights organizations, the freedom to control not only the prescribed number of people involved in local government but also the establishment of administrative systems and their operation must be guaranteed. Third, whether or not local government succeeds depends on the people's awareness of what self-government entails. The education of local residents on the essence of local autonomy should be based on a variety of different subjects and come from a variety of different perspectives and people. This would ensure that local communities can achieve their ultimate goal of true residential self-government.

Fourth, local governments must possess the awareness and ability necessary to minimize the inevitable side-effects of decentralization and local autonomy.

Decentralization and local autonomy will be amplified by various conflicts, and the resulting increase in corruption and irregularities will lead to waste and inefficiency. To overcome those side-effects, therefore, strategy, wisdom, and patience are required. Fifth, because acceptance of decentralization on the part of localities is not an easy task, when the central government transfers authority to local governments, local governments must also be provided with the autonomous capacity to exercise it.

Ⅵ. The Difficult Path Ahead for Local Government

When comprehensively assessing the last 20 years of local government, it is important to recognize that their achievements are substantial enough to supersede the aforementioned problems and adverse effects. In order to overcome the forces intent on preventing decentralization and local government from being realized, persuading those groups who fear decentralization and local government is the first step. For the Republic of Korea to become a truly advanced nation, local government and decentralization are essential to its continuing progress.

(한국지방자치 20년의 성과평가와 발전과제 영문 요약, 2015.03.30)